HENNEKE (Hrsg.)

Künftige Funktionen und Aufgaben der Kreise im sozialen Bundesstaat

Schriften zum deutschen und europäischen Kommunalrecht
Band 24

Herausgegeben von

    Prof. Dr. Dr. h. c. Eberhard Schmidt-Aßmann
    Ruprechts-Karls-Universität Heidelberg

    Prof. Dr. Friedrich Schoch
    Albert-Ludwigs-Universität Freiburg

    in Verbindung mit dem
    Deutschen Landkreistag

Künftige Funktionen und Aufgaben der Kreise im sozialen Bundesstaat

Professorengespräch 2004
des Deutschen Landkreistages
am 15. und 16. März 2004
im Landkreis Saarlouis

Herausgegeben von
Professor Dr. Hans-Günter Henneke

Geschäftsführendes Präsidialmitglied
des Deutschen Landkreistages, Berlin

Honorarprofessor an der Universität Osnabrück

RICHARD BOORBERG VERLAG
Stuttgart · München · Hannover · Berlin · Weimar · Dresden

Bibliografische Information Der Deutschen Bibliothek

Die Deutsche Bibliothek verzeichnet diese Publikation in der Deutschen Nationalbibliografie; detaillierte bibliografische Daten sind im Internet über **http://dnb.ddb.de** abrufbar

ISBN 3-415-03418-6

© Richard Boorberg Verlag GmbH & Co KG, 2004
   www.boorberg.de

Satz: Gulde Druck GmbH, Tübingen
Druck + Verarbeitung: Druckhaus „Thomas Müntzer" GmbH, Bad Langensalza
Papier: säurefrei, aus chlorfrei gebleichtem Zellstoff hergestellt; alterungsbeständig im Sinne von DIN-ISO 9706

Vorwort

Reformen prägen gegenwärtig die (rechts-)politische Diskussion. Der Sozialstaat überkommener Ausprägung hat sich – gerade auch angesichts der bevorstehenden demografischen Herausforderungen und der dramatischen Staatsverschuldung – als unfinanzierbar erwiesen. Der notwendige Umbau rückt sowohl bei der Neuabgrenzung von beitrags- und steuerfinanzierten Leistungen wie bei der Neuzuordnung der bisherigen von Bund, Ländern und Kommunen wahrgenommenen Aufgaben die Kreisebene besonders ins Blickfeld, können die Aufgaben auf dieser Ebene doch ebenso bürgernah wie effizient wahr genommen werden.

Auch der Bundesstaat soll „umgebaut" werden. Dies hat sich jedenfalls die Kommission zur Modernisierung der bundesstaatlichen Ordnung auf die Fahnen geschrieben. Entscheidungsprozesse im Bundesstaat sollen schneller und transparenter, verantwortungszuordnender erfolgen. Auch die damit verbundenen Fragestellungen sind für die Kreisebene von fundamentaler Bedeutung. Dies gilt insbesondere für die Frage des unmittelbaren Aufgabendurchgriffs des Bundes auf die Kommunen.

Mit dem Umbau des Sozialstaates ist zwangsläufig eine Neuzuordnung der Aufgaben von Bund, Ländern und Kommunen verbunden – aber nicht nur auf diesem Feld kommt Bewegung in die Kreisaufgaben und Kreisfunktionen: In den Flächenländern – Baden-Württemberg und Niedersachsen an der Spitze – kommen überdies fundamentale Funktionalreformprozesse in Gang, die überkommene staatliche Verwaltungsstrukturen nicht nur nachhaltig in Frage stellen, sondern auch weitgehend beseitigen, um nach Durchführung einer Aufgabenkritik verbleibende öffentliche Aufgaben weitestgehend auf der Kreisebene anzusiedeln.

Die aus diesen Komplexen je für sich und in ihrer Verknüpfung resultierenden Fragestellungen waren Gegenstand des Professorengesprächs 2004 unter der Gesprächsleitung von Prof. Dr. *Friedrich Schoch* (Freiburg). Der vorliegende Tagungsband dokumentiert die Referate und Diskussionen des Professorengesprächs. Die das Professorengespräch flankierenden Beiträge von *Friedrich Schoch* zur Sicherung der kommunalen Selbstverwaltung als Föderalismusproblem und von *Eberhard Eichenhofer* zu kommunaler Sozialpolitik im aktivierenden Wohlfahrtsstaat wurden ergänzend in den Tagungsband aufgenommen.

Dem gastgebenden Landkreis Saarlouis, den Referenten und Diskussionsteilnehmern gilt unser besonderer Dank. Wir sind wiederum gewiss, dass mit dem vorgelegten Tagungsband die aktuell geführten Reformdiskussionen um vielfältige Facetten bereichert werden.

Berlin, den 26. Mai 2004   *Hans-Günter Henneke*

Inhalt

Erster Abschnitt: Einführung 9

Hans Jörg Hennecke
Reformprozesse in Deutschland zwischen Parteienwettbewerb, Wohlfahrtsstaat und Kartellföderalismus 11

Zweiter Abschnitt: Auswirkungen der Föderalismusreform auf die Kommunen 31

Friedrich Schoch
Die Sicherung der kommunalen Selbstverwaltung als Föderalismusproblem 33

Rolf Böhme
Erwartungen aus kommunaler Sicht 49

Ferdinand Kirchhof
Bericht aus der Arbeit der Kommission zur Modernisierung der bundesstaatlichen Ordnung 59

Edzard Schmidt-Jortzig
Bericht aus der Arbeit der Kommission zur Modernisierung der bundesstaatlichen Ordnung 73

Dritter Abschnitt: Auswirkungen der Reform der Sozialsysteme auf die Kommunen. 81

Eberhard Eichenhofer
Kommunale Sozialpolitik im aktivierenden Wohlfahrtsstaat 83

Hans-Günter Henneke
Das Optionsmodell bei der Grundsicherung für Arbeitsuchende – ein Flexibilitätsmodell mit Zukunft? 95

Vierter Abschnitt: Auswirkungen von Funktionalreformen auf die Kreise 107

Joachim Jens Hesse
Regierungs- und Verwaltungsreformen im Ländervergleich 109

Johann-Christian Pielow
Neue Verwaltungsstrukturen durch Regionalisierung? 137

Utz Schliesky
Auswirkungen des eGovernment auf Verwaltungsstrukturen? 163

Inhalt

Heinrich Albers
Künftige Funktionen und Aufgaben der Kreise im sozialen Bundesstaat
– einige generelle Anmerkungen........................ 179

Gernot Schlebusch
Künftige Funktionen und Aufgaben der Kreise 187

Fünfter Abschnitt: Diskussion und Ergebnisse............... 197

Hans-Günter Henneke
Zusammenfassung der Diskussion....................... 199

Friedrich Schoch
Zusammenfassende Schlussbetrachtung 245

Anhang 261

Einsetzung einer gemeinsamen Kommission von Bundestag und Bundesrat zur Modernisierung der bundesstaatlichen Ordnung 263

Viertes Gesetz für moderne Dienstleistungen am Arbeitsmarkt 267

BVerfGE 63, 1, 31 ff. (Auszug) 270

Teilnehmer am Professorengespräch 273

Erster Abschnitt

Einführung

Hans Jörg Hennecke

Reformprozesse in Deutschland zwischen Parteienwettbewerb, Wohlfahrtsstaat und Kartellföderalismus

I. „Sick man walking"? – Deutschland unter Reformdruck

Zu Beginn des 21. Jahrhunderts hadern viele Länder der westlichen Welt mit ähnlichen Herausforderungen: mit der Wettbewerbsfähigkeit wirtschaftlicher Ordnungen unter dem Eindruck dynamischer Transformationsgesellschaften in Osteuropa, Asien und Lateinamerika, mit der Nachhaltigkeit sozialer Sicherungssysteme unter dem Druck demographischer Verschiebungen, mit dem Finanzierungskonflikt zwischen konsumtiver und investiver Wohlfahrtspolitik und mit den Rückwirkungen einer von zunehmender Interdependenz, Offenheit und Verwundbarkeit geprägten Weltordnung auf porös gewordene Souveränität des Staats. Zwar haben sich Marktwirtschaft, Demokratie und Rechtsstaat nach dem Scheitern des Sozialismus als überlegene und attraktive Ordnungsmodelle erwiesen, doch die Zukunft der Demokratie ist nicht gewiss und wird neben deren Fähigkeit und Bereitschaft, äußere Bedrohungen abzuwehren, auch entscheidend davon abhängen, ob sie sich vor Überforderung schützen kann und über genügend innere Kraft zur Selbstkorrektur verfügt[1].

Insbesondere durch eine hohe Staatstätigkeit, Verschuldung und Subventionsquote, durch wirtschaftspolitische Überregulierung und Inflexibilität des Arbeitsmarkts und die Kosten der sozialen Sicherungssysteme ist Deutschland in internationalen Vergleichen zur Wettbewerbsfähigkeit kontinuierlich zurückgefallen[2]. Deutschland zeichnet maßgeblich für die ökonomische Leistungsschwäche des EU-Raums verantwortlich und ist mit seinem Wohlstandsniveau kurz vor der Osterweiterung erstmals unter den EU-Durchschnitt gefallen[3]. Nachdem

---

1 *Sandschneider*, Tod durch Überforderung? Über die Zukunft der repräsentativen Demokratie, Internationale Politik 58 (2003), 1-10.
2 Vgl. *Gwartney/Lawson*, Economic Freedom of the World 2003 Annual Report, 2004; World Economic Forum (Hrsg.), Global Competitiveness Report 2003/2004, 2004; The Heritage Foundation (Hrsg.), Index of Economic Freedom, 2004.
3 The Economist vom 21.02.2004.

schon die Regierung *Kohl* auf Konsolidierung des Wohlfahrtsstaats ausgerichtet war und Mitte der neunziger Jahre zu spät und zu halbherzig von Veränderungswillen beseelt wurde, trat die Regierung *Schröder* unter dem zwiespältigen Motto „Innovation und Gerechtigkeit" an und handelte von Beginn an mit geplagtem Gewissen und voller Selbstzweifel. Sie schien mehr von den Umständen getrieben zu werden als anhand eines kohärenten Leitbildes zielstrebig zu agieren. Aus dieser geistigen Defensive resultierten keine verlässlichen Signale, vielmehr verstärkten sich Verunsicherung und Kleinmut noch. Mangelnde Anpassungsfähigkeit scheint daher – im Unterschied zu der lange Zeit erfolgreichen zweiten, der Bonner Republik – das Leitmotiv der dritten Republik zu sein[4].

Gewiss wäre es zu pauschal, wenn man das Bild einer permanenten „Blockade" oder eines „Reformstaus" zeichnen wollte. Ausgesprochene Blockadesituationen bleiben erfahrungsgemäß die Ausnahme, und immerhin lassen sich einige Beispiele für veritable Strukturreformen nennen, die über bloße Anpassungsprozesse hinausreichen. Zu nennen sind hier die beachtlichen Reformen der Kommunal- und Kreisverfassungen während der neunziger Jahre, aus denen bereits erhebliche Rückwirkungen auf Demokratie und Parteienwettbewerb in den Kommunen resultierten[5]. Ähnlich bemerkenswert sind die Privatisierungen und Marktöffnungen im Rundfunk, in der Telekommunikation, bei der Bahn oder auf dem Strommarkt. Bei den Sparkassen ist solchen Ambitionen zwar noch ein gesetzlicher Riegel vorgeschoben, aber die vor kurzem angestoßene Debatte deutet darauf hin, dass der Trend zu einer mehr oder weniger stark regulierten Privatisierung von öffentlichen Dienstleistungen anhalten wird.

Zum Befund der Reformprozesse gehört sogar die Beobachtung, dass das politische System bisweilen in geradezu eruptiven Aktionismus verfallen kann, wenn bestimmte Ventile des Entscheidungsprozesses sich öffnen. Vor allem kurzfristige mediale Erregungszustände können zu einer schwindelerregenden, allerdings oft wenig sachgerechten Beschleunigung und Dramatisierung von Entscheidungsprozessen führen, die, einmal in Gang gesetzt, nur noch durch das nachträgliche Eingreifen der dritten Gewalt aufzuhalten sind: im Sommer 2000 war dies in der Kampfhunde-Debatte und in der NPD-Debatte exemplarisch zu beobachten.

---

4 Zur Geschichte und Bilanz der Regierung Schröder s. *H. J. Hennecke*, Die dritte Republik, 2003; *Egle/Ostheim/Zohlnhöfer* (Hrsg.), Das rot-grüne Projekt. Eine Bilanz der Regierung Schröder 1998-2002, 2003.

5 S. z. B. *H. J. Hennecke*, Die Entwicklung der Rahmenbedingungen für die kommunale Demokratie in Mecklenburg-Vorpommern seit 1990, in: Werz u.a., Kommunale Direktwahlen in Mecklenburg-Vorpommern, Rostocker Informationen zu Politik und Verwaltung 15 (2001), 23-39.

Insgesamt aber, wenn man auf die großen Gewerke der Wirtschafts-, Finanz- und Sozialpolitik blickt, wird man von der Dominanz allenfalls minimalistischer Anpassungen reden müssen, die bisweilen passabel ausfallen, nicht selten aber nur Scheinlösungen darstellen. Auch nachdem die Fragmente der „Agenda 2010" Ende 2003 verabschiedet worden waren, titelte der „Economist" recht verhalten: „Sick Man Walking"[6]. Dass behutsame Modifikationen zwar der Verhandlungslogik in Parteienwettbewerb und Föderalismus entsprechen, aber sich materiell als unbefriedigend erweisen, lässt sich in zentralen Politikfeldern ermessen, die in immer kürzeren Abständen so genannten „Jahrhundertreformen" unterworfen werden. Bei den Schlüsselthemen Gesundheit, Rente, Bildung oder Steuern ist nicht der Mangel an gesetzgeberischen oder administrativen Aktivitäten das Problem, sondern die Überzahl, Inkohärenz und Kurzatmigkeit der Maßnahmen. Deren Häufung deutet auf die Unzulänglichkeit der Eingriffe, auf Nachlassen gesetzgeberischer Handwerkskunst und in einem tieferen Sinne auf eine Überforderung der Politik hin. Offenbar sind systemimmanente Anpassungen zur Sicherung des Wohlfahrtsstaates an Grenzwerte gestoßen – und damit auch die Leistungsfähigkeit der bestehenden föderalen Entscheidungs- und Kompetenzordnung insgesamt. Das Problem war schon dem alten *Montesquieu* bekannt: „Ein schlechtes Gesetz legt dem Gesetzgeber stets die Pflicht auf, viele andere, oft genauso schlechte Gesetze zu machen, um die üblen Folgen des ersten Gesetzes aufzufangen oder zumindest dessen Absicht zu erreichen"[7].

II. Die ordnungspolitische Herausforderung

Die Schwierigkeit, zu einem gehaltvollen Verständnis des Begriffs der „Reform" zu gelangen, ist unaufhörlich gewachsen, seitdem Reform, Innovation oder Modernisierung zum Standardrepertoire demokratischer Rhetorik gehören[8]. Orientierungsstiftend wird er nur verwendet werden können, wenn man sich darüber verständigen kann, dass die aktuellen Herausforderungen im institutionellen Arrangement der wirtschaftlichen, sozialen und politischen Ordnung

---

6 The Economist vom 20.12.2003.
7 *Montesquieu*, Meine Gedanken. Mes pensées. Aufzeichnungen. Auswahl, Übersetzung und Nachwort von Henning Ritter, 2000, S. 126.
8 S. schon *Nonnenmacher*, Reform – Schwierigkeiten einer Theorie der Praxis, in: Haungs (Hrsg.), Res Publica. Studien zum Verfassungswesen. Sternberger zum 70. Geburtstag, 1977, S. 261-301.

liegen[9]. „Reformen" zu fordern greift zu kurz, wenn man eine bloß quantitativ-wohlfahrtsökonomische Debatte um die Verteilung von Lasten und Leistungen führt und die finanziellen Konsequenzen womöglich abermals künftigen Generationen aufbürden will. Es stellt sich vielmehr die ordnungspolitische Grundsatzfrage nach denjenigen Regeln und Institutionen, mit deren Hilfe die verschiedenen Akteure ihr Verhalten bestmöglich koordinieren können.

Wirtschaftliche Leistungsfähigkeit hängt nämlich weder von dem Niveau einer gegebenen materiellen Ausstattung noch von einer möglichst egalitären Verteilungsstruktur ab, sondern das entscheidende Kriterium für politische, wirtschaftliche und soziale Entwicklung ist die institutionelle Fähigkeit einer Ordnung, unvermeidlich auftretende Wissensmängel durch die Generierung und Erprobung neuartiger Verhaltensweisen oder Regeln zu bewältigen[10]. Ständig ändern sich Daten ökonomischer oder sozialer Entwicklung und ständig sind Anpassungsprozesse erforderlich, um vorhandene Routinen zu überprüfen, andere zu erproben und auf diese Weise neue Regeln und Verhaltensweisen herauszubilden, die sich den bisherigen als überlegen erweisen. Die Fähigkeit, sich ändernde Informationen zu verarbeiten, neues Wissen zu bilden und Verhaltensweisen und Regeln zu korrigieren, ist ein andauernder Prozess, der nicht durch zentrale Planung gelöst werden kann, sondern der aus den kreativen Kräften eines nonzentralen, wettbewerblichen und freiheitlichen „Entdeckungsverfahrens"[11] hervorgehen muss. Politik und Verwaltung können wirtschaftliche Innovationen nicht selbst planen, aber durch die Bereitstellung von Regeln können sie günstige Rahmenbedingungen und Anreize für deren Entfaltung schaffen. Dies gelingt um so besser, je mehr Politik und Verwaltung auf allen Ebenen selbst einer wettbewerblichen Ordnung unterliegen, die sie zur ständigen Überprüfung und Verbesserung von Regeln und Dienstleistungen ertüchtigt. Grundlegend ist hierfür die Einsicht, dass das Wissensproblem am besten durch allgemeine und abstrakte Regeln und am wenigsten durch punktualistische und konkrete Befehle gelöst werden kann.

Institutionelle Offenheit schützt keineswegs vor missglückten Experimenten und Fehlern, aber nur sie ermöglicht den Erwerb und die Anwendung von neuem und zumindest vorläufig überlegenem Wissen, mit dem neue Herausforderungen bewältigt und unvorhersehbare Chancen genutzt werden können – bis-

---

9 *Kirsch*, Die ordnungsvergessene Republik, Die politische Meinung, Nr. 410, 49-53 (49).
10 *Hayek*, Recht, Gesetz und Freiheit. Eine Neufassung der liberalen Grundsätze der Gerechtigkeit und der politischen Ökonomie. Hrsg. von Viktor Vanberg. Übersetzt von Monika Streissler, 2003; *Streit*, Möglichkeiten des Wandels für Wirtschaft und Politik, in: ders./Zippelius, Strukturwandel in Politik und Wirtschaft, 1996, S. 5-18.
11 *Hayek*, Der Wettbewerb als Entdeckungsverfahren, in: ders., Freiburger Studien, 1994, S. 249-265.

weilen sogar zufällig und ungewollt. Versuche, die demgegenüber darauf hinauslaufen, einmal gefundene Lösungen und Verteilungsmuster zu stabilisieren und vor Revisionen zu schützen, müssen sich früher oder später als Irrweg erweisen, der nicht zu mehr Sicherheit führen, sondern in größerer Unsicherheit und Knappheit enden wird[12].

Die Besinnung auf die ordnungspolitischen Fragestellungen bedeutet zugleich eine Rückbesinnung auf die Gründungstugenden der Bundesrepublik und der Sozialen Marktwirtschaft. Diese war nicht als beliebige Addition von Marktwirtschaft und Sozialstaat, sondern als dezidierte ordnungspolitische Haltung auf dem Boden der Marktwirtschaft konzipiert. Aber schon in den fünfziger Jahren deutete sich eine gefährliche Trendwende an, deren Wesensmerkmale *Wilhelm Röpke* in griffigen Formulierungen als „Fiskalsozialismus", „demokratisch-soziale Inflation", „kollektivistische Zwangsvorsorge", „politischen Zentrismus" und als „Ideal der komfortablen Stallfütterung"[13] geißelte. Schon bald dominierte freilich quer durch alle Parteien eine Wirtschafts- und Sozialpolitik, die auf materiellen Egalitarismus, auf die Ausdehnung der Staatstätigkeit und kartellistischer Entscheidungsstrukturen und den schuldenfinanzierten Aufbau des Wohlfahrtsstaats drängte. Der bisweilen naive Progressivismus und Etatismus hat sich längst totgelaufen, seine Reformprojekte sind, wie es viele Skeptiker von einst von Beginn an zutreffend vorhergesagt haben, selbst zum Sanierungsfall geworden.

In Deutschland kranken nahezu alle Bereiche von Politik, Wirtschaft und Gesellschaft daran, dass sie im Verlaufe der letzten Jahrzehnte an Offenheit und Spontaneität eingebüßt und zu institutionellen Verharzungen geführt haben: allzu oft werden einmal gefundene Lösungen festgeschrieben, anstatt sie einem permanenten Tauglichkeitstest durch Wettbewerb zu unterziehen. Zumeist können sich nur solche Veränderungen durchsetzen, die zentral und konsensual vereinbart worden sind, die Kreativität und Wissensnutzung einer Gesellschaft wird dadurch auf verhängnisvolle Weise eingeschränkt. Nicht nur haben viele Regulierungen des Mitbestimmungs- oder Unternehmensrechts dazu geführt, dass Unternehmen zu sehr auf die Fortschreibung und Sicherung etablierter Strukturen ausgerichtet sind. Riskante und dynamische Strategien zur Nutzung neuer Technologien fallen ihnen im internationalen Vergleich schwer, nicht von ungefähr richtet sich ihre Produktionsstruktur zu stark an konventioneller Industrieproduktion aus[14]. Auch die Bildungsinstitutionen in Deutschland laborieren an strukturellen Missbildungen, Ressourcenvergeudung und suboptimalen

---

12 *Weede*, Evolution und Planung: Überlegungen zur Wirtschaftsordnung und Friedensordnung, Analyse & Kritik 25 (2003), 60-79.
13 *Röpke*, Jenseits von Angebot und Nachfrage, 1958. S. auch: *Ludwig Erhard*, Wohlstand für alle, 1990 (EA: 1957), S. 245-263.
14 Hierzu unlängst *Siebert*, Mehr Markt für mehr Wachstum, FAZ vom 24.01.2004.

Angeboten. Eingebunden in planwirtschaftliche Bildungsverwaltung, die zu Vermassung und Nivellierung zwingt, fällt es ihnen immer schwerer, international konkurrenzfähige Forschung und Elitenausbildung zu gewährleisten[15]. Ähnlich hervorstechend sind die immensen Kosten, die sektorale Planwirtschaft, Marktunterdrückung und Überregulierung im Gesundheitswesen oder auf dem Arbeitsmarkt verursachen. Nicht zuletzt sind es die politischen und administrativen Entscheidungsstrukturen in Deutschland, deren Offenheit inzwischen verloren gegangen ist und die deshalb zu wenig kreative, spontane Prozesse des Wissenserwerbs und der Wissensnutzung hervorbringen. Das politische System ist zu sehr auf die Absicherung bestehender Routinen und Verteilungsergebnisse orientiert, Veränderungen werden nicht als Chance, sondern als Bedrohung des mühsam vereinbarten Konsenses empfunden.

Die Entflechtung des Föderalismus, die Zuweisung von trennscharfer Finanzautonomie an die politischen Ebenen, die Stärkung von Autonomie und Transparenz politischer Einheiten, die Schaffung von Freiräumen für politischen Wettbewerb – all dies sind Forderungen, von deren Umsetzung verbesserte Problembewältigungskompetenz, Wissensnutzung und Korrekturfähigkeit der politischen Ordnung und eine Stärkung ihrer demokratischen Verantwortlichkeit abhängen[16]. Ein Politikverständnis, das von der wettbewerblichen Existenz spontan miteinander agierender Einheiten ausgeht und deren Koordination und Selbstkoordination als eigentliches Thema wieder entdeckt[17], also *Wilhelm von Humboldts* klassisches Plädoyer für die „Mannigfaltigkeit der Situationen"[18] aktualisiert, wird den überschaubaren regionalen Räumen und der kommunalen Selbstverwaltung besondere Aufmerksamkeit zuteil werden lassen und damit nicht zuletzt die Kreise als Arenen der Politik wieder entdecken müssen. Starke und mit nachprüfbarer Eigenverantwortung ausgestattete Kreise sind Teil der ordnungspolitischen Lösung, auf die hingearbeitet werden muss. Wer in diesem Sinne Föderalismus und Kommunalismus als non-zentrale Strukturprinzipien einer politischen Ordnung ernst nimmt, muss allerdings auch bereit sein, Ungleichheit der Ergebnisse in Kauf zu nehmen. Wer dagegen größeren Wert auf die Einheitlichkeit oder Gleichwertigkeit der Lebensverhältnisse legt, der muss

---

15 Vgl. hierzu die Reformvorschläge von *Woll*, Reform der Hochschulausbildung durch Wettbewerb, 2001.
16 Als neueren Beitrag zur Debatte um Föderalismus und Finanzverfassung s. *Adam/Franz* (Hrsg.), Instrumente der Finanzpolitik. Grundlagen, Staatsaufgaben, Reformvorschläge, 2003.
17 Ein reizvolles Modell, das über den gewöhnlichen Föderalismus hinausgeht, entwickeln *Frey/Eichenberger*, The New Democratic Federalism for Europe. Functional, Overlapping and Competing Jurisdictions, 1999.
18 *Humboldt, W. von*, Ideen über den Versuch die Grenzen der Wirksamkeit des Staats zu bestimmen, 1995.

sich in letzter Konsequenz gegen föderale und kommunale Autonomie aussprechen.

III. Information und Akzeptanz als restriktive Größen in der Demokratie

Als in den siebziger Jahren über die „Politische Durchsetzbarkeit innerer Reformen"[19] nachgedacht wurde, geschah dies also unter gänzlich anderen ordnungspolitischen Vorzeichen, als dies heute der Fall sein muss. Damals wie heute wird man aber zur Erklärung von Fehlentwicklungen und zur Abschätzung von Reformprozessen zum einen die Einstellungen in der Bevölkerung und zum anderen die Handlungslogiken der politischen Akteure innerhalb der beteiligten Institutionen analysieren müssen.

Unter den Bedingungen des demokratischen Wettbewerbs bilden die Kenntnisse, Werthaltungen und Erwartungshaltungen, die in der Bevölkerung über die Zukunft des Wohlfahrtsstaats vorherrschen, restriktive Bedingungen für Reformstrategien. Information und Akzeptanz, wie sie unter den Bürgern zu großen Sachfragen der Wirtschafts- und Soziapolitik verbreitet sind, erfolgen komplexer und widersprüchlicher, als es selbst die unsentimentale ökonomische Theorie der Politik annimmt. Entgegen klassischer „Rational Choice"-Ansätze beurteilen die Bürger Politik nicht allesamt aus der Sicht rationaler Nutzenmaximierer, sondern man wird Phänomene beobachten, die zur Relativierung der Rationalitätsannahme zwingen: der durchschnittliche Wähler verfügt nur über eine „begrenzte Rationalität", er praktiziert „rationale Ignoranz", weil sich für ihn hohe Informationskosten nicht auszahlen; er strebt nicht nach optimalen Lösungen, sondern gibt sich mit zufrieden stellenden Lösungen aus einer Auswahl bequemer Optionen zufrieden[20]. Vollends zerfließt die Rationalität des Wählers, wenn er von der Politik und seiner persönlichen Wahlentscheidung überhaupt keinen persönlichen Nutzen mehr erwartet oder er noch nicht einmal mehr danach strebt, durch seine Wahlentscheidung Wertorientierungen auszudrücken, sei es, weil er kein Vertrauen mehr in die Politik hat, sei es, weil seine Wertorientierungen zu diffus sind, oder sei es, weil er der Politik aus der Warte des Zuschauers ohnehin nur noch Aufmerksamkeit schenkt, wenn sie sich effektheischend und unterhaltsam genug zu präsentieren versteht.

---

19 *Scharpf*, Politische Durchsetzbarkeit innerer Reformen, 1974.
20 S. als Überblick *Weede*, Mensch und Gesellschaft. Soziologie aus der Perspektive des methodologischen Individualismus, 1992, S. 97-117.

Einstellungen zu wohlfahrtsstaatlichen Reformen können auch aus der psychologischen Perspektive der Entscheidungstheorie („prospect theory") abgeschätzt werden[21]. Die Bereitschaft zu riskanten Veränderungen ist um so größer, je deutlicher der Status quo als Verlustzone betrachtet wird. Unter den Bedingungen eines (noch) leidlich funktionierenden Wohlfahrtsstaats wird dagegen eine hohe Präferenz für den Erhalt des Status quo bestehen. Solange man sich noch in der Gewinnzone sieht, wird der vorhandene Besitz hoch eingeschätzt, Gewinnchancen werden in dieser Situation auf nicht-rationale Weise ungünstiger eingeschätzt als Verlustrisiken. Während man Veränderungen *ex ante* skeptisch gegenübersteht, erfolgt oftmals *ex post* eine wesentlich bessere Beurteilung. Diese Haltungen lassen sich auch durch einen Zuwachs an Information nicht entscheidend beeinflussen. Das erklärt Akzeptanzprobleme von Reformen und legt aus Sicht der politischen Entscheidungsträger zweierlei Strategien nahe: zum einen bei als notwendig und dringend erkannten Reformen nicht zu zaudern, sondern sie schnell und rücksichtslos durchzupauken; zum anderen, solange die Zeit dafür noch reicht, die Zustimmung zu Veränderungen dadurch zu erwerben, dass man Testphasen für einzelne Reformschritte vorsieht oder überschaubare Reformexperimente zulässt, deren Beurteilung im Nachhinein günstiger ausfällt als zu Beginn.

Empirische Untersuchungen über die Akzeptanz von Reformprozessen kommen zu Ergebnissen, die mit diesen theoretischen Überlegungen vereinbar sind. Folgt man einer vergleichenden Umfrage, die *Tito Boeri*, *Axel Börsch-Supan* und *Guido Tabellini* unter dem Titel „Would you like to shrink the welfare state?" vorgelegt haben[22], so unterschätzen zum einen viele Bürger die Höhe der von Arbeitgebern und Arbeitnehmern paritätisch finanzierten Rentenbeiträge und damit auch die Gesamtkosten für die Altersvorsorge, zu der ja auch noch erhebliche Steuerzuschüsse zu rechnen sind. Zweitens ist zwar Pessimismus über die Zukunft der Rentenversicherung verbreitet, doch die Bereitschaft zu Reformen ist um so größer, desto besser die Bürger informiert sind. Drittens spielen ideologische Präferenzen zu Freiheit und sozialer Gerechtigkeit zwar eine gewisse Rolle in den Einschätzungen, vor allem aber beeinflusst die persönliche Betroffenheit die Haltung gegenüber Reformen. Besonders reformscheu sind ältere Arbeitnehmer und Rentner, die von langfristigen Verbesserungen nicht mehr profitieren würden, aber auch solche Arbeitnehmer, die feste, stark geschützte Arbeitsplätze haben. Jüngere, Wohlhabendere und Gebildetere sind dagegen eher für grundlegende Reformen zu gewinnen. Viertens herrscht die Illusion vor, dass die bestehenden Systeme soziale Sicherheit am besten

---

21 *Heinemann*, Die Psychologie begrenzt rationaler Wirtschaftspolitik. Das Beispiel des Reformstaus, Zeitschrift für Wirtschaftspolitik 50 (2001), 96-110.
22 *Boeri/Börsch-Supan/Tabellini*, Would you like to shrink the welfare state? A Survey of European citizens, Economic Policy 32 (2001), 9-44.

gewährleisten könnten. Mehrheitsfähig werden deshalb vor allem solche Reformstrategien sein, die als unabdingbar notwendig zur Sicherung des bestehenden Systems präsentiert werden, aber nicht solche Systemwechsel, wie sie in der Renten- und Krankenversicherung derzeit in Deutschland angestrebt werden müssen.

Vor diesem Hintergrund spricht wenig dafür, dass die Reform des Wohlfahrtsstaats vorausschauend und nachhaltig betrieben wird. Man wird sich solange mit kurzfristigen Symptombehandlungen und Verschleierungsstrategien behelfen, bis der kritische Punkt im Sinne eines Staats- und Sozialversicherungsbankrotts erreicht ist. Für die Rentenversicherung lässt sich in Anlehnung an den Finanzwissenschaftler *Charles Beat Blankart* folgendes Szenario entwerfen[23]: Je stärker der Anteil der Rentenbezieher wächst, desto höher werden die Staatsausgaben absolut und pro Kopf ansteigen müssen, es sei denn, dass andere Staatsausgaben entsprechend reduziert werden. Je stärker aber die Staatseinnahmen pro Kopf steigen werden, desto stärker muss auch die Abgabenbelastung pro Kopf und absolut steigen. Allerdings gibt es einen Punkt, von dem an die höhere Abgabenbelastung pro Kopf nicht mehr zu höheren Erträgen des Staates führt, sondern sich die Belasteten diesem Abgabendruck durch Schwarzarbeit, Auswanderung von Arbeitsplätzen und Investitionen oder nachlassendes unternehmerisches Engagement entziehen werden. Es spricht viel dafür, dass der Punkt schon überschritten worden ist, an dem die Abgabenbelastung zur signifikanten Beeinträchtigung der wirtschaftlichen Entwicklung und damit auch der Einnahmen des Staates geführt hat. Die Zustimmung zu der umlagefinanzierten Rentenversicherung wird allerdings solange anhalten, wie dieser kritische Punkt nicht als erreicht wahrgenommen wird. Sie wird sich sogar noch verhärten, denn in dem Augenblick, in dem die zu verteilende Menge knapper wird, werden die Betroffenen um so stärker auf die Verteidigung von bislang garantierten Ansprüchen drängen. Das Vertrauen in das Sozialsystem wird erst dann drastisch sinken, wenn die Finanzierungskrise ungeschminkt und in aller Härte ans Tageslicht tritt. Dann allerdings wird die ökonomische und politische Destabilisierung um so dramatischer sein.

IV. Parteienwettbewerb und Wohlfahrtsstaat

Aus dem Prinzip der Demokratie ergeben sich also erhebliche Restriktionen für ordnungspolitische Reformprozesse, die noch zunehmen, wenn man denjenigen

---

23 *Blankart*, Zur politischen Ökonomik von Rentenentscheiden. Warum Reformen verzögert werden, Wirtschaftswissenschaftliches Studium 31 (2002), 181-186.

institutionellen Wirkungszusammenhang betrachtet, der sich aus dem Parteienwettbewerb, dem Wohlfahrtsstaat und dem kartellhaft erstarrten Föderalismus ergibt. Der „demokratische und soziale Bundesstaat", wie ihn das Grundgesetz in einer harmonischen Formulierung normiert, hat zwar im Laufe der Jahrzehnte eine eindrucksvolle Stabilisierungs- und Integrationsleistung erbracht, die inzwischen leicht als selbstverständlich übersehen wird[24]. Allerdings zeichnet er sich auch dadurch aus, dass er sachgerechte Anpassungsstrategien erschwert. Manche Fehlentwicklungen wird man dabei dem Grundgesetz anlasten müssen, manches verweist aber auch auf Verhaltensweisen, die die politischen Akteure zur kunstvollen Umspielung verfassungsrechtlicher Vorgaben entwickelt haben[25].

Im politischen Wettbewerb der Demokratie neigen Parteien und Kandidaten für öffentliche Ämter dazu, einzelne Zielgruppen mit maßgeschneiderten Angeboten anzusprechen, um eine mehrheitsfähige Koalition von divergierenden Interessen hinter sich zu scharen. In allen Demokratien haben sich zwei Tendenzen durchgesetzt, die diesem prosaischen Demokratieverständnis entsprechen. Zum einen hat die Staatstätigkeit quantitativ enorm zugenommen – und dies deutlich stärker, als es aus ökonomischer Sicht zur Bereitstellung öffentlicher Güter zweckmäßig gewesen wäre[26]. Zum anderen hat sich auch der Charakter der Staatstätigkeit gewandelt. Das klassische Rechtsstaatsideal, demzufolge der Staat allgemeingültige, auf Dauer angelegte Regeln zum Schutz von Recht, Leben und Eigentum des Einzelnen bereitstellen soll, wurde durchbrochen zugunsten eines interventionistischen Staatsverständnisses, das dem Staat die Austeilung materieller oder rechtlicher Güter anhand politisch definierter Maßstäbe zuordnete. Infolgedessen nahm die Abgabenbelastung in Demokratien stark zu und hat sich ein Steuersystem entwickelt, das aus Gründen der politischen Rationalität in all seinen Wirkungen intransparent, willkürlich und widersprüchlich ist sowie schädliche Lenkungswirkungen und Hemmungen zeitigt. Die Verteilungskapazitäten werden durch die Schaffung und Aufrechterhaltung staatlicher Monopole und die Ausgrenzung von Wettbewerb vergrößert. Quersubventionierungen führen dazu, übrigens auch im Bereich der kommunalen Daseinsvorsorge, dass Kosten verschleiert und Verteilungsillusionen genährt werden[27].

---

24 *Sontheimer*, So war Deutschland nie. Anmerkungen zur politischen Kultur der Bundesrepublik, 1999.
25 *Papier*, Überholte Verfassung?, FAZ vom 27.11.2003.
26 Als Übersicht zu ökonomischen Studien zur optimalen Staatsgröße s. *Walker*, Wieviel Staat muß sein?, 1998.
27 *Blankart*, Daseinsvorsorge ökonomisch betrachtet, Zeitschrift für Wirtschaftspolitik 51 (2002), 28-41.

Der Trend zum demokratischen Besteuerungs-, Regulierungs- und Wohlfahrtsstaat wird durch den wachsenden Einfluss von Interessengruppen und Verbänden verstärkt, deren Einfluss in Verteilungskoalitionen je nach Organisations-, Artikulations- und Durchsetzungsfähigkeit und wahlstrategischer Attraktivität stark variiert. Die diversen Eingriffe und Garantien des Wohlfahrtsstaats gehen daher nicht selten an den bedürftigen Zielgruppen vorbei, gewährleisten Insiderschutz für organisierte Interessen und verstärken damit paradoxerweise soziale Exklusion. Das Arbeits- und Tarifrecht beispielsweise nützt in diesem Sinne den bereits Beschäftigten weit mehr als den Arbeitslosen, für die die Marktzutrittshürden künstlich hochgehalten werden[28]. Zwar ist ein gesunder Pluralismus für eine Demokratie unverzichtbar, er muss aber zum Problem werden, wenn die Interessengruppen sich eines Staats bemächtigen, der sich selbst immer weniger Schranken auferlegt und moderne Formen der Pfründenwirtschaft ermöglicht. Die deutsche Arbeitsverwaltung ist ein herausragendes Beispiel dafür, wie umfangreiche Bürokratien durch Verbände, die selbst erhebliche Mittel von der Verwaltung empfangen, zumindest teilweise kontrolliert und vor aufgabenkritischen Reformen abgeschirmt werden können.

Interventionistische Aktionen wie die vorübergehende „Rettung" des Bauunternehmens Holzmann 1999, bei denen es um unmittelbar greifbare Resultate von politischen Eingriffen geht, lassen sich dem demokratischen Publikum aus nahe liegenden Gründen besser vermitteln als eine ordnungspolitische Haltung, bei der die Politik auf punktualistische Eingriffe verzichtet, weil sie weiß, dass deren Summierung auf lange Sicht zu erheblichen Störungen der wirtschaftlichen und sozialen Ordnung führen muss. Ist der Damm der Ordnungspolitik erst einmal durch demokratischen Interventionismus und Punktualismus aufgeweicht worden, wird man die eingedrungenen Wassermassen nur schwer wieder los. Die Bundesrepublik ist nach und nach in einen Zustand ordnungspolitischer Verwahrlosung abgeglitten, der bequeme Anspruchshaltungen und „Neidökonomie"[29] befördert, der Gruppeninteressen abschirmt, der unsozial, ineffektiv und teuer ist. Nicht zuletzt engt er auch durch seine Ausgaben für konsumtive Sozialpolitik den Spielraum für Investitionen in Bildung oder Infrastruktur – und daher nicht zuletzt auch den Spielraum für Kommunalpolitik – im internationalen Vergleich drastisch ein[30]. Der politische Wettbewerb wirkt insofern nur als ein an Wahlterminen orientierter Ausgabenwettbewerb, dagegen werden die individuellen Belastungen und die langfristigen Gesamtkosten des demokrati-

---

28 *Starbatty*, Fehlentwicklungen der Sozialen Marktwirtschaft, in: Morath (Hrsg.), Verlässliche soziale Sicherung, 1998, S. 37-46.
29 *Schwarz/Nef* (Hrsg.), Neidökonomie: wirtschaftspolitische Aspekte eines Lasters, 2000.
30 *Schmidt, M.*, Warum Mittelmaß? Deutschlands Bildungsausgaben im internationalen Vergleich, PVS 43 (2002), 3-19.

schen Punktualismus hinter einer dichten Nebelwand komplexer Besteuerungsvorschriften verborgen: diese „Fiskalillusion"[31] ist politisch rational.

V. Kartellföderalismus und Politikverflechtung

Die demokratische Logik des Parteienwettbewerbs und des Wohlfahrtsstaats erschwert nicht nur notwendige Reformprozesse, sondern bewegt sich von der ordnungspolitischen Zielrichtung weg. Der Trend hin zu einer geschlossenen, zentralistischen, nichtspontanen, unkreativen Ordnung verstärkt sich noch, wenn man die lähmende Wirkung des deutschen Föderalismus berücksichtigt. Ihn zeichnet die kontinuierliche Zurückdrängung des zu Beginn ohnehin nur schwach ausgeprägten Wettbewerbsgedankens und das Vordringen kartellhafter Strukturen aus. Dies war 1949 im Grundgesetz schon teilweise angelegt, einen enormen Schub hat die Entwicklung durch die Verfassungsänderungen der Großen Koalition 1968/1969 erfahren. Nach 1990 haben sich die finanzielle und die politische Dimension der Problematik noch verschärft[32].

Dazu hat zum einen der Zentralisierungsdruck durch den Bund beigetragen. Neben der Tatsache, dass er inzwischen die konkurrierende Gesetzgebung weitgehend ausgeschöpft hat, trägt dazu auch die Neigung bei, sich bei der Vergabe von Mitteln an nachgeordnete Ebenen durch zweck- oder projektgebundene Zuweisungen auch auf deren originäre Kompetenzen Zugriff zu verschaffen und die eigenen Kontroll- und Einflussmöglichkeiten zu erhöhen. Die Länder stehen ihrerseits nicht nach, mittels zweckgebundener Fördermittel trojanische Pferde in die Kommunalpolitik einzuschleusen.

Es gibt aber auch einen Verflechtungs- und Zentralisierungsdruck von unten. Die Länder haben ihrer schleichenden Entmachtung und der Bildung eines föderalen Steuerkartells freiwillig zugestimmt[33]. Durch den Verzicht auf Finanzautonomie und durch die Einschränkung ihres ohnehin geringen gesetzgeberischen Spielraums durch Rahmengesetzgebung und Bund-Länder-Gemeinschaftsaufgaben konnten sie sich gegen wechselseitigen Wettbewerbsdruck abschotten[34]. Vor allem aus Sicht der Ministerpräsidenten war der Trend von der Selbstbestimmung zur Mitbestimmung attraktiv. Durch vertikale Politikver-

---

31 *Puviani*, Die Illusionen in der öffentlichen Finanzwirtschaft, 1960.
32 *Wachendorfer-Schmidt*, Politikverflechtung im vereinigten Deutschland, 2003.
33 *Blankart*, The Process of Government Centralization: A Constitutional View, Constitutional Political Economy 11 (2000), 27-39.
34 *Pitlik/Schmid*, Zur politischen Ökonomie der föderalen Finanzbeziehungen in Deutschland, Zeitschrift für Wirtschaftspolitik 49 (2000), 100-124.

flechtung zwischen Bund und Ländern konnten externe Abhängigkeiten und Vetokonstellationen geschaffen und auf diese Weise umstrittene Regelungen zementiert werden, die ansonsten im Rahmen landespolitischer Autonomie leichter in Frage zu stellen wären. Dabei wird man sich meist nur auf niedrige Standards verständigen können, die fortan hohen Bestandschutz genießen, während abweichende Lösungen nur mit Zustimmung aller Beteiligten erprobt werden können. Eine ähnliche Wirkung entfalten die freiwilligen Selbstfesselungen, auf die sich die Länder untereinander im Sinne einer horizontalen Politikverflechtung verständigen. Der Preis dafür ist allerdings ein Immobilismus, der dynamische Experimente und Lösungen ausschließt und viel dezentrales Wissen, das in den Ländern und Kommunen vorhanden ist, brach liegen lässt.

Einigungschancen lassen sich im deutschen Föderalismus vor allem durch zwei Mittel erhöhen: zum einen durch die Einbeziehung einer möglichst großen Zahl von sachlich völlig unverbundenen Fragen, mit deren Hilfe Kompromisslösungen gezimmert und Verhandlungspakete geschnürt werden können; zum anderen durch Vorabgarantien für Positionen, die von einem oder mehreren der beteiligten Veto-Akteure als sakrosankt erklärt werden. Beides konnte im Rahmen der Neuverhandlung des Finanzausgleichs geradezu lehrbuchartig beobachtet werden: zunächst erlangte die Bundesregierung im Sommer 2000 die Zustimmung einiger Bundesländer zur Steuerreform, indem sie im Gegenzug Zusagen für die bevorstehenden Finanzausgleichsverhandlungen machte, im folgenden Jahr gelang die Einigung auf den Finanzausgleich im Wesentlichen deshalb, weil die Bundesregierung durch erhöhte Zuschüsse gewährleistete, dass keines der Bundesländer eine Verschlechterung seiner Position erwarten musste. Anfallende Kompromisskosten werden dabei nicht selten an unbeteiligte Dritte, etwa Unternehmen oder Kommunen, abgewälzt.

Die Handlungslogik dieser „Politikverflechtung"[35] ist immer schwieriger aufzulösen. *Fritz Scharpf* definierte sie daher nicht ohne Grund „als eine zwei oder mehr Ebenen verbindende Entscheidungsstruktur, die aus ihrer institutionellen Logik heraus systematisch (also über die allgemeinen Defizite der »bounded rationality« und pluralistischer Konflikt-Konsens-Prozesse hinaus) ineffiziente und problemunangemessene Entscheidungen erzeugt, und die zugleich unfähig ist, die institutionellen Bedingungen ihrer Entscheidungslogik zu verändern – weder in Richtung auf mehr Integration noch in Richtung auf Desintegration"[36]. Politikverflechtung innerhalb eines solchen Mehrebenen-Systems besitzt schädlichere Wirkungen als ein simpler Zentralismus, vor allem lässt sich empirisch gut nachweisen, dass die Schaffung eines Steuerkartells, wie es in Deutschland

---

35 *Scharpf*, Theorie der Politikverflechtung, in: ders./Reissert/Schnabel, Politikverflechtung: Theorie und Empirie des kooperativen Föderalismus in der Bundesrepublik, 1976, S. 13-70.
36 *Scharpf*, Optionen des Föderalismus in Deutschland und Europa, 1994, S. 44.

zweifelsohne besteht, insgesamt zu einer höheren Staatsquote und zu einer höheren Steuerbelastung führt als föderale Systeme, in denen Wettbewerb und Autonomie der Gliedstaaten und der Kommunen stärker verwirklicht sind[37]. Sind aus ökonomischer Sicht also erhebliche Kosten- und Effizienzprobleme des deutschen Föderalismus zu konstatieren[38], so ist aus politiktheoretischer Sicht darüber hinaus festzuhalten, dass die Verschleierung von zuweisbarer Verantwortung innerhalb eines vielfach ineinander verschränkten föderalen Systems auch ein erhebliches Demokratiedefizit hervorruft.

Die Verhandlungs- und Entscheidungsprozesse in Deutschland gewinnen ihre besondere Komplexität dadurch, dass in ihnen sowohl das föderale als auch das parteiendemokratische Prinzip zum Tragen kommt. Ist die föderale Ordnung Deutschlands meist nur mit Hilfe konsensualer Verfahren entscheidungsfähig, so wird die Parteiendemokratie in einem hohen Maße von wettbewerblichen Verhaltensmustern dominiert. Politik in Deutschland bewegt sich, nicht zuletzt wegen der spezifischen Rolle des Bundesrates, in zwei Arenen, denen mit Konsens und Konflikt zwei unterschiedliche Handlungslogiken zugrunde liegen. Hierbei entstehen, wie *Gerhard Lehmbruch*[39] es umschrieben hat, in unregelmäßigen Abständen tektonische Verwerfungen, sprich Entscheidungsblockaden. Erschwerend kommt hinzu, dass zum einen die Mehrheitsbildungen im Bundestag seit 1994 ausgesprochen knapp ausgefallen sind und die jeweiligen Bundesregierungen über nur geringe Reserven zur Überbrückung von Widerständen verfügten, und dass zum zweiten ein Trend zu gegenläufigen Mehrheitsbildungen im Bundestag einerseits und in den Landtagen und im Bundesrat andererseits zu beobachten ist.

Die institutionellen Restriktionen sind angesichts der Vielzahl von Vetospielern und Mitregenten so verwickelt, dass man an das Regieren als Führungskunst keine allzu großen Erwartungen richten darf. Die Entscheidungskorridore sind merklich eingeengt worden, und neben klassischen durchsetzungsorientierten oder administrativen Führungsmethoden hat sich ein subtiles, behutsames und stets publikumsorientiertes Gelegenheitsmanagement herausgebildet, dessen Merkmale der Politikwissenschaftler *Karl-Rudolf Korte* mit folgenden Begriffen umschrieben hat: gespielte Kohärenz trotz wachsender Binnenkomplexität des Regierens, Machtzentralisierung, Stilles Regieren, Netzwerkpflege, Chefsa-

---

37 *Blankart*, Zehn Thesen zur Zentralisierung der Staatstätigkeit, in: Morath (Hrsg.), Reform des Föderalismus. Beiträge zu einer gemeinsamen Tagung von Frankfurter Institut und Institut der deutschen Wirtschaft, 1999, S. 145-149.
38 *Berthold/Drews/Thode*, Die föderale Ordnung in Deutschland – Motor oder Bremse des wirtschaftlichen Wachstums?, Zeitschrift für Wirtschaftspolitik 50 (2001), 113-140.
39 *Lehmbruch*, Parteienwettbewerb im Bundesstaat. Regelsysteme und Spannungslagen im politischen System der Bundesrepublik Deutschland, 3. Aufl. 2000.

chen-Mythos, Telepolitik, Charme der Ressource Außenpolitik, Ideen-Management[40]. Es handelt sich hierbei um säkulare Trends, die bei *Kohl* und *Schröder* ebenso zu beobachten waren wie im Vergleich deutscher Bundeskanzler mit amerikanischen Präsidenten oder britischen Premierministern. Behutsames Moderieren, Treibenlassen von Debatten, ideologische Wurzellosigkeit, geduldiges Zuwarten und Ausnutzen von Gelegenheiten, Überlagerung von Sachentscheidungen durch Informationsentscheidungen, von Sachpolitik durch Darstellungspolitik, das Vorherrschen virtueller, inszenierter oder ornamentaler Politik, während substantielle Gestaltungsfragen nur noch bruchstückhaft öffentlich diskutiert werden, und anderes mehr gehört zum Regieren der Gegenwart dazu. Auch die Phänomene der Entparlamentarisierung und Informalisierung sind in diesem Zusammenhang zu nennen. Die Tendenz, verfassungsmäßige Verfahren durch informelle, neokorporatistische oder konsensuale Verhandlungsarenen wie das längst vergessene „Bündnis für Arbeit" zu umspielen, hat sich erwartungsgemäß – trotz gewisser Differenzierungen, die im Detail geboten sind – als Fehlschlag erwiesen[41].

Für missionarische Reformer vom Schlage *Ludwig Erhards* oder *Margaret Thatchers*, die einen unbedingten Willen zur Reform besitzen und mit offenem Visier ihr Programm verfechten, sind die Voraussetzungen in Deutschland denkbar ungünstig, auch wenn von schonungslosen Rosskuren im Stile *Thatchers* in Deutschland heilsame Wirkungen zu erwarten wären[42]. Man wird hierzulande eher auf den Typus des opportunistischen Reformers setzen müssen, wie er in jüngerer Zeit vielleicht am ehesten von *Bill Clinton* verkörpert wurde, der im Weißen Haus zunächst zwei Jahre voller Misserfolge und Pannen verbrachte, bevor ihn ein historisches Wahldebakel bei der *mid-term election* 1994 und sein politischer Instinkt dazu brachte, sich das wirtschafts- und finanzpolitische Programm der Opposition zu eigen zu machen und in der Folgezeit eine doch recht beachtliche Bilanz zu erwirtschaften.

VI. Einige realistische Konsequenzen

Mit den Anspruchshaltungen, Informationslücken und Akzeptanzproblemen der Bevölkerung, der aus dem demokratischen Parteienwettbewerb erwachsenden

---

40 *Korte*, Regieren, in: ders./ Weidenfeld (Hrsg.), Deutschland-TrendBuch. Fakten und Orientierungen, 2001, S. 515-546.
41 *Jochem/Siegel* (Hrsg.), Konzertierung, Verhandlungsdemokratie und Reformpolitik im Wohlfahrtsstaat. Das Modell Deutschland im Vergleich, 2003.
42 *Geppert*, Maggie Thatchers Rosskur – Ein Rezept für Deutschland?, 2003.

Staatstätigkeit sowie mit den zum Kartell erstarrten Verhandlungsstrukturen des Föderalismus sind drei wichtige Erklärungsansätze dafür geliefert, warum die Bundesrepublik nicht nur durch ein hohes Maß an Entscheidungsträgheit gekennzeichnet ist, sondern warum darüber hinaus die Entscheidungsprozesse in Verschleppung, Verschleierung und Verschärfung von Problemlagen münden. Wo liegen nun Ansatzpunkte für eine realistische Durchsetzungsstrategie von ordnungspolitischen Reformen der Wirtschafts- und Sozialordnung und der föderativen Institutionen? Einige taktische Überlegungen, aber auch einige Optionen für institutionelle Veränderungen drängen sich auf:

(1) *Leidensdruck:* Das Vorhandensein einer Notlage von nationaler Bedeutung kann Reformen erleichtern, doch offenbar ist der objektive Leidensdruck in Deutschland noch nicht groß genug, um bemerkenswerte Abweichungen von kleinteiligen Entscheidungsprozessen zu erzwingen. Weder die anhaltend hohe Arbeitslosigkeit noch die steigenden Kosten der Sozialversicherungssysteme noch der stattfindende finanzielle Kollaps der Kommunen sind bislang als reformauslösendes Moment dramatisch genug.

(2) *Themensteuerung und Aufmerksamkeitsmanagement:* Taktische Erfolgschancen von politischen Reformen können auch von dem Grad der Aufmerksamkeit abhängen, der ihnen entgegengebracht wird. Gelingt es den beteiligten Entscheidungsträgern, schwierige und schwer vermittelbare Veränderungsprozesse durch geschickte Integration der Interessengruppen im Windschatten anderer Sachthemen zu verfolgen, so steigen die Chancen auf sachgerechte Entscheidungen. Fokussierte und emotionalisierte Aufmerksamkeit, die sich womöglich nur an einem besonders medienträchtigen Nebenaspekt entzündet, kann den Entscheidungsprozess verkomplizieren, bisweilen aber auch durch geschicktes Aufmerksamkeitsmanagement Zustimmung für größere Vorhaben einwerben. Die Erfahrung zeigt, dass sachlich anspruchsvolle Verwaltungsreformen sich politisch leichter steuern lassen, wenn man darauf verzichtet, sie mit emotional aufwühlenden Gebietsreformdebatten zu verknüpfen.

(3) *Übereinstimmende Status quo-Einschätzungen und Nutzenerwartungen:* Begünstigend wirkt es, wenn der Status quo allgemein als die schlechtere Lösung wahrgenommen wird und die Akteure in ihren Nutzenerwartungen übereinstimmen. Risikobereitschaft und Offenheit für neue, unsichere Lösungen sind um so größer, je tiefer man in einer Verlustzone steckt und von einer Veränderung des Status quo mehr zu erhoffen als zu befürchten hat. Wer sich im Status quo bequem eingerichtet hat, wird sich dagegen nur zu Neuerungen verleiten lassen, wenn die Gewinnerwartungen deutlich über den Verlustrisiken liegen. Da nicht alle Bundesländer, Kreise und Kommunen um jeden Preis bereit sein werden, das Risiko der finanziellen oder sachlichen Eigenverantwortung einzugehen, werden auf Entflechtung zielende Konzepte vor allem dann erfolgreich sein, wenn die Risiken der Akteure minimiert werden, etwa derge-

stalt, dass der Bund Einnahmegarantien oder andere Hilfen zumindest vorübergehend bereitstellt. Dies wäre zu verantworten, wenn die damit verbundenen Kosten durch die entstehenden Vorteile einer Entflechtung aufgewogen werden können. Am ehesten werden solche Strategien durchsetzbar sein, die auf behutsame Flexibilisierung und Öffnung setzen, ohne vorhandene Strukturen grundsätzlich in Frage zu stellen[43]. Zeitlich befristete Experimentierklauseln oder sachlich begrenzte Öffnungsklauseln mit Vereinbarungen zur nachträglichen Überprüfung können dazu beitragen, die Akzeptanz für Veränderungen zu erhöhen. Dies ist allerdings ein mühsames Geschäft, dem in der Praxis enge Grenzen gesetzt sind, wie etwa die „Standardöffnungsgesetze" in einigen Bundesländern zeigen. Es wird gewissermaßen darauf ankommen, schmackhafte Köder auszulegen, um Entscheidungsträger des Parteienwettbewerbs, des Wohlfahrtsstaats und des Kartellföderalismus auf neue Pfade institutioneller, ökonomischer und sozialer Entwicklung zu locken.

(4) *Neudefinition des Status quo:* Die Chancen auf Reformen können sich vergrößern, wenn es gelingt, den Status quo neu zu definieren und damit die vorherrschenden Einschätzungen zu verändern. Die Globalisierung hat insofern heilsame Wirkungen, als sie eine Wettbewerbssituation schafft, die zur Revision von festgefahrenen Einschätzungen zwingt. Als verfassungsmäßiger Akteur, der einen Status quo neu bewerten und damit Reformimpulse geben kann, kommt das Bundesverfassungsgericht in Frage. Durch die Nichtigerklärung von Gesetzen kann es Entscheidungsträger dazu veranlassen, Reformen anzustreben. Freilich liegen hier Grenzen: einerseits im verfassungspolitischen Gebot eines „judicial restraint", also einer Kultur der Zurückhaltung des Verfassungsgerichts, zum anderen aber auch in der simplen Erkenntnis, dass nicht jeder Reformstau verfassungswidrig ist.

(5) *Europa, aber richtig:* In noch stärkerem Maße war in der Vergangenheit die Europäische Union in der Lage, Reformen in Deutschland zu erzwingen. Nicht wenige Deregulierungen wurden durch EU-Normen veranlasst. Allerdings gilt dieser positive Effekt der EU vor allem, soweit diese sich auf die Durchsetzung der Binnenmarktfreiheiten beschränkt. Je mehr die EU allerdings zum europäischen Wohlfahrtsstaat ausgebaut wird, desto eher ist zu erwarten, dass die Strukturprobleme europäisiert werden. Es ist daher nur ein schwacher Trost, dass mit Hilfe der europäischen Integration die Entscheidungshemmnisse der föderalen Politikverflechtung umspielt werden und der Entscheidungsraum des deutschen Föderalismus zusammenschmilzt, denn längst hat die Überintegration

---

43 *Schmidt, M.*, Thesen zur Reform des Föderalismus in Deutschland, PVS 42 (2001), 474-491.

vieler Politikfelder eine zusätzliche Dimension der Verflechtungsproblematik erzeugt[44].

(6) *Steuerfinanzierung statt Umlagefinanzierung:* Im internationalen Vergleich zeigt sich, dass die Reform der Staatstätigkeit dann am ehesten gelingt, wenn der Wohlfahrtsstaat überwiegend steuerfinanziert ist. Umlagefinanzierte Sozialversicherungssysteme wirken wie Kettenbriefe, da sie über die Erhebung von Beiträgen langwirkende Ansprüche begründen, deren Einlösung von künftigen Beiträgen abhängt, und sind nur sehr viel langsamer und mühsamer zu reformieren. Ein kapitaler Fehler war daher die Einführung der Pflegeversicherung als umlagefinanzierte Zwangsvorsorge.

(7) *Konstitutionelle Regeln und Schranken:* Einiges Potential bietet die Frage, inwieweit durch neue konstitutionelle Regeln Akteure zu Anpassungsstrategien gezwungen werden können, sobald Fehlentwicklungen eingetreten sind. Die Verschuldungsgrenzen des Grundgesetzes oder des europäischen Wachstums- und Stabilitätspaktes stellen in diesem Sinne offenbar recht unwirksame Regelungen dar, da sie nicht oder nur unzulänglich sanktionsbewehrt sind. Vorstellbar sind zur Begrenzung der Staatstätigkeit sowohl prozedurale als auch materielle Vorschriften. Diese werden am wirksamsten sein und Vermeidungsstrategien vorbeugen können, wenn sie gleichermaßen Besteuerungsgrenzen, Ausgabengrenzen und Verschuldungsgrenzen bestimmen[45]. Das von den Kommunen geforderte Konnexitätsprinzip ist in diesem Zusammenhang zu diskutieren. Hier wäre darauf zu achten, dass Verstöße gegen ein etwaiges Verfassungsgebot auch sanktionsfähig sind, d. h. dass den Kommunen eine unstrittige Klagebefugnis zugebilligt wird und dass sich aus Verstößen auch eindeutige Ausgleichsansprüche ergeben.

(8) *Selbstbestimmung statt Mitbestimmung im Föderalismus:* Vieles spricht dafür, dass Entscheidungshürden in Deutschland gesenkt werden können, wenn die Zahl der zustimmungspflichtigen Gesetze und Verordnungen und damit die Rolle des Bundesrates eingeschränkt wird. Allerdings folgt die jetzige Funktion des Bundesrates einer verfassungspolitischen Logik, die sich daraus ergibt, dass die Bundesländer meist für die Ausführung der Bundesgesetze verantwortlich sind. Die Stutzung des Bundesrates muss daher konsequenterweise auch mit einem Rückbau dieser Verflechtung einhergehen, d. h. Gesetzgebungskompetenz und Ausführungskompetenz sollten jeweils auf derselben Ebene angesiedelt sein. Erst auf dieser Basis ließe sich dann auch diskutieren, ob für die zweite Kammer nicht eine Senatslösung angemessener wäre. Wenig Bedeutung ist demgegenüber einer Neugliederung der Bundesländer beizumessen.

---

44 *Sturm/Pehle*, Das neue deutsche Regierungssystem, 2001.
45 *Wagschal*, Verfassungsbarrieren als Grenzen der Staatstätigkeit, Schweizerische Zeitschrift für Politikwissenschaft 8 (2002), 51-78.

(9) *Stärkung der non-zentralen Einheiten:* Diese schärfere Trennung der föderalen Kompetenzordnung im Sinne einer institutionellen und demokratischen Kongruenz sollte mit einer Schwerpunktverlagerung zugunsten der Bundesländer und Kommunen einhergehen. Für die Stärkung der Länderkompetenzen in der Gesetzgebung kommt insbesondere eine Auflösung der Rahmengesetzgebung und der Bund-Länder-Gemeinschaftsaufgaben in Betracht. Es empfiehlt sich auch eine kritische Durchsicht der konkurrierenden Gesetzgebung. Die Rückübertragung von Zuständigkeiten an die Länder wäre hier eine saubere Lösung, Öffnungsklauseln für Ländergesetzgebung sind zwar vermutlich leichter durchsetzbar, liefen allerdings auf eine Rahmengesetzgebung in neuem Gewande hinaus. Die Zusammenführung von Arbeitsmarktpolitik und Sozialpolitik auf Kreisebene kann in diesem Sinne zur Stärkung der kommunalen Verantwortung beitragen.

(10) *Finanzautonomie und obligatorische Direktdemokratie:* Eine Entflechtung und Dezentralisierung der Finanzverfassung sollte jeder politischen Ebene eine substantielle Einnahmequelle zuweisen, deren Höhe als Gradmesser politischer und administrativer Effizienz dienen kann – sei es durch eine faktische Erweiterung des Steuerfindungsrechts, sei es durch variable Hebesätze. Letzteres erscheint vor allem im Zusammenhang mit einer anzustrebenden Vereinfachung des Steuersystems sinnvoll, allerdings sollte sich der Steuerwettbewerb idealerweise nicht nur auf die Höhe, sondern auch auf die Art der Besteuerung erstrecken können. Gesetzgebungskompetenzen und Finanzhoheit trennschärfer und dezentraler zu gestalten, wird vor allem dann nützliche ökonomische Effekte entfalten, wenn sie mit direktdemokratischen Entscheidungsverfahren gekoppelt werden. Direkte Demokratie stärkt allerdings nicht notwendigerweise und in jeder Form die Fähigkeit eines politischen Systems zur Durchführung von Reformen. Wenn direkte Demokratie als Entscheidung über Sachfragen eingerichtet wird, wirken Referenden über Gesetze zeitverzögernd und blockierend, während Volksinitiativen mobilisierende Wirkungen haben. Einseitig umverteilende Maßnahmen haben in der direkten Demokratie geringere Chancen als solche Vorhaben, deren Nutzen für die Mehrheit der mobilisierten Wähler greifbar ist. Direkte Demokratie wirkt sich vor allem dann dämpfend auf Staatstätigkeit aus, wenn die Besteuerung unter der Voraussetzung einer transparenten und trennscharfen Finanzautonomie von direktdemokratischer Zuständigkeit abhängig gemacht wird[46].

---

46 *Wagschal/Obinger*, Der Einfluss der Direktdemokratie auf die Sozialpolitik, PVS 41 (2000), 466-497.

Zweiter Abschnitt

Auswirkungen der Föderalismusreform auf die Kommunen

Friedrich Schoch

Die Sicherung der kommunalen Selbstverwaltung als Föderalismusproblem

I. Bund und Kommunen

1. Der deutsche Föderalismus als „Falle" für die kommunale Selbstverwaltung

Als der Bund durch das Schwangeren- und Familiengesetz[1] mit Wirkung zum 1. Januar 1996 den – sozialpolitisch sicherlich wünschenswerten – Rechtsanspruch auf einen Kindergartenplatz (§ 24 Satz 1 SGB VIII)[2] geschaffen hatte, meinte *J. Isensee*, der Bund habe „seine Rechnung ohne die Wirte gemacht, ohne die Länder. Sie haben die Gesetzgebungs- und Verwaltungskompetenz. Nur sie können einen Rechtsanspruch auf den Kindergartenplatz auch auf der Ebene der Kommunen durchsetzen, die, ungeachtet der Selbstverwaltungsgarantie, ihrer Gesetzgebungshoheit und Aufsicht unterliegen"[3].

Inzwischen wissen wir, dass das Bundesverfassungsgericht diese Rechtsauffassung – jedenfalls was die Sachregelungsbefugnis betrifft – nicht teilt. Das Gericht qualifiziert den Kindergarten als primär „fürsorgende Betreuungseinrichtung" und verschafft dem Bund dadurch die Gesetzgebungskompetenz gemäß Art. 74 Abs. 1 Nr. 7 GG („öffentliche Fürsorge")[4]. Überzeugend ist das zwar nicht[5], doch die kommunale Praxis muss einstweilen damit leben. Es bleibt nur die Erwartung, dass sich neuere (d. h. nach dem „PISA-Schock" gewonnene) fachwissenschaftliche Erkenntnisse durchsetzen werden und der Kindergarten als Bildungseinrichtung begriffen wird[6]. Die Konsequenzen für die Gesetzgebungskompetenz liegen auf der Hand.

---

1 Gesetz vom 27.07.1992, BGBl. I S. 1398.
2 Monographisch dazu *Bock-Pünder*, Rechtsanspruch auf Besuch eines Kindergartens, 1998; *Mönch-Kalina*, Der Rechtsanspruch auf den Besuch eines Kindergartens, 2000.
3 *Isensee*, DVBl. 1995, 1 (9).
4 *BVerfGE* 97, 332 = DVBl. 1998, 699; dazu Bespr. *Jestaedt*, DVBl. 2000, 1820 ff.
5 Zutreffend *BayVerfGHE* 29, 191 = BayVBl. 1977, 81.
6 *Schoch/Wieland*, Aufgabenzuständigkeit und Finanzierungsverantwortung öffentlicher Bildungs- und Betreuungsmaßnahmen für Kinder, 2004, S. 55 ff.

Mit diesem einleitend nochmals in Erinnerung gerufenen Beispiel soll keineswegs die Diskussion um die Einführung des Rechtsanspruchs auf einen Kindergartenplatz neu belebt werden. Es geht hier vielmehr um die damit verbundene strukturelle Dimension der bundesrechtlichen Aufgabenzuweisung an Kommunen[7]: den finanzwirksamen unmittelbaren Durchgriff des Bundes auf die kommunale Ebene[8]. Dafür bietet gerade der Sozialleistungsbereich anschauliche Beispiele[9]. Die Entwicklung zeigt, dass die Rolle der Kommunen bei der Reform der Sozialsysteme eher noch zunehmen wird[10]. Immer ist dabei im Blick zu halten, dass der Bund entscheidet und kommunale Selbstverwaltungsträger (zumindest teilweise) mit der Aufgaben- und Ausgabenverantwortung belastet werden. Die Konsequenzen für die finanziellen Grundlagen kommunaler Selbstverwaltung werden bei der Aufrechterhaltung des Mottos „Weiter so!" verheerend sein.

Unterschätzt werden gegenwärtig noch die Auswirkungen der sich abzeichnenden stärkeren Einmischung des Bundes in die Bildungspolitik für die kommunale Selbstverwaltung. Insoweit geht es bei der Debatte um die Föderalismusreform ja nicht nur um die im Vordergrund der öffentlichen Aufmerksamkeit stehende „Eliteförderung" an „Spitzenuniversitäten"[11]. Bei dem vom Bund publikumswirksam in Szene gesetzten Programm zum Aufbau und Ausbau von Ganztagsschulen beteiligt sich der Bund – gleichsam „einmalig" – mit 4 Mrd. € (verteilt auf die Jahre 2003 bis 2007). Über die Folgekosten (Personal, Sachmittel etc.) gibt es keine verbindlichen Absprachen. Realistischerweise wird man davon ausgehen dürfen, dass die Länder einen Großteil dieser Kosten den Kommunen anlasten werden. Juristisch bemerkenswert ist die Entstehung des Förderprogramms für Ganztagsschulen; sie beruht auf einem kollusiven Zusammenwirken von Bund und Ländern[12], mit dem einvernehmlich verfassungs-

---

7 Näher dazu *Mückl*, Finanzverfassungsrechtlicher Schutz der kommunalen Selbstverwaltung, 1998, S. 44 ff.
8 Näher dazu unten II. 1.
9 Kritisch *Maurer*, Staatsrecht I, 2. Aufl. 2001, § 21 Rn. 8: Der Bund könne großzügig publikumswirksame Leistungsgesetze erlassen, ohne dass sie ihn etwas kosteten.
10 Vgl. i. E. *H.-G. Henneke* (Hrsg.), Die Kommunen in der Sozialpolitik, 2004; ferner die Beiträge von *Henneke, Eichenhofer, Albers* und *Schlebusch* in diesem Band.
11 Zu den Überlegungen der Bundesregierung FAZ Nr. 22 vom 27.01.2004, S. 4; kritisch dazu *Schäfers*, FAZ Nr. 23 vom 28.01.2004, S. 14 (Vom Abbau reden und die Mischfinanzierung aufstocken – Der Bund mischt sich in die Bildungspolitik ein). Für die Beibehaltung des bestehenden Systems eines „kooperativen Föderalismus" *Maier*, DÖV 2003, 796 ff.
12 Verwaltungsvereinbarung „Investitionsprogramm ‚Zukunft Bildung und Betreuung' 2003-2007" zwischen dem Bund und den Ländern vom 12. Mai 2003.

rechtliche Bindungen (Art. 104a Abs. 4 GG) ignoriert und Kompetenzgrenzen[13] gesprengt worden sind[14]. Die Missachtung der bundesstaatlichen Ordnung – auch und gerade zu Lasten der Kommunen – wird bei der anstehenden (möglicherweise umfassenden) Reform des Bildungssektors (einschließlich einer modernisierten Kinderbetreuung) ihre Fortsetzung finden[15], wenn nicht entweder das Bundesverfassungsgericht Einhalt gebietet oder die Föderalismuskommission von Bundestag und Bundesrat zu einer wirklichen „Flurbereinigung" bei den Kompetenzzuweisungen gelangt.

2. Kompetentielle Strukturprobleme im Mehrebenensystem

Die „Falle", in der die kommunale Selbstverwaltung in Deutschland augenscheinlich sitzt, ist das bestehende Mehrebenensystem des Staatswesens[16]. Das Grundgesetz sieht einen zweistufigen Staatsaufbau vor, dessen Glieder der Bund und die Länder sind[17]. Die kommunale Selbstverwaltung (Gemeinden und Gemeindeverbände) bildet im Bundesstaat des Grundgesetzes keine selbständige „dritte Ebene"[18]. Verfassungsrechtlich ist die kommunale Selbstverwaltung der „vollziehenden Gewalt" i. S. d. Art. 20 Abs. 2 S. 2 und Abs. 3 GG zugeordnet, und staatsorganisationsrechtlich sind die Kommunen – wie schon die Stellung des Art. 28 GG im 2. Abschnitt des Grundgesetzes („Der Bund und die Länder") deutlich macht – den Ländern eingegliedert[19]. Daran ändert auch die (partielle) Autonomie der kommunalen Verwaltungsträger bei der Aufgabenwahrnehmung nichts.

Diese Binnengliederung des Staatswesens – Zweigliedrigkeit des Bundesstaates (Bund, Länder) mit drei Verwaltungsebenen (Bund, Länder, Kommunen), wobei die kommunale Ebene staatsrechtlich den Ländern zugeordnet ist – findet

---

13 Dass das Schulwesen als Teil der sog. Kulturhoheit der Länder nach der grundgesetzlichen Kompetenzordnung dem Landesrecht zugewiesen ist, ist nicht umstritten; vgl. z. B. *BVerfGE* 106, 62 (132); *Rennert*, DVBl. 2001, 504.
14 Treffend zum offenen Verfassungsbruch durch Bund und Länder *Stettner*, ZG 2003, 315 ff.; kritisch (auch unter rechtspolitischen Vorzeichen) zu einem Schulrahmengesetz des Bundes *Seidel*, ZG 2003, 235 ff.
15 Zu den Rahmenbedingungen der bundesstaatlichen Kompetenzordnung *Stein*, ZG 2003, 324 ff.
16 Ausführlich zu der Problematik bereits *Schoch/Wieland*, Finanzierungsverantwortung für gesetzgeberisch veranlasste kommunale Aufgaben, 1995, S. 53 ff.
17 *BVerfGE* 13, 54 (77); *BVerwG*, JZ 1992, 460 (462).
18 *NdsStGH*, DVBl. 1995, 1175 (1178).
19 *BVerfGE* 39, 96 (109); 86, 148 (215); *BVerwGE* 96, 45 (56); *BVerwG*, DVBl. 1996, 986 (987).

ihre konsequente Fortsetzung in der Finanzverfassung des Grundgesetzes[20]. Schon Art. 104a GG stellt allein Bund und Länder einander gegenüber und behandelt die Kommunen – ungeachtet ihres Selbstverwaltungsrechts nach Art. 28 Abs. 2 GG – als Bestandteil des jeweiligen Landes; die kommunalen Aufgaben und Ausgaben werden denen des Landes zugerechnet[21]. Folglich liegt die Letztverantwortung für die kommunale Finanzausstattung (ungeachtet der grundgesetzlichen Einnahmensicherungen nach Art. 106 Abs. 5 und 6 GG) staatsrechtlich beim betreffenden Land. Das Bundesverfassungsgericht spricht insoweit von der „Kehrseite der staatsorganisatorischen Zugehörigkeit der Kommunen zu den Ländern"[22]. Unmittelbare Finanzbeziehungen zwischen Bund und Kommunen gibt es – abgesehen vom Sonderfall des Art. 106 Abs. 8 GG – im geltenden System nicht[23].

Dieses System „lebt" geradezu davon, dass die verfassungsrechtliche Kompetenzordnung bei der Aufgabenkreation (Art. 73 ff. GG) und der Bestimmung der Aufgabenträger (Art. 83 ff. GG) mit den daran anknüpfenden Finanzierungsfolgen (Art. 104a GG) eingehalten wird[24]. Der Bund kann auf den Großteil der Sachmaterien zugreifen (vgl. nur z. B. Art. 74 Abs. 1 GG). Die Bestimmung der Aufgabenträger liegt grundsätzlich bei den Ländern (Art. 83, 84 Abs. 1 Alt. 1 GG), die im Normalfall auch die Ausgaben des Gesetzesvollzugs zu tragen haben (Art. 104a Abs. 1, Abs. 5 S. 1 GG). Reichen die Länder die Aufgabenwahrnehmung an ihre Kommunen weiter, sind die Kommunen bezüglich der weiteren Modalitäten (insbesondere der Finanzierungsverantwortlichkeiten) durch das Landesverfassungsrecht geschützt[25].

Bei der Festlegung einer kommunalen Aufgabenträgerschaft unmittelbar durch Bundesrecht, was verfassungsrechtlich an sich nur unter engen Voraussetzungen zulässig ist[26], entstehen folgenreiche Systembrüche[27]. Geradezu verheerend für die Kommunen ist die Aushebelung der verfassungsrechtlichen Sicherungen zu den Finanzierungsverantwortlichkeiten: Der Bund darf mangels unmittelbarer finanzverfassungsrechtlicher Beziehungen zu den Kommunen nicht zahlen, die Länder müssen (mangels Anwendbarkeit des Landesverfassungsrechts auf die bundesrechtliche Aufgabenzuweisung) nicht zahlen; bei dem ihnen vom

---

20 *Schoch*, Verfassungsrechtlicher Schutz der kommunalen Finanzautonomie, 1997, S. 96 f.
21 *BVerfGE* 86, 148 (215); *BVerwG*, DVBl. 1996, 986 (987).
22 *BVerfGE* 86, 148 (218 f.).
23 *BVerfGE* 39, 96 (122); 41, 291 (313).
24 Ausführlich zum folgenden *Schoch/Wieland*, Kommunale Aufgabenträgerschaft nach dem Grundsicherungsgesetz, 2003, S. 53 ff.
25 Vgl. dazu unten IV. 1.
26 Vgl. *BVerfGE* 22, 180 (210); 77, 288 (299).
27 Ausführlich dazu *Schoch/Wieland*, Aufgabenträgerschaft Grundsicherung (Fn. 24), S. 73 ff.

Bund direkt zugewiesenen Vollzug von Bundesgesetzen sitzen die Kommunen finanziell gleichsam zwischen zwei Stühlen[28]. Finanzverfassungsrechtlich sind die Kommunen beim unmittelbaren bundesrechtlichen Durchgriff kaum geschützt, politisch finden sie sich in der Rolle des Bittstellers beim Bund wieder[29]. Mehr noch, aus finanzpolitischem Kalkül müssen die Länder den Bund zur Durchbrechung der bundesstaatlichen Kompetenzordnung geradezu drängen, selbst und unmittelbar die Aufgabenzuweisung an die Kommunen vorzunehmen, damit nach dem Landesverfassungsrecht bestehende Kostendeckungspflichten (im Falle landesrechtlicher Aufgabenzuweisung an die Kommunen) entfallen[30].

II. Der bundesrechtliche Durchgriff auf die Kommunen im politischen Alltag

1. Durchbrechung der Kompetenzordnung als „Normalfall"

Der durch die Missachtung der grundgesetzlichen Kompetenzordnung manifestierte Verfassungsbruch gehört mittlerweile zum politischen Alltag. Geradezu routiniert setzen sich Bundesregierung, Bundestag und Bundesrat über Kompetenzgrenzen hinweg, obwohl verfassungsrechtliche Kompetenzvorschriften – selbstverständlich – nicht der Dispositionsbefugnis von Gubernative und Legislative unterliegen[31]. Auf diese Weise ist politisch eine mittlerweile geradezu erdrückende Macht des Bundes über die Kommunen entstanden[32]. Die Länder müssten sich – wäre ihnen die Einhaltung der bundesstaatlichen Kompetenzordnung wirklich wichtig – schützend vor ihre Kommunen stellen; aber die Länder profitieren ja, da sie nicht selbst in die Pflicht geraten, von dem Verfassungsbruch des Bundes, verhalten sich also opportunistisch[33]. Die Landesverfassungsgerichtsbarkeit gibt sich bislang hilflos und verwechselt die Einhaltung der Kompetenzordnung mit dem Verfahrenserfordernis der Zustimmungsbe-

---

28 *Maurer*, in: Henneke/Maurer/Schoch, Die Kreise im Bundesstaat, 1994, S. 139 (140).
29 Treffend dazu *Schwenn*, FAZ Nr. 296 vom 20.12.2003, S. 13.
30 *Maurer*, in: Die Kreise im Bundesstaat (Fn. 28), S. 157.
31 BVerfGE 32, 145 (146); 55, 274 (301); 105, 185 (194).
32 Zu jüngeren Entwicklungen (mit konkreten Beispielen) *Schoch*, Der Landkreis 2002, 767 ff.
33 Manifest geworden ist dies zuletzt am Beispiel der Grundsicherung; vgl. *Schoch/Wieland*, Aufgabenträgerschaft Grundsicherung (Fn. 24), S. 17 ff..

dürftigkeit von ausgabenwirksamen Bundesgesetzen zu Lasten der Kommunen[34] oder agiert mit Appellen an die Landesregierung zu einem die Kommunen gegenüber dem Bund schützenden Verhalten im Bundesrat[35].

Die Ergebnisse des fortgesetzten Verfassungsbruchs lassen sich klar benennen. Eine desaströse Situation der Kommunalfinanzen ist eingetreten. Ausweis hierfür ist die zunehmende Verwendung von Kassenkrediten zur Begleichung konsumtiver Ausgaben (v. a. Sozialausgaben, Sach- und Personalkosten). Von 7 Mrd. € im Jahr 2001 sind die kommunalen Kassenkredite auf mittlerweile über 15 Mrd. € angewachsen; daneben besteht ein Finanzierungsdefizit der Kommunen, das von 4,7 Mrd. € auf 9,7 Mrd. € im Jahr 2003 geradezu sprunghaft angestiegen ist und im Jahr 2004 die Grenze von 10 Mrd. € höchstwahrscheinlich durchbrechen wird[36].

Die Ursache für die desolate Lage der Kommunalfinanzen liegt vornehmlich – sieht man von augenblicklichen konjunkturellen Gründen ab – in strukturellen Problemen begründet. Das Bundesfinanzministerium macht hierfür neben der unstetigen Entwicklung der Gewerbesteuer die – seit 1999 wieder steigenden – Ausgaben für soziale Leistungen in erster Linie verantwortlich[37]. Diese indes beruhen ganz überwiegend auf der staatlichen Gesetzgebung[38].

2. Fortwährende kommunale Belastung mit bundesrechtlich normierten Sozialausgaben

Die zutreffende Beobachtung des Bundesfinanzministeriums lässt sich anhand einzelner Leistungsbereiche konkretisieren. Dabei zeigt sich bei näherer Betrachtung, dass eine Gesamtschau der bundesrechtlichen Aufgabenkreationen und Aufgabenzuweisungen überfällig ist, um den Kumulationseffekt für die kommunalen Haushalte erfassen und die Rolle der Kommunen als „Ausfallbür-

---

34 Verfassungsrechtlich unhaltbar *StGH BW*, DVBl. 1999, 1351 (1353), mit der These, da das BSHG und das KJHG mit Zustimmung der Länder erlassen worden seien, liege ein – unter Kompetenzaspekten zu prüfender – zu weitgehender Eingriff des Bundes in die Organisationshoheit der Länder nicht vor.
35 *NdsStGH*, NdsVBl. 2001, 184 (189): Soweit die Auszehrung der kommunalen Selbstverwaltung auf bundesgesetzlichen Aufgabenzuweisungen und Standards beruhe, „muss das Land einen entsprechenden Einfluss im Bundesrat geltend machen".
36 Vgl. i. E. Der Landkreis 2004, 57; zur Lage der Kreisfinanzen seit 1992 *Wohltmann*, Der Landkreis 2004, 112 ff.
37 BMF-Monatsbericht 5/2002, S. 64 f.
38 *Rodi*, in: Wallerath (Hrsg.), Kommunale Finanzen im Bundesstaat, 2003, S. 57 (62): „struktureller Problembereich der Kommunalfinanzen".

gen" des Staates begreifen zu können[39]. Eine nur punktuelle Betrachtung der Belastungen versperrt den Blick auf die „salamitaktikartige" Strangulierung der Kommunalfinanzen.

a) Sozialhilfe

Die Sozialhilfeausgaben in Deutschland beliefen sich im Jahr 2002 netto auf knapp 22 Mrd. €. Für die Hilfe zum Lebensunterhalt mussten die Kommunen 8,8 Mrd. € ausgeben. Die Nettoausgaben für die Hilfe in besonderen Lebenslagen (v. a. Eingliederungshilfe für behinderte Menschen i. H. v. 9,1 Mrd. €) beliefen sich 2002 auf 13,2 Mrd. €, womit in erster Linie ebenfalls die Kommunen belastet waren[40].

Rechtliche Basis für die Belastung der Kommunen mit Ausgaben der Sozialhilfe ist § 96 Abs. 1 S. 1 BSHG, der grundsätzlich kreisfreie Städte und Landkreise zu örtlichen Trägern der Sozialhilfe bestimmt, die nach § 9 BSHG leistungspflichtig sind. In der Rechtswissenschaft besteht seit geraumer Zeit weithin Einigkeit darüber, dass § 96 Abs. 1 S. 1 BSHG von Art. 84 Abs. 1 Alt. 2 GG nicht gedeckt ist[41] und daher verfassungswidrig unmittelbar auf die Kommunen durchgreift[42]. Sogar die Bundesregierung hat sich aus Anlass des 2. Zuständigkeitslockerungsgesetzes[43] dieser Auffassung angeschlossen[44]. Geschehen ist seither zur Beseitigung dieses verfassungswidrigen Zustands gleichwohl nichts.

---

39 Einzelheiten dazu bei *Schoch/Wieland*, Aufgabenträgerschaft Grundsicherung (Fn. 24), S. 80 ff.
40 Statistisches Bundesamt, Sozialhilfe in Deutschland, November 2003, S. 43 ff.
41 Hintergrund ist die in Fn. 26 nachgewiesene Rechtsprechung.
42 *Schoch/Wieland*, JZ 1995, 982 ff.; *Grote*, JZ 1996, 832 (840); *Bull/Welti*, NVwZ 1996, 838 (845); *Wendt*, in: Festschrift für Stern, 1997, S. 603 (611); *Menzel*, DVBl. 1997, 640; *Mückl*, Finanzverfassungsrechtlicher Schutz (Fn. 7), S. 126 ff.; *ders.*, ZG 1998, 197 (209 ff.); *F. Kirchhof*, JZ 1999, 1054 (1055); *Goerlich*, DVBl. 1999, 1358 f.; *Dreier*, GG, Band II, 1998, Art. 28 Rn. 113; *Trute*, in: von Mangoldt/Klein/Starck, GG, Band 3, 4. Aufl. 2001, Art. 84 Rn. 11.
43 Gesetz vom 03.05.2000, BGBl. I S. 632.
44 Vgl. BT-Drs. 14/640, S. 14.

b) Kinder- und Jugendhilfe

Bei der Kinder- und Jugendhilfe beliefen sich die Gesamtausgaben nach dem Sozialbericht 2001 der Bundesregierung im Jahr 2000 auf etwa 16,8 Mrd. € (32,8 Mrd. DM). Davon trugen die kommunalen Gebietskörperschaften knapp 80 %, knapp 19 % entfielen auf die Länder und nur gut 1 % belastete den Bund[45]. Bemerkenswert sind die durch die Verschiebung der Anteile an der Gesamtbelastung zum Ausdruck kommenden Strukturveränderungen: Der Sozialbericht 1997 weist für die Kommunen „nur" 76,5 %, für die Länder 21,8 % und für den Bund 1,7 % aus[46], nach dem Sozialbericht 1993 gar waren die Kommunen lediglich mit etwa 60 % der Gesamtausgaben belastet, etwa ein Drittel entfiel auf die Länder und 3 % hatte der Bund zu tragen[47].

Die kommunale Ausgabenbelastung beruht auf der bundesgesetzlichen Bestimmung von Kreisen und kreisfreien Städten zu örtlichen Trägern der öffentlichen Jugendhilfe (§ 69 Abs. 1 S. 2 SGB VIII). Diese sind für die Gewährung von Leistungen grundsätzlich zuständig (§ 85 SGB VIII) und damit in erster Linie zur Leistung verpflichtet (§ 3 Abs. 2 S. 2 SGB VIII). Schon der Bundesrat hatte bei der Schaffung des KJHG die Neigung des Bundes kritisiert, „durch überflüssige Zuständigkeitsregelungen in die Kompetenz der Länder und Kommunen einzugreifen"[48]. Bei genauer Analyse zeigt sich, dass § 69 Abs. 1 S. 2 SGB VIII im Sinne der Rechtsprechung des Bundesverfassungsgerichts weder eine „punktuelle Annexregelung" darstellt noch für einen wirksamen Gesetzesvollzug „notwendig" ist[49]. Auch diese Vorschrift ist demnach von Art. 84 Abs. 1 Alt. 2 GG nicht gedeckt und stellt daher einen verfassungswidrigen unmittelbaren Durchgriff des Bundes auf die kommunale Ebene dar.

c) Grundsicherung im Alter und bei Erwerbsminderung

Bei der bedarfsorientierten Grundsicherung im Alter und bei Erwerbsminderung geht der Bund selbst von Bruttoleistungen i. H. v. anfänglich 2,3 Mrd. € aus, rechnet jedoch mit Ausgabenrückgängen bei der Hilfe zum Lebensunterhalt nach dem BSHG[50]. Danach soll der Kostenersatz (rechtstechnisch über das

---

[45] BT-Drs. 14/8700, Teil B, Tz. 156.
[46] BT-Drs. 13/10142, Teil B, Tz. 153.
[47] BT-Drs. 12/7130, Teil B, Tz. 156.
[48] Vgl. BT-Drs. 11/5948, S. 123.
[49] Ausführlich dazu *Schoch/Wieland*, Öffentliche Bildungs- und Betreuungsmaßnahmen für Kinder (Fn. 6), S. 80 ff.
[50] Vgl. BT-Drs. 14/8700, Teil B, Tz. 148.

Wohngeld organisiert) i. H. v. 409 Mio. € (§ 34 Abs. 2 S. 1 WoGG) auskömmlich sein[51]. Vorliegende Zahlen des Jahres 2003 weisen aus, dass die von kommunaler Seite geschätzte Mehrbelastung von mindestens 1 Mrd. €[52] eine realistische Größenordnung beschreibt. Die vom Bund vorgesehene Revisionsklausel zur Anpassung des Festbetrags (§ 34 Abs. 2 S. 2 WoGG) ist in ihrer strukturellen Ausgestaltung so konzipiert, dass sie die bei den Kommunen entstehenden Defizite gar nicht auffangen kann[53]. Folglich wird den Kommunen – entgegen anders lautenden Bekundungen des Bundes[54] – eine Mitfinanzierung der Grundsicherung auferlegt.

Zuständig für die Leistungserbringung nach dem Grundsicherungsgesetz sind grundsätzlich die Kreise und kreisfreien Städte (§ 4 Abs. 1 GSiG). Wiederum wird die Belastung der Kommunen mit einer Sozialleistung unmittelbar durch ein Bundesgesetz vorgenommen. Auch insoweit fehlt die Durchgriffskompetenz des Bundes nach Art. 84 Abs. 1 Alt. 2 GG, so dass § 4 Abs. 1 GSiG (und ebenso § 28a SGB I) verfassungswidrig ist[55]. Eine erste anders lautende verwaltungsgerichtliche Entscheidung[56] geht auf die verfassungsrechtlichen Einwände nicht (wirklich) ein.

III. Gebot der Stunde: Entflechtung und rationale Verantwortungszuordnung

Die vorstehend genannten Beispiele ließen sich ohne weiteres verlängern. Erwähnt sei nur noch, dass sich die kommunalen Haushalte im Falle einer bestimmten Umsetzung von „Hartz IV"[57] mühelos mit 2,5 bis 5 Mrd. € seitens des

---

51 Vgl. BT-Drs. 14/5150, S. 51.
52 *H.-G. Henneke*, Der Landkreis 2001, 347; *Krickl*, DNG 2002, 147 (148).
53 Einzelheiten dazu bei *Schoch/Wieland*, Aufgabenträgerschaft Grundsicherung (Fn. 24), S. 118 ff.
54 BT-Drs. 14/9204, S. 2, behauptet sogar, der Erstattungsbetrag nach § 34 Abs. 2 S. 1 WoGG liege über dem oberen Rand der Schätzung zur kommunalen Mehrbelastung.
55 Ausführlich dazu *Schoch/Wieland*, Aufgabenträgerschaft Grundsicherung (Fn. 24), S. 110 ff.
56 *BayVGH*, Urt. v. 09.02.2004 (12 B 03.2299).
57 Vgl. dazu *H.-G. Henneke*, Der Landkreis 2004, 3 ff.; zu Verfassungsfragen einer Zusammenführung von Arbeitslosenhilfe und Sozialhilfe *ders.*, ZG 2003, 137 ff.

Bundes belasten ließen[58]. Dabei war ursprünglich von einer Entlastung der Kommunen durch diese Reform gesprochen worden[59].

1. Föderalismusreform ohne Ausblendung der kommunalen Ebene

Führt man die erwähnten Beispiele auf eine Grundlinie zurück, stellt sich der unmittelbare Durchgriff des Bundes auf die Kommunen nicht nur als „verfassungsrechtliches Ärgernis"[60], sondern auch als ein bundesstaatliches Problem ersten Ranges dar. Seine Behandlung gehört daher an sich in die zur Zeit agierende sog. Föderalismuskommission[61]. Doch dort spielt die Behandlung kommunalrelevanter Fragestellungen trotz ihres offensichtlichen Föderalismusbezuges bislang offensichtlich keine zentrale Rolle.

Paradigmatisch sind die Vorstellungen der Bundesjustizministerin[62] zur Reform der bundesstaatlichen Ordnung; sie konzentrieren sich auf die Gesetzgebung. Diese soll europatauglicher werden, einen Ausweg aus der Politikverflechtung weisen (u. z. durch eine Änderung der Kompetenzkataloge) und vor allem eine Reduzierung von Zustimmungserfordernissen im Bundesrat mit sich bringen[63]. An eine Reform des Art. 84 Abs. 1 GG ist dabei nicht gedacht, obwohl sich gerade der bundesgesetzliche Durchgriff auf die kommunale Ebene als Problem der Gesetzgebung und eklatante Schwachstelle des deutschen Bundesstaatssystems begreifen lässt:

Durch die bundesrechtliche Bestimmung kommunaler Aufgabenträger (also der letztlich Leistungspflichtigen) greift der Bund in das Verfassungs- und Finanzausgleichsgefüge der Länder ein[64].

In der Sache nimmt der Bund dadurch zwangsläufig einen Zugriff auf fremde Haushalte vor[65].

---

[58] Vgl. FAZ Nr. 57 vom 08.03.2004, S. 13.
[59] Vgl. z. B. Minister *Clement* in FAZ Nr. 174 vom 30.07.2003, S. 11.
[60] *F. Kirchhof*, JZ 1999, 1054 (1055).
[61] Vgl. dazu *H.-G. Henneke*, DVBl. 2003, 845 ff.
[62] *Zypries*, ZRP 2003, 265 ff.; zuvor bereits *dies.*, in: FAZ Nr. 90 vom 16.04.2003, S. 4.
[63] Kritisch zu der Gefahr einer gewissen Verengung der Diskussion der Hessische Justizminister *Wagner*, ZRP 2004, 60.
[64] Vgl. dazu *BVerfGE* 83, 363 (381).
[65] Vgl. dazu *BVerfGE* 101, 158 (219).

Dies tut der Bund in der Staatspraxis, obwohl er für das Kommunalrecht keine Gesetzgebungskompetenz hat[66] und diese auch durch Art. 84 Abs. 1 GG hinsichtlich der organisationsrechtlichen Gehalte nicht vermittelt werden kann[67]. Allein diese Gesichtspunkte sollten Grund genug sein, die Föderalismusreform nicht ohne Einbeziehung der kommunalen Selbstverwaltung zu betreiben[68], auch wenn am Ende die von der Kommission zu erwartenden Vorschläge allzu grundlegende Veränderungen nicht erwarten lassen[69].

2. Struktursicherung zu Gunsten der kommunalen Selbstverwaltung durch Verfassungsrecht

In der Sache sollte die Wahrung der Kompetenzordnung im zweigliedrigen Bundesstaat mit drei Verwaltungsebenen oberstes Gebot sein. Schon jetzt ließe sich die Strukturproblematik bewältigen, wenn die Rechtsprechung des Bundesverfassungsgerichts zum unmittelbaren Durchgriff des Bundes auf die kommunale Ebene[70] von den Verfassungsorganen ernst genommen würde[71]. Davon kann in der Staatspraxis aber keine Rede sein. Bund und Länder einigen sich mühelos auf den Aus- und Umbau des Sozialstaats zu Lasten kommunaler Kassen. Gegen bundesrechtliche Aufgabenzuweisungen an die Kommunen vermag das in den Landesverfassungen verankerte Konnexitätsprinzip[72] nun aber nicht zu schützen. Deshalb bedarf es unabdingbarer Struktursicherungen im Grundgesetz, wie es in Entschließungen des Bayerischen Landtags[73] und des Landtags Rheinland-Pfalz[74] zum Ausdruck kommt: Konnexitätsprinzip im Grundgesetz

---

66 *BVerfGE* 56, 298 (310).
67 *Trute*, in: von Mangoldt/Klein/Starck, GG (Fn. 42), Art. 84 Rn. 11.
68 So aber in der Sache *Haug*, DÖV 2004, 190 ff.; ferner der Föderalismuskonvent der deutschen Landesparlamente, vgl. *Schöning*, ZG 2003, 166 ff., sowie *Spreen*, ZRP 2004, 47 ff.
69 *Renzsch*, FAZ Nr. 57 vom 08.03.2004, S. 8; krit. dazu Hess. Justizminister *Wagner*, FAZ Nr. 68 vom 20.03.2004, S. 8.
70 Vgl. Nachw. oben Fn. 26.
71 Ausführlich zu den Anforderungen des bundesrechtlichen Durchgriffs auf Kommunen *Schoch/Wieland*, Aufgabenträgerschaft Grundsicherung (Fn. 24), S. 36 ff. und S. 95 ff.; ferner *Schoch/Wieland*, Öffentliche Bildungs- und Betreuungsmaßnahmen für Kinder (Fn. 6), S. 69 ff.
72 Vgl. dazu Nachw. Fn. 80.
73 Bayer. LT-Drs. 14/12076.
74 LT RP Drs. 14/2739, S. 4 sub B. II. (Empfehlung der Enquete-Kommission „Kommunen" an den Landtag), umgesetzt durch eine gemeinsame Entschließung aller Landtagsfraktionen vom 19.03.2004, LT RP Drs. 14/3017.

zum Schutz der Kommunen und Präzisierung der Durchgriffskompetenz des Bundes auf die kommunale Ebene.

Ein finanzverfassungsrechtliches Konnexitätsprinzip im Grundgesetz zu Gunsten der Kommunen ist unverzichtbar, wenn der Bund weiterhin Aufgaben direkt der kommunalen Ebene zuweist. Da Art. 104a GG der systematisch richtige Standort für eine derartige verfassungsrechtliche Struktursicherung ist und die Reformbedürftigkeit des Art. 104a GG seit langer Zeit bekannt ist[75], bietet sich folgender neuer Art. 104a Abs. 3a GG an:

„Führen die Gemeinden (Gemeindeverbände) auf Grund eines Bundesgesetzes Recht des Bundes oder der Europäischen Union aus, das Geld- oder Sachleistungen vorsieht, trägt der Bund die sich daraus ergebenden notwendigen Ausgaben. Dies gilt auch für die bei den kommunalen Behörden entstehenden Verwaltungsausgaben. Soweit die Leistungen im Ermessen der Behörden stehen, kann Abweichendes bestimmt werden. Absatz 3 Satz 3 gilt entsprechend."

Eine solche Verfassungsbestimmung hätte zunächst eine Präventivwirkung: Zu Lasten kommunaler Kassen unterbliebe die bundesrechtliche Aufgabenkreation (bzw. Erhöhung von Standards, Ausweitung von bestehenden Leistungen etc.), wenn der Bund die Aufgabenfinanzierung aus seinem Haushalt nicht gewährleisten kann oder will. Im Fall des bundesrechtlichen Durchgriffs auf die kommunale Ebene würde die fiskalische Funktion des Art. 104a Abs. 3a GG (n. F.) wirksam: Der Bund hätte – begrenzt auf die „notwendigen Ausgaben" und mit der Befugnis zur Typisierung und Pauschalierung (unter der Voraussetzung realistischer Kostenannahmen) – einen Mehrbelastungsausgleich zu schaffen. Bundesrechtliche Entscheidungen zu Lasten kommunaler Kassen wären ohne Vollkostenerstattung nicht länger zulässig.

Zu ergänzen wäre diese Struktursicherung durch einen neuen Satz 2 in Art. 84 Abs. 1 GG (und Art. 85 Abs. 1 GG), der den bundesrechtlichen Durchgriff auf die Kommunen legitimiert und begrenzt:

„Gemeinden (Gemeindeverbände) dürfen durch Bundesgesetz zur Ausführung von Recht des Bundes oder der Europäischen Union nur bestimmt werden, soweit dies für den wirksamen Vollzug des Bundesrechts oder des Rechts der Europäischen Union unabweisbar ist."

Eine solche Verfassungsvorschrift würde die Organisationshoheit der Länder stärken, zu einer Entflechtung der organisationsrechtlichen Gesetzgebungszuständigkeiten im Bundesstaat führen, damit klare Verantwortungszuweisungen bewirken und vor allem die „Furcht" des Bundes vor einem neuen Art. 104a Abs. 3a GG mindern. Denn in aller Regel käme es gar nicht zum bundesrechtli-

---

[75] *Schoch*, ZRP 1995, 387 ff.; *Wagner/Rechenbach*, ZRP 2003, 308 ff.

chen Durchgriff auf die kommunale Ebene, so dass Art. 104a Abs. 3a GG (n. F.) nicht anwendbar wäre.

IV. Bedeutungsgewinn für das Landesverfassungsrecht

1. Wahrung der Kompetenzordnung und der Finanzierungsverantwortlichkeit

Verzichtet der Bund, wie es dem Normalfall entspricht (vgl. Art. 83, 84 Abs. 1 Alt. 1 GG), auf die Bestimmung der Aufgabenträger zur Ausführung der Bundesgesetze, regelt das Landesrecht die Verwaltungszuständigkeit. Jedes Land wird danach in den Stand gesetzt, „die Ausführung der Staatsaufgabe – etwa im kommunalen Bereich – nach eigenem, auf sinnvolle Gestaltung der Vollzugsorganisation ausgerichtetem Ermessen zu regeln"[76]. Dabei sind die Länder verpflichtet, die Verwaltung nach Art, Umfang und Leistungsvermögen entsprechend den Anforderungen sachgerechter Erledigung des sich aus der Bundesgesetzgebung ergebenden Aufgabenbestandes einzurichten[77]. Die Landesorganisationsgewalt entscheidet darüber, ob das Bundesgesetz im Rahmen der staatsunmittelbaren Landesverwaltung ausgeführt werden soll oder ob öffentlich-rechtliche Körperschaften (z. B. Kommunen) mit dem Gesetzesvollzug beauftragt werden[78]. Art. 83 GG steht der landesrechtlichen Bestimmung der Kommunen – die ja staatsorganisationsrechtlich als Teil der Länder anzusehen sind – als Aufgabenträger zur Ausführung von Bundesgesetzen nicht entgegen[79].

Bundesverfassungsrechtlich stehen die Länder beim Vollzug von Bundesgesetzen ohnehin in der Finanzierungsverantwortung (Art. 104a Abs. 1 und Abs. 5 S. 1 GG). Wird die bundesgesetzlich geregelte Sachmaterie (Art. 73 ff. GG) zum Vollzug an Kommunen durch Landesrecht „weitergereicht", greift in denjenigen Ländern, die in ihrem Verfassungsrecht über ein justitiables Konnexi-

---

[76] *BVerfGE* 88, 203 (332).
[77] *BVerfGE* 55, 274 (318).
[78] *BVerwG*, NJW 2000, 3150 (3151).
[79] *BVerfGE* 83, 363 (375).

tätsprinzip verfügen[80], die Finanzierungsverantwortung auch gegenüber den mit der Aufgabenausführung landesrechtlich belasteten Kommunen[81]. Ein „Wegdrückmechanismus" nach dem Motto „zahlen sollen die anderen", ist landesverfassungsrechtlich ausgeschlossen. Zur Einführung des Konnexitätsprinzips in der Bayerischen Verfassung (Art. 83 Abs. 3 BayLV) stellt die Amtliche Begründung für den Fall der bundesrechtlich normierten Sachaufgabe ausdrücklich fest, „dass das Konnexitätsprinzip immer dann gilt, wenn der Freistaat Bayern bei der Umsetzung einen eigenen Gestaltungsspielraum hat, etwa wenn er entscheiden kann, ob er die vorgegebene Aufgabe selbst wahrnimmt oder ihre Wahrnehmung den Kommunen überträgt"[82]. Dadurch kommt die unverzichtbare Schutzfunktion des Konnexitätsprinzips zur Wirkung: Durch die Übertragung von (Vollzugs- und Finanzierungs-)Aufgaben auf die Kommunen soll sich das Land nicht von Kosten, die an sich es selbst treffen (Art. 104a Abs. 1 i. V. m. Art. 83, 84 Abs. 1 Alt. 1 GG, Art. 104a Abs. 5 S. 1 GG), entlasten können[83].

2. Struktursicherung im Bundesstaat durch Verfassungsrecht

Angesichts seiner umfassenden sachgebietsbezogenen Gesetzgebungszuständigkeiten (Art. 73 ff. GG) kann der Bund politisch für wünschenswert erachtete inhaltliche Regelungen vielfältiger Art treffen. Im „Normalfall" wissen die Länder, dass sie zum Gesetzesvollzug verpflichtet sind und sowohl die Zweckausgaben zu leisten haben (Art. 104a Abs. 1 GG) als auch die Verwaltungsausgaben tragen müssen (Art. 104a Abs. 5 S. 1 GG). Sind die Länder dazu nicht bereit, können sie das Bundesgesetz im Bundesrat verhindern. Sind die Länder jedoch mit dem Sachanliegen des Bundes einverstanden, haben sie die notwendigen finanziellen Mittel im Landeshaushalt bereit zu stellen. Bestimmt das jeweilige Land Kommunen zu Aufgabenträgern, sollte es ihm landesverfassungsrechtlich untersagt sein, die Kosten auf die Kommunen abzuwälzen. Dafür ist allerdings ein striktes finanzverfassungsrechtliches Konnexitätsprinzip von-

---

80 Art. 71 Abs. 3 LV BW; Art. 83 Abs. 3 BayLV; Art. 97 Abs. 3 BbgLV; Art. 137 Abs. 6 HessLV; Art. 72 Abs. 3 LV MV; Art. 49 Abs. 5 LV RP; Art. 85 SächsLV; Art. 49 Abs. 2 LV SH. – Nur einen „angemessenen" Mehrbelastungsausgleich gewähren Art. 87 Abs. 3 LV LSA und Art. 93 Abs. 1 S. 2 ThürLV.
81 Ausführlich dazu demnächst *Schoch*, in: Festschrift für von Arnim, 2004.
82 Bayer. LT-Drs. 14/12011, S. 6. – Näher zur Neufassung des Art. 83 Abs. 3 BayLV *Wolff*, BayVBl. 2004, 129 ff., sowie *Deubert*, BayVBl. 2004, 136 ff.
83 *StGH BW*, DVBl. 1994, 206 (207).

nöten[84]. Alle rechtspolitischen Aktivitäten verdienen Unterstützung, die die Verankerung dieses Prinzips in der Landesverfassung vorsehen[85]. Seine praktische Wirksamkeit ist – eine lege artis arbeitende Landesverfassungsgerichtsbarkeit vorausgesetzt[86] – längst belegt[87].

Das Ergebnis der skizzierten Verfassungssystematik ist eine Struktursicherung durch Recht, da das Konnexitätsprinzip inhaltsneutral wirkt: Der Bund entscheidet angesichts seiner Gestaltungsmacht (Art. 73 ff. GG) über neue öffentliche Aufgaben und Leistungsgesetze; die Länder bestimmen in Ausübung ihrer Organisationsgewalt über die Aufgabenträger (Art. 84 Abs. 1 Alt. 1 GG), wobei auch insoweit politische Gestaltungskompetenz herrscht. Die Verknüpfung zwischen Aufgabenkreation und Finanzierungslast bewirkt das Konnexitätsprinzip; im Landesverfassungsrecht wird es sich im Laufe der Zeit durchsetzen.

Es bleibt somit die Behandlung des „pathologischen Falls": unmittelbarer bundesrechtlicher Durchgriff auf die kommunale Ebene. Wenn es unmittelbare Finanzbeziehungen zwischen Bund und Kommunen grundsätzlich nicht gibt, ist es in einem auf Kohärenz angelegten bundesstaatlichen System an sich unabdingbar, dass es konsequenterweise auch eine unmittelbare ausgabenträchtige Aufgabenzuweisung des Bundes an die Kommunen nicht geben kann[88]. Da sich die Staatspraxis schwer damit tut, die verfassungsgerichtlichen Vorgaben zu Art. 84 Abs. 1 Alt. 2 GG zu beachten, hilft offenbar nur eine verfassungsrechtliche Klarstellung.

V. Ausblick: Verbesserung des bundesstaatlichen Schutzes der kommunalen Selbstverwaltung

Der hier unterbreitete Formulierungsvorschlag zu einem neuen Art. 84 Abs. 1 S. 2 GG (und Art. 85 Abs. 1 S. 2 GG) „passt" in die augenblickliche Föderalis-

---

84 Vgl. dazu Nachw. oben Fn. 80.
85 Zuletzt Bayern (vgl. LT-Drs. 14/12011), Rheinland-Pfalz (vgl. LT-Drs. 14/3016) und nun auch Nordrhein-Westfalen (vgl. LT-Drs. 13/4424).
86 Zum Versagen des VerfGH NW vgl. *Wieland*, in: Festschrift zum 50-jährigen Bestehen des VerfGH NW, 2002, S. 415 ff.
87 Zuletzt *VerfG Bbg*, LKV 2002, 323 ff.; erläuternd dazu *H.-G. Henneke/Vorholz*, LKV 2002, 297 ff.
88 Ausführlich zur notwendigen strukturellen Kompatibilität zwischen allgemeiner Staatsverfassung und Finanzverfassung *Schoch/Wieland*, Aufgabenträgerschaft Grundsicherung (Fn. 24), S. 91 ff.

musdiskussion und sollte daher Eingang finden in die verfassungspolitischen Debatten. Für die verbleibenden Ausnahmefälle eines unmittelbaren bundesrechtlichen Durchgriffs auf die kommunale Ebene ist die finanzverfassungsrechtliche Absicherung unabdingbar; dem dient der hier zu Art. 104a Abs. 3a GG entwickelte Lösungsansatz.

Bei der im vergangenen Jahr vollmundig versprochenen Gemeindefinanzreform[89] hat unser politisches System kläglich versagt und eine echte Reform nicht zustande gebracht[90]. Ein derartiges Scheitern sollte der Föderalismuskommission erspart bleiben. Sie sollte sich allerdings nicht auf das Bund-Länder-Verhältnis beschränken. Denn die Sicherung der in Deutschland nun wahrlich am Boden liegenden kommunalen Selbstverwaltung ist ebenfalls ein Föderalismusproblem ersten Ranges. Würde seine Lösung ausgeklammert, bliebe eine kommunale Selbstverwaltung, die doch „dem Aufbau der Demokratie ... von unten nach oben" dienen soll (so anschaulich Art. 11 Abs. 4 BayLV), reine Verfassungslyrik.

---

[89] Vgl. z. B. BMF-Monatsbericht 9/2003, 49 ff.
[90] Geradezu „kleinlaut" BMF-Monatsbericht 1/2004, 42 f.

Rolf Böhme

Erwartungen aus kommunaler Sicht

I. Neuordnung der bundesstaatlichen Ordnung – Reform ohne die Kommunen?

1. Ausgangslage

Die gegenwärtig von Bund und Ländern geführte Diskussion über eine Neuorientierung des Föderalismus betrifft vor allem eine bessere Arbeitsteilung zwischen Bund und Ländern. Hierbei geht es um Fragen der Entflechtung von Zuständigkeiten zwischen Bund und Ländern oder des Abbaus von Mischfinanzierungen bei den sog. Gemeinschaftsaufgaben oder Geldleistungsgesetzen (Art. 91a und 91b GG sowie 104a GG). Ziel dieser Überlegungen ist eine größere Autonomie der einzelnen Bundesländer und ihrer Landesparlamente. Eine solche Änderung führt auch zu einer größeren Transparenz der Entscheidungen und einer besseren Zurechnung von Verantwortlichkeiten.

Ziel der Überlegungen ist auch, dass der Bund über weniger, aber mehr abschließende Kompetenzen verfügt und nicht ständig gehalten ist, die Zustimmung des Bundesrates für seine politischen Entscheidungen einzuholen. Hier spielt auch eine Klärung der finanziellen Verantwortung eine große Rolle.

Verglichen mit dieser Debatte gibt es wenige oder gar keine konzeptionellen Überlegungen und Diskussionen zum Verhältnis zwischen Bund und Kommunen oder Bundesländern und Kommunen. Die Städte, Kreise und Gemeinden finden in dieser Diskussion schlicht nicht statt und sind völlig unterrepräsentiert. In den Gremien der Föderalismusreform werden keine Vorstellungen entwickelt, welche Zuständigkeiten als Folge von veränderten Rahmenbedingungen auf die Kommunen übertragen werden sollten und wie eine Finanzierung für diese Zuständigkeiten aussehen könnte.

Tatsächlich wird es aber darauf ankommen, auch die dritte Ebene im staatlichen Aufbau, nämlich Städte, Kreise und Gemeinden, in die Reformagenda einzubeziehen. Die Frage ist, wie die geänderten Rahmenbedingungen für Staat, Wirtschaft und Gesellschaft auch einen Aufgabenwandel für die Kommunen bewirken. Daraus ergibt sich die Forderung, die Föderalismusreform von unten aufzubauen, somit Städte, Kreise und Gemeinden einzubeziehen und den Blick darauf zu richten, wie die drei Ebenen Bund, Länder und Kommunen optimal zusammenwirken können und wie sie effizient, zukunftsfähig und finanziell auskömmlich organisiert werden.

2. Entstehungsgeschichte der aktuellen Föderalismusdebatte

Die Nichtbeteiligung der kommunalen Ebene ergibt sich aus der Vorgeschichte der Föderalismusreform.

Die Länder haben mehrfach ihre Ziele zur Neuordnung der bundesstaatlichen Ordnung erklärt, so in der Ministerpräsidenten-Konferenz am 27. März 2003 in Potsdam, in der konkret mehrere Forderungen sehr einheitlich vorgetragen worden sind, obwohl die Sicht der einzelnen Bundesländer anfangs sehr unterschiedlich war. Zu diesen Forderungen gehören u. a.

- Zurückschneiden der konkurrierenden Gesetzgebung des Bundes und stärkeres Zugriffsrecht der Länder,
- Reduzierung der Mischfinanzierungen bei den Gemeinschaftsaufgaben und gleichzeitig Erhalt des status quo der Finanzausstattung der Länder,
- Übernahme der Finanzierung der Geldleistungsgesetze nach Art. 104a GG durch den Bund.

Wenige Tage später, am 30. März 2003, fand dann in Lübeck der sog. Föderalismuskonvent der deutschen Landesparlamente statt, in der die o. g. Punkte bestätigt wurden und zwar mit dem eindeutigen Ziel einer Stärkung der Landesparlamente. Ganz offensichtlich sollte die Dominanz der Ministerpräsidenten mit ihren telegenen Auftritten im Bundesrat zurückgedrängt und das Gewicht der Landesparlamente gestärkt werden.

Auffallend ist, dass bei dieser Konferenz der Landesparlamente in Lübeck die kommunale Selbstverwaltung keine Berücksichtigung fand. In der sog. Lübecker Erklärung wurden Städte und Gemeinden und ihre Selbstverwaltung nicht einmal erwähnt. Seither ist klar, dass Bund und Länder sich allein als Akteure der Föderalismusreform betrachten.

Der Bund hat kurze Zeit später mit Kabinettsbeschluss vom 09. April 2003 seine eigenen Vorstellungen unterbreitet, vor allem

- Entflechtung der Gesetzgebung und Übertragung eigener Zuständigkeiten an die Länder wie Presserecht, Notarwesen oder Jagdrecht;
- dafür sollten die Mitwirkungsrechte des Bundesrates zurückgeführt werden und künftig Bundesgesetze nur dann zustimmungsbedürftig sein, wenn unzweifelhaft Länderbelange betroffen sind;

- Verstärkung der eigenen Gesetzgebungskompetenz des Bundes auf wichtigen Feldern wie Umweltschutz, Wasserhaushalt, Verbraucherschutz sowie Schutz deutschen Kulturgutes vor Abwanderung ins Ausland;
- bei den Gemeinschaftsaufgaben und Finanzhilfen soll eine Neuregelung und/oder Straffung erfolgen.

Dieser ausschließliche Bezug auf Bund und Länder war ursprünglich nicht der Fall. Der damalige Ministerpräsident von Nordrhein-Westfalen, *Johannes Rau*, hat in seiner Antrittsrede als Bundesratspräsident am 04. November 1994 ausgeführt, dass die finanzielle Handlungsfähigkeit der Länder *und* Kommunen eine Grundbedingung für einen leistungsfähigen Föderalismus sei. Konkret nannte er die finanziellen Folgen des Rechtsanspruchs auf einen Kindergartenplatz als Beispiel dafür, dass nach Wegen zu suchen sei, wie die politische Entscheidung einerseits und die Verantwortung für Kosten und Lasten andererseits näher zusammengebracht werden können.

Später hat sich der Ansatz der Föderalismusreform auf den Bund und die Länder verengt. So hat Bundesratspräsident *Teufel* im Jahre 1997 nur noch davon gesprochen, dass die Länder zwingend substanzielle Gestaltungs- und Handlungsspielräume bräuchten, weil nur so der Wettbewerb zwischen ihnen ermöglicht wird, der uns allen gut tut (sic)!

Zwar hat der nachfolgende Bundesratspräsident aus Niedersachsen, der damalige Ministerpräsident *Gerhard Schröder*, noch 1997 die Kommunen in seine Betrachtung einbezogen, indem er ausführte[1]:

„Wenn durch die Finanzierung bundesgesetzlich vorgeschriebener Aufgaben die Haushalte der Länder und Kommunen so angespannt werden, dass kein Raum mehr für eigene Gestaltung besteht, dann ist die Eigenstaatlichkeit der Länder und damit das System des Föderalismus in seinem Kern ernsthaft gefährdet."

Später jedoch war in den Verlautbarungen der Länder dann immer nur noch die Rede davon, die Gestaltungsmöglichkeiten der Länder zu erweitern und ihre Finanzen zu verbessern. Die Staatlichkeit eines Landes sei viel stärker von seiner Investitionskompetenz bestimmt, als lediglich von seiner ordnungsrechtlichen Regelungskompetenz.

Diese Sicht der Föderalismusreform fand dann den Schlusspunkt in der Jahrestagung der Ministerpräsidenten im Dezember 1998 in Potsdam, auf der ausschließlich die Modernisierung der bundesstaatlichen Ordnung zwischen Bund und Ländern genannt war. Konsequent hat damals die Bundesvereinigung der

---

[1] Vgl. *Henneke*, Der Landkreis 2003, 734 (738).

kommunalen Spitzenverbände den Ausschluss der Kommunen als verfassungsrechtlich verankerter dritter Verwaltungsebene scharf kritisiert[2]. Diese Linie von Bund und Ländern wurde jedoch fortgesetzt mit der Einsetzung einer Föderalismuskommission, deren Ziele und Aufgaben – ausschließlich im Hinblick auf Bund und Länder – oben genannt sind.

Demgegenüber ist festzuhalten, dass der Deutsche Juristentag im September 2004 sich umfassender mit dem Thema befassen wird, nämlich „Klarere Verantwortungsteilung zwischen Bund, Ländern und Kommunen".

3. Die kommunale Selbstverwaltung als Teil einer Modernisierung der bundesstaatlichen Ordnung

Die Grundthese dieses Beitrages lautet: Eine Modernisierung der bundesstaatlichen Ordnung zwischen Bund und Ländern ist ohne Einbeziehung der Kommunen unvollständig und verfehlt den ganzheitlichen Ansatz, die Änderungen der Rahmenbedingungen von Staat, Wirtschaft und Gesellschaft auf das gesamte Gemeinwesen zu übertragen und eine durchgehende Modernisierung zu schaffen.

Die von den Ländern immer wieder aufgestellten Ziele und Erfordernisse eigener substanzieller Gestaltungs- und Handlungsspielräume gelten mutatis mutandis auch für die Städte, Kreise und Gemeinden.

Eine klarere Finanzierungskompetenz jeweils für den Bund und die Länder können und müssen auch die Kommunen für sich geltend machen, weil kommunale Selbstverwaltung von einer Stärkung der Steuergestaltungskompetenz nicht zu trennen ist. Wie sehr eine Vernachlässigung dieser zentralen Frage einer – wenn auch bescheidenen – Finanzautonomie zu katastrophalen Folgen führt, zeigt das niederschmetternde Ergebnis der sog. Gemeindefinanzreform im Vermittlungsausschuss vor Weihnachten 2003: Von einer Strukturreform war nicht mehr die Rede, es ging nur noch um Einnahmeverbesserungen. Die Absenkung der Gewerbesteuer-Umlage brachte zwar mehr Geld, beließ aber die Kommunen in ihrer Rolle als Kostgänger des Staates. Dabei war die Gemeindefinanzreform darauf angelegt, eine Finanzverbesserung der Kommunen aus eigener Kraft durch entsprechende Strukturänderungen der Gewerbesteuer zu erreichen.

Von entscheidender Bedeutung für die Föderalismusreform und die Kommunen ist jedoch, dass als Folge

---

[2] Vgl. *Henneke*, Der Landkreis 2003, 734 (738).

– der veränderten wirtschaftlichen Verhältnisse,
– des verschärften regionalen Wettbewerbs und
– der dramatischen demographischen Verschiebungen

sich auch für die Kommunalpolitik wesentliche Aufgabenverlagerungen ergeben, die neue Kompetenzen mit entsprechenden Finanzierungsnachweisen erfordern.

Einige dieser Veränderungen sollen nachfolgend konkret unter dem Stichwort „Kommune 2020" genannt werden. Das Ziel sind nicht nur eine klare Verantwortung und zurechenbare Entscheidungen von Bund und Ländern, sondern auch die Stärkung der Handlungsfähigkeit der kommunalen Ebene. Ohne Städte ist kein Staat zu machen. Diese alte Erfahrung gilt gerade auch heute und für unsere Zeit des rasanten Wandels.

II. Felder der Neuen Kommunalen Selbstverwaltung – Kommune 2020

1. Wohnungsbau und Städtebauförderung

Über Art. 104a GG sind Wohnungsbau- und Städtebauförderung als Finanzhilfen des Bundes normiert. Seit der Verfassungsreform 1969 kann der Bund auf diesen Gebieten Aufgaben der Länder mitfinanzieren.

Wie oben dargestellt, möchte der Bund die Geldleistungen und Finanzhilfen nach Art. 104a GG straffen oder gänzlich neu regeln. Diese Debatte ist nicht neu. Schon der Präsident des Bundesrechnungshofes sprach sich in einer Studie über die Finanzbeziehung zwischen Bund und Ländern für eine gänzliche Streichung aus, weil eine dauernde Mitfinanzierung von Länderaufgaben durch den Bund nicht dem Grundsatz der getrennten Haushaltswirtschaft von Bund und Ländern entspricht[3].

Diese Beurteilung betrifft die juristische Seite. In der gesellschaftlichen Wirklichkeit haben sich hier jedoch zusätzliche Aufgabenveränderungen ergeben. Diese bestehen darin, dass der Markt den Wohnungs- und Städtebau mehr und mehr regionalisiert hat. Während in Leipzig bei wachsenden Leerständen die Aufgaben des Stadtumbaus und des Stadtrückbaus im Vordergrund stehen, dominiert in München und anderen Städten des westlichen Bundesgebietes

---

3 Vgl. *Engels*, Bericht zu den Finanzbeziehungen zwischen Bund und Ländern, Schriftenreihe des BWV, Band 9 (2002), S. 21 f.

(z. B. Hamburg, Frankfurt und Stuttgart) noch längere Zeit der Wohnungsmangel. Wohnungsneubau ist hier die Aufgabe. Es wird immer schwerer, diesen unterschiedlichen Anforderungen durch spezialisierte Programme und bundesweite steuerliche Fördermaßnahmen gerecht zu werden.

Mit dieser starken Differenzierung in den verschiedenen Ländern steigt die Verantwortung von Regionen und Kommunen. Schematische Programme von Bund und Ländern gehen an dem wirklichen Bedarf vorbei. Deshalb könnte ein lokales/regionales Stadtentwicklungsgeld, bezogen auf die jeweiligen unterschiedlichen örtlichen Verhältnisse, eine bessere Wirkung haben. Die Städte und Kreise erhalten pauschale Zweckzuweisungen, deren Finanzierung aus den bisherigen (starren) Programmen von Städtebau und Wohnungswesen alimentiert wird. Leipzig kann diese Mittel für den Stadtumbau verwenden, München für Wohnungsneubau.

Städte und Kreise hätten für die Verwendung des Stadtentwicklungsgeldes lokale Entwicklungskonzepte zu formulieren. Ein entsprechendes Geldleistungsgesetz wäre vom Bundestag und Bundesrat zu verabschieden und zwar finanziell in der Höhe, mit der die jetzigen Programme ausgestattet sind. Was für die Länder beim Abbau der Mischfinanzierung gilt, dass nämlich der finanzielle status quo erhalten bleibt, muss auch für die Kommunen und Regionen gelten, wenn sie die bisherigen Bund-Länderprogramme zur eigenen Verantwortung übertragen bekommen.

2. Mehr lokale Kompetenz im Schulbereich

Im Prinzip ist der Abbau der Mischfinanzierungen ein erklärtes Ziel. Im gleichen Atemzug wird allerdings unter Vernachlässigung aller Kompetenzfragen eine neue Mischfinanzierung größten Ausmaßes eingeführt, nämlich die investive Ausstattung der Ganztagsschulen durch den Bund mit 4 Mrd. €. Zweifellos sind die Schulen eine ausschließliche Länderkompetenz, aber der „goldene Zügel" des Geldes hat zwischen Bund und Ländern wieder alle Grundsätze beseitigt.

Wie diese Frage endgültig geregelt wird und woher das Geld am Ende kommt, wird die Öffentlichkeit sicher noch beschäftigen. Hierauf hat *Henneke* kürzlich mit Recht hingewiesen[4]. Das gleiche gilt auch für die Kinderbetreuung, welche natürlich ebenfalls keine Bundesaufgabe darstellt und gleichwohl vom Bund bezuschusst werden soll.

---

4   *Henneke*, Der Landkreis 2003, 734 (740).

Aber die Schulen sind wie der Wohnungs- und Städtebau ein Beispiel dafür, wie sich die Aufgaben verändert und verlagert haben. Der Geburtenrückgang und die dramatisch geänderte demographische Bevölkerungskurve, Wanderungsbewegungen innerhalb der Bundesrepublik und erhebliche Zunahmen von Ausländeranteilen brachten einen grundlegenden Wandel. Die jetzige Lage kann in den Schulen immer weniger durch eine ferne Ministerialbürokratie gelenkt und gesteuert werden. Auch hier muss eine Dezentralisierung und Stärkung lokaler Verantwortung kommen. Schulen müssen von der Aufgabe her viel stärker als bisher lokal verankert sein und gegenüber der jeweiligen Nachbarschaft eine Mitverantwortung für die Entwicklung des Gebiets übernehmen. Schulen können nicht mehr als Staatsbetriebe in Länderverantwortung allein betrieben werden. Die Kontrolle muss lokal ausgeübt werden. Zugleich eröffnet eine solche Kommunalisierung die Chance größerer Demokratisierung durch die örtliche Schulgemeinschaft.

Die Schulen obliegen der Kompetenz der Länder. Wenn im Rahmen der Modernisierung der bundesstaatlichen Ordnung keine Regelung erfolgt, können die Länder jeweils eigene Wege gehen. Eine noch größere Zersplitterung im Schulwesen wäre die Folge. Aber diese Frage steht hier nicht im Vordergrund, sondern der Punkt ist, dass tatsächliche Veränderungen in den Schulen aktuelle Aufgabenverlagerungen schaffen, die mehr kommunale Selbstverwaltung und ein Zurückdrängen des Staates erfordern.

3. Kommunalfinanzen und Regionalpolitik

Die Gemeindefinanzreform ist im Streit zwischen Bund und Ländern im Vermittlungsausschuss vor Weihnachten 2003 steckengeblieben. Die kommunalen Spitzenverbände haben während der Entscheidungen der politischen Gremien von Bund und Ländern große Demonstrationen organisiert. Selten war eine so starke Mobilisierung und eine solche parteiübergreifend einheitliche Haltung der kommunalen Spitzenverbände und ihrer Mitglieder festzustellen.

Gleichwohl war das Ergebnis negativ. Die Kommunen müssen dieses Ergebnis politisch interpretieren. So nahe und greifbar war eine Gewerbesteuerreform noch nie wie vor Weihnachten 2003. Trotzdem fand sich keine Mehrheit für diese Vorschläge.

Realistisch muss daher jetzt eine mehrheitsfähige Lösung gesucht werden. Sicher ist, dass jedes neue Modell als Ausdruck der Selbstverwaltung ein Hebesatzrecht für die Städte und Gemeinden umfassen muss. Hinzu kommen die bisherigen Ziele einer Verstetigung und Verbesserung der Einnahmen sowie eines Erhalts des Bandes zwischen Wirtschaft und Rathaus.

In der Gemeindefinanzreformkommission war die radikale Gegenposition zur Modernisierung der Gewerbesteuer ihre Abschaffung und ein Ersatz durch einen Zuschlag zur Einkommen- und Körperschaftsteuer. Dieses Zuschlagsmodell des BDI ist gescheitert, weil das Stadt-Umlandverhältnis weiter verschärft worden wäre. Gäbe es aber eine verfestigte Form der „Stadt-Umland-Region", könnte man sicher über Zuschlagsmodelle weiter nachdenken. Der Städtetag hat sich zuletzt in der Hauptversammlung im Mai 2001 in Leipzig darauf verständigt, dass „jedenfalls in den städtischen Regionen alle regional bedeutsamen Angelegenheiten einer kommunal verfassten und demokratisch legitimierten Planungs- und Entscheidungsinstanz zugeordnet werden"[5].

Es ist hier nicht der Ort für eine Debatte zur Gemeindefinanzreform. Wichtig ist jedoch der Hinweis, dass eine moderne, kommunal verfasste Regionalpolitik auch neue steuerliche Lösungen zulassen könnte. Zur Regionalpolitik wird es ohnehin neue Anstöße geben. Bekanntlich soll die Raumordnung als Rahmengesetzgebung des Bundes (Art. 75 GG) abgeschafft werden, aber natürlich bleibt ihre Aufgabe auf der Agenda. Die Frage ist auch hier, ob die Länder als Staat die Raum- und Bauleitplanung über die Grenzen der kommunalen Gebietskörperschaften hinaus übernehmen oder kommunale Verantwortungsgemeinschaften, die als Gemeindeverbände schon heute wesentliche Aufgaben der Daseinsvorsorge oder des öffentlichen Nahverkehrs erfüllen, gebildet werden. Warum werden solche zentralen Fragen der Standortqualität von Städten und Regionen nicht bei der Modernisierung der bundesstaatlichen Ordnung diskutiert und sehenden Auges zugelassen, dass z. B. in Mecklenburg-Vorpommern die staatlichen (Mittel-)Instanzen abgeschafft, während sie in Baden-Württemberg massiv ausgebaut werden?

4. Einführung der Konnexität im Grundgesetz

Zur Zeit läuft in den Ländern eine Reihe von Initiativen, die eine Einführung des *Konnexitätsprinzips* in den Landesverfassungen zum Ziele haben, z. B. in Rheinland-Pfalz. Dadurch wird erreicht, dass alle Gesetze des Landes, die für die Kommunen ausgabenwirksam sind, eine entsprechende Finanzierungsregelung enthalten müssen. Was aber ist mit den für die Kommunen ausgabenwirksamen Gesetzen des Bundes oder der Europäischen Union?

Die Erfahrung ist, dass immer mehr Entscheidungen gerade auch des Bundes und der Europäischen Union erhebliche Rückwirkungen auf die Kommunen

---

5 *Werner*, Interkommunale Kooperation in baden-württembergischen Stadtregionen, 2004, S. 22.

und ihre finanzielle Leistungsfähigkeit haben. Gegenüber kostenwirksamen Entscheidungen des Bundes und der Europäischen Union schützt das landesverfassungsrechtliche Konnexitätsprinzip nicht. Deshalb wird vom Land Rheinland-Pfalz gefordert, beim Bund auf eine Verankerung des Konnexitätsprinzips im Grundgesetz zum Schutze der Kommunen vor finanzieller Überforderung hinzuwirken und sich gleichzeitig um eine Präzisierung der Durchgriffskompetenz des Bundes auf die kommunale Ebene zu bemühen[6].

Im Kern geht es um ein Grundübel des jetzigen bundesstaatlichen Systems, nämlich des Auseinanderfallens von Entscheidungs- und Finanzierungsebene bei wichtigen ausgabewirksamen Gesetzen. Der bekannteste Fall ist die Sozialhilfe, welche vom Bund normiert und von den Gemeinden zu finanzieren ist. Dasselbe gilt aber auch für das Kinder- und Jugendhilfegesetz oder das bekannte Kindergartengesetz[7].

Die Einführung des Konnexitätsprinzips in das Grundgesetz, soweit es um den Schutz der Kommunen geht, wurde auch auf der Jahreshauptversammlung des Deutschen Städtetages in Mannheim im Mai 2003 vom Bundespräsidenten gefordert. Im Interesse der Überschaubarkeit und Justiziabilität könnte das grundgesetzliche Konnexitätsprinzip zum Schutze der Kommunen in seinem Anwendungsbereich auf bundesrechtliche Geld- und Sachleistungen beschränkt werden. Diese sachliche Reduktion sollte jedoch mit der Einbeziehung von Maßnahmen der Europäischen Union verknüpft werden, da der Bund gegenüber der Europäischen Union der verfassungsrechtlich verantwortliche Partner ist (Art. 23 GG).

III. Aktueller Stand der Föderalismusdebatte

In der Zusammenfassung der Ergebnisse der Klausurtagung der Föderalismuskommission in Potsdam am 22./23. Januar 2004 wurden an Arbeitsgruppen verschiedene Arbeitsaufträge erteilt. Ein Auftrag war, Kriterien für eine Zuordnung von Gesetzgebungskompetenzen an Bund und Länder zu finden und zwar
- *inhaltliche:* Bildung von Lebensbereichen/Themenbereichen (Beispiele: Themenbereich „Erziehung/Bildung – vom Kindergarten bis zur Hochschule", Öffentlicher Dienst) und

---

6 Vgl. *Schoch* und *Wieland* zum Entschließungsantrag vom 24.11.03 an den Landtag von Rheinland-Pfalz und Zwischenbericht der Enquete-Kommission des Landtags von Rheinland-Pfalz vom 05.12.2003, LT-Drs 14/2739.

7 Vgl. *Böhme*, Je mehr wir haben, desto mehr haben wir zu wenig, 1993, S. 66 f.

- *strukturell-formale*: z. B. Ortsnähe, Sicherung der Handlungsfähigkeit des Gesamtstaates.

Wenn diese Aufträge sachgerecht und funktional umgesetzt werden, können sie ohne die kommunale Ebene nicht auskommen. Eine Zuordnung der einzelnen konkreten Kompetenzmaterien muss auch eine Prüfung der kommunalen Zuständigkeit umfassen. Eine Föderalismusreform darf die Kommunen nicht ausklammern. Der vorliegende Beitrag soll für diese Position Verständnis wecken und Anstöße geben.

Ferdinand Kirchhof

Bericht aus der Arbeit der Kommission zur Modernisierung der bundesstaatlichen Ordnung

I. Die Arbeitsweise

Die Kommission von Bundestag und Bundesrat zur Modernisierung der bundesstaatlichen Ordnung (Föderalismuskommission) versucht, dem deutschen Föderalismus wieder auf die Beine zu helfen. Mitglieder des Bundestags und des Bundesrats, die am Ende mit 2/3-Mehrheit die Ergebnisse der Kommissionsarbeit beschließen wollen, Angehörige der Landesparlamente und der drei kommunalen Spitzenverbände sowie Sachverständige beraten seit September 2003 über die dafür notwendigen Verfassungsänderungen. Die Ziele der Entflechtung von Kompetenzen, Rechtsetzungsverfahren und Finanzierungswegen von Bund und Ländern, die Stärkung der Autonomie der Länder, die Vereinfachung bundesstaatlicher Verfahren und die Verbesserung der Europatauglichkeit des deutschen föderalen Systems leiten die Beratungen. Die Kommission tritt monatlich als Plenum zusammen, berät die Einzelfragen aber in zwei Arbeitskreisen vor, von denen sich einer mit Zuständigkeit und Verfahren und der andere mit dem Finanzwesen befasst. Zu Fragen aus dem erstgenannten Sachgebiet hat in Potsdam eine zweitägige Klausurtagung stattgefunden; Sachverständige sind im Plenum in zwei Hearings zu Worte gekommen; ein drittes wird zum Thema des deutschen Bundesstaats in Europa folgen.

Die Diskussionen in der Föderalismuskommission zeigen ein erstaunlich vielfältiges Meinungsbild, das quer über die gewohnten Parteiengrenzen läuft und Meinungsverschiedenheiten zwischen Ländern und Bund, zwischen neuen und alten Ländern oder zwischen Stadtstaaten, kleinen und großen Flächenstaaten aufweist. Dadurch tritt in den Beratungen ein ausdifferenziertes Meinungsspektrum zutage, das vom energischen Reformer bis hin zum Zauderer reicht, dem der status quo des bisher verfassungsrechtlich Erreichten lieb und teuer ist.

Es fällt nicht leicht, schon im März 2004 über erste Ergebnisse der Arbeit einer Kommission zu berichten, die mit ihrer Arbeit im Juli fertig sein will, aber vermutlich dafür das gesamte Jahr 2004 benötigt. Auch liegen Ergebnisse im Sinne fester Beschlüsse zu Einzelfragen noch nicht vor, denn die Kommission hat ein Diskussionsverfahren eingeschlagen, in dem die einzelnen Fragen erörtert und am Ende lediglich in Form einer Zusammenfassung des Meinungsbilds durch den Vorsitzenden beantwortet werden. Dieses Vorgehen erwies sich als notwendig, denn Veränderungen im Aufgaben- oder Verfahrensteil des Grundgesetzes bedingen Novellierungen der Finanzverfassung und vice versa. Deswegen will man den endgültigen Vorschlag der Kommission in einer Gesamtschau erörtern und beschließen, in der jeder bilanziert, was er gibt und nimmt. Zu berichten ist also heute nur über den Meinungsstand in der Kommission und über ihre wahrscheinlichen Ergebnisse. Ob es am Schluss der Kommissionsarbeit tatsächlich zu Novellierungsvorschlägen kommen wird, in welchem Umfang das Grundgesetz renoviert werden soll und was man im Einzelfall anders regeln will, bleibt bis dahin offen.

Um sich nicht an zu umfangreichen Aufgaben zu überheben, ist die Kommission übereingekommen, einige an sich anstehende Themen auszuklammern: Die Fragen einer Neugliederung des Bundesgebietes und einer Änderung des Finanzausgleichs werden nicht erörtert, obwohl sie materiell zweifelsohne auf die Agenda gehören. Aber beide Themen sind vermintes Gelände, dessen Betreten etliche Länder vor einer Mitwirkung an der Föderalismusreform zurückschrecken ließe, teilweise sogar schon Gespräche darüber unterbinden würde. Beim Thema der Neugliederung fürchten kleine Bundesländer um ihre Existenz. Der Finanzausgleich ist kürzlich neu beschlossen worden und enthält für etliche Länder auskömmliche, überquotale Konditionen; den damaligen Verhandlungserfolg wollen sie auf keinen Fall gefährden. Ob sich eine Ausgrenzung der Neugliederung und des Finanzausgleichs aus den Verhandlungen der Kommission durchhalten lässt, ist fraglich. Vor allem im Finanzausgleich hat es sich erwiesen, dass weniger die Sorge besteht, an einzelnen Stellen zu neuen Regeln über Finanztransfers zu kommen, als die Befürchtung, den Bestand an Bundesergänzungszuweisungen für teilungsbedingte Sonderlasten zu gefährden, die sich die neuen Länder bis ins Jahr 2019 in § 11 FAG bereits gesichert haben. Die Existenz dieser Norm bis ins Jahr 2019 wird von den neuen Ländern kompromisslos als unantastbar verteidigt. Darüber hinaus beziehen sie andere finanzielle Einzelpositionen als wesentliche Geschäftsgrundlage in diese Bestandsgarantie ein und immunisieren sie auf diese Weise. Es könnte sich erweisen, dass sich § 11 FAG trotz seines Charakters als einfaches Gesetz bestandskräftiger als die Vorschriften des Grundgesetzes erweist, das nach Art. 79 Abs. 2 GG nur mit 2/3-Mehrheit im Bundestag und Bundesrat geändert werden kann. Die Politik würde eine größere Stabilität verleihen als die normativen Sicherungen des Verfassungsrechts.

Bereits bearbeitet hat die Kommission Fragen der Gesetzgebungskompetenzen und -verfahren sowie der Finanzierung und der Europatauglichkeit des Grundgesetzes. Aus der Zielsetzung der Modernisierung des deutschen Föderalismus wird verständlich, dass der Aufbau der Rechtsprechung in den Beratungen keine Rolle spielt, denn die Arbeitsteilung zwischen Landes- und Bundesgerichten funktioniert hervorragend, dass Verwaltungsfragen ziemlich in den Hintergrund treten und fast nur bei der Gesetzgebungszuständigkeit von Bund und Ländern auftauchen und dass die Kommission nichts zu den Grundrechten berichten wird. Lediglich die hergebrachten Grundsätze des Berufsbeamtentums nach Art. 33 Abs. 5 GG sind mit Blick auf die Kompetenzen im öffentlichen Dienstrecht kurz erörtert worden, ohne dass sich hier ein einheitliches Meinungsbild gezeigt hätte.

Da die Vertreter der kommunalen Spitzenverbände die Aufgaben- und Finanznot von Gemeinden und Kreisen in die Beratungen hineingetragen haben, war eine Beschäftigung mit dem Verhältnis von Bund und Ländern zu den Kommunen unerlässlich. Dabei kristallisierte sich als Grundlinie heraus, dass die Kommunen als Gebietskörperschaften mit eigenen Aufgaben, Verantwortungen und Finanzen berücksichtigt werden müssen, aber nicht auf die Ebene der Staatlichkeit gehoben, sondern dritte Verwaltungsebene und Bestandteil des jeweiligen Landes bleiben sollten. Das schließt die Bildung einer dritten Kammer der Kommunen als Verfassungsorgan neben Bundestag und Bundesrat und überhaupt eine verfassungsrechtliche Beteiligung am Gesetzgebungsverfahren des Bundes aus. Diese Linie erscheint mir richtig: sie belässt die Kommunen in der Exekutive als Träger der Leistungsverwaltung vor Ort und verhindert eine weitere Verflechtung verfassungsrechtlicher Zuständigkeiten und Verfahren. Die Kommission tat gut daran, sich auf das Verhältnis zwischen Bund und Ländern zu konzentrieren, ohne dabei die Nöte der Kommunen (als Teil der Schwierigkeiten der Länder) zu übersehen.

II. Europäisierung

Das Verhältnis des deutschen Föderalismus zu Europa ist erst in Ansätzen behandelt worden. Die Beteiligung an der europäischen Rechtsetzung im Verfahren des Art. 23 GG fand dabei weniger mit der Zielsetzung einer Stärkung der Position Deutschlands in den Gremien der EG als in der Frage der binnenstaatlichen Beteiligung von Bund und Ländern und ihrer Verfassungsorgane Aufmerksamkeit. Die in Art. 23 Abs. 4 bis 7 GG geregelte Beteiligung der Länder an den europäischen Entscheidungen wurde mehrheitlich als unbefriedigend empfunden, allerdings mit völlig unterschiedlichen Ergebnissen.

Während die eine Auffassung in einer Länderbeteiligung ein grundlegendes Hindernis für eine effektive Vertretung des deutschen Mitgliedstaates in Europa sah, was zum Vorschlag einer ersatzlosen Streichung der Absätze 4 bis 7 führte, sah eine andere Ansicht die Länder wegen der weichen, unverbindlichen Fassung der Absätze 4 bis 7 und ihrer geringen Einflussmöglichkeiten zu bloßen Verwaltungseinheiten degradiert und forderte eine Verstärkung der Länderrechte durch Präzisierung des Tatbestands des Art. 23 GG oder durch die Errichtung eines Länderorgans mit Außenkompetenzen gegenüber der EU, z. B. eine Vertretung durch den Präsidenten des Bundesrats bei Gesetzgebungskompetenzen der Länder. Eine dritte Auffassung sah in einer besseren Beteiligung der Länder im Bundesrat eine geeignete Lösung. Hierfür kämen Abstimmungen im Bundesrat mit Bindungswirkung für europäische Rechtsetzungsverfahren oder die Mitwirkung am Vorwarnverfahren der europäischen Rechtsetzung einschließlich eines Klagerechts einzelner Länder durch Vermittlung des Bundesrates in Betracht.

In einem zweiten Ansatz zur Reform des Art. 23 GG wurde die Beteiligung des Bundestages in Art. 23 Abs. 3 GG aufgegriffen. Es wurde kritisiert, dass der Bundestag faktisch zu wenig und zu kurzfristig beteiligt werde, so dass die europäische Politik in Deutschland weder im zuständigen Verfassungsorgan noch in der öffentlichen Meinung thematisiert und diskutiert würde. Deutschland würde auf europarechtliche Fragen erst aufmerksam, wenn die dazu erlassenen EG-Normen in deutsches Recht umgesetzt würden; dann sei der europäische Rechtsakt aber längst beschlossen und in Geltung.

Vor allem die völlig unterschiedlichen Ansätze zur Beteiligung der Länder an der Rechtsetzung geben der Vermutung Nahrung, dass die Kommission in diesem Punkt keine wesentlichen Rechtsänderungen vorschlagen wird; allein das Thema einer besseren Beteiligung des Bundestages könnte zu Novellierungsvorschlägen führen.

Im Finanzwesen stehen Regelungen der gemeinsamen Tragung von Beiträgen und Kosten der EG, über die Haftung bei unzureichender Umsetzung von EG-Richtlinien oder wegen einer Verschuldung entgegen den Maastricht-Kriterien sowie über die Verteilung der Maastrichter Kreditlimite auf Bund und Länder an. Die Beratungen der Kommission dazu befinden sich aber erst im Anfangsstadium.

Alle europarechtlichen Fragen betreffen den Kommunalbereich unmittelbar allerdings nicht. Eine Klärung der Übertragung von Hoheitsrechten auf grenznachbarschaftliche Einrichtungen nach Art. 24 Abs. 1a GG, welche die Kommunen an der Grenze betreffen würde, ist kurz angesprochen worden, aber noch ohne Antwort geblieben. Hier stellt sich vor allem die Frage, inwieweit bei grenznachbarschaftlichen Einrichtungen Bundes- und Landesrecht gilt und ob Vereinbarungen mit dem Nachbarn dieses Recht auf dem Territorium der grenznachbarschaftlichen Einrichtung außer Kraft setzen dürfen.

III. Gesetzgebung

Einen Schwerpunkt der Kommissionsarbeit bildeten bisher die Beratungen über die Gesetzgebungskompetenzen von Bund und Ländern nach Art. 70 ff. GG. Sowohl die Kompetenzarten als auch einzelne Zuständigkeitsbereiche wurden erörtert. Allgemein war der Wunsch, Zuständigkeiten primär in die Kategorien der ausschließlichen Gesetzgebungskompetenz einzupassen, weil auf diese Weise am besten entflochten und am klarsten politische Verantwortung Bund und Ländern zugewiesen wird. Das Problem steckt hier selbstverständlich in den Details, an wen die Sachbereiche in dieser an sich stringenten Weise verteilt werden.

Der Kompetenztyp der Rahmengesetzgebung erschien aus bekannten Gründen als föderalismusfeindlich. Er gibt dem Bund lediglich einen Titel zur Normierung weit gefasster Grenzen, wird von ihm jedoch regelmäßig bis zur Detailregelung ausgenutzt. Da auch einzelne Sachmaterien des Art. 75 GG fragwürdig erschienen, ist die Rahmengesetzgebung wohl die gefährdetste Spezies unter den Kompetenztypen in der Kommission, auch wenn eine entschiedenere Auslegung des Art. 72 Abs. 2 GG durch das Bundesverfassungsgericht schon jetzt für ihre Nutzung höhere Barrieren als bisher errichtet.

Von den Ländern wurde bedauert, dass die konkurrierende Gesetzgebung des Bundes nach Art. 74 GG ursprünglich nur zu einer zurückhaltenden Gesetzgebung des Bundes unter Belassung weiter Regelungsbereiche für die Länder führen sollte. In der Staatspraxis habe der Bund sie jedoch vollständig ausgenutzt, d. h. sie wie eine ausschließliche Gesetzgebungskompetenz behandelt. Von Landesseite wurde sogar angefragt, ob für diesen Kompetenztyp noch Platz bestehe, denn der Bund dürfe nach Art. 72 Abs. 2 GG nur noch regeln, wenn gleichwertige Lebensverhältnisse oder die Wahrung der Rechts- oder Wirtschaftseinheit ein Bundesgesetz erforderlich machten. Mittlerweile von Europa besetzte Regelungsthemen träfen aber auf europaeinheitliche EG-Richtlinien. Deren Umsetzung könne der Bund nicht mehr mit der Behauptung notwendiger Bundeseinheitlichkeit vornehmen, denn die Richtlinie sorge sogar für Europaeinheitlichkeit.

Die Mehrheitsauffassung in der Kommission griff allerdings diese Generalattacke nicht auf, sondern versuchte das Problem auf zwei Wegen zu lösen. Zum einen sollen die Sachmaterien des Art. 74 GG entschlackt und den ausschließlichen Gesetzgebungskompetenzen zugewiesen werden, zum anderen soll die Länderautonomie durch eine zusätzliche Zuständigkeitskategorie verstärkt werden: das Zugriffsrecht. In den Sachbereichen dieses neuen Kompetenztypus darf der Bund wie bei der konkurrierenden Gesetzgebung regeln, die Länder können aber durch eigenes Gesetz darauf zugreifen. Ihr Gesetz hat dann Vorrang. Dabei ist nicht daran gedacht, dass ein Zugriffsrecht der Länder erst entsteht, wenn ein Bundesgesetz vorhanden ist, denn dann könnte der Bund durch Nichtregelung Sachbereiche sperren und würde bei Teilnovellierungen des Bundesgesetzes wegen der Notwendigkeit des sofortigen Zugriffs durch ein erneutes Landesänderungsgesetz ein unübersehbarer Fleckenteppich differenter Rechtsregeln in mehreren Schichten entstehen. Das Zugriffsrecht soll vielmehr den Ländern die Befugnis geben, im jeweiligen Sachbereich mit Vorrang ohne Rücksicht auf bestehendes Bundesrecht zu regeln, sodass ein späteres Bundesgesetz das frühere Landesgesetz nicht aufhöbe. Im Ergebnis enthielte dieser neue Kompetenztyp eine umgedrehte, konkurrierende Gesetzgebungszuständigkeit. So wie Art. 74 GG dem Bund Bundesgesetze mit Vorrang vor Landesrecht ermöglicht, würde die zusätzliche Kategorie eine Landesgesetzgebung mit Vorrang vor Bundesgesetzen gestatten. Dann würde das legislative Zusammenspiel von Bund und Ländern zum einen in der bisherigen konkurrierenden Gesetzgebung unter Vorrang des Bundes und zum anderen in einer neuen konkurrierenden Gesetzgebung unter Vorrang des Landes bestehen; die Grundregel des Art. 31 GG würde dort nicht mehr gelten.

Ein derartiges Zugriffsrecht wirft viele Fragen auf: Es entstehen länderdifferente Regelungen und partielles Bundesrecht. Wenn die meisten Länder von ihrem Zugriffsrecht Gebrauch gemacht haben, kann ein Bundesgesetz gezielt für ein einziges oder einzelne Länder Recht setzen. Ein in diesem Kompetenztyp erlassenes Bundesgesetz lässt sich nicht mehr mit der Notwendigkeit einer Bundeseinheitlichkeit nach Art. 72 Abs. 2 GG rechtfertigen, weil der Kompetenztyp strukturell auf Länderdifferenzierung angelegt ist. Das Bundesgesetz ist nur noch als Reserve- und Mindestregelung zu legitimieren. Trotz dieser Schwierigkeiten zeigte sich in der Kommission aber ein großes Interesse am Zugriffsrecht. Die Länder propagieren den neuen Kompetenztypus der konkurrierenden Gesetzgebung unter Vorrang des Landes, weil sie ihn als einzigen Weg zur Wiedererlangung der Autonomie in denjenigen Sachbereichen sehen, in denen der Bund unbedingt eine (Mit-)Regelungszuständigkeit behalten will.

Die Kommission hat auch Öffnungsklauseln diskutiert, die im jeweiligen Bundesgesetz den Ländern andere Regelungen erlauben. Da bisherige Möglichkeiten zum Erlass von Landesgesetzen nach Maßgabe von Öffnungsklauseln kaum benutzt worden sind und die Länderautonomie nur nach dem jeweiligen Willen des Bundesgesetzgebers fördern würden, hat der Vorschlag in den weiteren Beratungen keine Rolle mehr gespielt.

Die Erwägungen zum Fortfall der Rahmengesetzgebung und zur Einführung eines Zugriffsrechts der Länder haben keine unmittelbaren Auswirkungen auf die Kommunen, weil sie ausschließlich das Rechtsetzungsverfahren zwischen Bund und Ländern betreffen. Die Einführung eines Zugriffsrechts würde aber den Ländern in etlichen Sachbereichen eine für die Kommunen maßgeschnei-

Kommission zur Modernisierung der bundesstaatlichen Ordnung

derte Gesetzgebung erlauben, so dass der mittelbare Effekt auf die Kommunen nicht unterschätzt werden darf.

Die Erörterung einzelner Kompetenzbereiche ist für die Kommunen interessanter. Der Ruf nach Änderungen wurde bisher in der öffentlichen Fürsorge, der Arbeitsvermittlung, dem Umweltschutz und im öffentlichen Dienst erhoben. Es bestehen Überlegungen, die öffentliche Fürsorge i. S. d. Art. 74 Abs. 1 Nr. 7 GG mit Ausnahme der Familienförderung den Ländern zuzuweisen. Damit würden Sozialhilfe, Wohngeld, Leistungen der Kinder- und Jugendpflege usw. in die Gesetzgebungsgewalt der Länder geraten. Die Änderung ist angebracht, weil die Hilfeniveaus regional und lokal sehr differieren, Sach- und Personalleistungen stets vor Ort erbracht werden müssen und die Kinder- und Jugendpflege nicht allein zur Fürsorge, sondern auch zur ohnedies den Ländern zustehenden Bildung zählt. Die teilweise an anderer Stelle geregelte soziale Entschädigung und die beitragsfinanzierten Sozialversicherungssystem bleiben in Händen des Bundes.

In einem zweiten Schritt ist an eine Zuweisung der Arbeitsvermittlung nach Art. 74 Abs. 1 Nr. 12 GG unter Ausschluss der Arbeitslosenversicherung an die Länder gedacht. Auch hier spielten die Gesichtspunkte lokal und regional differenter Arbeitsmärkte und die bessere Eignung der Kommunen zur Eingliederung von Arbeitslosen in diese Märkte eine wesentliche Rolle. Die feine Ausdifferenzierung der sich daraus ergebenden Einzelzuständigkeiten nach den Hartz-Reformen hat die Kommission zu Recht nicht bedacht, denn sie kann mit ihrer Arbeitskraft nur Weichen stellen und Richtungen angeben; sie soll allein die Verfassung als Rahmenordnung umgestalten und sich nicht in einfachgesetzliche Details verwickeln.

Der Umweltschutz wird zunehmend zu einer Querschnittsaufgabe, die partiell von EG-Richtlinien vorbestimmt wird. Die in den Art. 74 Abs. 1 Nrn. 18 und 24 sowie 75 Abs. 1 Nrn. 3 und 4 GG erfassten einzelnen Aspekte des Umweltschutzes könnten neu verteilt werden. Der Bund stemmt sich gegen eine Auftrennung, weil das EG-Recht einheitlich umgesetzt werden müsse, bundeseinheitlicher Umweltschutz notwendig sei und ein Umweltgesetzbuch des Bundes gemeinsame Standards und Verfahren bieten müsse. Die Länder verweisen dagegen auf den Umweltschutz als Querschnittsaufgabe für jegliche Staatstätigkeit und auf die Kleinräumigkeit mancher Umweltschutzaufgaben. So könnten im Gegensatz zu Luft und Wasser geographisch enger gebundene Umweltmedien, z. B. boden- und lärmbezogene Umweltprobleme, von den Ländern geregelt werden. Dann würde der Boden-, Natur- und Landschaftsschutz sowie die Lärmbekämpfung in die Hände der Länder kommen. Auch die Bauplanung könnte in ihre Gesetzgebungszuständigkeit fallen, während die hochmobilen Medien von Luft und Wasser einer bundeseinheitlichen Regelung bedürften. Ebenso könnte der Umweltschutz bei Produkten, die als Handelsware über die

Ländergrenzen transportiert werden, und bei mobilen Störquellen, wie Kraftfahrzeugen oder Flugzeugen, in der Bundeszuständigkeit bleiben, während der Schutz gegen Lärm und Bodenkontamination durch ortsfeste Anlagen den Ländern zugeschlagen werden könnte. Die Kommission ist an dieser Stelle erst bei der Formulierung des Problems und möglicher Lösungen angelangt; eine Entschließung ist noch nicht in Sicht.

Nach Art. 75 Abs. 1 Nr. 1 und 74a GG besitzt der Bund die Befugnis zur Regelung des Öffentlichen Dienstes einschließlich der Versorgung und Besoldung. Die Rahmengesetzgebung ist bereits als Kompetenztypus ins Gerede gekommen, Art. 74a GG ist später auf Wunsch der Länder in einer besonderen politischen Situation in das Grundgesetz eingefügt worden. Heute verlangen die Länder diese Kompetenzen zurück, weil die Regelung der Dienstverhältnisse des eigenen Personals zu den Grundbestandteilen ihrer Organisationshoheit gehört. Deshalb sei es nicht gerechtfertigt, dass der Bund durch sein Gesetz in die Integrität ihrer Selbstorganisation im Personalwesen eingreifen dürfe. Ein Wettbewerb zwischen den Ländern wäre allerdings auch ein Wettbewerb um das Personal. Während einige Länder ihn zu fürchten scheinen, sehen andere eher einen Nutzen – in der bestehenden Arbeitsmarktsituation wohl durch Absenkung der Personalkosten. In diesem Zusammenhang wurde auch eine Änderung des Art. 33 Abs. 5 GG angesprochen, die allerdings in den Einzelheiten (Laufbahn-, Lebenszeit-, Alimentationsprinzip, Verzicht auf Beamte in der Hoheitsverwaltung) bei den Ländern völlig unterschiedliche Zielrichtungen aufwies. Eine Änderung des Dienstrechts beträfe die Kommunen erheblich, die Verschiebung der Gesetzgebungskompetenz sie nur mittelbar.

IV. Einwirkungsbefugnisse des Bundesrates

Einen zweiten Schwerpunkt der Kommissionsarbeit bildeten die Einwirkungsbefugnisse des Bundesrats bei der Gesetzgebung. Die viel beklagte und zitierte Blockade einer Bundesopposition aus Landesregierungen im Bundesrat konzentrierte die Diskussionen auf das Zustimmungserfordernis zu Bundesgesetzen, die die Einrichtungen der Behörden oder das Verwaltungsverfahren der Länder regeln. Die Kommission hat sich dabei in ihren Diskussionen auf die Grundsatzfrage beschränkt. Die Details einer Erstreckung einer Novelle der Art. 84 und 85 GG über das Zustimmungsgesetz hinaus auf allgemeine Verwaltungsvorschriften (Art. 84 Abs. 2 und 85 Abs. 2 GG) und ähnliche Details blieben unerörtert. Der Bund ist selbstverständlich daran interessiert, dass die Notwendigkeit der Zustimmung entfällt. Die Länder befürchten dann die Gefahr einer ungehemmten Bundesregelung im Bereich ihrer genuinen Staatlichkeit,

Kommission zur Modernisierung der bundesstaatlichen Ordnung

nämlich bei der Organisation ihrer Landesverwaltung und bei den Verwaltungsverfahren. Die Kommunen wiesen bei diesem Thema nachdrücklich darauf hin, dass erst Art. 84 und 85 GG dem Bund den Weg geebnet hätten, bundesgesetzliche Aufgaben im direkten Zugriff auf die Kommunen zu übertragen, ohne dass die Finanzverfassung für eine entsprechende Kostenerstattung sorge. Alle Kommissionsmitglieder waren sich einig, dass das Blockadeproblem der Art. 84 f. GG eines der wesentlichen Themen der Kommissionsarbeit sei.

Die Kommission erwägt mehrere Lösungen. Entfällt nur das Zustimmungserfordernis, müsste für Bundesgesetze mit erheblichen Kostenfolgen ein finanzieller Ausgleich für die Länder geschaffen werden. Über den Weg dazu herrscht Ratlosigkeit. Im Gegensatz zur grundsätzlichen Entflechtungsabsicht ist deswegen von einzelnen Bundesländern sogar vorgeschlagen worden, den Katalog der zustimmungsbedürftigen Gesetze um die Kategorie des kostenbelastenden Bundesgesetzes zu erweitern. Damit würde freilich die Blockademöglichkeit des Bundesrates auf ein neues Niveau gehoben und fast jedes Gesetz zustimmungspflichtig. Deshalb sollte der Vorschlag in dieser Formulierung keine Zustimmung finden.

Eine andere Lösung bestünde darin, dem Bund die Möglichkeit zu eröffnen, ohne Zustimmungsgesetz die Einrichtungen der Behörden und das Verwaltungsverfahren zu regeln, den Ländern aber wie bei den Gesetzgebungskompetenzen des Art. 74 GG ein Zugriffsrecht mit Vorrang zu geben. Dann könnten die Länder sowohl einem Eingriff des Bundesgesetzes in ihre Organisationshoheit begegnen als auch allgemein Verwaltungsverfahren und Behördenorganisation nach eigenem Willen regeln. Die Zugriffsrechtslösung stößt allerdings auf Schwierigkeiten bei der Kostenfolge für die Kommunen.

Eine dritte Lösung böte der Verzicht des Bundes auf bundesgesetzliche Regelung von Verwaltungsverfahren und Behördeneinrichtungen. Dann wäre der Eingriff in die Organisationshoheit der Länder abgewehrt und eine Blockade vermieden, weil das Zustimmungsgesetz selbst entfiele. Den Kommunen wäre mit dieser Lösung sehr geholfen, denn der Durchgriff des Bundesgesetzes auf sie würde untersagt. Bundesgesetzliche materielle Aufgaben könnten allenfalls durch Landesgesetz auf die Kommunen übertragen werden. Damit würden nach Maßgabe der meisten Landesverfassungen die Kommunen im Wege einer Anhörung oder eines Benehmens am Gesetzgebungsverfahren des Landes beteiligt. Ebenso hätten die meisten Länder nach ihrer Finanzverfassung den Kommunen die Kosten dieser jetzt von ihnen übertragenen Aufgaben nach dem Grundsatz der Gesetzeskausalität zu erstatten. Die Kommunen könnten mit dieser Lösung zufrieden sein. Bund und Länder hätten ebenfalls Vorteile bei dieser Regelung; das bereits bei der ersten Lösung dargelegte Problem materieller, die Länder mit Kosten belastender Bundesgesetze besteht aber auch hier. Der Bund hat in der Kommission erklärt, dass er dieser Lösung zuneigt, wobei die Details noch unklar sind. Würde die Kommission eine Beseitigung der bundesgesetzlichen Ingerenzmöglichkeit und damit den Wegfall der Bundesratsblockaden vorschlagen, hätte sie in einem entscheidenden Punkt das Verhältnis von Bund und Ländern föderalismusfreundlich entflochten. Es ist zu vermuten und zu hoffen, dass die Kommission sich diesen Bundesvorschlag zu Eigen macht und in ihren Bericht aufnimmt.

V. Gemeinschaftsaufgaben

Die Gemeinschaftsaufgaben nach Art. 91a und b GG werden seit ihrer Einführung kritisiert, denn sie führen Bund und Länder in engster Verflechtung zusammen. Deshalb war schon zu Beginn der Kommissionssitzungen die Stimmung für deren Abschaffung vorhanden. Im Laufe der Beratung stellte sich jedoch heraus, dass bezüglich der drei dort enthaltenen Zuständigkeitsaspekte, nämlich der Rechtsetzung, der Durchführung und der Finanzierung der Gemeinschaftsaufgaben, die Sorge bestand, dass mit Auflösung der Gemeinschaftsaufgaben die Finanzquellen für die dann von einer einzigen Gebietskörperschaft durchzuführenden Tätigkeiten versiegen würden. Unter der Voraussetzung, dass die Finanzmittel einer Aufgabenverlagerung folgen, ergab sich folgendes Mehrheitsbild: Art. 91a und b GG könnten gestrichen werden; der Küstenschutz und die wissenschaftliche Forschung von überregionaler Bedeutung ginge zum Bund, die anderen Aufgaben zu den Ländern. Bei einer Streichung der Gemeinschaftsaufgabe der wissenschaftlichen Forschung von überregionaler Bedeutung würden die Großforschungseinrichtungen, z. B. die Max-Planck-Institute oder die Fraunhofer-Gesellschaft, zum Bund geschlagen, die kleineren Institute, z. B. die Einrichtungen der so genannten „Blauen Liste", kämen den Ländern zu. Bei der wissenschaftlichen Forschung von überregionaler Bedeutung war allerdings die Gegenmeinung deutlich zu vernehmen, sie als Gemeinschaftsaufgabe weiter durchzuführen, um die bestehenden Forschungseinrichtungen zu erhalten, das Zusammenwirken aller Gebietskörperschaften für eine bundeseinheitliche Forschungslandschaft zu garantieren und infolge der gemeinsamen Trägerschaft die Wissenschaft von allzu großen Politikeinflüssen fernzuhalten.

Kommission zur Modernisierung der bundesstaatlichen Ordnung

VI. Finanzverfassungsfragen

Die gesamte Aufgabendiskussion wurde unter den Vorbehalt einer aufgabenadäquaten Verlagerung der Finanzmittel gestellt. Wie in der aktuellen Politik erwies sich das Thema der Finanzierung letztlich als beherrschend. Die Kommission wird deshalb ein Paket schnüren, das Aufgaben- und Finanzvorschriften zusammenbindet.

Dem Vorschlag, in Art. 104a Abs. 1 GG vom Grundsatz der Vollzugs- auf den Grundsatz der Gesetzeskausalität als Gesamtprinzip überzugehen, ist die Kommission nicht gefolgt. Mit einer Gesetzeskausalität wäre der Bund verpflichtet worden, die Kosten der von ihm erlassenen Gesetze zu tragen. Da die Länder im Regelfall die Bundesgesetze ausführen, hätte die Änderung zu einem kontinuierlichen, kostenbezogenen Finanztransfer vom Bund zu den Ländern geführt. Das wäre auch den Kommunen entgegengekommen, denn eine aufgabenbezogene Finanzzuweisung hätte jedes Land verpflichtet, bei einer Durchführung des Bundesgesetzes durch Kommunen die vom Bund zur Verfügung gestellten Mittel konsequent und widmungsgerecht an sie weiterzureichen. Die Kommission konnte sich nicht zur durchgehenden Gesetzeskausalität durchringen, weil sie aufwändige und detailreiche Rechenwerke zur Ermittlung der Kosten und eine Degradierung der Länder zu Rechnungsstellen des Bundes befürchtete. Dahinter stand wohl auch die Überlegung, dass mit unbenannten Zuweisungen gut ausgestattete Länder besser mit der Vollzugskausalität als mit einer Gesetzeskausalität leben, die nur kostenechte Finanzmittel vergibt.

Bei den Geldleistungsgesetzen des Bundes nach Art. 104a Abs. 3 GG wird der Grundsatz der Gesetzeskausalität heute partiell bereits angewandt. Die Kommission überlegt hier eine Erweiterung auf Sachleistungsgesetze, auf Gesetze, die die Kommunen finanziell besonders belasten oder grundsätzlich auf Gesetze mit wesentlichen Kostenlasten für die Länder. Um die Kommunen nicht staatsrechtlich auf das Niveau der Länder zu heben, geht man aber davon aus, dass Kostenerstattungen nur zwischen Bund und Land geleistet werden und die Länder sie an die Kommunen weiterreichen.

Nach Ablehnung eines allgemeinen Grundsatzes der Gesetzeskausalität stellt sich die Frage nach einer aufgabengerechten Staatsfinanzierung im Prinzip selbstverständlich weiter. Bei einer Verlagerung von Aufgaben müssen Finanzmittel notwendigerweise ebenfalls umgeschichtet werden. Hier hat bisher erst eine grundsätzliche Diskussion eingesetzt. Es kristallisiert sich heraus, dass im Prinzip drei Wege für eine Verlagerung von Finanzmitteln in Frage kommen.

Erstens könnte man die Finanzhilfen des Bundes nach Art. 104a Abs. 4 GG zu einer dauerhaften Dotierung auf die Länder übergegangener Aufgaben benutzen. Dazu müssten seine begrenzenden Tatbestandsmerkmale allerdings weicher gefasst werden. Aus den bisherigen punktuellen und vorhabenbezogenen Finanzhilfen würden dauerhafte, aufgaben- und kostenorientierte Leistungen des Bundes an die Länder. Die Technik des „goldenen Zügels" stünde ihm umfassender zur Verfügung.

Als zweite Möglichkeit kommt eine Verlagerung von Steuerquellen in Betracht. Sie würde dem Bund die Rolle des Finanziers nehmen und den Ländern eine kontinuierliche, von Wirtschaft und Konjunktur abhängige Finanzquelle zur Verfügung stellen. Die Mittel würden allerdings nicht aufgabenscharf und kostenecht fließen, sondern könnten nur in grober Annäherung an die finanziellen Bedürfnisse der Länder verteilt werden. Neben einer Neuverteilung der nach dem Trennsystem entweder ausschließlich dem Bund oder den Ländern zugeordneten Steuern nach Art. 106 Abs. 1 und 2 GG kommen für eine Steuerquellenverlagerung in erster Linie die Gemeinschaftssteuern nach Art. 106 Abs. 3 GG, also die Einkommen-, Körperschaft- oder Umsatzsteuer, in Betracht.

Ein Vorschlag geht dahin, den Ländern Hebesatzrechte auf Einkommen- und Körperschaftsteuer zu verleihen; sie könnten dann selbst über einen Teil ihres Steueraufkommens bestimmen. Die Argumente gegen Hebesatzrechte dürften sich aber als stärker erweisen. Während der europäische Binnenmarkt einheitliche Vorgaben für alle Wirtschaftssubjekte verlangt, die EG zum zweiten Mal zur Harmonisierung der Körperschaftsteuer ansetzt und der Bund nach Art. 105 Abs. 2 i. V. m. Art. 72 Abs. 2 GG Einkommen- und Körperschaftsteuer nur regeln darf, damit im gesamten Bundesgebiet einheitliche Steuervorgaben bestehen, würde ein Hebesatzrecht einen regionalen Flickenteppich unterschiedlicher Steuerniveaus verursachen. Bei länderdifferenten Bemessungsgrundlagen würden sogar Doppelbesteuerungsabkommen zwischen den Ländern notwendig. Bei Hebesatzrechten müssten zumindest Betriebstätten abgegrenzt und im Leistungsverkehr der Unternehmen zwischen den Ländern Verrechnungspreise dokumentiert und festgelegt werden. Das wäre kaum das richtige Signal für einen agilen und potenten Wirtschaftsstandort Deutschland im europäischen Binnenmarkt.

Die Verleihung von Hebesatzrechten scheidet bei der Umsatzsteuer schon rechtlich aus, denn nach Art. 12 Abs. 3 lit. a der 6. MWSt-Richtlinie sind ein Normalsatz und höchstens zwei ermäßigte Sätze der Umsatzsteuer in jedem Mitgliedstaat zulässig.

Deshalb wird von andern Mitgliedern die verfassungsrechtliche Zuweisung eines Anteils am Aufkommen der Umsatzsteuer vorgezogen. Die Umsatzsteuer wäre wie bisher Ventil des Ausgleichs einer im Einzelfall unzureichenden Steuerausstattung. Sie hätte den Vorteil einer größeren Aufkommenskontinuität als

Kommission zur Modernisierung der bundesstaatlichen Ordnung

die Ertragsteuern, würde nach einer fast vollständig europarechtlich formulierten Bemessungsgrundlage berechnet und wäre somit nicht mehr dem Bundeseinfluss ausgesetzt.

Als dritte Lösung kommt eine Erweiterung der Bundesergänzungszuweisungen nach Art. 107 Abs. 2 S. 3 GG entsprechend der Aufgabenverlagerung in Betracht. Sie hätte den Vorteil einer kontinuierlichen, nicht vorhabenbezogenen Finanzierung, die für die einzelnen Länder und ihren Finanzbedarf unterschiedlich ausfallen könnte. Der Bund bliebe aber Finanzier von Länderaufgaben durch jährliche Dotationen nach Maßgabe eines stets veränderbaren Bundesgesetzes. Das Volumen des Finanzausgleichs würde weiter anschwellen. Die Kommission müsste entgegen ihrem ursprünglichen Willen das Tabu des Finanzausgleiches zumindest in diesem Aspekt durchbrechen. Eine Umstellung des Finanzausgleichs vom abstrakten Finanzbedarf auf aufgabenorientierte Finanzbedürfnisse wäre unabweisbar.

Die Überlegungen zur künftigen Finanzierung verlagerter Aufgaben befinden sich erst am Anfang. Ihr Ergebnis wird die Kommunen intensiv betreffen. Die rechtliche Änderung bewegt sich jedoch wieder allein im Rechtsverhältnis von Bund und Ländern.

Wenn Aufgaben vom Bund zu den Ländern wandern und die Kommunen den Löwenanteil dieser Aufgaben durchführen, liegt es nahe, auch die Kommunalfinanzverfassung des Art. 106 Abs. 4 bis 8 GG zu überprüfen. Dann stünde das Schicksal der Gewerbesteuer in Frage, drängte sich eine verfassungsrechtlich fixierte Beteiligung der Kreise am Steueraufkommen auf, stellte sich ebenfalls die Frage eines Hebesatzrechts der Kommunen oder läge eine verfassungsfeste Zuweisung des Aufkommens einzelner Steuern nahe. Dabei geriete auch die Garantie einer wirtschaftskraftbezogenen Steuerquelle mit Hebesatz für die Gemeinden nach Art. 28 Abs. 2 S. 3 GG in den Blick. Der Kommission obliegt jedoch die Aufgabe einer Reform des Föderalismus, nicht zur Neustrukturierung der Gemeindefinanzen. Deshalb werden diese Themen in der Gesamtentscheidung zur aufgabenadäquaten Finanzierung aller Gebietskörperschaften durchaus eine Rolle spielen, aber nur im Hintergrund bleiben.

Überblickt man den aktuellen Stand der Diskussionen und Meinungen in der Kommission, so kündigen sich Änderungen in den Gesetzgebungskompetenzen für die Fürsorge, die Arbeitsvermittlung, den Umweltschutz und das Recht des Öffentlichen Dienstes an. Im Gesetzgebungsverfahren könnte der bisherige Durchgriff von Bundesgesetzen auf die Kommunen nach Art. 84 f. GG ausgeschlossen werden. In der Finanzverfassung zeichnen sich mögliche Änderungen bei den Transfers des Bundes an die Länder oder bei der Steuerquellenverteilung ab. Die entscheidende Frage bleibt aber, ob die Kommission sich am Ende für Randkorrekturen und die Novellierung weniger Einzelvorschriften entscheidet oder ob sie den mutigen Sprung einer gesamthaften Entschlackung und Entflechtung des Föderalismus wagt. Zu wünschen ist ihr, dass sie weit springt und dem Föderalismus in Deutschland wieder auf die Beine hilft.

Edzard Schmidt-Jortzig

Bericht aus der Arbeit der Kommission zur Modernisierung der bundesstaatlichen Ordnung

„Föderalismus" ist begriffsgemäß die Aufgliederung eines staatlichen Gemeinwesens in mehrere, mindestens zwei Ebenen oder Stufen originär hoheitlicher Funktionsträgerschaft. Unter dem Grundgesetz sind diese Glieder der Bund und die Länder, wobei konstruktiv – wie Art. 30 GG belegt – die Länder den Ausgangstatbestand bilden und der Bund die besondere, zusätzliche Einrichtung darstellt.

I. Kommunale Eingebundenheiten

Auswirkungen einer Föderalismusreform auf die Kommunen können also nur da eintreten, wo Gemeinden oder Gemeindeverbände bei ihrer hoheitlichen Funktionsausübung in das Regelungs-, Vollzugs- und Finanzierungsgefüge von Bund und Ländern einbezogen sind. Solche Einschaltungen haben dann auch immer die entscheidenden faktischen Auswirkungen auf die verfassungsangelegte Kräfteverteilung.

1. Normative Gestaltung von Aufgabenfeldern

Wo Bund oder Länder gegenständliche Kompetenzbereiche regeln, ohne eine Ausführung durch Kommunen anzuordnen, hat die Frage, welcher der beiden Staatsebenen die konkrete Regelungshoheit zukommt, keine unmittelbaren Folgen für die Gemeinden und Gemeindeverbände. Das reformerische Tauziehen um die einzelnen Gesetzgebungsarten und Gesetzgebungsmaterien sieht die Kommunen deshalb nur als „neutrale Betroffene". Denn ob jeweils der Bundes- oder der Landesgesetzgeber kommunalfreundlicher vorgehen würde, ist politische Spekulation. Was tendenziell für eine Regelungszuständigkeit bei den Ländern spricht, ist ihre strukturell größere Nähe zu den Kommunen; was für den Bund sprechen könnte, ist indessen ggf. seine größere Abgeklärtheit und Sachbezogenheit gegenüber Kommunalproblemen. Jede weitere Bewertung hängt vom parteipolitischen bzw. programmatischen Vorverständnis ab.

Sollte beispielsweise die Kategorie der Bundes-Rahmengesetzgebung nach Art. 75 GG wegfallen, dürfte die Zuteilung der betreffenden Regelungsmaterien auf den Bund oder die Länder nicht von kommunaler Bedeutung sein. Ob etwa das Jagdwesen, der Naturschutz und die Landschaftspflege, die Bodenverteilung oder der Wasserhaushalt künftig inhaltlich vom Bund oder von den Ländern gestaltet werden, lässt sich für die Gemeinden und Gemeindeverbände nicht a priori als positiv oder negativ einordnen. Anders mag dies lediglich beim Beamtenrecht sein, wenn die bisherige Rahmenkompetenz für die Statusfragen künftig der Vollregelung durch den Bund unterfällt, dafür aber die Besoldung und Versorgung aus der konkurrierenden Zuständigkeit herausgenommen werden und von Bund und Ländern je eigenständig geregelt werden sollten. Denn hier wird man schon davon ausgehen können, dass finanzschwache Länder eher vom Bundeslevel nach unten abweichen werden und dies dann auch die au fond ähnlich situierten Kommunen entlastet.

Grundsätzlich unberührt lässt es die Kommunen hingegen wieder, wenn die Materien der Gemeinschaftsaufgaben nach Art. 91a GG künftig separiert und auf Bund oder Länder zur Gestaltung verteilt werden. Die Länder dürften einer solchen Aufteilung ja ohnehin nur zustimmen, wenn ihnen eine finanzielle Besitzstandswahrung sicher ist.

2. Anlegung der Gesetzesausführung

Nach Art. 84 Abs. 1 GG kann der Bund per Zustimmungsgesetz die Einrichtung der Behörden und das Verwaltungsverfahren regeln, auch wenn die Länder Gesetze als „eigene Angelegenheit" ausführen. Das gleiche gilt erst recht für die Bundesauftragsverwaltung, und durchgehend kann die Bundesregierung mit Zustimmung des Bundesrates allgemeine Verwaltungsvorschriften erlassen. Dieser Mechanismus wird nun auf jeden Fall reformiert werden müssen, weil er – insb. unter dem Diktum der sog. Einheitlichkeitsrechtsprechung des Bundesverfassungsgerichts – als Hauptursache für den übergroßen, lähmenden Anteil an Bundesrats-Zustimmungserfordernissen erachtet wird. Von der Neuregelung dieses Komplexes werden die Kommunen ganz entscheidend betroffen. Denn bisher kann der Bund unter dem Signum der „Einrichtung der Behörden" bekanntlich auch die Zuständigkeit der Gemeinden oder Gemeindeverbände für den Aufgabenvollzug bestimmen, braucht sich dann aber über einen entsprechenden finanziellen Ausgleich – jedenfalls rechtlich – keine Gedanken mehr zu machen. Ein ihn erfassendes Konnexitätsprinzip gegenüber den Kommunen besteht eben nicht.

Hier spricht m. E. schon im reinen Bund-Länder-Verhältnis alles dafür, die betreffenden Ingerenzmöglichkeiten des Bundes schlicht zu streichen. Wo den Ländern die Ausführung der Bundesgesetze ausdrücklich als „eigene Angelegenheit" zugewiesen ist, erscheint nämlich ein Hineinredenkönnen des Bundes von vornherein als Systembruch. Zu Recht hat deshalb das Bundesverfassungsgericht ein solches Vorgehen auch als Eingriff in die Organisationshoheit der Länder angesehen, der nur unter besonderen Ausnahmeumständen überhaupt zulässig sein dürfe (BVerfGE 22, 180, 209 f.; 77, 288, 299). Wenn eine bestimmte Zuständigkeitsregelung, ein spezielles Verwaltungsverfahren oder eine gezielte Verwaltungspraxis von der Sache her erwünscht ist, muss der Bund künftig also darauf setzen, dass die ausführenden Länder von sich aus die betreffenden Administrationsnotwendigkeiten erkennen. Andernfalls droht ihnen ja auch, wegen Fehlleistungen nach Art. 104a Abs. 5 GG zur Rechenschaft gezogen zu werden. Voraussetzung wäre allerdings, dass man diese Verantwortlichkeit endlich einmal aktivierte.

Was für die „Einrichtung der Behörden" gilt, hat ebenso für das Verwaltungsverfahren und die inhaltliche Vollzugsdirigierung (Verwaltungsvorschriften) seine Richtigkeit. Ein wirkliches Erfordernis bundesrechtlicher Eingriffsmöglichkeiten gibt es nicht. Denn der Bund hat für seine Bedürfnisse 1976 ein Verwaltungsverfahrensgesetz erlassen, dem die Länder durchgängig mit gleichlautenden Verwaltungsverfahrensrechten gefolgt sind, und in § 1 Abs. 3 VwVfG ist ausdrücklich festgelegt, dass „für die Ausführung von Bundesrecht durch die Länder... dieses Gesetz nicht (gilt), soweit die öffentlich-rechtliche Verwaltungstätigkeit der Behörden landesrechtlich durch ein [entsprechendes Landes-]Verwaltungsverfahrensgesetz geregelt ist". Bedarf für eine besondere Bundes-Verwaltungsverfahrensrechtsregelung besteht in Landesdingen also nicht, oder richtiger: nicht mehr. Und auch für besondere Verwaltungsvorschriften des Bundes beim landeseigenen Gesetzesvollzug gibt es ernstlich keine Notwendigkeit. Denn wo der Bundesgesetzgeber überhaupt Raum lässt für verwaltungsvollzieherische inhaltliche Gestaltungen, geschieht dies angesichts der verfeinerten Dogmatik zu Ermessensgebrauch und Beurteilungsprärogativen ebenso bewusst wie gewollt. Solches durch Bundes-Verwaltungsvorschriften dann wieder überspielen zu wollen, liefe deshalb dem Willen des Sachgesetzgebers zuwider. Im Übrigen stellte es erneut eine Konterkarierung der Einordnung als „landeseigenen" Vollzug dar, wo eben administrative Gestaltungsspielräume gerade den Ländern zugewiesen sein sollen.

Bei der Bundesauftragsverwaltung gelten all diese Bedingungen ähnlich, wenn auch gewiss abgeschwächter. Immerhin sind solche Regelungen inhaltlich wie strukturell schon näher bei den bundeseigen zu vollziehenden Gesetzen angesiedelt. Eine unmittelbare Einschaltung der Kommunen kommt aber bei diesen ausgewählten Materien nur selten in Betracht.

Fällt eine bundesunmittelbare Einschaltung der Kommunen (sog. Bundesdurchgriff) fort, erübrigt sich auch die Frage nach dem notwendigen Ausgleich der damit verknüpften Finanzbelastungen. Denn wenn die Länder ihrerseits die Kommunen für zuständig erklären, unterliegen sie ja dem jeweils landesverfassungsrechtlichen Konnexitätsprinzip. Eine gesonderte Konnexitätsregel, die den Bund gegenüber den Gemeinden und Gemeindeverbänden verpflichtete, brauchte also nicht mehr angestrebt zu werden. Sofern man sich allerdings nicht zu einer Streichung der Bundes-Regelungsbefugnis wenigstens der „Einrichtung der Behörden" durchringen mag oder diese Befugnis lediglich durch bestimmte Konditionierungen – beispielsweise durch ein Rückhol- oder Zugriffsrecht – zu begrenzen sucht, muss die kommunale Seite jedoch weiterhin auf einer Kostenausgleichspflicht des Bundes bestehen. Insoweit wäre dann (aber auch nur dann) im Anschluss an Art. 104a Abs. 1 oder in Art. 28 Abs. 2 GG eine Konnexitätsregel zu verlangen.

3. Regelung der Steuermaterien

Die Föderalismuskommission hat sich im Grunde darauf verständigt, den föderativen Finanzausgleich, und zwar sowohl den primären wie den sekundären, von vornherein aus den Beratungen herauszuhalten (ebenso wie den Solidarpakt II). Das lässt sich sachpolitisch oder systematisch gewiss harsch kritisieren. Taktisch oder pragmatisch erscheint es aber akzeptabel, weil nach aller Erfahrung sonst ein (zügiges) Vorankommen bei den Reformbemühungen wenig wahrscheinlich ist. Veränderungen bei den strukturellen Grundlagen und Rahmenbedingungen der Finanzverfassung bleiben indessen immer möglich.

Neben einem stärkeren Wieder-zur-Geltung-Bringen der Grundprinzipien eines leistungsfähigen Finanzausgleichssystems und dabei nicht zuletzt einer im Sinne der Verantwortlichkeitsunterstreichung erfolgenden Präzisierung des Konnexitätsprinzips steht vor allem eine Sanierung der Finanzautonomie der Länder auf der Agenda. Erreicht werden soll eine stärkere Anbindung der Regelungshoheit über Steuermaterien an die in der Finanzverfassung vorgesehene Ertragshoheit. Dies erforderte zumindest, dass der Bund die Gesetzgebungszuständigkeit über die nach Art. 106 Abs. 2 GG den Ländern zufließenden Steuern nur noch unter engeren Bedingungen als den derzeit in Art. 72 Abs. 2 GG formulierten hätte, also Art. 105 Abs. 2 GG geändert werden müsste. Ob im Übrigen die Gemeinschaftssteuern gem. Art. 106 Abs. 3 GG ertragsparitätisch auf Bund und Länder aufgeteilt und dem jeweils Ertragsberechtigten dann auch eine Regelungszuständigkeit zugewiesen werden sollte, erscheint indessen wenig erfolgversprechend. Eher bietet sich ein eigenes Zu-, Abschlags- oder Hebesatzrecht der Länder für ihren Ertragsteil an.

Für die Kommunen – genauer: die Gemeinden – hätten solche Umgestaltungen zunächst insoweit Auswirkungen, als Grundsteuer und Gewerbesteuer sowie Einkommen- und Umsatzsteuer womöglich andere, und zwar ländereigene Regelung fänden und sich damit auch die Bedingungen gemeindlicher Steuerzuflüsse ändern könnten. Für die Kreise hätte es Auswirkungen auf die Berechnungsgrundlagen der Kreisumlage.

Tendenziell sollte freilich das Stichwort „Steuerautonomie" auch auf die Kommunen durchschlagen. Das hieße für Städte und Gemeinden etwa, dass man endlich gemäß Art. 106 Abs. 5 S. 3 GG das Hebesatzrecht für den gemeindlichen Einkommensteueranteil verwirklichte. Und wenn man dann schon dabei ist, die Gemeindefinanzen in Ordnung zu bringen, und insoweit auch Änderungen des geltenden Finanzausgleichssystems zulassen wollte, könnte man in Art. 106 Abs. 5 GG der Einkommensteuer auch ihr Pendant, die Körperschaftssteuer, gemeindeanteilig zur Seite stellen, den Umsatzsteueranteil in Art. 106 Abs. 5a GG verstärken („wesentlicher Anteil") und danach in Art. 106 Abs. 6 GG die Gewerbesteuer streichen, die sich seit längerem ja als Prosperitäts- und Wettbewerbshindernis in der Wirtschaft herausgestellt hat. Und wenn dann noch den Kreisen ein gewisser steuerlicher Ertragsteil verbürgt würde (beispielsweise bei der Umsatzsteuer), wäre nicht nur der Gedanke finanzieller Eigenständigkeit aller Hoheitsträger weiter vorangebracht, sondern endlich auch eine wirkliche kommunale Finanzverfassungsreform geschafft.

4. Kanalisierung sonstiger Finanzzuflüsse im Bund-Länder-Verhältnis

Eine starke Strömung zeichnet sich in der Föderalismuskommission bezüglich einer Streichung der Gemeinschaftsaufgaben nach Art. 91a und b GG und einer Ausweitung bzw. Operationalisierung von Art. 104a Abs. 4 GG ab. Dafür müssten indes zunächst die Regelungshoheiten für Aus- und Neubau von Hochschulen, für die Verbesserung der regionalen Wirtschaftsstruktur und für die Beförderung von Agrarstruktur und Küstenschutz zwischen Bund und Ländern aufgeteilt werden. Und fraglos würde man für diese Aufgabenfelder zugleich – obwohl das auch ohne ausdrückliche verfassungsrechtliche Andiehandgabe möglich wäre – eine ausgeprägte Absprache- und Kooperationsoption vorsehen, denn der materielle Abstimmungsbedarf ist hier unübersehbar. Zusätzlich wird zu irgendeinem Stichtag eine verbindliche Bestandsaufnahme über die einzelnen Finanzzuflüsse bei den Ländern erfolgen müssen, damit – um keine Verlierer entstehen zu lassen – diese Mittel künftig (jedenfalls für eine Übergangszeit) als allgemeine Ergänzungszuweisungen verstetigt werden können. Hierbei wären die Einsparungen eines Landes aufgrund nicht mehr von ihm wahrgenommener Alt-Gemeinschaftsaufgaben ebenso einzurechnen wie Finanzhilfen aufgrund eines neuen Art. 104a Abs. 4 GG, sofern deren Zweckbestimmung einem ehemaligen Mischfinanzierungsprogramm entspricht.

Für die Kommunen hätte eine solche Reform der Aufgabenregelung und -finanzierung nur – aber immerhin – mittelbare Auswirkungen. Soweit sie in die Durchführung der bisherigen Gemeinschaftsaufgabenfelder eingeschaltet waren, werden sie darauf zu achten haben, dass ihr finanzieller Ausgleich nicht geschmälert wird. Nun steht ihnen dafür aber auch, da der Bund nicht mehr direkt im Spiel ist, in toto das landesverfassungsrechtliche Konnexitätsprinzip zur Seite. Im Übrigen dürfte namentlich bei Wirtschafts- und Agrarstruktur die interkommunale Zusammenarbeit noch stärker institutionalisiert werden, und das gilt wohl auch Ländergrenzen übergreifend.

II. Resümee

Die Föderalismusreform soll den Vorgaben folgen, eine Entflechtung der Verantwortlichkeiten zu erreichen, dadurch mehr Transparenz im bundesstaatlichen Funktionengefüge herbeizuführen, die Aufgaben im Sinne einer Subsidiarität stärker „nach unten", zu den Ländern, zu verlagern und insgesamt also das System wieder leistungsfähiger zu machen. Wenn sie diese Zielsetzungen auch nur einigermaßen erfüllt, müssen sich gewiss die Kommunen – die Länder ohnehin – auf mehr Verschiedenheit untereinander einstellen. Das bequeme Verständnis einer „Einheitlichkeit der Lebensverhältnisse im Bundesgebiet" (Art. 106 Abs. 3 S. 4 Nr. 2 GG) als einer allgemeinen Staatszielbestimmung wird sich wieder auf ein schlichtes Kriterium für die Verteilung von Steueranteilen reduzieren, und auch die „Herstellung gleichwertiger Lebensverhältnisse" (Art. 72 Abs. 2 GG) verliert an allgemeiner Leuchtkraft. Künftig werden also Vielfalt und Unterschiedlichkeit keine Negativbefunde mehr sein, sondern eine schlichte Beschreibung der Realität. Zwischen den Bundesländern, aber auch den Kommunen, wird stattdessen das Bemühen um eigenständige und jeweils günstigere Lösungen vorherrschen. Das Stichwort „Wettbewerbsföderalismus" weckt nicht mehr Furcht, sondern gibt Ansporn.

Wenn nicht alles täuscht, sind die Kommunen auf diesen Paradigmenwechsel viel besser vorbereitet als die Länder. Denn ihnen ist das „In-eigener-Verantwortung-Regeln" – mit Betonung auf „eigener" – ja geradezu auf den Leib geschrieben (Art. 28 Abs. 2 GG). Hieraus schöpfen sie ihr ganzes Lebenselixier und die verfassungsrechtliche Kraft im täglichen Kampf gegen Zugriffe anderer Hoheitsträger im gegliederten Staatswesen.

Dritter Abschnitt

Auswirkungen der Reform der Sozialsysteme auf die Kommunen

Eberhard Eichenhofer

Kommunale Sozialpolitik im aktivierenden Wohlfahrtsstaat

I. Einleitung

Seit dem Ausgang des Mittelalters gehört die Sozialfürsorge zu den angestammten Feldern kommunaler Aufgaben. Beginnend mit den Städten – die Armen- und Krankenhäuser, Kinder- und Altenheime errichteten und betrieben und dabei stets auf bürgerschaftliche Unterstützung angewiesen waren wie zählen konnten – entwickelten sich vergleichbare Strukturen auch auf dem Lande, nachdem dort im Zuge des Bevölkerungswachstums zu Beginn des 19. Jahrhunderts die Verdichtung der Besiedelung einsetzte und Dorf und Kleinstadt als neue Formen des Zusammenlebens hervorbrachte. Bis zum Ende des 19. Jahrhunderts war die gemeindliche Armenpflege der einzige Schutz der Schwachen vor Verelendung. Dann kam in Deutschland die Sozialversicherung auf. Sie führte die soziale Vorsorge – also die obligatorische Sicherung vor den sozialen Risiken des Alters und Arbeitsunfalls, der Krankheit, Erwerbsunfähigkeit und Arbeitslosigkeit und vor kurzem der Pflegebedürftigkeit – ein. Die Sozialversicherung sollte die Armenpflege entlasten. Dies gelang auch – jedenfalls zu Zeiten wirtschaftlicher Prosperität. Heute ist zu fragen: Was bedeutet es für die kommunale Sozialpolitik, wenn die Sozialversicherung umgebaut wird, weil sie nur so eine Zukunft haben kann? Konkreter: Vor welchen Aufgaben steht die kommunale Sozialpolitik, wenn die Zahl älterer Menschen wächst, die Pflegebedürftigkeit ansteigt, der Anteil der Menschen im erwerbsfähigen Alter wie der Kinder an der Gesamtbevölkerung sinkt und die Aussichten auf die Wiederkehr kontinuierlich steigender Wachstumsraten schwinden?

Um diese Fragen zu beantworten, sollen im Folgenden zunächst die Auswirkungen der angedeuteten Herausforderungen auf die kommunale Sozialpolitik beschrieben (II), die Möglichkeiten deren Bewältigung umrissen (III) und schließlich die Bedingungen gezeichnet werden, unter denen die Städte und Landkreise die künftig auf sie zukommenden Aufgaben auch erfüllen können (IV).

II. Herausforderungen

1. Die sozialen Herausforderungen an die Sozialversicherung

Die deutsche Gesellschaft steht – ähnlich wie andere nachindustrielle Gesellschaften in der EU – vor Herausforderungen, für deren Bewältigung jede historische Erfahrung fehlt[1]. Noch nie zuvor waren so viele Menschen so alt wie gegenwärtig. Alles deutet darauf hin, dass dieser Entwicklungstrend sich in Zukunft festsetzen wird. Schon heute wächst unter der inländischen Wohnbevölkerung die Gruppe der über 80-Jährigen am stärksten. Gleichzeitig stagniert, ja sinkt die Geburtenrate. Die Zahl der jungen Menschen und damit deren Anteil an der Gesamtbevölkerung geht zurück, so dass das Durchschnittsalter der Bevölkerung steigt. Der daraus rührende Effekt, dass die im mittleren Alter stehende Bevölkerungsgruppe – rein statistisch betrachtet – relativ immer jünger wird, taugt zwar zum Bonmot für die in diesem Lebensabschnitt fälligen und ausgiebig gefeierten runden Geburtstage und den dabei zu haltenden Lobreden auf den Jubilar. Aber objektiv betrachtet hat diese Entdeckung doch einen schalen Beigeschmack. Der technologische Fortschritt befähigt namentlich die Medizin zu Diagnosen und Therapien, welche noch vor Jahrzehnten als Wunder erschienen. Wie in einem Auto können auch beim Menschen viele ursprüngliche Teile durch Ersatzteile ersetzt werden. Vormals todbringende Krankheiten können in ihren Wirkungen gehemmt oder gar beseitigt werden. Der technologische Fortschritt verändert auch die Arbeitswelt, überantwortet einfache Tätigkeiten zunehmend den Maschinen, wogegen die Menschen in wachsendem Maße technologischer, kommunikativer und institutioneller Einsichten und Kompetenzen bedürfen, um erfolgreich am Erwerbsleben teilzuhaben. Eine solide Bildung, die Wissensvermittlung wie die Einübung von Fertigkeiten und der Erwerb kooperativen sozialen Verhaltens sind Voraussetzungen für den künftigen Erfolg im Erwerbsleben – ja Voraussetzung für jegliche Erwerbsbeteiligung. Die Anforderungen an Fachkompetenz in der Arbeitswelt der Zukunft werden steigen. Dafür müssen durch schulische, Hochschul- und berufliche Bildung die nötigen Voraussetzungen geschaffen werden.

---

1 Vgl. zu dieser Thematik eingehend *Hauser*, Zukunft des Sozialstaats, in: von Maydell/Ruland (Hrsg.), Sozialrechtshandbuch, 3. Aufl. 2003, Rn. 4; *Eichenhofer*, Sozialrecht, 4. Aufl. 2003, Rn. 69 ff.

2. Umbau der Sozialversicherung

Die Sozialversicherung wird durch die angedeuteten Veränderungen auf das schwerste herausgefordert. Denn all die genannten Trends – Langlebigkeit, Verbesserung medizinischer Möglichkeiten, höhere Anforderungen an Erwerbstätige – verlangen einerseits nach Ausweitung sozialer Leistungen; andererseits wird die Zahl derer, welche in Zukunft diese Leistungen finanzieren müssen und finanzieren werden, gleichzeitig sinken. Reformen der Sozialversicherung sind deshalb unumgänglich. Gegenwärtig findet dieser Anpassungsprozess auch – übrigens wesentlich angeregt durch die Europäische Union (EU)[2] – statt. Er äußert sich in der mittelfristigen Absenkung des Rentenniveaus, der steuerlichen Förderung ergänzender Alterssicherung. In den Bestrebungen zur Verlängerung der Lebensarbeitszeit und den – noch in den Anfängen steckenden – Bemühungen zur Begrenzung der Leistung in der medizinischen und pflegerischen Betreuung werden erste Versuche zum Umbau sichtbar. Desgleichen nimmt sich die Politik zunehmend der Aufgabe an, die soziale Entwicklung so zu beeinflussen, dass vermeidbare Erschwerungen der Problemlösungen vermieden werden. In diesen Zusammenhang gehören die Anstrengungen zum Ausbau der Kinderbetreuung, um damit jungen Familien – namentlich jungen Frauen – die Ausübung einer Erwerbstätigkeit neben der Kindererziehung zu ermöglichen. Die Bestrebungen im Zusammenhang mit der Reform der Arbeitsförderungsrechte die Arbeitsvermittlung zu verbessern, namentlich durch Fallmanagement den Arbeitsuchenden zur Übernahme einer Erwerbstätigkeit zu bewegen, gehören ebenfalls in diesen Zusammenhang[3].

Der Umbau des Sozialstaats, der sich übrigens in den Mitgliedstaaten der EU in einem gleichen Sinn beobachten lässt, folgt dabei zwar nicht einem kompakten, klar ausformulierten Plan, der wie ein Fahrplan die einzelnen Etappen und Zwischenschritte vorzeichnen würde. Er lässt jedoch in sämtlichen Mitgliedstaaten ein ähnliches Verlaufsmuster erkennen. Weltweit wächst die Einsicht, dass sich die Sozialversicherung übernehmen, d. h. überfordern würde, wenn sie sich auch künftig daran begäbe, dem Versicherten den zu Zeiten aktiven Erwerbslebens innegehabten Lebensstandard auch im Alter und bei Erwerbsunfähigkeit zu sichern. Dies mochte noch angehen in einer Zeit des rasanten wirtschaftlichen (Wieder-)Aufbaus, als Wachstumsraten von 4 % bis 5 % jährlich üblich waren und andernfalls die Generation der Rentner von der Wohlstandsentwicklung ausgenommen worden wäre. Dies konnte Ende der 1950er Jahre auch gelingen, weil viele Menschen erwerbsfähig und erwerbstätig waren. Es herrschte damals nicht nur Vollbeschäftigung, sondern sogar ein Arbeitskräfte-

---

2 *VDR*, Offene Methode der Koordinierung im Bereich der Alterssicherung – Quo vadis?, 2002; *Devetzi/Schmitt*, DRV 2002, 234; *Schulte*, ZSR 2002, 1 ff.
3 Bericht der Kommission „Moderne Dienstleistungen am Arbeitsmarkt", 2002.

mangel, die Rentner gingen selten vor dem 65. Lebensjahr und die Rentnerinnen nur selten vor dem 60. Lebensjahr in Rente und gleichzeitig betrug ihre Lebenserwartung einen Bruchteil der heutigen Rentnergeneration. In dem Maße, wie das Altern nicht mehr als ungewisses Ereignis, sondern als regelmäßig Jahrzehnte währender dritter Lebensabschnitt (troisième âge) für immer mehr Menschen zur Gewissheit zu werden verspricht, ist weit stärker als bisher die Selbstvorsorge jedes Einzelnen für die eigene Altersvorsorge einzufordern. Die jüngsten, seit 2000 einsetzenden Rentenreformen bewegen sich in diese Richtung. Entsprechendes ist in der Gesundheitspolitik zu beobachten[4].

3. Der aktivierende Wohlfahrtsstaat als neues Modell

Zunehmend wächst das Bewusstsein, dass Krankheit und Gesundheit wesentlich von der Lebensführung jedes Einzelnen abhängen. Gesundheitsbewusstes Verhalten kann Erkrankungen entgegenwirken, wie umgekehrt Krankheiten oftmals Folge schädlicher Lebensweisen sind. Schließlich wächst ganz allgemein das Bewusstsein, dass bei Verwirklichung von Sozialleistungsfällen oder deren Eintritt das Bemühen um Wege aus der Beeinträchtigung dem Sich-Abfinden mit den eingetretenen Sozialleistungsfällen überlegen ist. Diese Überlegungen machen auf den einfachen, indes für das Verständnis der Sozialversicherung ganz grundlegenden Tatbestand aufmerksam. Denn abgesehen von der gesundheitlichen Versorgung dienen deren Leistungen im Wesentlichen dem Einkommensersatz. *Franz-Xaver Kaufmann* hat daher mit Recht auf die dem Sozialstaat unabweisbar gestellte Aufgabe verwiesen: „Wenn es nicht gelingt, die Erwerbschancen gleichmäßiger zu verteilen, nimmt zwangsläufig der Anteil derjenigen zu, welche aus übertragenen Einkommen leben müssen"[5]. Weltweit wird der Umbau des Sozialstaats also von dem Bestreben bestimmt und geleitet, der dauerhaften Inanspruchnahme von Sozialleistungen entgegenzutreten, oder diese zumindest zu beschränken, Anreize für eine wirtschaftlich eigenverantwortliche Lebensführung zu geben und hierfür auch Angebote öffentlicher Leistungen einzusetzen. Die Bemühungen zielen auf die Ablösung einer „Anspruchsmentalität". Das Sozialversicherungsverhältnis wird als ein auf Gegenseitigkeit beruhendes Verhältnis verstanden. Dieses ist nicht nur als Tausch von Beitrag gegen Leistung, sondern auch – und vor allem – als ein auf die Vermeidung oder Überwindung eines Leistungsfalls zielendes Rechtsverhältnis zu begreifen.

---

4 *GVG*, Offene Methode der Koordinierung im Gesundheitsrecht, 2004.
5 *Kaufmann*, Herausforderungen des Sozialstaats, 1997, S. 91.

Kommunale Sozialpolitik im aktivierenden Wohlfahrtsstaat

Dieser Wandel ist das Ergebnis der neokonservativen wie der linksliberalen Kritik am überkommenen Wohlfahrtsstaat. Die neokonservative Kritik, wie sie in den USA namentlich von *Charles Murray*[6] und im Vereinigten Königreich von *Robert Sidelsky*[7] formuliert wurde, hält dem hergebrachten, auf Umverteilung von Geld gerichteten Wohlfahrtsstaat entgegen, er untergrabe die Sozialmoral, namentlich die Arbeitsethik: „In the day-to-day experience of a youth growing up in a black ghetto, there was no evidence whatsoever, that working within the system paid-off"[8]. „The welfare state has become a huge hospital, which unlike an ordinary hospital creates more patients than it treats"[9].

Im Ergebnis übereinstimmend, nur in der Begründung anders, hält die linksliberale Kritik dem hergebrachten Wohlfahrtsstaat entgegen, von dem Missverständnis bestimmt und durchdrungen zu sein, die Sozialleistungstatbestände seien schicksalhaft vorgegeben. *Anthony Giddens*[10] fordert eine Politik positiver Wohlfahrt (positive welfare). Diese charakterisiert er wie folgt: „The welfare state grew up as a mode of protecting against misfortunes that 'happen' to people – certainly so far as social security is concerned – it usually picks up pieces after mishaps have occurred. Positive welfare, by contrast, places much greater emphasis on the mobilising of life-political measures, aimed once more at connecting autonomy with personal and collective responsibilities". Soziale Risiken seien nach dieser Deutung als gemachte Risiken (manufactured risks)[11] sowohl gesellschaftlich bedingt, als auch gesellschaftspolitisch beherrsch- und gestaltbar.

Diese Überlegungen führten schließlich dazu, dass die Mitgliedstaaten der EU seit geraumer Zeit ihre Sozialversicherung nach dem Grundsatz des Förderns und Forderns – also anders formuliert – vom konsumtiv umverteilenden zum aktivierenden Wohlfahrtsstaat umzugestalten begonnen haben. Der von zeitgenössischen Denkern des Wohlfahrtsstaates aufgedeckte Zusammenhang zwischen der Pflicht der Öffentlichkeit zur Hilfegewährung für den in Not geratenen Einzelnen und im Gegenzug dessen Mitwirkungslast – namentlich zu arbeiten – ist freilich alles andere als neu. Der Zusammenhang wurde schon 1812 in *Johann Gottlieb Fichtes* System der Rechtslehre[12] aufgedeckt: „Keiner hat eher Anspruch auf die Hilfe des Staats, als bis er nachgewiesen, dass er in seiner Sphäre alles Mögliche getan hat, um sich zu halten und dass es ihm danach nicht möglich. Weil man aber doch auch in diesem Falle ihn nicht umkommen lassen könnte, auch der Vorwurf, dass er nicht zur Arbeit angehalten wurde, auf

---

6 *Murray*, Loosing Ground, American Social Policy 1950 – 1980, 1984.
7 *Sidelsky*, Beyond the Welfare State, 1997.
8 *Murray* (Fn. 6), S. 188.
9 *Skidelsky* (Fn. 7), S. 3.
10 *Giddens*, Beyond Left and Right, The Future of Radical Politics, 1994, S. 18.
11 *Giddens* (Fn. 10), S. 180.
12 *Johann Gottlieb Fichte*, System der Rechtslehre, Erstes Buch, Drittes Kapitel, 1812.

den Staat zurückfallen würde, so hat der Staat notwendig das Recht auf Aufsicht, wie jeder sein Staatsbürgereigentum verwalte. Wie ... kein Armer, so soll auch kein Müßiggänger im Staate sein."

III. Aktivierender Wohlfahrtsstaat und kommunale Sozialpolitik

1. Dienstleistungsorientierung

Das Kenn-, ja Markenzeichen des aktivierenden Wohlfahrtsstaats ist dessen Wechsel von der Transfer- zur Dienstleistungsorientierung. Wenn Prävention von und Rehabilitation bei Sozialleistungsfällen an die Stelle sozialrechtlicher Kompensationsleistungen treten sollen, so verändert dies auch das Anforderungsprofil an die Sozialleistungsträger. Dieser Wandel hat auch Rückwirkungen auf die kommunale Sozialpolitik. Eine der Prävention von Sozialleistungsfällen verpflichtete Sozialpolitik stärkt die Vorsorge, zielt auf die Vermeidung von Arbeitsunfähigkeit, wird bei gesundheitlicher Beeinträchtigung Rehabilitationsleistungen gewähren und arbeitet mit dem Instrument der Selbstbeteiligung bei der Gewährung sozialer Dienstleistungen, um so bei deren Empfängern das Bewusstsein für den ökonomischen Wert des Erlangten zu steigern und damit der Verschwendung öffentlicher Ressourcen entgegenzuwirken. Der Umbau der Sozialversicherung, deren Zeugen wir gegenwärtig werden, stärkt diese Elemente innerhalb der Sozialversicherung. Bei der Rehabilitation, der Arbeitsvermittlung sowie in Gestalt der Disease-Management-Programme in der Krankenversicherung zieht die Technik des Fallmanagements in die Sozialleistungsgewährung ein. Das angestrebte Ziel der Eingliederung des Einzelnen in das Erwerbsleben oder die Überwindung einer Krankheit durch das Erlernen von Verhaltensänderungen wird zum Gegenstand strategischen Handelns von Verwaltung und Leistungsempfänger. Verträge steuern diesen Prozess, weil sie dem Leistungsempfänger Verhaltenspflichten auferlegen, deren Verletzung mit dem Entzug der Sozialleistungen sanktioniert wird[13]. Fallmanagement ist personalintensiv, weil es einen individuellen Lern- und Verhaltensänderungsprozess administrativ leitet und gestaltet. Kosten beim Transfer von Geldleistungen werden durch die personalintensiven Dienstleistungen zu vermeiden versucht.

---

13 *Eichenhofer*, Verträge in der Arbeitsverwaltung, SGb 2004, 203.

2. Kommunale Dienstleistungen

Auch die kommunale Sozialpolitik[14] wird im Zuge des Umbaus des Sozialstaats – der sich nicht auf die Sozialversicherung beschränken lässt – zunehmend von dem Gedanken des aktivierenden Wohlfahrtsstaates durchdrungen. Gewiss, diese Orientierung ist der kommunalen Sozialpolitik nicht fremd. Seit jeher war das Jugendhilfe- (§ 1 SGB VIII)[15] sowie das Sozialhilferecht (künftig § 1 Satz 2 SGB XII) von dem Bestreben getragen, den Hilfeempfänger zur Selbsthilfe zu befähigen. An dieser Zielvorstellung war auch die Hilfe ausgerichtet oder zumindest auszurichten. Kommunale Sozialpolitik stand seit jeher unter dem Gebot der Individualisierung, also der Hinwendung gegenüber dem einzelnen Hilfeempfänger. Die Hilfegewährung sollte im Einklang mit dessen speziellen Befähigungen wie Bedürfnissen stehen.

Durch die angedeuteten sozialen und sozialpolitischen Veränderungen wird sich in Zukunft das Aufgabenfeld für gemeindliche Sozialpolitik ausweiten. Selbst wenn die Arbeitsvermittlung ganz in die Zuständigkeit der Agentur für Arbeit übergehen sollte, und demgemäß die Grundsicherung für Arbeitsuchende (Arbeitslosengeld II) die Sozialhilfe der Erwerbsfähigen ablösen wird, werden die Träger der Sozialhilfe mit der Agentur für Arbeit im Rahmen der nach § 44b SGB II zu bildenden Arbeitsgemeinschaften zusammenarbeiten. Insoweit bleiben die kommunalen Träger auch künftig am Fallmanagement arbeitsuchender Hilfeempfänger beteiligt. Die Jugendhilfe wird an Bedeutung gewinnen. Dies ist dem Umstand zuzuschreiben, dass die Armutsbevölkerung in Deutschland sich wesentlich aus Kindern und Alleinerziehenden zusammensetzt. Dies ist in einem Land, das ohnehin schon wenig Kinder hat, eine weitere Hypothek, welche dessen Zukunftsfähigkeit beeinträchtigt. Trotz der begrenzten öffentlichen Mittel sollte ein derartiger Missstand nicht auf Dauer unbearbeitet bleiben, weil er die Gesellschaft um Chancen brächte, ihr dauernde Lasten aufbürdete und daher auf längere Sicht noch teurer zu stehen käme. Jugendhilferechtlich begründete Interventionen werden zunehmend auch die Verantwortung der Kommunen für den Ausbau der Kindergärten und Ganztagsbetreuung sowie den Auf- und Ausbau – in Ostdeutschland die Aufrechterhaltung – der Kinderkrippen wesentlich fördern und begleiten müssen. Die Jugendarbeit sollte die schulischen Bemühungen begleiten, mehr Angebote der Ganztagsbetreuung in Schulen vorzusehen, um den Familien die Vereinbarkeit von Kinderbetreuung und Erwerbsarbeit zu erleichtern. Die Altenhilfe wird in einer älter werdenden Gesellschaft an Bedeutung zunehmen. Die Pflegedienste und -einrichtungen werden – zumal nach der Reform des Behindertenrechts im SGB IX – eine wach-

---

14 *Pitschas*, Kommunale Sozialpolitik, in: von Maydell/Ruland (Hrsg.), Sozialrechtshandbuch, Rn. 24.
15 *Münder*, Familien- und Jugendhilferecht, 4. Aufl. 2000, 2.2.2, 4.1.

sende Bedeutung erlangen. Rehabilitation und Teilhabe werden auch die kommunalen Träger in ihren Anstrengungen zur Förderung ortsnaher Versorgung mit neuen politischen Handlungsaufträgen versehen.

3. Umbau der Sozialversicherung und Ausstrahlung auf kommunale Sozialpolitik

Der in der Sozialversicherung eintretende Umbau strahlt damit auch auf die kommunale Sozialpolitik aus. Dabei liegt es im Interesse kommunaler Sozialpolitik, die Sozialversicherung bei aller notwendigen Anpassung insgesamt funktionsfähig zu halten, sie also vor Kahlschlägen zu bewahren. In einem Land, dessen stärkste Kontinuität weder in seinen äußeren Grenzen noch seinem politischen System, sondern stattdessen in den sozialrechtlichen Institutionen liegt, ist freilich die oftmals beschworene Furcht vor dem sozialen Kahlschlag eher fiktiv. Solange die wirtschaftliche Leistungsfähigkeit auf dem gegenwärtigen Stand verharrt, ist jedenfalls ein radikaler Abbau des Sozialstaates nicht zu erwarten. Denn die Folgen weitreichender Einschnitte in die Sozialversicherung hätten dann die kommunalen Träger in Gestalt höherer Sozialhilfeleistungen zu tragen. Weil aber nur bezahlbare Sozialversicherungsträger langfristig funktionsfähig sind, müssten auch die Kommunen als Träger der Sozialhilfe an allen Bestrebungen einer langfristigen Sicherung der Funktionstauglichkeit der Sozialversicherung mitwirken und damit alle Maßnahmen anzuregen versuchen, welche die Leistungskraft der Sozialversicherungsträger langfristig zu erhalten versprechen.

IV. Bedingungen für die Aufgabenerfüllung kommunaler Sozialleistungsträger

1. Dienstleistungen werden personalintensiv

Der Wandel vom hergebrachten, auf Umverteilung von Geldern ausgelegten zum aktivierenden, auf Dienstleistung setzenden Wohlfahrtsstaat steigert die Personalintensität kommunaler Sozialpolitik. Kinderbetreuung, Schuldnerberatung, Jugend-, Sozial- und Altenarbeit fordern qualifiziertes Personal. Dies muss nicht notwendig von den kommunalen Trägern vorgehalten werden, sondern wird – wie in Deutschland seit alters üblich – häufig von den freien Trä-

Kommunale Sozialpolitik im aktivierenden Wohlfahrtsstaat

gern beschäftigt. Aber deren Wirken wird durch die kommunalen Träger wirtschaftlich gefördert, so dass sich die kommunalen Träger auf erhöhte Forderungen freier Träger einzustellen haben. Für bürgerschaftliches Engagement bleibt in diesem Zusammenhang zwar gewiss ein sich vergrößernder Raum. Das bürgerschaftliche Engagement kann aber der fachmännischen Anleitung und Anregung nicht entraten. Nicht zu Unrecht sieht außerdem § 6 SGB XII für die Erfüllung der Aufgaben der Sozialhilfe zwingend fachkundiges Personal vor, das auch seine Handlungskompetenz durch Weiterbildungsmaßnahmen hinreichend zu erhalten und fortzuentwickeln hat. Die kommunale Sozialpolitik erfordert daher eine gesteigerte Professionalisierung – und zwar sowohl bei den kommunalen wie den freien Trägern. Schon dies wird die Kosten kommunaler Sozialpolitik erhöhen. Außerdem fordert ein Fallmanagement ein Höchstmaß an Individualisierung der Hilfe. Dadurch wird zwar ein seit alters anerkanntes Ziel der Sozialarbeit – nämlich die Individualisierung der Hilfeleistung – gefördert. Andererseits führt jeder Zuwachs an individueller Sorge zu einem höheren Zeitaufwand für den Einzelnen. Nimmt man schließlich hinzu, dass sich angesichts der angedeuteten Veränderungen in den sozialen Gegebenheiten unserer Gesellschaft die Einsatzmöglichkeiten und Einsatzgebiete verändern und ausweiten werden, spricht alles für die Annahme, dass die Personalintensität kommunaler Sozialarbeit qualitativ wie quantitativ ansteigen wird.

2. Finanzielle Auswirkungen auf die kommunalen Träger im Verhältnis zu den Sozialversicherungsträgern

Die dargestellten Veränderungen werfen dann die Frage auf: Wer wird die Folgekosten dieses Wandels von Sozialpolitik tragen? Aus der Sicht der kommunalen Träger kommt eine Entlastung namentlich auf Kosten der Sozialversicherungsträger einerseits und der Empfänger der Dienstleistungen andererseits in Betracht. Die Geschichte des modernen durch Sozialversicherung geprägten Wohlfahrtsstaats lässt sich als der fortgesetzte Versuch einer Überwälzung von Kosten der kommunalen Träger auf spezielle sich dem Schutz oder moderner gesprochen: dem „Management"[16] sozialer Risiken widmender Sozialversicherungsträger verstehen. Dieses Motiv – die gemeindliche Armenpflege von vermeidbaren Sozialkosten zu entlasten – erklärte bereits die Einführung der Renten- und Krankenversicherung. Sie war auch das treibende Motiv für die Einführung der Pflegeversicherung. Sie erklärt die Übertragung der Hilfe für Behinderte in den Zusammenhang des Rehabilitationsrechts. Sie bestimmt auch

---

16 *Giddens*, (Fn. 10), S. 180: „The current problems of the Welfare State should not be seen as a fiscal crisis …, but one of the management of risk."

schließlich den aktuellen Versuch der Zusammenlegung von Sozialhilfe und Arbeitslosenhilfe, also die durch das SGB II angestoßene Begründung der Gesamtverantwortlichkeit der Bundesagentur für Arbeit für sämtliche Erwerbsfähige, einerlei ob diese Personen Versicherungs- oder Fürsorgeleistungen beziehen.

Die im Rahmen der Sozialversicherung im Interesse der Leistungsempfänger erbrachten Dienstleistungen werden von Sozialversicherungsträgern und nicht den kommunalen Trägern finanziert. Dies hat den Vorteil für die Kommunen, die einsetzende Dienstleistungsorientierung insoweit nicht selbst finanzieren zu müssen.

Nun mag eingewandt werden, die von den angedeuteten sozialen Veränderungen betroffenen Sozialleistungsträger müssten auf mittlere oder längere Sicht ihre Ausgaben erheblich einschränken, so dass auf längere Sicht die Leistungen der Sozialversicherung zurückgehen und damit namentlich die Sozialhilfe als Netz unter dem sozialen Netz wieder in ihre alte, fast universale Stellung als Sozialleistungsträger zurückfalle. Diese Sorge ist weit verbreitet und in Anbetracht der schweren aktuellen Herausforderungen an die Sozialversicherung auch verständlich. Andererseits droht trotz aller Kürzungen der sozialversicherungsrechtlichen Leistungen gegenwärtig noch nicht eine Auszehrung des Sozialleistungsniveaus auf das Sozialhilfeniveau. Eine solche Absenkung ist auch aus prinzipiellen Gründen nicht zu erwarten. Denn nur bei dauerhafter Wahrung eines gehaltvollen Abstandes im Leistungsniveau zwischen Sozialversicherung und Sozialhilfe können die Versicherten zu Beiträgen zur Sozialversicherung herangezogen werden. Das „Abstandsgebot" zwischen Sozialhilfe und Erwerbseinkommen als Lohnabstandsgebot findet also in der – in der Logik der Sozialversicherung angelegten – Forderung nach einem gehaltvollen Abstand zwischen Sozialversicherungs- und Sozialhilfeleistungen eine Entsprechung. Dieser Abstand ist auch zu einer Zeit zu wahren, in dem das Niveau der Sozialversicherung erkennbar nicht mehr dauerhaft auf dem gegenwärtigen Stand gehalten werden kann. Es besteht deshalb auch kein Anlass zu der Sorge, die Sozialhilfe könnte zu Zeiten einer Reform der Sozialversicherung in ihre alten Rechte als universale und tendenziell alleinige Sicherung für sämtliche Lebensrisiken wieder eintreten. Vielmehr ist geradewegs umgekehrt von kommunaler Seite genau darauf zu achten, dass die unumgänglichen Reformen der Sozialversicherung diese dazu befähigen, ihre Funktion als Leistungssystem zur prinzipiellen Abwendung von Sozialhilfebedürftigkeit auch in Zukunft zu wahren. Alle Bemühungen um eine Konsolidierung der Sozialversicherung müssen im Dienste dieser Zielsetzung stehen. Die kommunalen Träger müssen geradewegs zum Sachwalter solide finanzierter Sozialversicherungen werden – weil nur so verhindert wird, dass künftig die Kommunen die Folgelasten der Funktionsausfälle von Sozialversicherungen tragen müssen. Denn daran würden die Kommunen zerbrechen, weil dann die wirtschaftlich schwächsten Kommunen zugleich am stärksten belastet würden.

3. Kommunale Sozialpolitik und Empfänger

Eine weitere Möglichkeit der Finanzierung sozialer Leistungen besteht in der stärkeren Heranziehung der Empfänger dieser Leistungen. Dabei ist klar, dass auch in Zukunft gelten sollte, dass Sozialhilfe für Bedürftige ohne Rückgriff auf den Empfänger gewährt wird. Denn wo nichts ist, kann auch nichts geholt werden. Rückfordern-Sollen setzt allemal ein Rückfordern-Können voraus. Allerdings sollte noch mehr als bisher darauf gedrungen und geachtet werden, dass bei willentlich herbeigeführten Leistungsfällen bei den Empfängern Rückgriff genommen werden kann, vorausgesetzt der Hilfeempfänger wird nachträglich wieder leistungsfähig. Dies gilt namentlich für die weit verbreitete Pflichtvergessenheit im Hinblick auf die Gewährung von Kindes- und Scheidungsunterhalt. Hier ist alles zu unternehmen, um zu erreichen, dass der Sozialhilfeträger die Unterhaltsschuldner unbürokratisch und rasch in Anspruch nehmen kann[17]. Denn auf die Dauer gerät der Sozialstaat in Misskredit, wenn durch Pflichtvergessenheit privatrechtlicher Unterhaltsschuldner massenhaft Sozialleistungsfälle vorsätzlich herbeigeführt werden können.

Freilich darf auch nicht verkannt werden, dass in wachsendem Maße Unterhaltspflichten namentlich gegenüber der älteren Generation oder aufgrund vormaliger Ehe als rechtspolitisch bedenklich wahrgenommen werden und deshalb entweder durch den Gesetzgeber – so bei der Einführung der Grundsicherung bei Invalidität und im Alter – oder durch die Rechtsprechung – so durch die jüngste Rechtsprechung des Bundesverfassungsgerichts zur Ausgestaltung des Scheidungsunterhalts[18] sowie des Bundesgerichtshofes zum Elternunterhalt[19] – eingeschränkt werden. Erbringen die Kommunen soziale Dienstleistungen – schaffen sie etwa Einrichtungen der Kinderbetreuung oder Altenhilfe – so stellt sich die Frage, ob deren Nutznießer für die Finanzierung herangezogen werden.

Es entspricht der Tradition der Kommunalpolitik, in den für ein kultiviertes Gemeindeleben typischen Dienstleistungen – etwa den Bibliotheken, Musikschulen, Bädern, Sportstätten und Kultureinrichtungen – einen für die Anziehungskraft einer Kommune bestimmenden Teil der Infrastruktur zu sehen und sie demgemäß – im Sprachgebrauch des französischen Rechts – als Universaldienstleistungen (*service public*) unentgeltlich oder gegen einen nicht kostendeckenden Eigenanteil vorzuhalten. Würden diese Leistungen kommerzialisiert –

---

17 Vorschläge dazu bei *Eichenhofer*, Sozialrechtliche Teilgutachten zum 64. Deutschen Juristentag, 2002.
18 *BVerfG*, Urt. v. 07.10.2003 – 1 BvR 246/93 = NJW 2003, 3466 ff.
19 *BGH*, Urt. v. 19.03.2003 – XII ZR 123/00 = BGHZ 154, 247.

d. h. zum vollständigen Gegenwert den Bürgerinnen und Bürgern „verkauft" –, so würden sie ihren Charakter als kommunale Leistungen verlieren. Die Gemeinden und Kreise würden ihrerseits zum Akteur auf dem Markt mutieren. Beides wäre mit den hergebrachten Funktionen kommunaler Tätigkeit nicht vereinbar. Deshalb wäre es eine Illusion zu glauben, die Nutzer kommunaler Einrichtungen könnten in Zukunft den Gegenwert der bereitgestellten Dienstleistungen voll tragen. Allenfalls eine Eigenbeteiligung, die die unterschiedliche wirtschaftliche Leistungsfähigkeit der Nutzer in Betracht zieht, wie dies etwa bei den Kindergartengebühren nach § 93 SGB VIII vorgesehen ist, kommt als eine angemessene Lösung in Betracht. Dabei ist die Grenze zwischen dem wirtschaftlich Nötigen und dem sozial- und familienpolitisch Verwertbaren schwer zu ziehen.

V. Fazit

In der sich sozial rasch und tiefgreifend wandelnden Gesellschaft der Zukunft wird den kommunalen Trägern eine wachsende Bedeutung bei der Sozialpolitik zukommen. Sie hat eine wachsende Bandbreite von sozialen Leistungen vorzuhalten. Dabei werden die Geldleistungen an Bedeutung verlieren, die Dienstleistungen dagegen an Bedeutung zunehmen. Die kommunalen Träger werden den Strukturwandel des Wohlfahrtsstaates nicht allein zu verwirklichen haben. Der Wandel wird sich weit stärker auf die Aufgabenfelder der Sozialversicherungsträger konzentrieren. Die kommunalen Träger haben freilich ein eigenes gewichtiges Interesse daran, diesen Wandel der Sozialversicherung aufmerksam zu begleiten und zu geleiten. Denn vom Erfolg dieses Wandels hängt auch ihr eigenes Aufgabenfeld wesentlich ab. Die kommunalen Träger werden nämlich ergänzend zu den Sozialversicherungsträgern zunehmend eigene Felder sozialer Dienstleistungen erschließen. Wie seit jeher wird dabei den kommunalen Trägern vor allem die Aufgabe zufallen, neue soziale Fragen aufzugreifen und innovative Lösungen für diese zu gewinnen. Insoweit kommt der kommunalen Sozialpolitik die doppelte Rolle eines Seismographen sozialpolitischer Herausforderungen und eines Anregers für neue sozialpolitische Lösungen zu. Die Sozialpolitik wird deshalb eine bestimmende Größe der Kommunalpolitik bleiben, weil von ihren Erfolgen die Zivilität einer Gemeinde und eines Kreises entscheidend abhängt. Es versteht sich von selbst, dass deshalb die Kommunen mit den notwendigen Finanzmitteln ausgestattet sein müssen, damit sie nicht nur ihren kulturellen und sozialen, sondern ihren eigentlichen zivilisatorischen Aufgaben entsprechen können. Funktionierende Kommunen schaffen durch einen gelingenden sozialen Ausgleich Zivilität und begründen damit Leistungskraft als die Basis für wirtschaftliches Wohlergehen. Dieses hatten sie seit jeher zu schaffen und darin müssen sie sich auch künftig bewähren.

Hans-Günter Henneke
Das Optionsmodell bei der Grundsicherung für Arbeitsuchende – ein Flexibilitätsmodell mit Zukunft?

I. Option kommunaler Trägerschaft

Das Vierte Gesetz für moderne Dienstleistungen am Arbeitsmarkt vom 24. Dezember 2003[1] wartete als Ergebnis des Vermittlungsverfahrens hinsichtlich der Aufgabenträgerschaft mit zwei echten Überraschungen auf. Ziel der Zusammenführung von Arbeitslosenhilfe – einer bisherigen Bundesaufgabe – und Sozialhilfe – bisher eine Aufgabe kommunaler Selbstverwaltung – sollte es sein, künftig über ein einheitliches System mit einheitlicher Trägerschaft zu verfügen, um vorhandene Doppelstrukturen zu beseitigen und sog. „Drehtüreffekte" zu vermeiden. Da zwischen Bund und Ländern heftig umstritten war, ob die einheitliche Trägerschaft beim Bund oder bei den Kommunen liegen sollte und keine Seite sich entscheidend durchzusetzen vermochte, wurde in § 6 SGB II eine Aufteilung der Aufgabenträgerschaft auf die Bundesagentur für Arbeit einerseits und die Kreise und kreisfreien Städte andererseits normiert. Doch damit nicht genug. In § 6 SGB II wurde erstmals ein optionaler Zugriff der Kommunen auf Aufgaben der Bundesagentur für Arbeit und damit des Bundes normiert.

§§ 6 und 6 a SGB II lauten:

„§ 6 – Träger der Grundsicherung für Arbeitsuchende

Träger der Leistungen nach diesem Buch sind:
1. Die Bundesagentur für Arbeit (Bundesagentur), soweit Nummer 2 nichts Anderes bestimmt,
2. die kreisfreien Städte und Kreise (kommunale Träger) für die Leistungen nach § 16 Abs. 2 S. 1, 2 Nr. 1 bis 4, § 22 und 23 Abs. 3, soweit durch Landesrecht nicht andere Träger bestimmt sind.

---
[1] BGBl. I, 2954.

Zu ihrer Unterstützung können sie Dritte mit der Wahrnehmung von Aufgaben beauftragen.

§ 6 a – Option kommunaler Trägerschaft

Abweichend von § 6 sind die kreisfreien Städte und Kreise auf ihren Antrag und mit Zustimmung der zuständigen obersten Landesbehörde anstelle der Agenturen für Arbeit vom Bundesministerium für Wirtschaft und Arbeit durch Rechtsverordnung als Träger der Aufgaben nach diesem Buch zuzulassen. Das Nähere regelt ein Bundesgesetz."

Da die Idee der Option kommunaler Trägerschaft erst wenige Tage zuvor im Rahmen der Verhandlungen des Vermittlungsausschusses erstmals artikuliert worden war, konnte die Ausgestattung im Detail noch nicht im laufenden Gesetzgebungsverfahren geregelt werden, sondern wurde einer späteren gesetzlichen Regelung vorbehalten. Stattdessen wurden in gleichlautenden Entschließungen von Bundestag und Bundesrat die mit der Option kommunaler Trägerschaft verbundenen Zielvorstellungen näher konkretisiert[2]. Die Kernsätze dieser Entschließungen lauten:

> „Darüber hinaus räumt es den kreisfreien Städten und Kreisen die Option ein, ab dem 1. Januar 2005 anstelle der Agenturen für Arbeit auch deren Aufgaben – und damit alle Aufgaben im Rahmen der Grundsicherung für Arbeitsuchende – wahrzunehmen. Hierzu soll eine faire und gleichberechtigte Lösung entwickelt werden, die sicherstellt, dass die optierenden Kommunen nicht gegenüber den Agenturen für Arbeit benachteiligt werden.
>
> Die kommunalen Träger sind gegenüber dem Bundesministerium für Wirtschaft und Arbeit, soweit sie Aufgaben anstelle der Agentur für Arbeit wahrnehmen, auskunfts- und berichtspflichtig. Im Übrigen findet die Aufsicht über die kommunalen Träger durch die Länder statt; die jeweils zuständige oberste Landesbehörde ist gegenüber dem Bundesministerium für Wirtschaft und Arbeit auskunfts- und berichtspflichtig.
>
> Der Bund zahlt den kommunalen Trägern für die anstelle der Agentur für Arbeit wahrgenommenen Aufgaben für die Bedarfsgemeinschaften entsprechende Fallpauschalen für die Eingliederungsleistungen und die Verwaltungskosten. Er erstattet die Kosten für das Arbeitslosengeld II bzw. das Sozialgeld. Die Auszahlung der Mittel an die Kommunen erfolgt durch die Bundesagentur für Arbeit.
>
> Die Wahrnehmung von Aufgaben durch kommunale Träger auf der Grundlage der Zulassung nach der Option ist durch das Bundesministerium für Wirtschaft und Arbeit zu evaluieren. Das Bundesministerium für Wirtschaft und Arbeit legt unter Einbeziehung der zuständigen obersten Landesbehörden bis Ende 2008 einen Bericht über die Auswirkungen und Erfahrungen mit den beiden Organisationsmodellen, wie das SGB II vorsieht, vor."

---

2 BR-Drs. 943/03 (Beschluss); BT-Drs. 15/2264, abgedruckt als Anlage 2.

II. Entstehungsgeschichte – Kommissionsergebnisse

Die Zusammenführung von Arbeitslosenhilfe und Sozialhilfe hat einen langen Vorlauf. Über das politische Ziel, die beiden steuerfinanzierten Systeme zu einem neuen einheitlichen Leistungssystem in einheitlicher Trägerschaft zusammenzuführen, gab es schon in der Endphase der letzten Bundesregierung *Kohl* Einigkeit.

Die dem Arbeitslosengeld als beitragsfinanziertem System nachgelagerte, grundsätzlich unbefristete steuerfinanzierte Arbeitslosenhilfe wurde Ende 2002 von ca. 1,7 Mio. Hilfeempfängern in Anspruch genommen. Dieses System unterliegt anderen materiellen und Zuständigkeitsregeln als die Sozialhilfe, obwohl von den Sozialhilfeempfängern Ende 2002 ebenfalls etwa 1 Mio. Empfänger erwerbsfähig waren.

Je intensiver man sich ab 1999 mit den Fragen der Zusammenführung beider Systeme befasste, umso klarer trat die Vielzahl der bei der Zusammenführung zu lösenden Rechtsprobleme hervor. Daher wurde bis in das Frühjahr 2002 hinein von weiten Kreisen statt einer Zusammenführung der Systeme eher eine verbesserte Zusammenarbeit präferiert. Von einer stärkeren „Verzahnung" der Systeme war immer häufiger die Rede. Vor diesem Hintergrund wurde im Frühjahr 2002 die Gemeindefinanzreformkommission mit dem Ziel eingesetzt, durch eine Reform von Arbeitslosenhilfe und Sozialhilfe die Kommunalfinanzen auf der Ausgabenseite zu entlasten und dauerhaft zu stabilisieren.

Aus anderem Grunde wurde im Frühjahr 2002 die sog. *Hartz*-Kommission gebildet, die am 16. August 2002 ihren Abschlussbericht[3] vorlegte. Durch den sog. Vermittlungsskandal war die Bundesanstalt für Arbeit im Frühjahr 2002 in heftige Turbulenzen geraten, die u. a. zur Ablösung des seinerzeitigen BA-Chefs *Bernhard Jagoda* und zur Umstrukturierung der Gremien führten. Die *Hartz*-Kommission sollte Vorschläge zur Restrukturierung der Bundesanstalt für Arbeit unterbreiten und befasste sich in diesem Rahmen auch mit der Reform von Arbeitslosenhilfe und Sozialhilfe. Statt einer intensivierten Zusammenarbeit und Verzahnung der Systeme das Wort zu reden, sprach sich die *Hartz*-Kommission eindeutig für eine materielle Zusammenführung der Systeme – und zwar in Trägerschaft der Bundesanstalt für Arbeit – aus. Da die Bundesregierung für die Arbeit der Gemeindefinanzreformkommission die Vorgabe der Vermeidung von Belastungsverschiebungen zwischen den Ebenen nach dem

---

3 Moderne Dienstleistungen am Arbeitsmarkt, Bericht der Kommission, August 2002.

Grundsatz: „Das Geld folgt der Aufgabe" gemacht hatte[4], äußerte sich die *Hartz*-Kommission nicht zu den finanziellen Folgewirkungen der Zusammenlegungsvorschläge in Aufgaben- und Finanzierungszuständigkeit des Bundes. Diese zu lösen, sollte ausdrücklich der Kommission zur Reform der Gemeindefinanzen vorbehalten bleiben.

Nach der Vorlage des Berichts der Hartz-Kommission kündigte der Bundeskanzler die 1 : 1-Umsetzung an – ein Ziel, das nach der Bundestagswahl 2002 zur Koalitionsvereinbarung erhoben wurde.

In der Gemeindefinanzreformkommission gab es zur Reform von Arbeitslosenhilfe und Sozialhilfe zunächst 16 Modellvarianten, die wenige Tage nach Vorlage des Berichts der *Hartz*-Kommission auf drei Varianten bei Schaffung eines einheitlichen Leistungssystems reduziert wurden, nämlich

- Aufgabenträgerschaft des Bundes (Hartz-Vorschlag),
- Aufgabenträgerschaft der Kommunen (DLT-Vorschlag) sowie
- landesrechtliche Entscheidung über Aufgabenträgerschaft (Hessen-Modell).

In der konkreten Diskussion der Gemeindefinanzreformkommission spielten zunächst nur der *Hartz*-Vorschlag und das DLT-Modell, nicht aber das Hessen-Modell eine Rolle. Man diskutierte also die Alternative: kommunale Gesamtaufgabenträgerschaft oder Bundesgesamtträgerschaft. Die Bundesanstalt für Arbeit, mit *Florian Gerster* als neuem Vorstandsvorsitzenden an der Spitze, sprach sich dabei deutlich gegen eine Bundesträgerschaft für das neue Leistungssystem aus. Aufgabe der künftigen BA müsse es sein, erster Dienstleister am Arbeitsmarkt zu werden, nicht aber, ein bundesweites Mega-Sozialamt zu kreieren. Die Bundesregierung präferierte dagegen deutlich eine Trägerschaft der künftigen BA für die gesamte Aufgabe, sah aber Probleme in der administrativen Bewältigung insbesondere bei der psychosozialen Betreuung der Hilfeempfänger. Um zugleich den Bedenken *Gersters* entgegen zu kommen und eine Kommunalisierung der Aufgaben zu verhindern, erfand das BMWA im Frühjahr 2003 ein sog. Organleihemodell[5]. Danach sollte die Administrierung desselben Leistungsrechts für verschiedene Personenkreise parallel durch die BA und die Kommunen erfolgen. Um sog. Drehtüreffekte zu vermeiden, sollte die Finanzierungsverantwortung für die Gesamtaufgabe beim Bund angesiedelt

---

[4] Im Kabinettsbeschluss vom 27.03.2003 heißt es wörtlich: Die Kommission soll sich mit den strukturellen Problemen des kommunalen Finanzsystems auf der Einnahmen- und Ausgabenseite befassen... Dabei hat die Kommission auf die Vermeidung von Aufkommens- bzw. Lastenverschreibungen zwischen dem Bund auf der einen, Ländern und Kommunen auf der anderen Seite zu achten. Im Mittelpunkt der Kommissionsarbeit stehen... die finanziellen Folgen einer effizienteren Gestaltung der unterschiedlichen sozialen Transfersysteme Arbeitslosenhilfe und Sozialhilfe für die Gebietskörperschaften.

[5] Dazu näher: *Henneke*, ZG 2003, 137 f.

werden. In der Administrierung der Aufgabe sollten die arbeitsmarktnahen Leistungsbezieher der Bundesanstalt/Bundesagentur für Arbeit und die arbeitsmarktfernen Leistungsbezieher den Kreisen und kreisfreien Städten zugeordnet werden.

Als Variante wurde dabei vom Bund ins Gespräch gebracht, die Aufgabe nicht den Kommunen als Selbstverwaltungsangelegenheit zuzuordnen, sondern kommunale Stellen im Wege der Organleihe heranzuziehen. Zur Absicherung dieses zwischen Bund und Kommunen beispiellosen Vorschlags berief sich das BMWA auf eine Grundsatzentscheidung des BVerfG aus dem Jahre 1983[6]. Seinerzeit ging es um die Betrauung der Bayerischen Versicherungskammer mit der Geschäftsführung der Versorgungsanstalt der Deutschen Bezirksschornsteinfeger – eine wahrlich überschaubare Aufgabe. Obwohl der zugrunde liegende Sachverhalt nur einen geschichtlich vorgegebenen und sachlich eng umgrenzten Bereich der Bundesverwaltung betraf, sah sich das BVerfG zu einer ausführlich begründeten Grundsatzentscheidung veranlasst, um herauszuarbeiten, dass die Organleihe nur in äußerst eng umgrenzten Ausnahmefällen das grundsätzliche verfassungsrechtliche Verbot unzulässiger Mischverwaltung durchbrechen darf.

In der Entscheidung wurde klar herausgearbeitet, dass die bundesstaatliche Ordnung klare Verantwortungsstrukturen verlangt, über die die Betroffenen nicht disponieren können, so dass eine Mischverwaltung nach Art. 83 ff. GG nur unter sehr engen Voraussetzungen in Betracht kommen kann.

Der Deutsche Landkreistag hat gegen das im März 2003 vorgelegte Modell umgehend gravierende verfassungsrechtliche Bedenken geltend gemacht[7], die auch im Abschlussbericht der Arbeitsgruppe „Arbeitslosenhilfe/Sozialhilfe" der Gemeindefinanzreformkommission ihren Niederschlag gefunden haben[8].

Der DLT hat sich zur Unterfütterung seiner Argumentation auch an die zuständigen Verfassungsressorts innerhalb der Bundesregierung mit der Folge gewandt, dass von der Weiterverfolgung der Organleihe-Überlegungen Abstand genommen werden musste – indes war die Idee einer Organleihe damit erstmals in die Diskussion eingeführt worden.

Im April 2003 beendete die Arbeitsgruppe „Arbeitslosenhilfe/Sozialhilfe" der Gemeindefinanzreformkommission ihre Arbeit. Gegen den Deutschen Landkreistag und einige Unterstützer votierte die Arbeitsgruppe mehrheitlich für ein zusammengeführtes Leistungsrecht in Trägerschaft und Finanzverantwortung

---

6 *BVerfGE* 63, 1, 31 f.
7 Dazu näher: *Henneke*, ZG 2003, 137 ff.
8 Bericht der Arbeitsgruppe „Arbeitslosenhilfe/Sozialhilfe" der Kommission zur Reform der Gemeindefinanzen, 17. April 2003, 46.

des Bundes, wobei es eine Beteiligung der Kommunen an der Administrierung geben sollte, deren Einzelheiten im Detail offen blieben. Die Gemeindefinanzreformkommission schloss sich diesem Mehrheitsvotum der Arbeitsgruppe im Juli 2003 mehrheitlich an. Höchst erstaunlich war, dass sich weder die Arbeitsgruppe noch die Gemeindefinanzreformkommission selbst mit der Frage der verfassungsrechtlichen Kompensation der Aufgabenträger für das neue Leistungsrecht befasste – obwohl der Arbeitsauftrag der Arbeitsgruppe im Rahmen der Gemeindefinanzreformkommission gerade lautete, sich mit den „finanziellen Folgen" einer Zusammenführung von Arbeitslosenhilfe und Sozialhilfe zu befassen. Diese Thematik wurde von Seiten des Bundes bewusst ausgespart, weil für ihn offenkundig war, dass er eine finanzielle Kompensation für sich herstellen wollte, für die bezogen auf die Kommunen in den einzelnen Ländern ein entlastungsadäquater Finanzierungsweg aber nicht zur Verfügung stand, so dass jede Refinanzierung des Bundes über den Weg einer Steuerumverteilung mit Blick auf die damit verbundenen horizontalen Verteilungswirkungen zwischen den Ländern und ihren Kommunen zu gravierenden finanziellen Verwerfungen führen musste. Auf diesen Umstand und seine Konsequenzen hat der Deutsche Landkreistag sehr frühzeitig[9] hingewiesen.

Die anderen beiden kommunalen Spitzenverbände warfen die Frage dagegen gleich aus zwei Gründen nicht auf: Sie wollten die Trägerschaft des neuen Systems beim Bund angesiedelt wissen und diese grundlegende Weichenstellung nicht durch ungelöste Refinanzierungsprobleme gefährden. Zum zweiten erhofften sie sich eine erhebliche finanzielle Entlastung der Kommunen nach dem Motto: Der Bund übernimmt Aufgaben- und Ausgabenlasten von den Kommunen; die finanziellen Entlastungen bleiben den Kommunen erhalten. Angesichts der klaren Erklärungen der Bundesregierung sowie des Einsetzungsbeschlusses der Gemeindefinanzreformkommission war diese Hoffnung von vornherein irreal.

Dennoch lässt sich auf diese Weise erklären, warum die Beantwortung der Frage der Refinanzierung des Bundes zunächst von der Arbeitsgruppe auf die Gemeindefinanzreformkommission verschoben wurde. Argumentiert wurde mit der hohen politischen Brisanz und der Verknüpfung mit der Gewerbesteuerreform. Aber auch die Gemeindefinanzreformkommission nahm sich des Themas weder dem Umfange noch der Finanzierungshöhe nach an.

---

9 Dazu näher: *Henneke/Wohltmann*, Der Landkreis 2003, 167 ff.

III. Der Gesetzentwurf der Bundesregierung und das EGG

Die Bundesregierung machte sich die Mehrheitsvorschläge der Gemeindefinanzreformkommission zu eigen und ergänzte sie lediglich um einen finanziellen Kompensationsvorschlag, der es allerdings in sich hatte und mit einem Schlag die damit verbundenen Probleme deutlich machte, die mithin nicht weiter verdrängt werden konnten. Der Bund schlug zur finanziellen Kompensation eine dauerhafte Revision des Umsatzsteuerbeteiligungsverhältnisses zu seinen Gunsten um 7,3 Prozentpunkte vor. Die betroffenen Länder hätten sich dann ihrerseits bei ihren Kommunen durch Kürzungen im kommunalen Finanzausgleich schadlos halten müssen.

Mit diesem Refinanzierungsweg lösten sich die – allerdings völlig haltlosen – Illusionen mancher kommunaler Verbände nach gravierender finanzieller Entlastung der Kommunen seitens des Bundes schlicht in Luft auf. Objektiv noch gravierender waren allerdings die vom DLT bereits frühzeitig deutlich gemachten finanziellen Verwerfungswirkungen zwischen den Ländern, da die Entlastungswirkungen bei der Sozialhilfe völlig anders streuen als die horizontale Umsatzsteuerverteilung. Dies gilt insbesondere für Ostdeutschland, wo es in Relation zum übrigen Bundesgebiet nur eine sehr geringe Anzahl an Sozialhilfeempfängern gibt, sowie für Bayern, Baden-Württemberg und Rheinland-Pfalz. Krassen Netto-Gewinnern, insbesondere den Stadtstaaten, hätten so deutliche Verlierer gegenübergestanden. Die absehbare Folge war, dass die Länder den Gesetzentwurf der Bundesregierung wegen der damit verbundenen Umsatzsteuerumverteilung einhellig ablehnten.

Der Bundesrat legte stattdessen mehrheitlich ein Gegenmodell vor, welches im Kern auf dem DLT-Modell beruhte und von einer kommunalen Gesamtaufgabenträgerschaft ausging, aber auch andere Komponenten beinhaltete (sog. Existenzgrundlagengesetz) und eine verfassungsrechtlich abgesicherte belastungsorientierte quotale Bundesbeteiligung an den kommunalen Ausgabenlasten vorsah.

Was aus Sicht des Deutschen Landkreistages um jeden Preis vermieden werden sollte, um für eine kommunale Aufgabenträgerschaft eine verfassungsrechtlich abgesicherte Finanzierung zu erreichen, trat nunmehr ein: Eine Konfrontation zwischen Bundestag und Bundesrat sowie eine Konfrontation zwischen den parteipolitischen Lagern. Dies hätte bei anderem Verlauf ohne Weiteres vermieden werden können, da das DLT-Modell von Landräten aller politischen Couleur aktiv vertreten wurde und sich als erstes Landeskabinett mit der schleswig-holsteinischen Landesregierung eine rot-grüne Regierung bereits im Herbst 2002 durch Kabinettsbeschluss für das DLT-Modell ausgesprochen hatte.

IV. Das Vermittlungsverfahren

1. Gesplittete Aufgabenträgerschaft nach § 6 SGB II

Da sich politisch kein Konzept gegenüber dem anderen durchzusetzen vermochte, und auch Verknüpfungen nicht zu finden waren, wurde im Herbst 2003 der Vermittlungsausschuss angerufen. Die zu beantwortenden Fragen waren die gleichen wie zu Beginn des Erörterungsprozesses:

Wer soll für welche Aufgabe verantwortlich werden?

Wer trägt die Finanzierungsverantwortung?

Wie erfolgt die finanzielle Kompensation?

Das Kommunalmodell, das inzwischen zahlreiche Anhänger gewonnen hatte, hatte den großen Vorzug, eine passgenaue Finanzverantwortung vorzusehen. Dafür wurde allerdings eine verfassungsrechtliche Absicherung benötigt.

Das Modell der Bundesregierung hatte den evidenten Nachteil, bei der finanziellen Kompensation über eine Steuerumverteilung zwangsläufig zu gravierenden Verwerfungen in finanzieller Hinsicht führen zu müssen. Hätte man sich innerhalb der kommunalen Familie durchgängig für eine kommunale Aufgabenträgerschaft bei verfassungsrechtlich abgesicherter Finanzierung ausgesprochen – die Durchsetzungschancen dafür wären im Herbst 2003 sehr groß gewesen.

Es kam anders – insbesondere, weil der großstädtische Bereich eine kommunale Aufgabenträgerschaft auf jeden Fall verhindern wollte. Daher wurde informell Anfang November und förmlich Mitte November vom Deutschen Städtetag ein Aufgabensplittungsmodell ins Gespräch gebracht[10]. Es blieb dabei: Der Bund sollte die Zuständigkeit für die Grundsicherung für Arbeitsuchende übernehmen und damit die Kommunen insbesondere in Verdichtungsräumen von hohen Sozialhilfelasten entlasten. Statt der nicht durchsetzbaren Refinanzierung über die Umsatzsteuerneuverteilung wurde nunmehr vorgeschlagen, bundesunmittelbar den Kommunen die Aufgaben- und Finanzierungszuständigkeit für Teilaufgaben zuzuweisen, wofür hinsichtlich der Sachaufgaben verschiedene Alternativen ins Gespräch gebracht wurden[11]. Es war also geradezu Ziel der Operation, die Anwendbarkeit der landesverfassungsrechtlichen Konnexitätsbestimmungen zum Schutze der Kommunen auszuhebeln. Man erhoffte sich bei diesem „Deal" natürlich einen Netto-Gewinn auf der kommunalen Seite – der in der Folgezeit indes allerdings nicht nur nicht eintreten sollte, sondern zu einer erheblichen Netto-Belastung führen sollte.

---

10 Dazu ausf.: *Henneke*, Der Landkreis 2004, 141 (148 ff.).
11 *Henneke*, Der Landkreis 2004, 141 (148 ff.).

Das Optionsmodell bei der Grundsicherung für Arbeitsuchende

So kam es dazu, dass das Ziel der Aufgabenzuständigkeit in einer Hand aufgegeben und für alle Hilfeempfänger eine Zuständigkeit der BA für die Grundsicherung für Arbeitsuchende einerseits und der Kreise und kreisfreien Städte für die Kosten der Unterkunft und Heizung sowie weiterer Leistungen nach §§ 16 und 23 SGB II begründet wurde. Bei dieser Aufgabenzuweisung wurde nicht von der Aufgabenzuständigkeit auf die Finanzierungszuständigkeit geschlossen, sondern genau umgekehrt vorgegangen: Weil man für die erfassten Aufgaben eine kommunale Finanzierungszuständigkeit begründen wollte, wurden die betroffenen Aufgaben den kommunalen Trägern zugewiesen. Sachgründe gab es dafür nicht. Dass dieses Vorgehen den verfassungsrechtlichen Anforderungen an die Begründung einer bundesunmittelbaren kommunalen Aufgabenträgerschaft nicht genügt, erscheint evident und ist an anderer Stelle[12] näher ausgeführt. Das Vorgehen wird dazu führen, dass von kreiskommunaler Seite das Bundesverfassungsgericht wegen des Aufgabendurchgriffs des Bundes auf die Kreise parallel zum Verfahren gegen das Grundsicherungsgesetz[13] angerufen werden wird.

Dass sich die Föderalismuskommission nunmehr anschickt, einen solchen bundesunmittelbaren Durchgriff auf die Kommunen durch Änderung des Art. 84 Abs. 1 GG künftig gänzlich zu unterbinden[14], ist aus kommunaler Sicht in verfassungsrechtlicher wie rechtspolitischer Hinsicht als riesiger Fortschritt anzusehen.

2. Option kommunaler Trägerschaft

Wäre es bei dieser Lösung als Gesamtergebnis geblieben, hätte sich von einem „Sieg" derer sprechen lassen können, die das Ziel einer Aufgabenträgerschaft der Bundesagentur und damit eine Entkommunalisierung verfolgten, denn die kommunale Aufgaben- und Finanzierungszuständigkeit für die Kosten der Unterkunft und Heizung sowie der übrigen, den Kommunen zugewiesenen Aufgaben beinhaltet kaum kommunales Gestaltungspotential. Die sog. B-Länder vermochten zwar ihr Ziel einer kommunalen Gesamtträgerschaft für das neue Leistungsrecht nicht durchzusetzen, erreichten in § 6 a SGB II aber die Normierung der Option kommunaler Trägerschaft. Das heißt, dass es jeder einzelne kommunale Aufgabenträger selbst in der Hand hat, durch Ausübung eines voraussetzungslosen Wahlrechts neben den ohnehin auf die Kommunen entfallenen Aufgaben die nach § 6 Ziff. 1 SGB II auf die Arbeitsverwaltung entfallenen Aufgaben an sich zu ziehen, und zwar

---
12 *Henneke*, Der Landkreis 2004, 141 (148 ff.).
13 *Vorholz*, Der Landkreis 2004, 19.
14 Dazu ausf.: *Henneke*, Der Landkreis 2004, 355 ff.

- als eigene kommunale Aufgabe,
- mit kommunaler Selbstgestaltung und
- Finanzierung unmittelbar durch den Bund, und zwar auch für die Verwaltungsausgaben, die bei dieser Aufgabe bundesweit mit mindestens 3 Mrd. Euro zu Buche schlagen.

Einzelheiten wurden aufgrund der Kürze der Zeit nicht in § 6 a SGB II geregelt, sondern einer späteren gesetzlichen Regelung vorbehalten, deren Regelungsinhalte in gleichlautenden Entschließungen von Bundestag und Bundesrat ausgeformt wurden, die parallel zum SGB II verabschiedet wurden.

Der DLT hat sich bereits am Morgen nach der nächtlichen Einigung im Vermittlungsausschuss an die Vermittlungsausschussmitglieder gewandt und darauf hingewiesen, dass es zur Umsetzung der Entschließungsinhalte einer Verfassungsänderung bedarf und geraten, sich darauf zur Vermeidung späteren Streits in der sog. Bereinigungssitzung des Vermittlungsausschusses zu verständigen.

Aus Sicht des Deutschen Landkreistages ist der Inhalt der Entschließung in gleich drei Punkten mit geltendem Verfassungsrecht nicht vereinbar:
- Eine Wahrnehmung als Selbstverwaltungsaufgabe käme wegen Art. 104 a Abs. 2 und 3 GG nicht in Betracht, da ein überwiegend bundesfinanziertes Geldleistungsgesetz zur Bundesauftragsverwaltung führt.
- Außerdem sieht Art. 104 a GG keine unmittelbare Finanzbeziehung zwischen Bund und Kommunen vor.
- Überdies ist nach Art. 104 a Abs. 5 GG eine Abgeltung von Verwaltungskosten ausgeschlossen.

Die geltend gemachten Bedenken wollte seinerzeit jedoch niemand hören. Zur Verfassungsänderung kam es nicht. Wohl aber wurde § 6 a SGB II verabschiedet und kam als „Weihnachtsgeschenk" über die Kommunen.

3. Verfassungsrechtlich abgesicherter Sonderbelastungsausgleich ./. Organleihe

Bereits Anfang Januar 2004 stellte sich dann allerdings die Frage, wie man aus der mit § 6 a SGB II geschaffenen, nunmehr näher auszugestaltenden Situation lösungsorientiert herauskommt. Auf Bitten der Ländermehrheit wurde vom Deutschen Landkreistag ein ausformulierter Vorschlag für einen punktuellen, passgenauen verfassungsrechtlichen Sonderbelastungsausgleich entsprechend dem Vorbild in Art. 106 Abs. 8 GG unterbreitet[15].

---

15 *Henneke*, Der Landkreis 2004, S. 63 ff.

Das Optionsmodell bei der Grundsicherung für Arbeitsuchende

Wichtig war es in der konkret gegebenen Situation, einen Vorschlag zu unterbreiten, der die generelle Debatte in der Föderalismuskommission zu Kostenfolgen von Bundesgesetzen und zur Implementierung eines Konnexitätsprinzips zwischen Bund und Ländern bzw. Bund und Kommunen nicht vorwegnimmt. Mit einer passgenauen punktuellen Sonderbelastungsausgleichsregelung in Art. 106 Abs. 8a GG wäre dies möglich gewesen. Das Optionsmodell ist in der bundesdeutschen Rechtsetzung als Regelungsfall ohne Beispiel, da einzelne Kommunen auf eine auf der Ebene der Bundesverwaltung angesiedelte Aufgabenträgerschaft voraussetzungslos zugreifen können. Die Wirkungen stellen sich indes exakt so dar wie bei Art. 106 Abs. 8 GG. Es entsteht nämlich bei den optierenden Kommunen eine Sonderbelastung der einzelnen optierenden Träger im Verhältnis zu den Belastungen anderer kommunaler Träger, die nicht optieren. Gleichzeitig wird der Bund von den von den optierenden kommunalen Trägern übernommenen Aufgaben und daraus resultierenden Ausgaben einschließlich der Verwaltungsausgaben befreit.

Von Länderseite wurde dieser Vorschlag aufgegriffen und in die Verhandlungen mit der Bundesregierung eingeführt.

Der Bund ging indes jetzt wieder einen anderen Weg. Einerseits führte er verfassungspolitische Erwägungen, nämlich eine mögliche Präjudizierung der Föderalismuskommission, an. Das entscheidende Argument war andererseits aber, dass er sich mit einer selbstgestalteten Kommunalaufgabe und damit mit der Implementierung eines Wettbewerbs der Systeme zwischen Bundesagentur und optierenden kommunalen Trägern nicht anzufreunden vermochte. Daher vertrat das BMWA die Auffassung, dass die Bedingungen für die Aufgabenwahrnehmung optierender kommunaler Träger exakt so sein müssten wie für die Bundesagentur für Arbeit einschließlich der Anwendung aller Verwaltungsvorschriften. Dies sollte dadurch geschehen, dass nicht eine Übertragung der Aufgabenträgerschaft an optierende Kommunen erfolgte, sondern es wurde nunmehr wieder eine sog. Organleihe als Regelungsmodell ins Feld geführt. Einzelne, zu benennende kommunale Stellen sollten mit der Wahrnehmung der Aufgaben betraut und in den Weisungsstrang der Bundesagentur für Arbeit eingegliedert werden.

Dies hätte dazu geführt, dass mit dem Ziehen einer Option die optierenden kommunalen Gremien zum ersten und zum letzten Mal in die Aufgabenerfüllung eingeschaltet worden wären, weil dann mit der Organleihe nicht die Aufgabenträgerschaft zu der Kommune gekommen wäre, sondern das entliehene Kommunalorgan, also die in Pflicht genommenen Mitarbeiter der Kommunen, in einen Weisungsstrang der Bundesagentur für Arbeit hineingewachsen wären.

Mit diesem Vorschlag waren die Vorgaben des §§ 6 a SGB II und der einstimmigen Entschließungen von Bundestag und Bundesrat offenkundig nicht erfüllt. Eine Verständigung zwischen Bund und Ländern sowie den im Bundestag vertretenen Fraktionen erfolgte auf der Grundlage des Organleiheentwurfs nicht.

Das Bundeswirtschaftsministerium hat in der Folgezeit angekündigt, den kommunale Spielraum „ein Stück weit" mit einer „erweiterten Organleihe" erweitern zu wollen. Bei diesem Vorschlag handelt es sich unter dem Gesichtspunkt der Verantwortungszuordnung um eine „verschlimmbessernde" Lösung.

V. Resümee

Man sieht: Die Fragestellungen sind komplex. Ich habe versucht anschaulich zu machen, dass Bund und Länder erstmals den Versuch unternommen haben, Flexibilität in das System der Aufgabenerfüllung bei Arbeitslosenhilfe und Sozialhilfe hineinzubringen. Zu fragen ist, ob es für den Föderalismus in der Bundesrepublik Deutschland ein Modell mit Zukunft ist, flexible, floatende Zuständigkeiten zu implementieren.

Der Kreisbereich hat sich im Vorfeld massiv für eine Verlagerung des gesamten Aufgabenbereichs auf die Kommunen ausgesprochen. Dafür gab es beachtliche Sachgründe. Als die generelle kommunale Zuständigkeit sich nicht als durchsetzbar erwiesen hat, hat der Kreisbereich in der Folgezeit um eine sachgerechte Durchsetzung des Optionsmodells gekämpft. Bedingung für die Implementation eines solchen Optionsmodells ist allerdings, dass der kommunale Bereich die Aufgaben als eigene erhält, Gestaltungsspielräume bekommt und die Finanzierung abgesichert ist. Nur wenn die originären kommunalen Stärken zur Geltung gebracht werden können, macht es Sinn, zwei Aufgabenerfüllungsmodelle im Wettbewerb gegen einander zu stellen. Dies ist der Sinn der Entschließungen von Bundestag und Bundesrat auf der Grundlage von § 6a SGB II. Man wollte das staatlich zentralistische Modell einerseits und das Selbstverwaltungsmodell andererseits bei gleichen finanziellen Rahmenbedingungen in Wettbewerb zueinander bringen. Ob sich dieser Gedanke als Experimentiermodell mit Zukunft erweist, ist im Augenblick aber mehr als offen.

Wir hoffen, dass in diesen Wochen die beiden Fragen Föderalismusreform auf der einen Seite mit der Grundsatzthematik des Aufgabendurchgriffs des Bundes auf die Kommunen und Sonderbelastungsausgleich für einzelne optierende Kommunen als punktgenaue Sonderregelung für einen ganz anderen Fragenkomplex nach den aufgeregten Diskussionen der letzten Wochen künftig auseinander gehalten werden können, damit hier erstmals in der Aufgabenwahrnehmungsgeschichte der Bundesrepublik Deutschland konkurrierende Systeme unterschiedlicher Ebenen zueinander in Wettbewerb gesetzt werden können.

Vierter Abschnitt

Auswirkungen von Funktionalreformen auf die Kreise

Joachim Jens Hesse

Regierungs- und Verwaltungsreformen im Ländervergleich

Weitgehend unbemerkt von den großen Modernisierungspolitiken vollzieht sich in Deutschland derzeit ein nicht minder bedeutsamer institutioneller Wandel: Nachdem sich in den 1990er Jahren fast nur im kommunalen Bereich den Namen verdienende Verwaltungsreformen fanden, werden nun auch auf der Ebene der Länder Ansätze erkennbar, die über eine Struktur- und Funktionalreform auf eine Verbesserung des Regierungs- und Verwaltungshandelns zielen. Der folgende Beitrag widmet sich den dabei verfolgten Politiken, sucht erkennbare Trends zu systematisieren und im Ergebnis gemeinsame Reformperspektiven auszuweisen. Er basiert auf einem Untersuchungszyklus von bislang neun Gutachten zur Regierungs- und Verwaltungsreform in den Bundesländern. Auf den „Fall" Hessen (1997, Aktualisierung 2002) folgten Analysen der Situation in Nordrhein-Westfalen (1998/1999), dann in fünf mittelgroßen Flächenländern im Vergleich (Rheinland-Pfalz und Schleswig-Holstein auf der einen, Mecklenburg-Vorpommern, Brandenburg und Sachsen-Anhalt auf der anderen Seite; 1999-2001) sowie schließlich in Baden-Württemberg (2001/2002) und Bayern (2002)[1].

In einem Zeitraum von fünf Jahren entstand so eine Untersuchungsreihe, die für die Verwaltungsstrukturen in den Flächenländern seit 1949 bislang nicht vorgelegt wurde. Ohne daraus ein „Ranking" nach Reformbereitschaft und Reformfähigkeit ableiten zu wollen, erlaubt die gegebene empirische Basis jetzt einen materiellen Vergleich, der wiederum Rückschlüsse auf positive wie überdenkenswerte Reformansätze zulässt. Dabei ist den Kommunen generell und der kommunalen Kreisstufe im Besonderen eine wichtige Rolle zuzuweisen. Als potenzielle „Gewinner" der Reformen sehen sich Gemeinden, Städte und Kreise einem enormen Modernisierungsdruck ausgesetzt, dem sie durch fortgesetzte Reformbemühungen im eigenen Bereich zu entsprechen haben. So kann gerade „Hartz IV" als Prüfstein für die konsequente Delegation und Annahme wichtiger Aufgaben begriffen werden. Hierbei sind dann freilich nicht nur die Träger-

---

1   *Ellwein/Hesse, J. J.*, Staatsreform in Deutschland – das Beispiel Hessen, 1997; *Hesse, J. J.*, Regierungs- und Verwaltungsreform in Nordrhein-Westfalen, 1999; *ders.*, Regierungs- und Verwaltungsreform in Brandenburg, 1999; *ders.*, Regierungs- und Verwaltungsreform in Schleswig-Holstein, 2000; *ders.*, Regierungs- und Verwaltungsreform in Mecklenburg-Vorpommern, 2000; *ders.*, Regierungs- und Verwaltungsreform in Rheinland-Pfalz, 2000; *ders.*, Regierungs- und Verwaltungsreform in Sachsen-Anhalt, 2001; *ders.*, Regierungs- und Verwaltungsreform in Baden-Württemberg, 2002; *ders.*, Regierungs- und Verwaltungsreform in Bayern, 2002.

schaft und Finanzierung zu diskutieren, sondern ist auch im Vollzug eine qualitätsbewusste und effiziente Verwaltung nachzuweisen[2].

I. Bisherige Reformbilanz auf den unterschiedlichen gebietskörperschaftlichen Ebenen

Blickt man auf die *unterschiedlichen gebietskörperschaftlichen Ebenen*, ergibt sich ein sehr *differenziertes Bild* von den Leistungen und Defiziten bisheriger Reformen. So sind die *Kommunen* unter dem Druck der Haushaltssituation *besonders aktiv* gewesen. Unter dem Eindruck zunehmender Haushaltsprobleme haben seit Ende der 90er Jahre die Länder allerdings „aufgeholt". Dabei gewinnen Maßnahmen einer umfassenden Aufgabenkritik an Bedeutung. Auch wenn sich diese Ansätze bislang meist nur sektoral ausgewirkt haben, führten sie doch zu einzelnen Restrukturierungsmaßnahmen, etwa in den Bereichen der Forst- oder der staatlichen Hochbau- und Liegenschaftsverwaltung. Eine vollständige Aufgabenerhebung und -kritik, wie sie derzeit im Rahmen der Landesverwaltung Nordrhein-Westfalens angestrebt wird und im kommunalen Bereich für das Saarland in Auftrag gegeben wurde, dürfte einen entscheidenden weiteren Schritt darstellen, um eine Neuorganisation von Landes- und Kommunalverwaltung zu gewährleisten. Auf diese Weise könnte man an die derzeit weitestgehenden Ansätze in Baden-Württemberg, Nordrhein-Westfalen, Mecklenburg-Vorpommern und Niedersachsen anschließen und diese bei konsequenter Umsetzung ggf. noch „übertreffen".

Demgegenüber ist der *Bund* bis heute *weitgehend inaktiv* geblieben. Auch der Umzug der Ministerien nach Berlin hat zu keinen nennenswerten Konsequenzen geführt. Stattdessen bleibt es auf absehbare Zeit mit der „unglücklichen Zweiteilung" von Ministerialstandorten bei einem im internationalen Kontext erstaunlichen Anachronismus. Zugleich hat man den Zuschnitt der Ministerien, von einigen „Bündelungsprozessen" abgesehen, meist unverändert gelassen, Verfahrensreformen auf eher periphere Fragen beschränkt und eine – in Teilen freilich überfällige – Digitalisierung der Bundesverwaltung eingeleitet. Demgegenüber ist das Leitbild des „aktivierenden Staates" eher eine politische Absichtserklärung geblieben. Insofern muss sich erst noch erweisen, ob die ange-

---

2 Vgl. hierzu wie im Folgenden u. a. *Hesse, J. J.*, Modernisierung als Zukunftsaufgabe: Zum Stand der Verwaltungsreformen in den Ländern, SKZ 2004, 26 ff. und *Hesse, J. J./Götz*, Staatsreform in Deutschland – das Beispiel der Länder (I), ZSE 2003, 579 ff. sowie *dies.*, Staatsreform in Deutschland – das Beispiel der Länder (II), ZSE 1/2004, i. E.

kündigte Entbürokratisierung und die Reformen im Bereich der Bundesagentur für Arbeit und der sozialen Sicherungssysteme Folgeaktivitäten in der unmittelbaren Bundesverwaltung und den Ministerien selbst auslösen werden.

Mit Blick auf diese sehr ambivalente Bilanz der Gebietskörperschaften im Vergleich wird erkennbar, dass das *aktuelle „Reformklima" vor allem die Länder und Kommunen erfasst* hat. Sinnfällig erscheint vor diesem Hintergrund der Vergleich mit den einzig bislang wirklich erfolgreichen Verwaltungsreformen in der Geschichte der Bundesrepublik: den Gebietsreformen Ende der 60er und Anfang der 70er Jahre in den alten und seit Beginn der 90er Jahre in den neuen Ländern. Da aber auch hier eine *konsequente Aufgabenkritik*, ihr nachfolgende *Funktionalreformen* sowie weiterhin erforderliche Strukturmaßnahmen dem Grunde nach bis heute ausstehen, könnten diese nun zum *Gegenstand aktueller Modernisierungspolitiken* werden. Sie träfen damit auf einen unverändert differenzierten Besatz an Organisations- und Aufgabenstrukturen, deren nachhaltige Vereinfachung erhebliche Effizienz- und Effektivitätspotenziale birgt.

II. Organisationsbestand der deutschen Landes- und Kommunalverwaltungen

Unterscheidet man für gewöhnlich zwischen einem *zwei- und einem dreistufigen Staats- und Verwaltungsaufbau*, so ist das insofern *irreführend*, als die Landes- und auch Kommunalverwaltungen bei einer exakten Differenzierung mehr als die benannten Verwaltungsstufen ausbilden. Jene Mehrstufigkeit ist dabei nicht nur für den akademischen Betrachter relevant. Sie äußert sich ganz konkret in weithin üblichen Genehmigungsverfahren. Ihre Ursache ist damit zu begründen, dass im Verwaltungsföderalismus deutscher Prägung den Ländern und Kommunen Aufgaben überantwortet sind, die sich im Vollzug kaum voneinander trennen lassen. Jenseits des ordnungsgemäßen Instanzenzugs verursachen Benehmens- und Beteiligungspflichten vertikal mehrgliedrige Verfahren. In der Tendenz nimmt ihre Komplexität mit der organisatorischen Differenzierung zu. Eine exakte Kennzeichnung der vertikalen Gliederung liefert deshalb wichtige Hinweise auf die Komplexität und die Rationalitätsreserven von Regierung und Verwaltung. Hierbei bietet sich ein Gliederungsschema an, das für die Landes- und kommunale Auftragsverwaltung (letztere im Rahmen weisungsgebundener Pflichtaufgaben oder Auftragsangelegenheiten) bis zu acht

Ebenen vorsieht und auf diesen zwischen allgemeiner und besonderer Verwaltung unterscheidet[3].

Differenziert man anhand dieser Systematik *zwischen den Ländern*, werden *beträchtliche Unterschiede* erkennbar. Die Verwaltung Mecklenburg-Vorpommerns etwa erweist sich, obgleich formal zweistufig organisiert, als äußerst komplex. Nordrhein-Westfalen dagegen kommt trotz einer bündelnden Mittelinstanz mit einer im Verhältnis zur Landesgröße, aber auch absolut betrachtet, deutlich einfacheren Landesadministration aus.

Ähnliches gilt für Baden-Württemberg, Schleswig-Holstein und auch das Saarland, wobei hier jeweils die Landesgröße in Rechnung gestellt werden muss. Zusammengenommen deuten die an dieser Stelle nur exemplarisch vorgestellten Relationen darauf hin, dass für die Reform der Aufgabenverteilung und der Organisationsstrukturen auf Länderebene generalisierbare Maßstäbe und in vielen Bereichen auch konvergente Reformperspektiven bestehen; jene wurden im Rahmen des eingangs genannten Gutachtenzyklus entwickelt.

---

3 Demnach sind in vertikaler Abfolge zunächst zentrale Landesämter als Behörden anzusprechen, deren Zuständigkeit sich auf das gesamte Landesgebiet erstreckt, die direkt einem Ministerium unterstellt sind, die letztverantwortliche Zuständigkeiten besitzen und über keinen nachgeordneten Bereich verfügen. Es folgen Landesoberbehörden, deren Zuständigkeit sich auf das gesamte Landesgebiet erstreckt, die wiederum direkt einem Ministerium unterstellt sind und über eine nachgeordnete Staats- oder kommunale Auftragsverwaltung die Rechts-, Fach- und ggf. auch die Dienstaufsicht führen. Landesmittelbehörden sind Behörden, die ihnen zugewiesene Aufgaben als regionale Verwaltung nur für einen Teil des Landes wahrnehmen, dabei ebenfalls einem Ministerium unterstellt sind und über eine nachgeordnete Staats- oder kommunale Auftragsverwaltung die Rechts-, Fach- und ggf. auch die Dienstaufsicht führen. Die unteren Landesbehörden schließlich sind entweder oberen oder mittleren Behörden nachgeordnet oder folgen im Instanzenzug einer anderen Landesbehörde nach und sind dabei nur für einen Teil des Landes zuständig. Als allgemeine Verwaltung werden alle Behörden und Einrichtungen bezeichnet, die im Bereich der klassischen Finanz- und Organisations- sowie der Innen- und Hoheitsverwaltung tätig sind oder auf ihrer Ebene mehrere Geschäftsbereiche und Aufgaben bündeln und die betreffenden Belange im Vollzug aufeinander abzustimmen haben. Zur besonderen Verwaltung zählen hingegen Organisationseinheiten, deren Zuständigkeiten innerhalb eines Politikfeldes und zumeist auch eines Ressorts liegen. Ihnen fällt der fachspezifische Vollzug sowie die Untersuchung, Begutachtung, Beratung und Lehre zu.

III. Grundsätze der Reformen

Als *Schwerpunkte* einer nachhaltigen Regierungs- und Verwaltungsreform im Bereich der deutschen Flächenländer wurden *insgesamt sechs Handlungsfelder* identifiziert. Sie betreffen im Hinblick auf eine *Regierungsreform* und die *Straffung der oberen Landesverwaltung* alle Bundesländer, unabhängig davon, ob sie staatliche Mittelinstanzen ausweisen oder nicht. Für bislang dreistufig organisierte Länder, also jene, die über Regierungspräsidien, Bezirksregierungen oder Landesverwaltungsämter verfügen, tritt in Abhängigkeit von der Landesgröße entweder eine *Erneuerung und Konzentration der bündelnden Mittelbehörden* oder aber deren *konsequente Rückführung und Auflösung* hinzu. Die untere Landesverwaltung ist, wo immer sinnvoll und möglich, *in allen Ländern zu kommunalisieren* und im Restbestand den verbliebenen Mittel- oder Oberbehörden zuzuordnen. Eine *Fortsetzung der Kommunalreform*, sowohl aufgabenseitig als auch hinsichtlich der vorhandenen Organisations- und Territorialstrukturen, erscheint wiederum generell notwendig, in Teilen sogar überfällig. Dies berührt im Übrigen nicht mehr nur die Situation in den neuen Ländern, sondern auch die überkommenen Gegebenheiten in Westdeutschland. Vergleicht man etwa die im kreisangehörigen Raum nach wie vor zweistufigen Organisationsstrukturen in Schleswig-Holstein, Niedersachsen und Rheinland-Pfalz mit dem durch die Gemeindegebietsreformen in Brandenburg, Thüringen oder Sachsen erreichten Status quo, so können einige der neuen Länder inzwischen als deutlich „fortschrittlicher" eingestuft werden.

Im Einzelnen wird mit Blick auf die *Ministerialorganisation* empfohlen, die Zahl der Ministerien (unter Einschluss der Staatskanzleien) von heute bis zu zehn auf etwa sieben zurückzuführen. Dabei wäre dem staatlichen Gestaltungs- und Steuerungsauftrag mit dem Ausweis der folgenden Ministerien zu entsprechen:

– *Staatsministerium* (aufgewertete Staatskanzlei, ggf. erweitert um Kompetenzen des im Länderkontext vom Aufgabenbestand her nicht mehr zu rechtfertigenden Justizministeriums),
– Finanzministerium,
– *Innenministerium* (als „Sicherheits-" und zugleich Kommunalministerium mit Zuständigkeiten für Bauen, Landesentwicklung und Raumordnung)[4],
– *Wirtschaftsministerium* (einschließlich der Landesaufgaben in den Bereichen Verkehr und Arbeit),

---
4 Landesentwicklung und Raumordnung können aus Steuerungsgründen auch im Staatsministerium ressortieren.

- *Sozialministerium* (mit umfassenden Kompetenzen in den Bereichen Soziales, Gesundheit, Jugend, Frauen und Familie),
- *Umweltministerium* (einschließlich der Zuständigkeiten für Forsten und Landwirtschaft),
- *Kultusministerium* (als einheitliches Ressort für Schule, Sport, Wissenschaft, Forschung und Kunst).

Die *obere Landesverwaltung*, als eine ihrem ursprünglichen Sinn nach den Ministerien assistierende Fachebene, wird im Prinzip für entbehrlich gehalten. Der Vollzug ist wo immer möglich zu kommunalisieren. Was darüber hinaus an Fach- und Dienstleistungsaufgaben verbleibt, sollte durch Einrichtungen, die den Ministerien zugeordnet und instanzlich mit ihnen verbunden sind, wahrgenommen werden. Ebenso ist hier die erweiterte Nutzung wirtschaftlicher Betriebsformen, die Verselbständigung von Organisationseinheiten und der Ausbau der Länderkooperation vorzusehen.

Im Fall der *Mittelinstanzen*, und hier insbesondere der Regierungspräsidien, legen funktionale Defizite, überausgestattete Personalkörper, offensichtliche Schnittstellen, gleichartige Aufgabenprofile, erkennbare Doppelarbeiten und die Notwendigkeit, auf Grund strukturell begründeter Defizite zu bündeln, eine schrittweise Rückführung nahe. Dies verbindet sich mit der Empfehlung, das in allen dreistufigen Ländern verbreitete Phänomen der „Doppelverwaltung" aus Mittelinstanzen und Sonderverwaltungen zu beenden, und die Präsidien entweder aufzulösen oder sie bei Verzicht auf separate Fachbehörden durch eine funktionale Neuausrichtung an gegebene wie künftige Anforderungen anzupassen. Im Ergebnis würde eine solche Reform die Verwaltungsstrukturen auch in großen, weiterhin dreistufig organisierten Flächenländern nachhaltig vereinfachen und mittels einer weniger genehmigungs- und aufsichts-, als vielmehr projekt- und fallbezogenen Arbeitsweise funktionsfähig gestalten.

Im Übergang zwischen Staat und Kommunen sind sowohl die *unteren Landesbehörden* als auch die staatlichen Aufsichtskompetenzen gegenüber der Auftrags- und Selbstverwaltung anzusprechen. Als wesentliche Kriterien eines produktiven und effizienten Miteinanders von Staat und örtlicher Gemeinschaft haben hier die Prinzipien der Delegation und Aufgabenteilung zu gelten. So wird dafür plädiert, überörtliche und damit im eigentlichen Sinne staatliche Aufgaben auch weiterhin als unmittelbare Landeskompetenzen wahrzunehmen. Organisatorisch entsprächen dem die klassischen „Innen"-Bereiche der Verwaltung, also die unteren Polizei-, Finanz- und Justizeinrichtungen. Weitere Landesbehörden und Zuständigkeiten sind zu kommunalisieren, also zunächst als weisungsabhängige und mittelfristig dann nur noch gesetzlich gebundene Pflichtaufgaben den Kreisen und kreisfreien Städten zuzuweisen. Jene wiederum hätten den kreisangehörigen Gemeinden und Gemeindeverbänden mehr Kompetenzen zu überlassen. Im Ergebnis wäre so der heute noch weithin übliche Besatz unterer Landesbehörden um bis zu zwei Drittel zu verringern (ein Drittel durch Konzentration und ein Drittel durch Kommunalisierung). Parallel zur Dezentralisierung von Zuständigkeiten muss eine nachhaltige Aufgabenkritik greifen und den Verzicht auf Genehmigungstatbestände erreichen. Im Gegenzug ist das Land aufgerufen, verbleibende und im Kern notwendige Aufsichts- und Steuerungskompetenzen zu bündeln, etwa im Rahmen der Kommunalaufsicht sowie der Landes- und Regionalplanung. Der *Stärkung der kommunalen Ebene* stünde damit eine *Effektivierung staatlicher Steuerung* gegenüber, da diese nicht mehr oder eben weit weniger als heute der Verflechtung im Vollzug unterläge.

Mehr als 30 Jahre nach der letzten großen Kommunalreform sind schließlich auch in den westdeutschen Ländern die Verwaltungs- und Territorialstrukturen der *Städte, Kreise und Gemeinden* einer Überprüfung zugänglich zu machen. Die Schaffung leistungsfähiger Kommunalstrukturen steht erneut im Vordergrund, wobei der kreisangehörige Raum in Hessen, in Nordrhein-Westfalen und im Saarland bislang als Vorbild gelten durfte. Damit verbindet sich die Ablehnung von bestehenden und neuen, kommunal verfassten Verbandsebenen unterhalb und oberhalb der Kreisstufe. Im kreisangehörigen Raum wird daher der Übergang zur Einheitsgemeinde mit erweiterten Ortsteilrechten für sinnvoll gehalten. Sollten in Stadt-Umland-Räumen sozioökonomische, siedlungspolitische und demographische Probleme im Rahmen der bisherigen Routinen nicht mehr effektiv bearbeitet werden können, sind auch hier keine zusätzlichen Intermediäre vorzusehen, sondern zunächst effektive Lösungen im Rahmen der kommunalen Gemeinschaftsarbeit anzustreben. In diesem Zusammenhang ist auf bislang ungenutzte rechtliche und organisatorische Möglichkeiten hinzuweisen (raumordnerische Verträge nach § 13 ROG und regionale Flächennutzungspläne). Flankiert werden könnten diese Ansätze durch interkommunale Verhandlungslösungen, welche insbesondere durch eine aktive Moderatorenrolle der Landesplanung und ein liberalisiertes Gemeindehaushaltsrecht zu befördern wären. Sofern sich auch diese Maßnahmen als letztlich zu schwach und/oder konsequenzlos erweisen sollten, ist dann mit *Einkreisungen* oder *Eingemeindungen* zu reagieren.

Joachim Jens Hesse

IV. Aktuelle Reformtendenzen

Die aufgezeigten Reformkonzepte finden in laufenden Modernisierungsprozessen der Länder ihre Entsprechung. Dabei können die hier einbezogenen *Gutachten* für sich in Anspruch nehmen, in einer Reihe von Ländern (insbesondere in Baden-Württemberg, Nordrhein-Westfalen, Brandenburg, Sachsen-Anhalt und Mecklenburg-Vorpommern) als *Anstoß und Maßstab* zu dienen. Auf Grund umfangreicher Diskussionen, auch und gerade mit den Fraktionen der Landtage, sind sie selbst *Teil der gegenwärtigen „Reformlandschaft"* geworden und bündeln Erkenntnisse, die sowohl im Rahmen größerer als auch mittelgroßer und kleiner Flächenländer gewonnen wurden.

In der Summe handelt es sich bei den einbezogenen Reformansätzen um *die wohl ehrgeizigsten Strukturvorhaben seit den kommunalen Territorialreformen.* Dies gilt insbesondere für die Umgestaltung der staatlichen Mittelinstanzen in Rheinland-Pfalz, die Absicht Baden-Württembergs, Sonderbehörden vollständig in Regierungspräsidien bzw. Kreise zu integrieren, das Vorhaben der neuen niedersächsischen Landesregierung, die Bezirksregierungen aufzulösen, oder auch für die Versuche Nordrhein-Westfalens, das Nebeneinander staatlicher und kommunaler Verwaltungsstrukturen auf der Regionalebene abzubauen[5]. Diesen und anderen Ansätzen ist gemein, dass sie dem Anspruch nach auf eine *Konzentration und Straffung der unmittelbaren Staatsverwaltung* zielen. Daneben streben sie eine *Kommunalisierung oder Privatisierung von Aufgaben* an und verfolgen eine *transparentere und sparsamere Verwaltungsstruktur und Zuständigkeitsverteilung.*

Angesichts dieser Ausgangssituation erscheint es angemessen, unter Ausweis bislang vollzogener Maßnahmen und unter Berücksichtigung von Beschlusslagen der Regierungen, Landtage und Parteien erkennbare *„Trends"* zu beschreiben, um sie in einem zweiten Schritt zu konsistenten *Reformmodellen* zu verdichten.

---

5   *Staatskanzlei Rheinland-Pfalz,* Neuorganisation der Landesverwaltung Rheinland-Pfalz, voran – Schriften zur Verwaltungsmodernisierung in Rheinland-Pfalz, 7; Landesgesetz zur Reform und Neuorganisation der Landesverwaltung (1999); *Landesregierung Baden-Württemberg,* Eckpunkte der Verwaltungsreform, Stuttgart, 08.07.2003; Koalitionsvereinbarung 2003 – 2008 zwischen CDU und FDP für die 15. Wahlperiode des Niedersächsischen Landtags, S. 12 f.; *Niedersächsisches Ministerium für Inneres und Sport,* Verwaltungsmodernisierung in Niedersachsen, 22.12.2003, Fundstelle: http://www.mi.niedersachsen.de/master/C2197795_N2194898_L20_D_-I522.html; *dass.:* Projekte Verwaltungsmodernisierung in Niedersachsen, Fundstelle: http://www.mi.niedersachsen.de/master/C2210593_N2194898_L20_D_I522.html; Erstes Gesetz zur Modernisierung von Regierung und Verwaltung in Nordrhein-Westfalen (1999); Zweites Gesetz zur Modernisierung von Regierung und Verwaltung in Nordrhein-Westfalen (2000).

Betrachtet man die deutschen *Flächenländer im Vergleich*, sind dabei als *erfolgreiche Strukturreformen* vor allem solche Maßnahmen zu verstehen, die

- staatliche oder kommunale Verwaltungsebenen abschaffen,
- die Zahl staatlicher Behörden durch Aufgabenverzicht, Kommunalisierung, Fusionen und die Aufgabe von Standorten verringern,
- das Nebeneinander von staatlichen und kommunalen Organisationseinheiten zurückführen und/oder
- die Zahl kommunaler Gebietskörperschaften auf einer Ebene begrenzen.

Nach Maßgabe dieser Kriterien lassen sich in den deutschen Flächenländern derzeit etwa *fünf Reformtrends* ausmachen, die in Tabelle 1 detailliert dargestellt sind[6]:

- Optimierung des Status quo,
- Staatliche Konzentration im Rahmen der Zweistufigkeit,
- Staatliche und kommunale Konzentration im Rahmen der Zweistufigkeit,
- Staatliche Bündelung im Rahmen der Dreistufigkeit und
- Regionalisierung im Rahmen der Dreistufigkeit.

Tabelle 1: Aktuelle Reformtrends im Vergleich

Reformansatz	Maßnahmen	Beispielländer
Optimierung des Status quo	– Festhalten an hergebrachten Aufbauprinzipien (Zwei-/Dreistufigkeit) – vereinzelte Konzentration und Bündelung von staatlichen Behördenstrukturen im gegebenen Rahmen – Verselbständigung von Fachverwaltungen und Umwandlung in Landesbetriebe nach § 26 LHO (Forstverwaltung, öffentliche Bau- und Liegenschaftsverwaltung, Straßenbauverwaltung, Kataster- und Vermessungswesen, Eichwesen, Materialprüfung, landwirtschaftliche Untersu-	alle Bundesländer, insbesondere Sachsen, Hessen und Bayern

---

[6] Eine umfassendere Darstellung der jüngsten Maßnahmen und Reformkonzepte findet sich in *Hesse, J. J.*: Regierungs- und Verwaltungsreform in Nordrhein-Westfalen. Eine Zwischenbilanz und Bewertung von Regierungs- wie Oppositionsvorschlägen. Gutachten im Auftrag der Staatskanzlei des Landes Nordrhein-Westfalen, 2003, S. 45 ff.; vgl. ferner *Bürsch/Müller, B.*, Verwaltungsreformen in den deutschen Bundesländern, 1999; *Unterausschuss „Allgemeine Verwaltungsorganisation" des Arbeitskreises VI der Innenministerkonferenz* (Hrsg.), Aktivitäten zur Staats- und Verwaltungsmodernisierung in den Ländern und beim Bund, 2002; als zentrale Datenbank siehe außerdem http://www.foev.dhv-speyer.de/WiDuT/extern.htm.

	chungseinrichtungen, Landeskliniken, Kultureinrichtungen) – Delegation von einzelnen Aufgaben der mittleren und unteren Landesverwaltung auf die kommunale Kreisstufe	
Staatliche Konzentration im Rahmen der Zweistufigkeit	– Zusammenführung von Oberbehörden und Landeseinrichtungen – Rückbau oberer Genehmigungsinstanzen; Verselbständigung und Umwandlung von Fachverwaltungen in Landesbetriebe nach § 26 LHO (s. o.) – deutliche Verringerung der unteren Landesverwaltung durch Integration in obere Behörden (als Außenstellen) oder Verlagerung auf die kommunale Kreisstufe (als Auftragsangelegenheiten oder Pflichtaufgaben zur Erfüllung nach Weisung)	Schleswig-Holstein, Brandenburg und Niedersachsen
Staatliche und kommunale Konzentration im Rahmen der Zweistufigkeit	– Maßnahmen wie oben, allerdings verbunden mit dem Anspruch, eine weitestgehende Kommunalisierung der unteren Verwaltungsebene und oberer Behördenkompetenzen zu verwirklichen – Erhöhung der Leistungsfähigkeit kommunaler Einrichtungen durch Anpassung der Territorialorganisation auf der Kreisstufe (Einkreisungen und Kreisgebietsreform).	Mecklenburg-Vorpommern und Saarland[7]
Staatliche Bündelung im Rahmen der Dreistufigkeit	– Rückführung der oberen und unteren Verwaltungsebene durch Integration in staatliche, regional gegliederte Mittelinstanzen und (Teil-)Verlagerung unterer und mittlerer Zuständigkeiten auf die kommunale Kreisstufe	Nordrhein-Westfalen, Baden-Württemberg Rheinland-Pfalz

---

7 Am Weitesten denkt in diese Richtung gegenwärtig die Landesregierung Mecklenburg-Vorpommern. Sie beabsichtigt, die gegenwärtigen zwölf Landkreise und sechs kreisfreien Städte in insgesamt fünf Regionalkreise einzugliedern (*Landesregierung Mecklenburg-Vorpommern,* Stand der Verwaltungsreform in Mecklenburg-Vorpommern, 2003; die ursprüngliche Konzeption der Regierung sah sogar nur vier Großkreise vor, in etwa deckungsgleich mit den bestehenden Planungsregionen; vgl. *Landesregierung Mecklenburg-Vorpommern,* Eckpunkte zur Reform der öffentlichen Verwaltung, 2003. Diesem Konzept entsprechen soweit erkennbar auch die Überlegungen der SPD Baden-Württemberg (*SPD-Landtagsfraktion* (Hrsg.), Unser Land modern und sozial gerecht gestalten, 2003, S. 45 f.; *dies.,* Antrag zur Konzeption zur Verwaltungsreform für ein zukunftsfähiges Baden-Württemberg vom 28.01.2003, LT-Drs. 13/1722). Im Saarland bereitet die Landesregierung eine umfassende Bestandsaufnahme und Untersuchung der Kommunalorganisation mit dem Ziel einer Struktur- und Funktionalreform vor.

	– daneben funktionale Neuausrichtung der gestärkten Bündelungsbehörden	und Sachsen-Anhalt[8]
Regionalisierung im Rahmen der Dreistufigkeit	– Rückzug des Staates aus der Fläche durch Übertragung der mittelinstanzlichen und unterbehördlichen Aufgaben auf einen Kommunal-/ Regionalverband oberhalb der kommunalen Kreisstufe (ggf. mit staatlichem Verwaltungsanteil und -personal sowie Indienstnahme der Verwaltungsspitze durch das Land auf dem Wege der Organleihe) – Übernahme bislang staatlicher Ordnungs- und Fachaufgaben sowie Zuständigkeiten für die Fach- und Rechtsaufsicht über die Landkreise und kreisfreien Städte	CDU Nordrhein-Westfalen, SPD Hessen[9]

Sucht man die beschriebenen Trends zu konsistenten *Reformmodellen* zu verdichten, kann die Optimierung des Status quo bzw. der Verzicht auf grundlegende Reformen unbeachtet bleiben. In den betroffenen Ländern kommt es zu eher punktuellen sektoralen Anpassungsprozessen, funktionalen Reformansätzen und auf den Personal- und Ressourceneinsatz gerichteten Modernisierungspolitiken. Hinzu treten Bemühungen um eine Verfahrensmodernisierung und Rechtsbereinigung, soweit diese im landesrechtlichen Rahmen zu leisten sind. Obgleich die damit angesprochenen Maßnahmen keineswegs gering zu schätzen sind, lassen sich diese Reformen doch in allen Bundesländern nachweisen. Deshalb sind sie als eher übergreifende Modernisierungsansätze denn als Verfolgung konsequenter Reformpolitiken zu charakterisieren. Dies gilt insbesondere für eine Untersuchungsperspektive, die wie hier strukturelle *und* funktionale Veränderungen betont.

Blickt man auf zweistufige Verwaltungssysteme, kann die beschriebene *staatliche und kommunale Konzentration* als das erste und im Kern wohl auch „radikalste" Modell angesehen werden. Es „lebt" von der konsequenten Straffung und Rückführung staatlicher Organisationsstrukturen in der Fläche und von der umfassenden Kommunalisierung staatlicher Zuständigkeiten, meist im Rahmen

---

8 Sachsen-Anhalt will seit dem 01.01.2004 eine weitreichende Konzentration auf der mittleren und oberen Verwaltungsebene vornehmen (Landesverwaltungsamt). Dadurch bleibt wie in Thüringen eine konzentrierte Dreistufigkeit bestehen (vgl. *Ministerium des Innern,* Verwaltungsreform in Sachsen-Anhalt, Bilanz 1998–2002, 2002).
9 *CDU Nordrhein-Westfalen,* Beschluss des 23. Landesparteitags am 05.04.2003, „Strukturwandel fördern. Stadt und Land entwickeln", 2003, S. 5 f.; *Arbeitsgruppe Verwaltungsstrukturreform der CDU Münsterland,* Grundzüge einer Verwaltungsstrukturreform für Nordrhein-Westfalen, 2004; *SPD Hessen,* Chancen einer neuen Zeit. Sozialdemokratisches Regierungsprogramm für die Landtagswahl 2003 in Hessen, 2002, S. 62 ff.

vergrößerter Kreisstrukturen. Lässt man bundesrechtliche Hemmnisse, etwa in der Agrarordnungs-, Flurbereinigungs- oder in der Versorgungsverwaltung unbeachtet, fiele dem Landrat bzw. dem Oberbürgermeister einer kreisfreien Stadt künftig eine umfassende Bündelungsfunktion zu. Das Land würde sich auf seine Kernfunktionen, also die Steuerung, diverse fachtechnische Aufgaben, polizeiliche Zuständigkeiten sowie Wissenschaft, Forschung, Hochschule und Bildung konzentrieren. Der Vollzug hingegen würde vollständig in die Hände der Kommunen, nach herkömmlicher Diktion also in die Hände der Kreise und kreisfreien Städte, gelegt. Das damit verfolgte Modell wird hier als *konsequente Zweistufigkeit* bezeichnet. Angesichts des weitgehenden Rückzugs des Staates aus der Fläche kommt es zunächst vor allem für *kleinere und mittelgroße Flächenländer* in Frage.

Der „konsequenten Zweistufigkeit" steht das Modell einer *„konzentrierten Dreistufigkeit"*, vor allem für die großen Flächenländer, gegenüber. Im Hinblick auf die Zusammenfassung staatlicher Aufgaben in den allgemeinen Mittelinstanzen kann es auch als *staatliches Bündelungsmodell* bezeichnet werden. Eine parallele Delegation von Zuständigkeiten, vorzugsweise von der unteren und mittleren Instanz auf die Kreisebene, wird zwar gleichfalls gefordert, ergibt sich aus dem Reformansatz aber nicht so zwingend, wie dies beim zuvor skizzierten Modell der Fall ist. Das Prinzip der regionalen Bündelung ermöglicht es, weiterhin einen großen Besatz von abschließenden Genehmigungs- und Vollzugsaufgaben im staatlichen Verantwortungsbereich zu halten. Berücksichtigt man die Beharrungskraft auf Seiten der betroffenen Behörden, ist sogar davon auszugehen, dass es gerade bei unteren Landesbehörden im Zweifelsfall eher zur Integration und Stabilisierung von Außenstellen als zu einer Dezentralisierung zu Gunsten der Landkreise und kreisfreien Städte kommt. Dies wird durch die vergleichende Betrachtung der jüngeren Strukturreformen in den Ländern bestätigt. Schließlich vermindert das Modell einer konzentrierten Dreistufigkeit auch für die Kommunen den Zwang, die eigenen Strukturen zu überprüfen und sich naheliegender Kooperationserfordernisse bewusst zu werden.

Als drittes und letztes, immer wieder diskutiertes, derzeit aber in keinem Bundesland im Vollzug befindliches Reformmodell ist das einer *erweiterten Regionalisierung* anzusprechen. Es stellt perspektivisch darauf ab, anstelle der staatlichen Mittelinstanzen und unteren Landesbehörden sog. Regionalverbände oder -verwaltungen zu etablieren. Diese sind dann nicht mehr staatliche Verwaltungsorgane, sondern eigene Verwaltungsträger mit Rechtspersönlichkeit und dem Recht auf Selbstverwaltung. Ihnen werden staatliche Aufgaben zugeordnet, die sie entweder als Auftragsangelegenheiten bzw. Pflichtaufgaben zur Erfüllung nach Weisung wahrzunehmen haben oder für die sie auf dem Wege der Organleihe unmittelbar als staatliche Behörden in Dienst genommen werden. Die Verwaltungsspitze dieser Regionalverbände wird mit kommunalen Wahlbeamten besetzt. Zudem ist eine Verbandsversammlung vorgesehen, die wahlweise von den Mitgliedskörperschaften der Kreisstufe beschickt oder direkt durch das Volk gewählt wird. Im Ergebnis kommt es zur Stabilisierung einer dritten oder sogar vierten kommunalen Ebene bei gleichzeitigem Verzicht auf eine separate staatliche Regional- und Ortsverwaltung, sieht man einmal von der Polizei und dem Finanzbereich ab. Wie ausgeführt, handelt es sich beim Regionalisierungsmodell um ein in der Tat immer wieder gefordertes, bislang aber in keinem Bundesland verwirklichtes Modell. Zwar kennen Baden-Württemberg, Bayern, Rheinland-Pfalz und Nordrhein-Westfalen höhere Kommunalverbände, doch wurden diese *neben* und *nicht anstelle* staatlicher Behörden etabliert. Würde man das Regionalisierungsmodell verwirklichen, käme es dagegen zu einem Abbau des Nebeneinanders von staatlicher und kommunaler Verwaltung in der Region, was bei dem Modell der konzentrierten Dreistufigkeit nicht zwingend der Fall wäre. Gleichwohl bestünde die „Gefahr", dass die neuen Regionalverwaltungen selbst dezentrale Behördenstandorte und nachgelagerte untere Instanzen ausbilden und so den vertikalen Vereinfachungseffekt in Frage stellen[10].

Die *Beurteilung* der drei Modelle *und* die *Entscheidung*, welches einer Reform als Leitbild dienen sollte, ist zunächst *von Landesspezifika abhängig*. Im Saarland etwa wird man auf Grund der Größe und Bevölkerungszahl von einer staatlichen Dreistufigkeit weiterhin absehen. In Nordrhein-Westfalen, Bayern und Baden-Württemberg hingegen erscheint es (zumindest derzeit noch) kaum vorstellbar, auf die regionalen staatlichen Bündelungsbehörden gänzlich zu verzichten. Trotzdem kommt *allen drei Modellen* – jenseits örtlicher Gegebenheiten – *eine bestimmte organisatorische wie funktionale Logik zu*. Ihr müssen Modernisierungspolitiken genügen, wenn sie eines oder mehrere Kriterien effektiver Strukturreformen erfüllen wollen. So kann der Übergang zur konzentrierten Dreistufigkeit nur dann als Erfolg gewertet werden, wenn er tatsächlich von einer spürbaren Verringerung oberer und unterer Sonderbehörden begleitet ist. Der Zwang zur Kommunalisierung ist damit deutlich geringer ausgeprägt als etwa beim Modell der konsequenten Zweistufigkeit. Denn hier müssen Zuständigkeiten auf die Kreise und kreisfreien Städte delegiert werden, um die Funktionsfähigkeit einer auf Ministerien und Assistenzeinheiten reduzierten Landesverwaltung zu gewährleisten. Eine Diskussion von Vor- und Nachteilen der drei Modelle kann also durchaus mit Blick auf ihre abstrakten Charakteristika ge-

---

10 Dagegen ist zumindest für das Modell der konsequenten Zweistufigkeit anzunehmen, dass sich bei einer entsprechenden Vergrößerung der Kreisstrukturen die Existenz oder sogar die Neueinführung von höheren Kommunalverbänden erübrigen würde, vor allem wenn sich durch die Einkreisung bislang kreisfreier Städte die politischen und administrativen Stadt-Umland-Konflikte soweit reduzieren ließen, dass eine neue Verwaltungsebene keine spürbaren Vorteile mehr erbrächte.

führt werden, wobei die Landesgröße und gewisse Besonderheiten zu berücksichtigen sind.

Tabelle 2: Modellvergleich

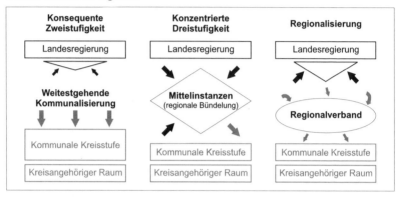

Sucht man vor diesem Hintergrund die *drei Modelle* zu *vergleichen*, wird unmittelbar deutlich, dass die Stringenz des ersten („konsequente Zweistufigkeit") wesentlich von der Bereitschaft zur Kommunalisierung bereits bestehender unterer Sonderbehörden abhängt. Dies betrifft sowohl den Staat als auch die Kreise und die kreisfreien Städte. Ersterer muss akzeptieren, dass die kommunalen Routinen denen staatlicher Solitäre in der Fläche meist ebenbürtig sind. Auf Grund verwandter Aufgaben und eines entsprechend geschulten und oftmals nicht minder spezialisierten Personals sollte die Kreisstufe die Zuständigkeiten von unteren Fachordnungsbehörden ohne Qualitätsverluste übernehmen können. Damit ist zumindest partiell das Argument zu entkräften, eine Kommunalisierung würde zu mehr Kosten führen, da auf Seiten der Sonderbehörden heute weniger Standorte und Personal vorgehalten werden; diese Position verkennt den inzwischen in den meisten Kommunen erreichten Qualifikationsstand. Zudem soll Verwaltungsstrukturreform nicht „optisch", also etwa mit Blick auf Organisationspläne, vereinfachen; es geht vielmehr um Synergien und Effizienzgewinne durch Bündelung. Damit verbindet sich dann notwendigerweise der Verzicht auf bisherige Organisationsstrukturen und Personalstellen. Zugleich sind allerdings auch die Kommunen aufgerufen, die Übernahme von Aufgaben nicht nur öffentlich einzufordern, sondern ernsthaft und kompetent anzunehmen. Die gesetzliche Verankerung der *Konnexität* ist in diesem Zusammenhang sicherlich ein verwaltungspolitischer „Meilenstein". Die dauerhafte Erstattung jeglicher Kosten, die sich mit neuen Aufgaben verbinden, ist dagegen unrealistisch und unsachgemäß[11]. Hier gilt erneut, dass Verwaltungsstrukturreformen einen Weg zu mehr Wirtschaftlichkeit und Sparsamkeit weisen sollten. Die Kommunen müssen die Übernahme neuer Aufgaben eben nicht nur mit einer sachgemäßen Aufgabenerfüllung, sondern vor allem auch mit dem Nachweis eines wirtschaftlicheren Vollzugs verbinden. Dazu dürften sie in weiten Teilen in der Lage sein, vor allem auf Grund ihrer Fähigkeit, eine dezernats- und bereichsübergreifende Personal- und Ressourcenwirtschaft zu verwirklichen. Hierbei sind Übergangsfristen einzuräumen. Im Ergebnis aber muss *mehr Dezentralität mit weniger Geld* möglich sein. Anderenfalls gewänne die Forderung, dass vor einer umfassenden Funktionalreform in den meisten Flächenländern eine durchgreifende Kreisgebietsreform stattfinden müsse, an Berechtigung.

Für das *Modell der „konsequenten Zweistufigkeit"* bedeutet dies, dass nur bei starken Kreisen eine nachhaltige Kommunalisierung und der Verzicht auf untere wie obere Sonderbehörden des Landes möglich sein dürfte. Lässt sich das, wie derzeit in einigen der neuen Ländern diskutiert, mit einer Kreisgebietsreform verbinden, dürfte in der Tat eine äußerst schlanke, weitgehend auf die Ministerien und Assistenzeinheiten begrenzte Landesverwaltung das Ergebnis sein.

Das *zweite Modell*, die *„konzentrierte Dreistufigkeit"*, erzeugt einen systematisch geringeren Zwang, Kompetenzen auf die kommunale Kreisstufe zu verlagern. Wie die bisherigen Reorganisationsmaßnahmen in allen dreistufigen Ländern zeigen, setzt sich hier häufiger das Bestreben der Fachverwaltungen durch, nachgeordnete Behörden im staatlichen Bereich zu halten. Zugleich sehen sich die Kommunen weit weniger stark in der Pflicht, die immer wieder geforderte Dezentralisierung anzunehmen. Demgegenüber bieten die aufgabenseitig und organisatorisch verstärkten Mittelinstanzen einen geeigneten Behördenkorpus, um strittige oder „unliebsame" Zuständigkeiten zu verantworten. Strukturelle Vereinfachung ist hier also mit einer weiterhin staatlich dominierten Verwaltung auf der den Ministerien nachgeordneten Ebene verbunden. Im Ergebnis muss für die konzentrierte Dreistufigkeit daher meist von einem *deutlich gerin-*

---

11 Städte, Kreise und Gemeinden haben zwar einen Anspruch auf eine aufgabenadäquate Finanzausstattung. Zugleich aber müssen sie sich an der Realisierung von Effizienzrenditen messen lassen, die sie gemeinhin selbst für sich in Anspruch nehmen. Insofern ist es wenig nachvollziehbar, wenn sie eine weitergehende Dezentralisierung an einer nicht gewährten hundertprozentigen Kompensation scheitern lassen, so geschehen etwa im Zuge der Beratungen zum Zweiten Gesetz zur Modernisierung von Regierung und Verwaltung in Nordrhein-Westfalen (2000).

geren Dezentralisierungsgrad als im erstbenannten Modell ausgegangen werden[12].

Schließlich ermöglicht das *dritte Modell* („*Regionalisierung*") mit der Schaffung einer selbstverwalteten Regionalebene die Konzentration staatlicher wie kommunaler Zuständigkeiten in einer Organisationsform. Auf den ersten Blick ergibt dies die weitestgehende Vereinfachung. Gleichzeitig aber werden nicht unerhebliche Probleme erkennbar. Dies betrifft zunächst den Restbestand an oberen Sonderbehörden. Angesichts gesetzlicher Vorgaben, vor allem aber auf Grund der Steuerungsbedürfnisse der Landesorgane, dürfte sich bei einer Regionalisierung realistischerweise nicht der gleiche Bündelungseffekt einstellen wie bei der konzentrierten Dreistufigkeit[13]. Noch wesentlicher erscheint allerdings, dass die neu zu schaffende regionale Körperschaft die Bestandsinteressen der Verwaltung sowie die Tendenz zur Aufgabenfindung und somit zum Aufgabenwachstum eher befördern als vermindern würde. Dabei könnte es zwischen ihr und den nachgeordneten Kommunen der Kreisstufe zu Konkurrenzsituationen kommen, in der die Region dazu neigen dürfte, mögliche Dezentralisierungsverluste durch die Definition neuer, regionaler Aufgaben zu kompensieren. Daneben machen ältere wie aktuelle Diskussionen um Funktionalreformen deutlich, dass weder das Land noch die Kommunen für sich einen objektiven Standpunkt in Anspruch nehmen können. In der Regel wehrt zunächst jede Ebene etwaige Dezentralisierungsbestrebungen als dysfunktional oder unwirtschaftlich ab. Während das Land die Verwaltung durch Städte und Kreise für zu teuer oder nicht ausreichend qualifiziert hält, wenden sich die Landkreise mit den gleichen Argumenten gegen die Abgabe von Zuständigkeiten an die kreisangehörigen Städte und Gemeinden. Für die neue Regionalebene wäre in dieser Hinsicht Ähnliches zu erwarten. Deshalb dürfte es auch hier, vergleichbar dem staatlichen Bündelungskonzept der „konzentrierten Dreistufigkeit", nur zu einer *reduzierten Dezentralisierung* zugunsten der Landkreise und kreisfreien Städte kommen. Auch wenn dem auf der „Haben"-Seite eine Demokratisierung regionaler Politiken gegenüberstünde, würde im Ergebnis Entscheidungsmacht des Landes (von den staatlichen Ober-, Mittel- und Unterbehörden auf die neue Regionalverwaltung) und der Kreisstufe (durch Vermei-

---

12 Andererseits ermöglicht die Bündelung im Rahmen der Regierungspräsidien bzw. der Bezirksregierungen einen sehr viel rigoroseren Rückbau der oberen Sonderverwaltungen. Wo eine zweistufige Verwaltung dem Land gewisse zentrale Kompetenzen in Form von Landesämtern vorbehält, können diese bei der konzentrierten Dreistufigkeit auf alle staatlichen Regionalbehörden oder aber auf jeweils eine von ihnen als sogenannte Vor-Ort-Aufgaben verlagert werden.
13 Ggf. muss hier sogar von einem noch größeren, in sich differenzierteren Besatz oberer Fachbehörden ausgegangen werden, als dies bei der konsequenten Zweistufigkeit der Fall sein könnte.

dung von weiterer Dezentralisierung und Aufgabenkonkurrenz) umverteilt und im Ergebnis das *Aufgaben- und Personalwachstum* befördert.

In der *Zusammenfassung* der vorgetragenen Argumente erscheint das Regionalisierungsmodell deshalb trotz seiner optischen und formalen Einfachheit letztlich nicht überzeugend. Sowohl gegenüber der „konzentrierten Dreistufigkeit", die zu effektiveren Einschnitten bei gleichzeitigem Erhalt der landespolitischen Steuerungsfähigkeit führt, als auch gegenüber der „konsequenten Zweistufigkeit", die die weitestgehende Kommunalisierung ermöglicht, erweist sich die Regionalisierung als suboptimal[14]. Zu wählen ist mithin *zwischen der „konsequenten Zwei-" und der „konzentrierten Dreistufigkeit"*, wobei der Status quo, verwaltungspolitische Traditionen und vor allem die Größe des Landes entscheidende Kriterien sind. Dabei ist allerdings nicht zu übersehen, dass spätestens mit dem angestrebten Verzicht auf die niedersächsischen Bezirksregierungen für alle bevölkerungsschwächeren und an Fläche kleineren Länder eine dreistufige und regional gebündelte Verwaltung nicht mehr das unter den gegebenen Umständen machbare Optimum darstellt. Zumindest als Leitbild einer perspektivreichen Verwaltungspolitik dürfte sich hier die *konsequente Zweistufigkeit* als *nachhaltiger* erweisen. Insofern bildet für weitere Erörterungen dieses Modell die Grundlage. Dabei sind auch die Erfordernisse der überörtlichen Koordination komplexer Fachpolitiken zu beachten und im Zusammenspiel von Landes- und kommunaler Ebene zu definieren. Im Ergebnis fände sich ein „Kernmodell", das den in der Einführung zu diesem Beitrag benannten Grundzügen folgt[15].

V. Ein „Kernmodell" als Perspektive für die Länderverwaltungen

Dieses „Kernmodell" baut in den Kategorien der oben diskutierten Konzepte auf den Vorzügen der „konsequenten Zweistufigkeit" auf, sucht diesen Ansatz aber mit Blick auf unverzichtbare Handlungs- und Koordinationsfähigkeiten der Landespolitik fortzuentwickeln.

Dabei wird die für die unterschiedlichen Länderkontexte empfohlene *Verringerung der Ressortanzahl* grundsätzlich beibehalten. Jenseits von Effizienzgewin-

---

14 Für eine ausführliche Diskussion des Modellvergleichs, insbesondere im Hinblick auf die Gegenüberstellung von konzentrierter Dreistufigkeit und Regionalisierung vgl. *Hesse, J. J.*, a. a. O., 22 ff.
15 Zu einer Darstellung des benannten Kernmodells, seiner Voraussetzungen und Folgen sowie der empirisch-analytischen „Platzierung" im Rahmen der deutschen Verwaltungsgeschichte und Staatstheorie vgl. *Hesse, J. J./Götz*, Staatsreform in Deutschland – das Beispiel der Länder (II), ZSE 1/2004, i. E.

nen, mit denen Regierungsreformen zwar durchaus zu rechtfertigen wären, deren Höhe aber in Anbetracht der zu leistenden Reformkosten zu gering erscheinen könnte, dient dies vor allem der fachübergreifenden Steuerungsfähigkeit der Landespolitik. So entspricht es der verbreiteten Erkenntnis in Theorie und Praxis, dass innerhalb von Ressortgrenzen widerstreitende, aber zugleich abstimmungsbedürftige Belange besser koordiniert werden können als zwischen unabhängigen Ministerien. Die wesentliche Steuerungsreserve im Verwaltungsföderalismus, die Abwägung unterschiedlicher Belange im Sinne politischer Sachziele und externer Ansprüche, lässt sich deshalb durch die Bündelung von Aufgaben und die Reduzierung von Ressortgrenzen deutlich erhöhen. Im Ergebnis werden den ausgewiesenen Ressorts folgende Zuständigkeiten (Hauptaufgaben) zugewiesen:

Tabelle 3: Idealtypische Regierungsorganisation mit bis zu sieben Ressorts

Ressortbezeichnung	Zuständigkeiten (Hauptaufgaben)
1. Staatsministerium	– Ministerpräsident (inkl. politische Führung, Ressortkoordination, Koordination der Staats- und Verwaltungsreformen sowie der Personalfragen ab Besoldungsstufe B3 usw.) – Auswärtige Angelegenheiten (Bundes- und Europaangelegenheiten) – Justiz und Rechtspolitik (Aufgaben des ehemaligen Justizministeriums ohne Strafvollzug und soweit nicht aus funktionalen Erwägungen auf das Innenministerium übertragen)
2. Innenministerium[16]	– Inneres[17] – Justizvollzug – Bauen[18] – Raumordnung und Landesentwicklung – Ländliche Entwicklung und Flurneuordnung – Sport – Denkmalpflege
3. Finanzministerium	– „Klassischer" Bestand inkl. Vermögens-, Immobilien- und

---

16 Das Innenministerium nimmt nach diesem Modell die oberste Kommunalaufsicht wahr, in deren Zuständigkeit die Rechtsaufsicht über die kommunale Kreisstufe und alle Formen der über Kreisgrenzen hinausreichenden kommunalen Zusammenarbeit fällt. Der obersten folgt die untere Kommunalaufsicht nach, die von den Kommunalverbänden der kommunalen Kreisstufe (Stadt- und Landkreise, s. u.) gegenüber den kreisangehörigen Städten, Gemeinden und Zweckverbänden ausgeübt wird. Die Stufe der oberen Kommunalaufsicht, wie bislang in dreistufigen Systemen üblich, entfällt.
17 Einschließlich Ausländerwesen, Brand- und Katastrophenschutz, zivile Verteidigung, Kommunalangelegenheiten, Kommunalaufsicht, öffentliche Sicherheit und Ordnung (inkl. Polizei und Strafvollzug), Staatsangehörigkeits- und Personenstandswesen, Statistik, Vermessung, Verwaltung und Organisation, Wahlen und Recht.
18 Einschließlich Städtebau, Wohnen und Bauaufsicht.

	Beteiligungsverwaltung
4. Wirtschaftsministerium	– Wirtschaft[19] – Verkehr[20] – Energie – Arbeit[21]
5. Sozialministerium	– Soziales – Frauen – Familie – Jugend – Gesundheit[22]
6. Umweltministerium	– Umwelt und Natur[23] – Forsten – Landwirtschaft – Ernährung und Verbraucherschutz[24]
7. Kulturministerium	– Schule und Bildung[25] – Wissenschaft und Forschung[26] – Kultur[27]

Der *Ausweis von sieben Ministerien* ist *in zwei Fällen erläuterungsbedürftig.* Zunächst betrifft das den *Verzicht auf ein eigenständiges Justizministerium.* Dieser Schritt folgt einer strikt aufgabenorientierten Betrachtungsweise und keiner modischen „Schlankheits"-Ideologie. Demnach rechtfertigt der Umfang ministerieller Aufgaben mittel- und langfristig keine eigenen obersten Landesbehörden im Justizbereich. Zugleich ermöglicht die Aufgliederung zwischen Staats- und Innenministerium eine den Grundsatz der Unabhängigkeit der Justiz wahrende Geschäftsverteilung. Jene wäre nur dann wirklich in Frage zu stellen,

---

19 Einschließlich Bergbau/Geologie, Gewerberecht, Materialprüfung, Eichwesen, Fremdenverkehr, Medien/Medienpolitik, Vergabewesen, Wirtschaftsförderung, Wirtschafts- und Strukturpolitik.
20 Einschließlich Angelegenheiten des Bundesfern- und Landesstraßenbaus, Häfen und Schifffahrt (inkl. Binnenschifffahrt), Luftverkehr, ÖPNV, Schienenverkehr.
21 Einschließlich Arbeitsmarktpolitik, Arbeitsrecht, Arbeitsschutz und Gewerbeaufsicht.
22 Einschließlich Gesundheitspolitik, Krankenhauswesen und öffentlicher Gesundheitsdienst.
23 Einschließlich Naturschutz, Wasserwirtschaft und Gewässerschutz, Immissionsschutz, Abfallwirtschaft, Bodenschutz.
24 Einschließlich Veterinärwesen und Lebensmittelüberwachung.
25 Einschließlich Allgemeinbildendes Schulwesen, Erwachsenenbildung, Volkshochschulen, Schulen für Erwachsene (inkl. Zweiter Bildungsweg), Schulentwicklungsplanung (Trägerschaft/Standorte), Sonderschulwesen, staatliche Schulaufsicht.
26 Einschließlich Bibliotheks- und Archivwesen, Hochschulwesen, wissenschaftliche Einrichtungen.
27 Einschließlich Kunst, Museen, Theater, Film- und sonstige Kunst- und Kulturförderung und Musikpflege.

wenn man dem Ministerpräsidenten eine systematisch größere Neigung nachweisen könnte, Gerichte nach eigenem politischen Gusto zu beeinflussen, als dies heute für den (vom Regierungschef ernannten) Justizminister anzunehmen wäre.

Die zweite Anmerkung zur Regierungsorganisation betrifft das *Umweltministerium*. Während die Kombination von Umwelt, Naturschutz, Landwirtschaft, Forsten, Ernährung und Verbraucherschutz sachlich weitgehend unstrittig sein dürfte und inzwischen von den meisten Bundesländern praktiziert wird, legen die im Vollzug gegebenen Schnittstellen mit Bauordnungs-, Verkehrs-, Gewerbeschutz- und Wirtschaftsbelangen eine *weitergehende Konzentration* nahe; der Verzicht auf ein Umweltministerium und die Aufteilung zwischen den Ressorts für Inneres und Wirtschaft wäre die logische Konsequenz. Gleichwohl wird in Anbetracht der Größe und Personalstärke der empfohlenen sieben Häuser der Ausweis eines eigenen Umweltressorts zumindest mittelfristig noch für vertretbar gehalten[28]. Dabei ist zu berücksichtigen, dass eine Kabinettsreform auf Grund der erhöhten Reformkosten, die bereits der Verzicht auf das in der Außenwahrnehmung nicht unbedeutende Justizressort verursachen dürfte, mit der zusätzlichen Streichung des wohl nicht minder „populären" Umweltministeriums überfrachtet werden könnte.

Unterhalb der Ministerien werden im „Kernmodell" nur noch eine oder mehrere Oberfinanzdirektionen, die oberen Polizeieinrichtungen sowie die unteren Polizei-, Justiz- und Finanzbehörden als unverbrüchlicher Kern staatlicher Verwaltung in der Fläche vorgesehen[29]. Weitere Sonderbehörden sind dagegen auf Grund gestärkter Kreisstrukturen entbehrlich. Dies gilt, bei ggf. nochmalig erweiterten Territorial- und Kooperationsstrukturen von Kreisen und kreisfreien Städten, in wesentlichen Teilen auch für die Mittelinstanzen. Zurückbleibt damit lediglich ein Rest von landesweit anfallenden, nichtministeriellen Tätigkeiten, die einer funktionalen Neubestimmung im Zusammenhang mit den Ministerien bedürfen. Folgt man den oben definierten Maßstäben einer effektiven Strukturreform, ist dabei zu beachten, dass die entsprechenden Einrichtungen

---

28 Dahinter steht die Erwägung, dass die Erhöhung der interministeriellen Koordinationsfähigkeit in erweiterten Ressortgrenzen durch den gegenläufigen Effekt der erschwerten binnenorganisatorischen Steuerung innerhalb vergrößerter Ministerialbehörden begrenzt wird.

29 Im Fall der Polizei unterliegt die Frage der Kommunalisierung, wie sie etwa in Nordrhein-Westfalen mit den Kreispolizeibehörden praktiziert wird, beträchtlicher Diskussion. Nach Abwägung aller Vor- und Nachteile ist der Standpunkt aufrechtzuerhalten, wonach die Indienstnahme des kommunalen Landrats für durchaus vorstellbar und im Einzelfall auch für funktional gehalten wird, im Sinne staatspolitischer Maßstäbe und dem Kriterium der transparenten Aufgabenteilung zwischen Landes- und Kommunalaufgaben jedoch insgesamt eher kritisch zu bewerten ist.

keine eigene Aufsichts- und Widerspruchsinstanz ausbilden dürfen, sondern als Assistenzeinheiten ausgestaltet werden sollten[30].

Zur Reorganisation und funktionalen Optimierung der unmittelbaren Landesverwaltung treten als weiterhin zu verfolgende Reformstrategien die *Ansätze der organisatorischen und rechtlichen Verselbständigung sowie der erweiterten Länderkooperation* hinzu. Ersteren wird das „Kernmodell" mit dem Ausweis von Landesbetrieben nach § 26 LHO, der vermehrten Bildung von privatrechtlichen Serviceunternehmen und der Errichtung von Anstalten, Körperschaften und Stiftungen des öffentlichen Rechts gerecht[31]. Die *Länderkooperation* wird insbesondere (aber nicht nur) für die kleineren und mittelgroßen Länder als Perspektive angesehen, die Kosten sparen hilft, der anhebenden Debatte um eine Länderneugliederung einen eigenständigen Reformansatz entgegensetzt und dabei die landespolitische Gestaltungsfähigkeit nicht in Frage stellt[32].

Eine *erweiterte Kommunalisierung* schließt das vorgestellte Konzept ab. Vorbehaltlich weiterer bundesrechtlicher Zuständigkeitslockerungen würde die *kommunale Kreisstufe* neben den *Gemeinden zur zentralen Vollzugsebene* der deutschen Verwaltung ausgebaut und damit wesentliche Leistungen erbringen, die nach bisherigem Verständnis den nichtministeriellen Landesaufgaben zuzurechnen sind. Als „Gewinner" des Reformprozesses würde sich damit allerdings der *Modernisierungsdruck auf die Kommunen* weiter *erhöhen*. Sofern nämlich Oberbehörden, staatliche Mittelinstanzen und untere Behörden aufgelöst und höhere Kommunalverbände entbehrlich werden sollen, müssen deren Funktio-

---

30 Hierfür wurde im Zuge des Gutachtenzyklus eine Konstruktion entwickelt, die dem sog. Zugeordneten Amt nach § 5 Abs. 2 LVwG SH nachempfunden ist. Funktion und Logik des Konzepts werden als Anmerkung zu der in Tabelle 18 dargestellten Musterorganisation am Beispiel des Landesamtes für Zentrale Dienste und der Genehmigungsagentur erläutert.
31 Als Beispiel ist der so bezeichnete Landesserviceverbund eines oder mehrerer verbundener, privatrechtlich organisierter landeseigener Unternehmen anzusprechen, die die Aufgaben der internen Service-, Organisations- und Vermögensverwaltung zusammenfassen und nach den Grundsätzen einer modernen Output- und Kontraktsteuerung wahrnehmen.
32 Als Maßstab ist dabei der funktionale und allokative Charakter einer Aufgabe zu wählen. So können operative Zuständigkeiten, etwa bei der Beschaffung von Polizeiausrüstung, ohne Kompetenzverlust für die Landespolitik in Kooperation oder durch andere Länder (mit-)erledigt werden. Darüber hinaus könnte und sollte die Zusammenarbeit auch auf Hoheits- und Gestaltungsbereiche ausgedehnt werden, wenn die Verteilung und Qualität einer Leistung durch föderalen Wettbewerb nicht befördert, sondern eher behindert und verteuert wird. Als Beispiele für in diesem Sinne kooperationsfähige Bereiche seien hier die oberen Organe der Gerichtsbarkeit, die Landeskriminalämter und die Ämter für Verfassungsschutz benannt.

Tabelle 4: Restbestand einer staatlichen Zwischenebene im Kernmodell

Ministerium	Zu- und nachgeordnete Organisationseinheiten	
	Bezeichnung	**Typus**
1. Staatsministerium	– Vertretungen des Landes beim Bund (Berlin) und bei der Europäischen Union (Brüssel)	Zugeordnete Ämter bzw. Dienststellen
	– Fortbildungseinrichtung für Führungskräfte, soweit nicht an landeseinheitlichen Ausbildungs- und Fortbildungsträger übertragen	Zugeordnete Einrichtung
2. Innenministerium	– Landesamt für Zentrale Dienste[33] mit Genehmigungsagentur[34]	Zugeordnetes Amt
	– Zentrale Behörden und Serviceeinrichtungen der Polizei in Länderkooperation	Oberbehörden, Einrichtungen, verselbständigte Einheiten usw.
	– Zentrale Einrichtung für die Aus- und Fortbildung im öffentlichen Dienst – ggf. in Länderkooperation (Qualifikationszentrum für die öffentliche Verwaltung)	Körperschaft des öffentlichen Rechts
	– Landesserviceverbund (verbundene Unternehmen)	GmbH
	– Mittlere und untere Polizeibehörden sowie Landräte bzw. Stadträte als allgemeine untere Verwaltungsbehörden (Organleihe soweit nicht als Auftragsangelegenheiten oder Pflichtaufgaben zur Erfüllung nach Weisung „kommunalisiert")	Unmittelbare Landesbehörden
3. Finanzministerium	– Oberfinanzdirektion und nachgeordnete Finanzämter als untere Landesbehörden	Unmittelbare Landesbehörden
	– Organisationsprivatisierte Vermögens- und Immobilienverwaltung (einschließlich der Aufgaben des staatlichen Hochbaus) als Teil des Landesserviceverbunds (s. o.)	GmbH

---

[33] *(Text der Fußnote 33 auf S. 132)*
[34] *(Text der Fußnote 34 auf S. 133)*

4. Wirtschaftsministerium	– Zugriff auf die Genehmigungsagentur bei Angelegenheiten der Gewerbeaufsicht, des Verkehrswesens usw. (s. Innenministerium)	Zugeordnetes Amt
	– Einrichtungen, Behörden oder organisationsprivatisierte Einheiten der Bereiche Eichwesen, Materialprüfung, Bergbau/Geologie in Länderkooperation	Oberbehörden, Einrichtungen, verselbständigte Einheiten usw.
	– Rechtlich verselbständigte, betriebliche Einheit für den Bundes- und Landesstraßenbau – ggf. in Länderkooperation (soweit nicht weitgehend privatisierbar)	Anstalt des öffentl. Rechts oder GmbH
	– Institut zur Abwicklung von Förderprogrammen	Zugeordnetes Amt, Anstalt des öffentl. Rechts oder GmbH
5. Sozialministerium	– Landesamt für Soziale Dienste	Zugeordnetes Amt
	– Rechtlich verselbständigte Leistungseinrichtungen des Landes in den Bereichen Versorgung, Soziales und Gesundheit	Anstalt des öffentl. Rechts oder GmbH
	– Zugriff auf Landesuntersuchungsamt (s. Umweltministerium)	Anstalt des öffentl. Rechts oder GmbH
6. Umweltministerium	– Landesamt für Umwelt und Landwirtschaft	Zugeordnetes Amt
	– Rechtlich verselbständigter Betrieb der Landesforstverwaltung	Anstalt des öffentl. Rechts oder GmbH
	– Landesuntersuchungsamt: rechtlich verselbständigter Betrieb für Untersuchungseinrichtungen im Bereich Umwelt, Landwirtschaft, Ernährung und Veterinärwesen (ggf. in Länderkooperation)	Anstalt des öffentl. Rechts oder GmbH
	– Rechtlich verselbständigter Betrieb für Lehr- und Versuchsanstalten im Bereich der Landwirtschaft (ggf. in Länderkooperation), soweit nicht privatisierbar oder auf die Hochschulen übertragbar	Anstalt des öffentl. Rechts oder GmbH

7. Kulturministerium	– Landesamt für Schule und Ausbildung	Zugeordnetes Amt
	– Universitäten, Hochschulen und Forschungseinrichtungen	Einrichtungen, verselbständigte Einheiten
	– Rechtlich verselbständigte Kultureinrichtungen (Theater, Museen usw.); Überführung von musealen Einheiten in eine landesweite Kulturstiftung des öffentlichen Rechts (Landeskulturstiftung)	Anstalten/Stiftungen des öffentl. Rechts, GmbH/gGmbH

33 Dem Landesamt für Zentrale Dienste (LdAZD) kommen zwei wesentliche Aufgaben zu: Zum einen soll es die organisatorische Vielfalt im Bereich der klassischen, nichtbetrieblichen Organisationsverwaltung reduzieren. Zum anderen ist das Amt als leistungsfähige Assistenzeinheit des Innenministeriums für Ordnungsangelegenheiten konzipiert. Dies ist umso wichtiger, da das Innenressort nach den oben formulierten Vorschlägen erheblich an Bedeutung und Aufgabenumfang zunehmen würde. Das Aufgabenspektrum des LdAZD konzentriert sich auf Belange der Personalverwaltung, auf Fach- und Steuerungsaufgaben der Landesstatistik, der Landesvermessung und des Katasterwesens (soweit diese Belange nicht privatisiert oder einer betrieblichen Form der Aufgabenwahrnehmung zugeführt werden können) sowie auf operative Ordnungsaufgaben (z. B. in Ausländer- und Asylangelegenheiten oder beim Brand- und Katastrophenschutz). Die Besonderheit einer modifizierten, der schleswig-holsteinischen Konstruktion des zugeordneten Amtes (§ 5 Abs. 2 LVwG SH) verwandten Assistenzbehörde bestünde darin, dass die Leitung des LdAZD mit einer Einheit des Innenministeriums verknüpft würde. Hierbei wäre an ein Großreferat in der Z-Abteilung des Innenministeriums zu denken. Die Koordination sollte durch Fachbereiche innerhalb der im Ministerium vorzusehenden Leitungsstelle abgesichert werden. Das LdAZD wäre somit Teil der obersten Behörde und die Entscheidung einer ihm übertragenen Angelegenheit nicht im verwaltungsgerichtlichen Vorverfahren zu beanstanden.

nen im Staatsaufbau von den Städten, Kreisen und Gemeinden übernommen werden. Mit Blick auf die in der Bundesrepublik überaus heterogenen Zuschnitte von Landkreisen und kreisfreien Städte bestehen dafür aber bislang nur vereinzelt geeignete Voraussetzungen. So ist am ehesten die baden-württembergische und nordrhein-westfälische Kreisstruktur als arbeitsfähig im Sinne der vorgeschlagenen Dezentralisierungsprozesse zu bezeichnen. Wollte man allerdings eine vollständige Kommunalisierung verwirklichen, dürfte auch in diesen beiden Bundesländern erheblicher und nicht zuletzt *territorialer Anpassungsbedarf* entstehen.

Sinnvollerweise wäre eine solche neuerliche Gebiets- und Funktionalreform mit der Lösung kommunaler Probleme, vor allem im *Stadt-Umland-Bereich*, zu verbinden[35]. Ziele einer zukunftsweisenden Kommunalstruktur sollten dabei erneut die Entflechtung, Vereinfachung und vertikale Straffung der Verwaltung sein. *Regionale Verbandskonstruktionen oberhalb der Kreisstufe* wären deshalb

---

34 Um die Bündelungs- und Kompetenzfunktion der Regierungspräsidien zu erhalten, soll innerhalb des Landesamtes für Zentrale Dienste eine operative Einheit für interdisziplinäre Genehmigungsverfahren eingerichtet werden. Diese sog. Genehmigungsagentur würde z. B. bei Planfeststellungsverfahren nach dem LuftVG oder WHG im Auftrag des Ministeriums tätig, also wiederum nicht als eigene Instanz fungieren. An die heutige Konstruktion der Regierungspräsidien angelehnt wäre dabei die ressortübergreifende Anbindung der Genehmigungsagentur, da sie z. B. in den beiden o. g. Fällen im Auftrag des Wirtschafts- (LuftVG) bzw. des Umweltministeriums (WHG) tätig würde und somit deren Fachaufsicht unterläge, während die dienstrechtlichen Obliegenheiten weiterhin beim Innenministerium lägen. Entsprechend des gewandelten Funktionsverständnisses und Tätigkeitsprofils sollten dabei unterhalb einer schlanken Leitungsebene Fachbereiche gebildet werden, die in interdisziplinären Projektteams die überwiesenen Aufgaben zu bearbeiten hätten. Die Geschäftsführung der Agentur hätte mit den zuständigen Ressorts Zielvereinbarungen über ihre Tätigkeit abzuschließen. Als innere Struktur wären drei Fachbereiche vorzusehen: 1. Wirtschaft und Strukturfragen (Angelegenheiten der Gewerbeaufsicht, der koordinierenden Wirtschafts- und ländlichen Infrastrukturförderung, der Raumordnung und Landesplanung usw.), 2. Umwelt (Genehmigungsbelange des grünen und technischen Umweltschutzes, des Boden- und Gewässerschutzes usw.), 3. Bauwesen/Verfahrensmanagement (Leitung von Planfeststellungsverfahren, auftragsgemäße Erledigung von Genehmigungsaufgaben der obersten Baubehörde usw.). In dieser Form stellt die Genehmigungsagentur eine funktionsfähige und in den institutionellen Kontext eingebundene schlanke Bündelungseinheit dar, wie sie dem Grunde nach zuletzt wieder auch die bayerische Deregulierungskommission mit einer „One-Stop-Agency" gefordert hat.

35 Als positive Beispiele könnten ggf. die Region Hannover und in Teilen der Stadtverband Saarbrücken gelten; kritikwürdig bleibt dagegen die Situation im Rhein-Main-Gebiet, im Raum Stuttgart und im Umfeld der anderen großen kreisfreien Städte in Deutschland.

zu *vermeiden* und allenfalls im Rahmen kommunaler Gemeinschaftsarbeit als flexible Kooperationszusammenhänge zuzulassen[36].

Auf der Ebene der Kreise und kreisfreien Städte sollten dagegen die immer wieder thematisierten Stadt-Umland-Probleme umfassend in Angriff genommen werden. Der *Status kreisfreier Städte* ist hier *im Prinzip entbehrlich* und mit Blick auf die Interessendifferenz zum Umland vor allem für das urbane Zentrum selbst schädlich. Dies führt im Kernmodell zu der Forderung, den Status kreisfreier Städte aufzuheben und sie in deutlich vergrößerte Landkreise zu integrieren. Den zentralen Orten könnten mittels gestufter Aufgabenmodelle je nach Leistungskraft bestimmte Vor-Ort-Kompetenzen überlassen werden. Darüber hinaus wäre denkbar, dass eine zentrale kreisangehörige Stadt Teile der Aufgaben des Kreises für diesen wahrnimmt bzw. ihn partiell mitverwaltet. Im Fall dominanter Metropolen und oberzentraler Städte sollte der Terminus Landkreis durch den Begriff „*Stadtkreis*" ersetzt und das angesprochene System der *Mitverwaltung* verstärkt werden[37]. Auf diese Weise würde die Effizienz des Systems verbessert und blieben die Interessen und Einflussmöglichkeiten der vormals kreisfreien Städte gewahrt. Ein flächendeckendes System von gestärkten Land- und Stadtkreisen, die die Eigenschaft von Kommunalverbänden und Gebietskörperschaften besäßen, böte somit das Fundament einer leistungsstarken und umfassend vollzugszuständigen Kommunalebene.

---

36 Gesetzlich fixierte höhere Umlandverbände könnten somit einzig in Metropolregionen wie dem Ruhrgebiet errichtet werden und sollten auch dort am Prinzip der Freiwilligkeit ausgerichtet sein. Ähnliches würde für die Einordnung der drei Stadtstaaten gelten, sofern diese in die umliegenden Länder integriert bzw. mit diesen fusioniert würden. Dabei wäre je nach Stadtstruktur das Modell einer zweistufigen Stadt zu prüfen. Eine entsprechende Struktur existiert bereits heute in Bremen und könnte in größerem Maßstab, etwa in Berlin, dem rheinland-pfälzischen Modell der Verbands- oder dem niedersächsischen Konzept der Samtgemeinde nachempfunden werden.

37 Der Begriff Stadtkreis (für urbane Bereiche) wäre demnach das Pendant zum Landkreis (für ländliche oder polyzentrale Bereiche). Die baden-württembergische Begriffsverwendung an Stelle des ansonsten gebräuchlichen Terminus kreisfreie Stadt entfiele mit der flächendeckenden Einkreisung.

Tabelle 5: Kommunale Kreisstruktur im Kernmodell

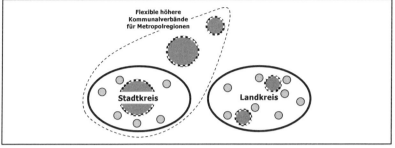

In der *Zusammenfassung* findet sich mithin ein mittelfristig zu verwirklichendes „Kernmodell", das den benannten Maßstäben folgt. Es sähe im staatlichen Bereich eine weithin gestraffte Ministerial- und zentrale Landesverwaltung sowie eine den obersten Behörden angegliederte Struktur- und Genehmigungsdirektion vor. Letztere würde im Auftrag der Landesregierung an Stelle einzelner Ministerien als Agentur für solche Genehmigungsverfahren tätig, die nicht durch die Kommunen zu bewältigen sind (Planfeststellungsverfahren für größere Infrastrukturvorhaben als Beispiel). Auch im kommunalen Bereich würde das Modell weitere Konzentrationsmaßnahmen vorsehen, um den Anspruch eines weitestgehend kommunalisierten Vollzugs nach unten hin abzusichern.

Johann-Christian Pielow

Neue Verwaltungsstrukturen durch Regionalisierung?*

I. Problemaufriss

Regionalisierung hat Konjunktur. Blickt man einmal in das europäische Ausland, mag man gar von Hochkonjunktur sprechen. Gerade diejenigen Staaten, die vielen bislang als Prototypen zentralstaatlicher Politikorganisation gelten, machen mit Regionalisierungsprozessen von sich Reden[1]: Im Zuge der *Décentralisation* ist es bekanntlich in *Frankreich* seit 1982 zur rechtlichen (und vor allem kompetenziellen) Verselbständigung von 22 *regións* gekommen, die mit Gesetz vom 28. März 2003 als weitere *collectivités territoriales de la République* (oberhalb der Gemeinden und der 95 *Départements*) sogar Verfassungsrang erhielten[2]. Bei aller „Unteilbarkeit" der Republik und der Gleichheit ihrer Bürger (vgl. Art. 1 franz. Verf.) schreitet die „Dezentralisierung" – *la subsidiarité est en vogue!* – zügig voran; gegenwärtig geht es vornehmlich im Bereich des Bildungs- und Gesundheitswesens um weitere Kompetenzverlagerungen „nach unten"[3]. In *Italien* firmiert „Regionalisierung" als eine von fünf *missioni* im Regierungsprogramm von Ministerpräsident *Berlusconi*: Im Zuge z. T. bereits erfolgter Verfassungsreformen geht es hier um die Zuweisung neuer Kompetenzen (namentlich in den Bereichen Schule, Gesundheit, innere Sicherheit, Steuereinnahmen) an die 20 Regionen und besonderer Autonomierechte an fünf unter ihnen[4]. Beispielhaft zu nennen ist schließlich der inzwischen weitge-

---

* Herrn Wiss. Mitarbeiter *Philipp Müller* danke ich herzlich für die ertragreiche Unterstützung bei der Erstellung dieses Beitrags.
1 S. auch schon *Schoch*, Regionalisierungstendenzen in Europa und Nordrhein-Westfalen, in: Landschaftsverband Westfalen-Lippe (Hrsg.), 4. Erbdrostenhofgespräch, 1994, S. 6 ff.
2 Vgl. Art. 72 Abs. 1 franz. Verf. i. d. F. des entspr. Änderungsgesetzes v. 28.03.2003. Daneben nennt die franz. Verf. noch die *collectivités à statut particulier* (Korsika!) sowie die *collectivités d'outre mer*.
3 Amtl. Überblick unter www.vie-publique.fr/thema/th_decentralisation.htm; s. auch *Pielow*, Grundstrukturen öffentlicher Versorgung, 2001, S. 248 ff. m. w. N.
4 Sizilien, Sardinien, Trentino-Südtirol, Aostatal und Friaul-Julisch-Venetien. Für eine Schilderung der gegenwärtigen Lage s. etwa *Rolla*, Principales rasgos de la evolución de los Estados compuestos en el Derecho comparado europeo durante 2002 (Italia), in: Instituto de Derecho Público (Univ. de Barcelona), Informe Comunidades Autónomas 2002, 2003, S. 710 ff.

hend konsolidierte Regionalisierungsprozess in *Spanien*: Auf Grund der Verfassung von 1978 ist es hier zur Bildung von 17 Autonomen Regionen, den *Comunidades Autónomas,* gekommen, die seitdem und unter dem Leitbild des *Pluralismo político* eine politische und wirtschaftliche Entwicklung verzeichneten, welche die damit am ehesten zu vergleichenden deutschen Bundesländer gelegentlich, etwa in kompetenzbezogener Hinsicht, durchaus in den Schatten stellt[5].

Bei aller Unterschiedlichkeit der ausländischen Regionalisierungsprozesse ist ihnen eines gemeinsam: Es geht im Schwerpunkt um die *Herab*zonung vormals staatlicher Verwaltungsaufgaben und Gewaltbefugnisse auf untere – staatliche – Ebenen. Sie erfolgen zudem in enger Orientierung an den Leitbildern auch und gerade des deutschen Bundesstaates einschließlich seiner auf Bürgernähe und bürgerschaftlicher Selbstverwaltung fußenden kommunalen Verwaltungsorganisation. In unserer wirtschaftspessimistischen Zeit mag man hier einen Lichtblick resp. veritablen Exportschlager *made in Germany* ausmachen, und zwar nicht nur in Europa, sondern weltweit[6]. Umso mehr wird umgekehrt verständlich, dass unsere ausländischen Gesprächspartner schon einmal verwundert reagieren, wenn sie sehen, dass „Regionalisierung" hierzulande bisweilen in eine ganz andere Richtung betrieben wird – nämlich tendenziell weg von der unteren, kommunalen auf eine höhere, überörtliche Ebene.

Wie dem auch sei: Das Schlagwort „Regionalisierung" sorgt auch unter deutschen Verwaltungsexperten für Irritationen und Erklärungsbedarf. Wie die vorgenannten Beispiele zeigen, sind damit im Ansatz völlig heterogene Erschei-

---

5 Dazu bereits *Pielow,* Autonomía local in Spanien und Kommunale Selbstverwaltung in Deutschland, 1993, insbes. S. 79 ff.; ferner: *von Zimmermann-Wienhues,* Kommunale Selbstverwaltung in einer Europäischen Union – Deutsche Gemeinden und spanische ‚municipios' im europäischen Integrationsprozeß, 1997, S. 38 ff. Bekanntlich hat dieser Prozess auch seine tragischen Schattenseiten, wie zuletzt die Bombenanschläge am 11.03.2004 in Madrid zeigten, welche reflexartig zunächst der baskischen Terrororganisation ETA zugeschrieben wurden. Die ETA-Exzesse haben in spanischer Terminologie indes mit „Regionalisierung" nichts gemein, sondern fallen, ebenso wie das von der baskischen Regierung z. Zt. propagierte Unabhängigkeitsreferendum und dazu gelegentlich vernommene Sympathiebekundungen aus Katalonien, in die Kategorie des verfassungsfeindlichen *„nacionalismo".*
6 Das lehren vom Verf. gesammelte Erfahrungen anlässlich von Vortrags- und Publikationstätigkeiten in Südamerika, siehe z. B. *Pielow,* Sobre unificación, descentralización y europeización: Recientes desarrollos del Estado federal en Alemania, in: Universidad Central de Venezuela (Hrsg.), El Derecho Público a comienzos del siglo XXI (FS für A. R. Brewer Carías), Bd. I, 2003, S. 681 ff. Allgemein zum starken Einfluss des deutschen Verwaltungsrechts auf ausländische Rechtsordnungen etwa auch *Sommermann,* Konvergenzen im Verwaltungsverfahrens- und Verwaltungsprozessrecht europäischer Staaten, DÖV 2002, 133, mit Hinw. auf Erfahrungen bei der Politikberatung in Thailand.

nungsformen in der Verwaltungswirklichkeit erfasst. Es besteht mithin Anlass, sich über „neue" – oder lediglich neu diskutierte – Verwaltungsstrukturen durch Regionalisierung Klarheit zu verschaffen. Dazu sind zunächst die Begrifflichkeiten für die rechts- und verwaltungswissenschaftliche Betrachtung aufzubereiten; insbesondere ist nach den zentralen Beweggründen zu fragen, derentwegen „Regionalisierung" derzeit (wieder) einen prominenten Topos im funktionalreformerischen Diskurs bildet (sogleich II.). Sodann sind die zur Ein-lösung jener Reformmotive bereit stehenden Gestaltungsvarianten zu sichten, und zwar *de lege lata* und *de lege ferenda* sowie unter beispielhafter Nennung bereits ins Werk gesetzter Regionalisierungen (unten III.). Insoweit bedarf es vor allem intensiver verwaltungs*wissenschaftlicher* Analysen der jeweiligen Vor- und Nachteile, wie sie in diesem Band von *Hesse* skizziert worden sind[7]. Meinerseits möchte ich nach möglichen *rechtlichen* Grenzen der Regionalisierung, aber auch nach konkreten Regionalisierungs*pflichten* fragen, wie sie sich insbesondere aus dem Verfassungsrecht ergeben können (unten IV.).

II. Terminologisch-teleologische Abschichtungen

1. „Region" und „Regionalisierung" als Allerwelts- und Rechtsbegriffe

Der Begriff der Region wird in unterschiedlichstem Kontext gebraucht, ist inhaltlich unscharf und im Ausgangspunkt namentlich rechtlich nicht klar vorgeprägt[8]; völlig zu Recht bezeichnet *Eberhard Schmidt-Assmann* „Regionalisierung" als „*passe-partout* für diverse Ordnungsvorstellungen"[9]. Schon die Alltagssprache kennt Kultur-, Glaubens- und Sprachregionen, Kriegs- und Krisenregionen, Wirtschafts- und Industrie-, Sport- sowie Urlaubs- und Freizeitregionen. Ethymologisch kommt man der Sache näher, begreift man „Region" dem Ursprung des Wortes *regio* nach[10] zunächst als (militärische) Besatzungszone und sodann als Macht- bzw. Regierungs- und eben Politik- oder besser

---

7 Siehe vorstehend *Hesse*.
8 Vgl. insoweit schon *Schoch*, Die Kreise zwischen örtlicher Verwaltung und Regionalisierungstendenzen, in: Henneke/Maurer/Schoch (Hrsg.), Die Kreise im Bundesstaat, 1994, S. 43.
9 *Schmidt-Aßmann*, Perspektiven der Selbstverwaltung der Landkreise, DVBl. 1996, 533 (539).
10 *Lautner*, Die Region als Rechtsbegriff und Betrachtungsgegenstand der Verwaltungswissenschaften, VR 1999, 409 (411).

Verwaltungsbezirk. In letzterer Hinsicht gehen die Deutungen dann wieder auseinander, nähert man sich dem Begriff aus dem Blickwinkel unterschiedlicher Wissenschaftsdisziplinen. Als „multidisziplinäre"[11] Chiffre taucht Region bei Geografen und Raumforschern schlicht als Planungs- und Gestaltungsraum auf, beispielsweise – und ganz visionär – im Teilprojekt „Städteregion Ruhr" des vom Bundesministerium für Bildung und Forschung geförderten Forschungsverbundes „*Stadt2030*"[12]; hier sollen – ganz im Sinne eines Entdeckungsverfahrens –

und sodann

> „mit Hilfe des ‚dialogischen Aktionsraums' die Potenziale des Möglichkeitsraums ‚Städteregion Ruhr' entdeckt und entwickelt"

> „in einem Förderturm der Visionen von einer Forschergruppe mit den beteiligten Städten zukunftsfähige Konzepte zutage gefördert (werden): ... Für die Wirtschaftsstruktur, eine föderalistische Stadtlandschaft, (sowie) die nachhaltige Gestaltung und Identität und Grenzen der ‚Städteregion Ruhr 2030'"[13].

Die *Wirtschafts*wissenschaften und hier vor allem die Volkswirtschaftslehre betrachten Regionen vorwiegend als Gegenstand der Struktur-, Wirtschafts-, Entwicklungs- und Förderpolitik und grenzen sie, da sich regionalpolitische Zielvorstellungen zumeist nicht in bloß naturbedingten und historisch gewachsenen Regionen verwirklichen lassen, entweder nach Homogenitätsmerkmalen (z. B. Gebiete mit hoher Arbeitslosigkeit) oder nach dem Verflechtungsprinzip (z. B. entsprechend dem Einzugsgebiet für Berufs- und Bildungspendler) ab[14].

Als *Rechts*begriff fungiert der Terminus hingegen nur, sofern er in Rechtssätzen Verwendung findet. Hier ist – neben der schon erwähnten Nennung der *région* in Art. 72 franz. Verf. – etwa auf das Leitbild vom „Europa der Regionen" zu verweisen, wie es unter der Überschrift „Wirtschaftlicher und sozialer Zusammenhalt" (Titel XVII EG-Vertrag) in die Rechtsgrundlagen der Regionalförderung per Struktur- und Kohäsionsfonds eingegangen[15] oder organisationsrechtlich im „Ausschuss der Regionen" in Art. 263 ff. EG zum Ausdruck gekommen ist – ohne dass freilich ein europarechtlich einheitliches Konzept der Region feststünde. So sollen im Ausschuss der Regionen die „regionalen und lokalen

---

11 *Lautner* (Fn. 10), VR 1999, 409 (410).
12 http://www.stadt2030.de.
13 http://www.stadt2030.de/ruhrgebiet/index.shtml (Stand: 14.05.04).
14 Vgl. *Dichtl/Issing* (Hrsg.), Vahlens Großes Wirtschaftslexikon, Bd. 3, 2. Auflage, 1994, S. 1791 f.
15 Dazu im Überblick *Oppermann*, Europarecht, 2. Aufl. 1999, § 12 Rn. 976 ff.; zur Festlegung der Regionen mit weiterführenden Hinweisen *Lautner* (Fn. 10),VR 1999, 409 (419) sowie *Schoch* (Fn. 8), S. 44 f.; s. in diesem Kontext jüngst auch *Busse*, Die Verteilung von EU-Finanzmitteln an die deutschen Bundesländer, DÖV 2004, 93 ff.

Neue Verwaltungsstrukturen durch Regionalisierung?

Gebietskörperschaften" als Mittler zwischen Brüssel, den Mitgliedstaaten und den Unionsbürgern fungieren. In Deutschland fühlen sich – dies unterstreicht die hierzulande bestehenden Schwierigkeiten mit dem Begriff – Bundesländer, Bezirksregierungen, höhere Kommunalverbände, Kreise und auch Gemeinden dazu berufen, die hiermit angesprochene Integrationsrolle zu übernehmen[16]. In Frankreich, Italien und Spanien sind dies eindeutig die eingangs erwähnten, freilich ihrerseits wiederum völlig unterschiedlich strukturierten *Régions, Regioni* und *Comunidades Autónomas*. Im deutschen Recht bildet die „Region" – etwa neben der „Regionalisierung" von Teilen der alten Deutschen Bundesbahn[17] – inzwischen eine rechtsnormative Konstante vor allem des Raumordnungsrechts: Hingewiesen sei nur auf die obligatorische Aufstellung von „Regionalplänen" in großstädtischen Verflechtungsgebieten, die im Fall des Zusammenschlusses der betroffenen Gemeinden und Gemeindeverbände zu einer „regionalen Planungsgemeinschaft" zugleich die Funktion eines gemeinsamen „regionalen" Flächennutzungsplans übernehmen können[18].

Rein *verwaltungswissenschaftlich* betrachtet, geht es „Regionalisierung"[19] ganz allgemein zunächst um die Bündelung von Interessen, Verwaltungsaufgaben und Kompetenzen auf einer – natürlich konzise zu bestimmenden – regionalen Ebene. Folgt man den derzeitigen Reformdebatten in Deutschland, ist dies namentlich der zwischen der örtlichen bzw. kreislichen und der (landes-) staatlichen Ebene angesiedelte Raum[20]. Auch insoweit sind freilich immer noch recht divergierende Phänomene erfasst, etwa das Stadt-Umland größerer Ballungszentren ebenso wie ganze Wirtschafts- und Integrationsräume, in denen die Bevölkerung ein einheitliches „Regionalbewusstsein" entwickelt hat[21].

---

16 Vgl. zu den Auseinandersetzungen um die Vergabe der 24 Sitze im „Ausschuss der Regionen" *Schoch* (Fn. 8), S. 43 f. (dort Fn. 171, 173); s. ferner *Stüer*, Region und Regionalisierung. Verwaltungsorganisatorische Konzeption – verfassungsrechtliche Grenzen, LKV 2004, 6.
17 Vgl. Art. 87e GG (näher zur Regionalisierung *Windthorst*, in: Sachs [Hrsg.], Grundgesetz. Kommentar, 3. Auflage, 2003, Art. 87e Rn. 6) sowie RegionalisierungsG (ursprünglich verkündet als Artikel 4 Eisenbahnneuordnungsgesetz vom 27.12.1993 [BGBl. I S. 2378, 2395]) und z. B. ÖPNVG NW v. 07.03.1995 (GVBl. NW S. 196), zuletzt geändert durch Gesetz v. 17.12.2002 (GVBl. NW S. 650).
18 Vgl. § 9 Abs. 6 ROG sowie etwa den durch Gesetz zur Stärkung der regionalen und interkommunalen Zusammenarbeit der Städte, Gemeinden und Kreise in Nordrhein-Westfalen vom 03.02.2004 (GVBl. NW S. 96) neu eingefügten § 10a LPlG NW.
19 Siehe auch Vahlens Großes Wirtschaftslexikon (Fn. 14), S. 1794 f.
20 Siehe *Burgi*, Die Landschaftsverbände am Beginn einer neuen Verwaltungsreform, NWVBl. 2004, 131 (132); *Stüer* (Fn. 16), LKV 2004, 6 (7).
21 Vgl. *Stüer* (Fn. 16), LKV 2004, 6 (7).

Demgemäß sind insbesondere die Vorstellungen von der Größenordnung einer Region sehr unterschiedlich[22].

2. Beweggründe für „Regionalisierungen" im Zuge von Funktionalreformen

Bei aller Unschärfe der Begriffe: Als Teilbereich immerwährender Debatten um sog. Funktionalreformen[23] gehören die „Regionalisierung" von Verwaltungsaufgaben sowie auf sie abgestimmte institutionelle Veränderungen zu den „periodisch wiederkehrenden Themen des Kommunalrechts"[24]. Auch das Professorengespräch des DLT hat sich unter dem Titel „Optimale Aufgabenerfüllung im Kreisgebiet?" 1998 noch ausgiebig mit der Thematik befasst[25]. Die zur Regionalisierungsdebatte veranlassenden zentralen Beweggründe bestehen heute eigentlich unverändert fort und sollen hier nur kurz zusammengefasst werden – nur, um so dann doch auf eine auffällige Akzentverschiebung aufmerksam zu machen:

- *„Globalisierung"* und *„Europäisierung"*: Auf zunehmend internationalisierten Märkten geht es um den verschärften Wettbewerb der Wirtschaftsstandorte. Damit einhergehen Steuerungsverluste auf der nationalstaatlichen Ebene – zugunsten supra- und internationaler Ordnungsregime. Auch dies mag zur Rückbesinnung auf die regionale Ebene veranlassen, getreu dem Motto: *Think globally but act locally* resp. *regionally*. Die europäische Politik gibt hier, wie schon angedeutet, Wasser auf die Mühlen, indem sie das Denken in regionalen Strukturen programmatisch und mit Struktur- und Kohäsionsfonds vor allem auch finanziell fördert, wenn nicht buchstäblich „goldene Brücken" baut[26]. Zusätzlich hinzuweisen ist hier auf die zügig voranschreitende Entwicklung eines (vorerst ebenfalls nur programmatisch

---

22 Dazu *Lange*, Probleme der (isolierten) Regionalkreisbildung, in: Henneke (Hrsg.), Optimale Aufgabenerfüllung im Kreisgebiet?, 1998, S. 157 f.
23 Zum Begriff *Siedentopf*, Maßstäbe für eine Funktionalreform, in: Henneke (Hrsg.) (Fn. 22), S. 11 f.; allgemein auch *Püttner*, Verwaltungslehre, 3. Aufl., 2000, S. 60 ff.
24 *Schmidt-Aßmann* (Fn. 9), DVBl. 1996, 533 (539); ebenso *ders.*, Neue Kompetenzverteilungen und neue Strukturen, in: Henneke (Hrsg.) (Fn. 22), S. 218.
25 Vgl. die Beiträge in: Henneke (Hrsg.) (Fn. 22).
26 Siehe hierzu etwa auch *Rolfes,* Erweiterungen kommunaler Handlungsspielräume durch die Europäische Förderpolitik – Potenziale und Perspektiven untersucht an Fallbeispielen aus der Region Oldenburg, RuR 2003, 259 ff.

wirkenden) *Europäischen Raumentwicklungskonzepts*[27], das seinerseits dem umweltschutzpolitischen Großpostulat der „nachhaltigen Entwicklung" verschrieben ist und wiederum (zumindest im deutschen Raumordnungsrecht) zuvörderst auf der Ebene der Landes- bzw. Regional- und kommunalen Bauleitplanung relevant wird.

– *„Verflechtung", „Suburbanität"* und *„Speckgürtelproblematik"*: Gerade in großstädtischen Verdichtungszonen („Metropolregionen") wie an Main, Rhein und Ruhr, aber auch im „solitären" Stadt-Umland z. B. um Berlin, Hamburg, Hannover und Stuttgart bestehen bekanntlich komplexe Verflechtungsbeziehungen, die zwangsläufig Abstimmungsbedarf auf der überörtlichen Ebene produzieren – und zwar namentlich in ökonomischer und steuerpolitischer, ökologischer, sozialer, kultureller und verkehrlicher Hinsicht, was tendenziell die Entwicklung von der *Polis* zur *Metropolis* fördert.

– Abstimmungsbedarf und daraus folgende „institutionelle Verschiebungen"[28] sodann auch infolge *Aufgabenzuwachs und Aufgabenwandel*: Einstmals typische und exklusiv kommunale Agenden entziehen sich zunehmend der örtlichen Machbarkeit – sei es, dass aufgrund neuer oder gestiegener technischer Anforderungen (wie in vielen Bereichen des Umweltschutzes, namentlich der Abfallwirtschaft) eine Verwaltungsaufgabe ihrer Art nach zwingend nur noch überörtlich zu erledigen ist[29], oder dass die isolierte Aufgabenwahrnehmung vor Ort Gefahr läuft, wirkungslos zu verpuffen, weil sie wegen bestehender Verflechtungen im suburbanen Raum (etwa auf dem Gebiet von Planung, öffentlicher Infrastruktur sowie Arbeitsmarkt- und Wirtschaftsförderung) zwingend nur kooperativ zu bewältigen ist.

Sind diese drei Motivbündel gewissermaßen zeitlos aktuell, so rückt derzeit ein *vierter* Beweggrund doch ganz deutlich in den Vordergrund, nämlich derjenige der Verwaltungseffizienz. *Alexander Schink* vermerkte hierzu schon 1998:

„In Zeiten, in denen die kommunalen Finanzen notleidend geworden sind – und das sind sie nicht erst seit gestern – und in denen über Verbesserungen der Steuerung kommunalen Handelns mit Blick auf seine Wirtschaftlichkeit nachgedacht wird und überall neue Modelle der internen Verwaltungsorganisation erprobt oder angewendet werden, kommt einer interkommunalen Ko-

---

27 Dazu im Überblick unlängst *Parejo*, Das Europäische Raumentwicklungskonzept: Ein Instrument zur offenen Koordinierung der Raumordnung in Europa, EurUP 2003, 64 ff. ; ferner *Jarass,* Wirkungen des EG-Rechts in den Bereichen der Raumordnung und des Städtebaus, DÖV 1999, 661 ff.
28 *Schoch*, Aufgaben und Funktionen der Landkreise, DVBl. 1995, 1047 (1048).
29 Signifikant dazu schon der „Rastede"-Beschluss in *BVerfGE* 79, 127 ff.

operation aus Gründen der Steigerung der Effizienz des Verwaltungshandelns eine besondere Bedeutung zu"[30].

Dem ist aus heutiger Sicht nur hinzuzufügen: Die Lage hat sich – übrigens allen Kooperations- und Regionalisierungsansätzen in der Vergangenheit zum Trotz und auch was die Haushaltslage auf Bundes- und Landesebene betrifft – noch drastisch verschlechtert. Funktionalreformen sind heute deshalb nicht nur „auch" sondern „gerade" unter dem Aspekt der Finanzierbarkeit und der Steigerung von Verwaltungs*effizienz* – also des optimalen Einsatzes von Personal- und Finanzressourcen zur Erfüllung einer Sachaufgabe[31] – zu prüfen und ins Werk zu setzen[32]. Gewiss darf dabei der Wesensunterschied zwischen „Effektivität" und „Effizienz" nicht aus dem Blick geraten: Erstere verlangt – im umfassend gemeinwohlorientierten und -gebundenen Verfassungsstaat – mehr als die bloße Optimierung der Kosten-Mittel-Relation; im Vordergrund steht die möglichst nachhaltige Verwirklichung der mit der jeweiligen Verwaltungsaufgabe verfolgten öffentlichen Interessen[33]. Insofern mögen sich „regionalisierte" Verwaltungsformen durchaus einmal als suboptimal oder sogar kontraproduktiv erweisen (wenn es etwa um die demokratiestaatliche Funktion gemeindlicher Selbstverwaltung im überschaubaren Raum geht). Auch ist *big* nicht immer *beautiful;* die pure Größe einer Verwaltungseinheit impliziert – trotz noch so schöner Zahlenwerke der dem *New Public Management* verhafteten Ökonomen – keineswegs immer eine optimale Aufgabenerledigung[34]. Nur: In Zeiten, in denen schlicht kein Geld da ist und neue Belastungen von Bürgern und Wirtschaft nur mit weiteren Gefährdungen des gesamtwirtschaftlichen Gleichgewichts zu erkaufen sind, sind Verwaltungsorganisations- und -verfahrensstrukturen zwangsläufig (und kontinuierlich) auf Reduktionspotenziale zu überprüfen. Die normative Kraft faktisch leerer Haushalte muss womöglich schon dann zur Bündelung von Entscheidungsverfahren und -instanzen führen, wenn damit Einspareffekte

---

30 *Schink*, Organisationsmodelle für überörtliche Kooperationen, in: Henneke (Hrsg.) (Fn. 22), S. 61, 62.
31 Siehe nur *Schink* (Fn. 30), S. 62.
32 Siehe dazu allgemein *Burgi*, in: Erichsen/Ehlers (Hrsg.), Allg. Verwaltungsrecht, 12. Aufl. 2002, § 51 Rn. 15 und § 54 Rn. 2; ausführlicher *ders.,* Der Grundsatz der Wirtschaftlichkeit im Verwaltungsrecht, in: Butzer u. a. (Hrsg.), Wirtschaftlichkeit im Organisations- und Verfahrensrecht, 2004 (i. E.); ferner: *Groß*, Selbstverwaltung angesichts von Europäisierung und Ökonomisierung, DVBl. 2002, 1182, sowie die Beiträge in: Hoffmann-Riem (Hrsg.), Effizienz als Herausforderung an das Verwaltungsrecht, 1998.
33 S. nur *Hesse*, Regierungs- und Verwaltungsreform in Nordrhein-Westfalen. Eine Zwischenbilanz und Bewertung von Regierungs- wie Oppositionsvorschlägen, Gutachten im Auftrag der Staatskanzlei des Landes Nordrhein-Westfalen, 2003, S. 9; leicht nuanciert *Schmidt-Aßmann*, in: Hoffmann-Riem (Fn. 32), S. 5 (16, 18).
34 Dazu mit Nachdruck *Oebbecke,* Überlegungen zur Größe von Verwaltungseinheiten. Eine Skizze, in: Henneke (Hrsg.) (Fn. 22), S. 47 ff.

lediglich möglich erscheinen (was dann freilich begleitender Evaluierung bedarf) – und mit steigendem Druck der Defizite selbst um den Preis, dass Einbußen an den aus demokratiestaatlicher Sicht eigentlich wünschenswerteren Kleinstrukturen drohen[35]. Hierauf ist im verfassungsrechtlichen Kontext (unten IV.) noch einmal zurückzukommen.

In gewisser Weise erscheinen die hoch differenzierten Verwaltungs- resp. Föderalismusstrukturen in Deutschland, wie man mit einem guten Schuss Resignation festzustellen hat, vielleicht als „Schönwettermodelle", die unter den gegebenen haushaltspolitischen Bedingungen dringend nach situationsangepasster Korrektur verlangen – ohne dass sie indes aufzugeben wären.

III. Gestaltungsvarianten für Regionalisierung

Liegt der Schwerpunkt dieses Beitrags auf „neuen" Verwaltungsstrukturen durch Regionalisierung, seien doch vorab noch einmal bereits bestehende Regionalisierungstypen beleuchtet, die ja schließlich immer wieder auch „neu" zur Anwendung gelangen. Dabei wird ein Grundkonflikt bei der Regionalisierung als Mittel der Funktionalreform sichtbar: Entscheidend fragt sich nämlich, ob man es angesichts der skizzierten Motive für „Regionalisierung" bei dem Panorama bislang gängiger, überwiegend fakultativ-kooperativer Mechanismen der *konsensualen* Erledigung bis dahin kommunal erledigter Aufgaben auf der regionalen Ebene belässt, oder ob man den Schritt über den Rubikon wagt und durch mehr oder weniger intensive Einschnitte (des Gesetzgebers) in das bestehende Kompetenz- und Institutionengefüge die betroffenen Gebietskörperschaften möglicherweise auch entgegen ihrem Willen zur Organisation in neuen Verwaltungsstrukturen verpflichtet. Die Betrachtung mündet so in den Gegensatz zweier Regionalisierungsansätze, nämlich desjenigen eines „ab"-grenzenden Territorialitätsprinzips zugunsten bestehender kommunaler Gebietskörperschaften (mit freiwilliger Kooperation) einerseits und eines „ent"-grenzenden bzw. ersetzenden „Netzprinzips" der funktionalen Verflechtung mit Entstehung selbständiger regionaler Verwaltungsinstitutionen (Integration) auf der anderen Seite.

---

35 Vorexerziert wird dieser – gewiss schmerzhafte – Prozess derzeit etwa im Bereich der öffentlich-rechtlich verfassten Glaubensgemeinschaften in Deutschland, wie die zahllosen, freilich auch durch einen eklatanten Priestermangel bedingten „Fusionen" von Pfarrgemeinden zeigen.

1. Bestehende Formen: Ergänzende regionale Verwaltungsstrukturen

Oftmals beschränken sich Reformbestrebungen darauf, den institutionellen *status quo* durch die mehr oder weniger weit reichende Kooperation unter bestehenden Verwaltungen sowie die Delegation einzelner Aufgaben der mittleren und unteren Landesverwaltung auf Kreise und kreisfreie Städte zu optimieren[36]. Das dazu schon *de lege lata* bereit stehende Instrumentarium fällt recht variantenreich aus[37].

a) Interkommunale Zusammenarbeit

Im Schwerpunkt geht es zunächst um vielfältige, formalgesetzlich mehr oder weniger detailliert beschriebene Spielarten der interkommunalen Zusammenarbeit, wie sie in den Gesetzen über die kommunale Gemeinschaftsarbeit näher aufgeschlüsselt sind[38] – namentlich die Kooperation

- in kommunalen Arbeitsgemeinschaften,
- in fakultativen und im Fall der Erfüllung von Pflichtaufgaben auch zwangsweise[39] zu bildenden Zweckverbänden, und schließlich
- aufgrund öffentlich-rechtlicher Vereinbarungen.

Gerade der kommunale Zweckverband ist als Instrument für die Wahrnehmung komplexerer Aufgabenfelder – Beispiele: öffentlicher Personennahverkehr, Datenverarbeitung – bekanntlich weit verbreitet[40]. Zwar ist es speziell in der Zeit nach den kommunalen Neugliederungen und damit einhergehender Schaffung leistungsfähigerer kommunaler Gebietskörperschaften etwas still geworden. Mit der Wiedervereinigung hat der kommunale Zweckverband indes eine Renaissance erlebt, gerade weil man im Osten manch schlechte Erfahrung mit den Gebietsreformen in der alten Bundesrepublik im Auge hatte und stattdessen bevorzugt auf diese Form der kooperativen Verwaltungsrationalisierung setz-

---

36 S. dazu bereits *Hesse* (Fn. 33), S. 11 ff.
37 Eingehend zum Ist-Zustand der Verwaltungsorganisation s. *Lautner* (Fn. 10), VR 1999, 409 (410 ff.); s. hinsichtlich bestehender regionaler Verwaltungsstrukturen auch *Burgi/Ruhland*, Regionale Selbstverwaltung in Nordrhein-Westfalen im Spiegel von Rechtsprechung und Rechtsliteratur, 2003, S. 60 ff., 71 ff.
38 Siehe z. B. §§ 2 ff. des nw Gesetzes über kommunale Gemeinschaftsarbeit (GkG) i. d. F. der Bek. v. 01.10.1979 (GVBl. NW S. 621), zul. geänd. d. Gesetz v. 30.04.2002 (GVBl. NW S. 160).
39 Vgl. etwa § 4 Abs. 1, 2. Hs. u. § 13 GkG NW.
40 S. hierzu etwa *Schink* (Fn. 30), S. 75 ff.

te[41]. Unterdessen sind die Landesgesetzgeber darum bemüht, die Gestaltungsformen der interkommunalen Zusammenarbeit im Interesse gerade der „Verwaltungseffizienz" fortzuentwickeln[42]. Dabei geht es insbesondere um Übertragungen oder gemeinsame Wahrnehmungen einzelner Verwaltungsaufgaben zwischen den Gemeinden sowie zwischen diesen und den Kreisen (bzw. unter diesen). Tendenziell ist hier durchaus auch eine Scheu vor „neuen" Verwaltungsstrukturen – jedenfalls, soweit sie ohne Zutun des Gesetzgebers entstehen – zu erkennen. So wurde in Nordrhein-Westfalen die freiwillige Bildung rechtlich verselbständigter Zweckverbände zur Erfüllung von Pflichtaufgaben zur Erfüllung nach Weisung unterbunden; bevorzugt wird zwecks Vermeidung zusätzlicher Verwaltungsebenen stattdessen die Zusammenarbeit im Wege öffentlich-rechtlicher Vereinbarung[43].

Nur der Vollständigkeit halber sei schließlich noch auf *privatrechtliche* Kooperationsformen verwiesen, wie sie – über die kommunale Gemeinschaftsarbeit hinaus – unter dem Schlagwort *Private Public Partnership* insbesondere zur Kooperation mit privaten Dritten zur Verfügung stehen[44].

b) Planungsgemeinschaften

Nochmals hinzuweisen ist auf die schon erwähnten regionalen Planungsgemeinschaften gemäß § 9 Abs. 6 ROG: In „verdichteten Räumen oder bei sonstigen raumstrukturellen Verflechtungen" kann dort zugelassen werden, dass der Regionalplan zugleich die Funktion eines gemeinsamen Flächennutzungsplans nach § 204 BauGB übernimmt. Von der Möglichkeit der Eröffnung einer solchen „regionalen Flächennutzungsplanung" hat unlängst etwa noch der nordrhein-westfälische Landesgesetzgeber Gebrauch gemacht[45]. Ob dieses Instrument nachhaltig zur Verwaltungsmodernisierung beiträgt, muss sich in der Praxis allerdings erst noch erweisen. Das Schrifttum gibt sich hier z. T. skeptisch, u. a. weil der regionale Flächennutzungsplan ebenso grobmaschig wie der

---

41 Vgl. *Henneke*, NVwZ 1994, 555 (556).
42 Vgl. etwa die durch Gesetz zur Stärkung der regionalen und interkommunalen Zusammenarbeit der Städte, Gemeinden und Kreise in Nordrhein-Westfalen v. 03.02.2004 (GVBl. NW S. 96) neu geschaffenen § 4 Abs. 5 GO NW, § 2 Abs. 5 KrO NW.
43 Vgl. § 3 GO NW und § 2 KrO NW i. d. F. des Gesetzes v. 03.02.2004 (Fn. 42) und die diesbezügliche Gesetzesbegründung in LT-Drs. 13/3538, S. 1 u. 6 f. – Zum drohenden Wildwuchs ständig neuer Verwaltungsinstanzen bzw. der Gefahr ihrer Verselbstständigung resp. Entfremdung von den Muttergemeinwesen s. a. *Schink* (Fn. 30), S. 75.
44 *Schink* (Fn. 30).
45 Vgl. § 11a LPlG NW, eingefügt durch Gesetz v. 03.02.2004 (Fn. 42).

Regionalplan auszufallen droht und so die mit der Flächennutzungsplanung verfolgte Konkretisierungsfunktion (und damit auch die gemeindliche Planungshoheit) unterlaufen werde[46].

c) Bestehende Verbands- und Körperschaftsmodelle

Ebenfalls der Verwaltungseffektivierung dienen schließlich die in einigen Bundesländern schon seit langem bestehenden *höheren Kommunalverbände*, allen voran etwa die bayerischen Bezirke und die Landschaftsverbände Rheinland und Westfalen-Lippe als Körperschaften des öffentlichen Rechts mit dem Recht auf Selbstverwaltung durch gewählte Vertretungsorgane[47]. Als Mitglieder der „kommunalen Familie" erledigen sie auf der überörtlichen Ebene und nach Maßgabe der zugrunde liegenden landesgesetzlichen Festlegungen[48] einzelne, ansonsten an und für sich gemeindliche oder kreisliche Selbstverwaltungs- und Pflichtaufgaben vor allem im Planungs-, Verkehrs-, sowie im Schul-, Gesundheits- und Sozialhilfewesen und sollen so zur Entlastung der Kreise und Gemeinden resp. zur Optimierung der kommunalen Aufgabenerledigung beitragen. Ob und inwieweit sie diesem Anspruch tatsächlich gerecht werden, ist im Einzelnen nicht unumstritten[49], was sich wiederholt in entsprechenden Reformmaßnahmen – mal zu Lasten, mal zu Gunsten dieser Institutionen – niedergeschlagen hat[50] und auch weiterhin für rechts- und organisationspolitischen Zündstoff sorgt (s. dazu noch unten 2 c und IV 3 b).

Hinzu gesellt sich seit 1994 etwa der ebenfalls körperschaftlich verfasste und dezidiert „zur Stärkung der regionalen Zusammenarbeit" ins Leben gerufene *Verband Region Stuttgart* (mit direkt gewählter Verbandsversammlung)[51]. Noch auf einer Vorstufe verharrt bislang der im März 2001 gebildete und an die Stelle des früheren Umlandverbandes Frankfurt (gegr. 1975) getretene, jedoch weiterhin unselbstständige *Rat der Region für den Ballungsraum Frankfurt/Rhein-Main*. Er dient vorwiegend der freiwilligen Aufgabenkooperation und -koordination unter den Trägergemeinwesen – nebst dem für die Regional- resp. regio-

---

46 Vgl. *Schink* (Fn. 30), S. 83; dagegen nunmehr die verfassungsrechtliche Bewertung des *HessStGH* zur Regionalplanung in der Region Ballungsraum Frankfurt/Rhein-Main, Urteil v. 04.05.2004 (Az. P.St. 1713), S. 45 ff. des Umdrucks (www.staatsgerichtshof.hessen.de).
47 Vgl. Art. 1 BayBezO; §§ 1 f. LVerbO NW.
48 Vgl. Art. 4 ff., 48 ff. BayBezO; § 5 LVerbO NW.
49 S. etwa vorstehend *Hesse*: „reine Brauchtumspflege".
50 Zu Aufgabenentziehungen (z. B. Straßenbau) und -zuwächsen (z. B. Schwerbehindertenhilfe) der Landschaftsverbände in NRW: *Burgi/Ruhland* (Fn. 37), S. 46 ff.
51 Vgl. Gesetz über die Errichtung des Verbandes Region Stuttgart v. 07.02.1994 (GBl. BW S. 92).

nale Flächennutzungs- und die Landschaftsplanung zuständigen Planungsverband als öffentlich-rechtlicher Körperschaft nach § 205 BauGB[52]. Die gegen dieses Konstrukt gerichtete Kommunalverfassungsbeschwerde betroffener Gemeinden und Landkreise ist vom Staatsgerichtshof des Landes Hessen unlängst als zum Teil unzulässig und im Übrigen unbegründet zurückgewiesen worden[53].

2. Modelle „neuer" regionaler Verwaltungsstrukturen

In einigen Bundesländern steht demgegenüber nunmehr ein Systemwechsel hin zu eigentlich „neuen" Verwaltungsstrukturen auf dem Prüfstand. Von ihnen erhofft man sich ganzheitliche Konzeptionen für regionale Entwicklungsstrategien, vor allem aber nachhaltige Effizienzsteigerungen in der staatlichen und kommunalen Verwaltung sowie – damit einhergehend – Kosteneinsparungen. Näher differenziert werden kann nach folgenden Modellvarianten:

a) Regionalstädte

Kein wirklich ernsthaftes Thema mehr bildet, um dies vorauszuschicken, das vor geraumer Zeit noch – etwa für den Großraum Hannover – lebhaft diskutierte Modell der Regionalstadt. Dahinter verbirgt sich die gänzliche Auflösung der betroffenen Gemeinden und Kreise zwecks Zusammenfassung in einer neuen kommunalen Gebietskörperschaft, die ihrerseits wieder in unselbstständige Bezirke unterteilt sein sollte. Dieses Modell wird inzwischen – soweit ersichtlich und wohl infolge der hohen verfassungsrechtlichen Hürden für die Auflösung gerade gemeindlicher Gebietsstrukturen – nicht mehr diskutiert[54]. Insofern erscheint etwa die im tagespolitischen resp. geowissenschaftlichen Diskurs immer wieder auftauchende Vision einer „Ruhrstadt"[55], rein rechtlich betrachtet und vorbehaltlich eines freiwilligen Vorstoßes aller Revierstädte in diese Richtung, alles andere als realistisch.

---

52 Vgl. Gesetz zur Stärkung der kommunalen Zusammenarbeit und Planung in der Region Rhein-Main v. 19.12.2000 (HessGVBl. I Nr. 29 v. 27.12.2000).
53 Vgl. *HessStGH*, Urteil v. 04.05.2004 (Az. P.St. 1713) (Fn. 46).
54 Zusammenfassend zuletzt *Stüer* (Fn. 16), LKV 2004, 6 (7 f.).
55 Vgl. dazu etwa *Schleberger*, Ruhrstadt – Zukunft der Revierstädte?, NWVBl. 2002, 16 ff.; siehe ferner die Beiträge in: Tenfelde (Hrsg.), Ruhrstadt: Visionen für das Ruhrgebiet, 2002, sowie Wegener (Hrsg.), Räumliche Szenarien für die Ruhrstadt 2030, 2003.

b) Regionalkreise

Unterdessen ist auch die Diskussion um die Schaffung von Regionalkreisen nicht eigentlich neu. Entsprechende Konzepte standen bereits vor und während der Gebiets- und Verwaltungsreformen der 60er und 70er Jahre im Blickpunkt des Interesses[56]. Angesprochen sind damit auf eine regionale Ebene hin ausgedehnte Kreismodelle an Stelle der bisherigen Landkreise, mit denen nicht selten gleichzeitig die partielle bis totale Reduktion der staatlichen Mittelebene (Stichwort: Schleifung der Bezirksregierungen) verfolgt wird[57]. Ziel ist die weitgehende Kommunalisierung der unteren staatlichen Verwaltungsebene – unter entsprechender Erhöhung der Leistungsfähigkeit kommunaler Einrichtungen durch Anpassung resp. Ausdehnung der Territorialorganisation auf der Kreisstufe (Einkreisungen und Kreisgebietsreform). Näher zu unterscheiden ist zwischen der „isolierten" Regionalkreisbildung in ausgewählten Verdichtungsräumen mit überdurchschnittlichen Verflechtungen und der flächendeckenden Schaffung von Regionalkreisen in einem Bundesland[58].

aa) Flächendeckende Regionalkreisbildung in Mecklenburg-Vorpommern

Konkret steht die Umsetzung des letztgenannten Modells derzeit in Mecklenburg-Vorpommern zur Debatte[59]. Dem ursprünglichen, inzwischen schon wieder abgeschwächten Konzept nach geht es um die Zusammenlegung der derzeit zwölf Landkreise und sechs kreisfreien Städte zu vier[60] die gesamte Landesfläche abdeckenden Regionalkreisen. Zugleich sollen die gegenwärtig den staatlichen Sonderbehörden zugewiesenen Fachaufgaben auf die Regionalkreise herabgezont und verteilt werden. Nach Umsetzung ergäbe sich mithin eine landesweit zweistufige Organisation; ein dreistufiger Verwaltungsaufbau soll allein im Bereich der Polizei- und Finanzverwaltung fortbestehen.

---

56 Vgl. bereits *Schnur*, Regionalkreise?, 1971, sowie *Lange*, Die Organisation der Region, 1968; s. auch *dens.*, Zur Problematik einer isolierten Regionalkreisbildung, DÖV 1996, 684, sowie *dens.* (Fn. 22), S. 160 f.
57 *Lange* (Fn. 22), S. 157 f.
58 Vgl. *Lange* (Fn. 22), S. 157 ff.
59 S. hierzu im Überblick *Hesse* (Fn. 33), S. 11 ff. mit Anlage 3; vgl. ferner *Erbguth*, Modellvorhaben Verwaltungsreform Mecklenburg-Vorpommern?, LKV 2004, 1 ff.
60 S. nunmehr den koalitionsinternen Kompromiss (fünf Landkreise), der allerdings auf dem Landesparteitag der PDS keine Mehrheit gefunden hat, vgl. FAZ vom 19. Januar 2004 („PDS lehnt Modell mit fünf Landkreisen ab").

bb) Isolierte Regionalkreisbildung: Region Hannover

Demgegenüber sind in Niedersachsen bereits Fakten im Sinne einer „isolierten" Regionalkreisbildung geschaffen worden: Per Gesetz vom 5. Juni 2001[61] ist aus der Landeshauptstadt Hannover und den Gemeinden des Landkreises Hannover als „neuer Gemeindeverband die Gebietskörperschaft" Region Hannover gebildet worden[62]. Diese hat die Aufgaben des bisherigen Landkreises Hannover sowie des kommunalen Zweckverbandes Großraum Hannover übernommen, welche ihrerseits aufgelöst wurden[63]. Auf die Region Hannover findet grundsätzlich die Kreisordnung Anwendung. Die dorther bekannten Organe Kreistag, Kreisausschuss und Landrat finden ihre begriffliche Entsprechung in der Regionsversammlung, dem Regionsausschuss sowie dem Regionspräsidenten[64]. Die Landeshauptstadt Hannover hat im Verhältnis zur Region Hannover allerdings – was von besonderer Bedeutung ist – grundsätzlich die Stellung einer kreisfreien Stadt behalten. Freilich sieht sich dieser Grundsatz hinsichtlich wesentlicher regionaler Aufgaben relativiert[65]. Demgegenüber befinden sich die früheren Gemeinden des Landkreises Hannover im Verhältnis zur Region weiterhin in der Position kreisangehöriger Gemeinden[66]. Die Region Hannover nimmt insofern einerseits die Stellung eines Landkreises ein, während sie andererseits und angesichts des umfassenden Kompetenzkataloges in den §§ 7 ff. Region Hannover-G die Aufgaben einer regionalen Bündelungsbehörde versieht[67].

c) Neue Regionalverbände

Von den Regionalkreisen zu unterscheiden ist ein weiteres, bestehende Verwaltungsstrukturen gleichfalls nachhaltig veränderndes Regionalisierungskonzept, wie es derzeit etwa die CDU-Opposition in Nordrhein-Westfalen propagiert[68].

---

61 Vgl. Gesetz über die Region Hannover (NdsGVBl. 2001 S. 348).
62 S. zum Ganzen *Priebs*, Die Bildung der Region Hannover und ihre Bedeutung für die Zukunft stadtregionaler Organisationsstrukturen, DÖV 2002, 144 ff.; vgl. aus der Planungsphase *Frohner*, Region Hannover, in: Henneke (Fn. 22), S. 117 ff.
63 Vgl. §§ 1, 2 Region Hannover-G; s. allgemein *Stüer* (Fn. 16), LKV 2004, 6 (8); *Burgi/Ruhland* (Fn. 37), S. 89 f.
64 Vgl. § 3 Abs. 3 Region Hannover-G.
65 S. § 7 Region Hannover-G sowie *Priebs* (Fn. 62), DÖV 2002, 144 (145).
66 Vgl. §§ 4, 5 Region Hannover-G.
67 Noch weiterreichend und in der politischen Diskussion derzeit besonders virulent sind die bereits kurz nach der letzten Landtagswahl von der Regierung *Wulff* initiierten Bestrebungen, die Bezirksregierungen in Niedersachsen abzuschaffen und die freiwerdenden Aufgaben – soweit nicht private Dienstleister eingeschaltet werden sollen – der kommunalen Kreisstufe zuzuordnen, vgl. *Hesse* (Fn. 33), S. 48.
68 Dazu auch schon – kritisch – *Hesse*, in diesem Band.

Gefordert wird die Abschaffung der bestehenden fünf Regierungsbezirke samt den zugehörigen Bezirksregierungen. Anstelle dieser staatlichen Mittelinstanzen sollen drei als neue Selbstverwaltungskörperschaften (neben den Gemeinden und Kreisen) verfasste *Regionalverbände* für das Rheinland, Westfalen und das Ruhrgebiet mit direkt gewählten Regionalparlamenten gebildet werden. Hervorgehen sollen die Verbände aus den bisherigen Landschaftsverbänden Rheinland und Westfalen-Lippe sowie dem Kommunalverband Ruhrgebiet[69], der unlängst ohnehin und mit Wirkung ab 1. Oktober 2004 zum „Regionalverband Ruhr" aufgewertet wurde[70]. Den neu gebildeten Regionalverbänden soll nach diesem Konzept weitgehend der Aufgabenbestand der bisherigen Bezirksregierungen sowie derjenige weiterer Sonderbehörden zugewiesen werden, soweit entsprechende Zuständigkeiten nicht auf die kommunale Kreisstufe verlagert werden können. Im Ergebnis entstünde so anstelle der staatlichen Mittelinstanzen eine dritte kommunale bzw. – hinsichtlich ihres Aufgabenbestandes – kommunal-staatliche Verwaltungsebene[71].

IV. Neue Regionalisierungsmodelle auf dem Prüfstand des Verfassungsrechts

Wie verhalten sich nun die vorstehend beschriebenen „neuen" Regionalisierungsmodelle in Anbetracht einschlägiger Aussagen im Verfassungsrecht des Bundes und der Länder? Dies sei hier abschließend und namentlich im Hinblick auf die Verfassungsgarantie der kommunalen Selbstverwaltung kurz untersucht. Vorausgeschickt seien jedoch zwei allgemeine Vorbemerkungen:

---

69 Allgemein zu Stellung und Funktion des Kommunalverbandes Ruhrgebiet *Burgi/Ruhland* (Fn. 37), S. 64.
70 Vgl. Art. 5 des Gesetzes zur Stärkung der regionalen und kommunalen Zusammenarbeit (Fn. 42).
71 S. zusammenfassend m. zahlreichen Nachw. *Hesse* (Fn. 33), S. 12, 14 f., 24 ff., 55 – dort auch mit Hinweisen zu den weniger weit reichenden Reformvorschlägen der SPD NRW: Beibehaltung der Ebene der Bezirksregierungen, jedoch mit nicht mehr fünf, sondern nur noch drei neu zugeschnittenen Bezirken (Rheinland, Westfalen und – ganz neu – Ruhrgebiet); zugleich sollen Aufgabenbestand und Gebiet der höheren Kommunal- bzw. Landschaftsverbände reformiert werden. Ein ähnliches Reformkonzept verfolgt Baden-Württemberg, s. dazu das entspr. Eckpunkte-Papier nebst Entwurf eines Verwaltungsstruktur-Reformgesetzes der Landesregierung unter www.baden-wuerttemberg.de/sixcms/detail.php?id=32318.

1. Aufgabenkritik und Verbot der Mischverwaltung

Ganz allgemein hat am Anfang einer jeden Funktionalreform, wie schon beim DLT-Professorengespräch von 1998 mehrfach unterstrichen, eine eingehende Aufgabenkritik zu stehen. Zu klären ist, welche Aufgaben in welchem Umfang (als „Aufgaben"- oder „Verwaltungsmonopol"[72] oder in Zusammenarbeit, vielleicht gar in Konkurrenz mit Privaten wahrzunehmende Agenden) überhaupt beim Staat und seinen Untergliederungen verbleiben müssen bzw. können. Bekanntlich sind bei derlei (Privatisierungs-) Überlegungen angesichts des Liberalisierungsdrucks aus Brüssel neben haushaltsrechtlichen (Stichwort: Privatisierungsprüfpflicht)[73] immer mehr auch europäische Vorgaben zu beachten. Erst dann kann in einem zweiten Schritt geprüft werden, auf welche Weise dieser Restbestand an eigentlichen Verwaltungsaufgaben auf die bestehenden Verwaltungsinstanzen zu verteilen ist und ob aus Gründen der Verwaltungseffizienz neue (regionale) Verwaltungsaufgaben zu schaffen sind.

Unmittelbar verfassungsabgeleitet ist, namentlich aus dem Prinzip der Deckung von Aufgaben- und Ausgabenverantwortung in Art. 104a Abs. 1 GG, sodann das *Verbot der Mischverwaltung*. Eine Kondominialverwaltung dergestalt, dass bestimmte Aufgaben von mehreren (regionalen/lokalen) Verwaltungsträgern gemeinsam wahrgenommen werden, soll es, selbst wenn die Verfassungswirklichkeit insoweit einige, stets aufs Neue kritisierte Durchbrechungen kennt[74], nach dem Grundgesetz aus guten Gründen nicht geben. Schon von daher verbietet sich strikt die zuweilen geforderte Rückbesinnung auf „die ‚Ketzer' der siebziger Jahre"[75], die sich – unter dem Motto eines funktionalen Verständnisses der kommunalen Selbstverwaltung – noch im Sinne eines eher nebulösen Aufgabenverbundes namentlich zwischen Gemeinden und Kreisen aussprachen[76].

---

[72] Zu diesen Kategorien etwa *Pielow* (Fn. 3), S. 327 f. m. w. N.
[73] Vgl. § 7 Abs. 2 S. 2 BHO; zur verfassungsrechtlichen Herleitung dieses Gedankens mit Bindung auch der Landesgesetzgeber (sofern die Landeshaushaltsordnungen schweigen) *Pielow* (Fn. 3), S. 481 m. Fn. 42.
[74] Die ja auch ein zentrales Thema der Debatte zur Föderalismusreform bilden. Zur Kritik etwa *Siekmann*, in: Sachs (Hrsg.) (Fn. 17), Art. 91a Rn. 6 ff., Art. 104a Rn. 2, auch zum Verbot der Mischverwaltung.
[75] So aber noch *Wahl*, zit. nach *Henneke*, Zusammenfassung der Diskussion, in: ders. (Fn. 22), S. 207.
[76] Namentlich *Roters*, Kommunale Mitwirkung an höherstufigen Entscheidungsprozessen, 1975; *Burmeister*, Verfassungstheoretische Neukonzeption der kommunalen Selbstverwaltung, 1977; zutr. kritisch dagegen *Stern*, Staatsrecht der Bundesrepublik Deutschland, Bd. I, 2. Aufl. 1984, § 12 III m. w. N.; siehe auch *Pielow* (Fn. 5), S. 229 ff.

2. Verwaltungseffizienz und praktische Konkordanz

Im Übrigen gilt auch für neue Verwaltungsstrukturen durch Regionalisierung, dass dabei auftretende Konflikte zwischen einzelnen Verfassungspostulaten tunlichst im Wege der praktischen Konkordanz, also abwägend aufzulösen sind. Betroffen sind vorliegend namentlich Staatsstrukturprinzipien, allen voran das Demokratie- und evtl. auch das Sozialstaatsprinzip, sodann vor allem die institutionelle Garantie der kommunalen Selbstverwaltung in Art. 28 Abs. 2 GG und gleichgerichteten Normen der Landesverfassungen. Mit in die Abwägung eingestellt werden muss, dies klang schon an (oben II. 2.), gerade aber auch das Gebot der Wirtschaftlichkeit allen staatlichen Handelns – einschließlich seiner Verwaltungsorganisation – ein Prinzip, welches seinerseits unmittelbar aus dem Verfassungsrecht (Stichwort u. a.: gesamtwirtschaftliches Gleichgewicht in Art. 109 Abs. 2 GG) abzuleiten ist[77]. Hier wird auch relevant, dass sich der Staat im Zuge seiner – aus der objektiven Schutzfunktion der Grundrechte herrührenden – Gewährleistungsfunktion (resp. „Infrastrukturverantwortung") – um eine ebenso effektive wie effiziente Verwaltungsinfrastruktur zu bemühen hat[78]. Die Kleinparzellierung kommunaler Verwaltungsstrukturen muss mit anderen Worten – auch wenn sie im Interesse der Bürgernähe und der bürgerschaftlichen Mitwirkung an den örtlichen Angelegenheiten an und für sich sogar verfassungsgeboten erscheint – dort an Grenzen stoßen, wo aus Gründen ökonomischer Inproportionalität (und damit einhergehender, z. T. verheerender Haushaltsdefizite) ganz allgemein die individuelle Freiheit des Steuerbürgers auf dem Spiel steht.

3. Vereinbarkeit mit der Garantie der kommunalen Selbstverwaltung

Für die Vereinbarkeit der hier skizzierten neuen Verwaltungsstrukturen mit der verfassungsrechtlichen Selbstverwaltungsgarantie in Art. 28 Abs. 2 GG ergibt sich danach – namentlich aus Sicht der mitunter nachhaltig betroffenen Land-

---

[77] Siehe näher *Schmidt-Aßmann*, in: Hoffmann-Riem (Fn. 32), S. 5 (21) – auch in Parallelwertung zu Art. 20a GG, Stichwort: Ressourcenschonung: Wirtschaftlichkeit verstanden als Programmsatz und „Optimierungsgebot"; ferner *Pielow* (Fn. 3), S. 480 f. m. w. N.
[78] S. bereits oben II. 2. mit den Nachw. in Fn. 30 ff.

Neue Verwaltungsstrukturen durch Regionalisierung?

kreise[79] und ohne dass hier auf Nuancen im Verfassungsrecht der Länder eingegangen werden soll – Folgendes:

a) Regionalkreismodelle

aa) Aufgabenbestand

Der Schutzgehalt des kommunalen Selbstverwaltungsrechts in Art. 28 Abs. 2 GG erfasst sowohl Gemeinden als auch „Gemeindeverbände" und hier in erster Linie die Kreise. Allerdings sind letztere nicht in gleichem Umfang geschützt wie die Gemeinden, weil Art. 28 Abs. 2 S. 2 GG ihnen insbesondere einen nur gesetzesgeformten Aufgabenbereich zuweist. Grenzen für einen Aufgabenentzug bestehen erst dort, wo von einem Mindestbestand an kreiskommunalen Selbstverwaltungsangelegenheiten keine Rede mehr sein kann. Auf dieser Ebene bestehen hinsichtlich der in Mecklenburg-Vorpommern diskutierten Regionalkreismodelle keine Probleme, da die dort anvisierte Funktionalreform keinen Aufgabenentzug sondern im Gegenteil einen Aufgabenzuwachs für die zu bildenden Regionalkreise vorsieht[80]. Auch die Region Hannover hat hinsichtlich des Bestandes der ihr (bzw. den früheren Landkreisen in dieser Region) von Gesetzes wegen zugewiesenen Aufgaben keinen Verlust hinnehmen müssen. Insoweit erweisen sich die hier exemplarisch betrachteten Regionalisierungsmodelle daher als verfassungsrechtlich unbedenklich.

bb) Institutionelle Rechtssubjektsgarantie

Daneben enthält Art. 28 Abs. 2 GG eine *institutionelle Rechtssubjektsgarantie* – auch für die Kreise. Das Grundgesetz sieht (in den Flächenstaaten) einen mehrstufigen kommunalen Verwaltungsaufbau vor. Die grundsätzliche Existenz einer Kreisebene ist demnach gesichert, nicht aber der Fortbestand einzelner Kreise[81]. „Kernbereichsrelevant" wäre auch die Auflösung einzelner Kreise nach dem gegenwärtigen Stand der Verfassungsrechtsprechung erst dann, wenn

---

[79] Aus Sicht der betroffenen Gemeinden liegen die Dinge mitunter anders, weil zu ihren Gunsten, namentlich beim Aufgabenentzug zugunsten der Kreisebene, ein „Regel-Ausnahme-Verhältnis" als verfassungsrechtliches Aufgabenverteilungs- (= Subsidiaritäts-) Prinzip wirkt, welches freilich, eine „passende" Argumentation des Gesetzgebers vorausgesetzt und wie ja der „Rastede"-Beschluss gezeigt hat, ebenfalls nicht unüberwindbar ist, vgl. grundlegend *BVerfGE* 79, 127 (147 f., 150 ff.) – Rastede. Verwiesen sei im Übrigen auf die jüngsten Ausführungen des *HessStGH* im Urteil v. 04.05.2004 zur Region Ballungsraum Frankfurt/Rhein-Main (o. Fn. 46), das im konkreten Fall ebenfalls zu keinerlei Beanstandungen führte.

[80] S. näher *Erbguth* (Fn. 59), LKV 2004, 1 (2).

[81] S. eingehend nur *Burgi/Ruhland* (Fn. 37), S. 105 m. w. N.

vom tradierten Bild der Institution Gemeindeverband resp. Kreis am Ende nichts mehr übrig bliebe.

Insofern mag man hier die Frage nach einer etwa schon verfassungsrechtlich vorgegebenen *Höchstgröße* für neue Kreisstrukturen aufwerfen: Der Einordnung des Kreises zwischen Ländern und Gemeinden in Art. 28 Abs. 1 S. 2 GG sowie seiner Stellung als Gemeindeverband nach Art. 28 Abs. 2 S. 2 GG ist immerhin zu entnehmen, dass auch die Ausdehnung eines „Regionalkreises" jedenfalls zwischen der Landes- und der Gemeindeebene liegen, ein „Ein-Kreis-Land" mithin ausgeschlossen sein muss.

Die Rechtsnatur des Kreises als kommunaler *Selbstverwaltungs*körperschaft verlangt ferner, die Höchstgröße so zu wählen, dass die Verbundenheit unter den Einwohnern und zu den kreisangehörigen Gemeinden erhalten bleibt[82] – womit freilich ein äußerst diffizil zu handhabendes Kriterium vorgegeben ist. So werden etwa „Regionalkreise von der Größe von Regierungspräsidien" als „deutlich jenseits der Grenze der Überschaubarkeit" liegend und deshalb verfassungswidrig angesehen[83]. Auch wird mit Entfernungsgrenzwerten gearbeitet[84]. Beide Ansätze erscheinen schon angesichts ständig voranschreitender Kommunikationsmöglichkeiten (Stichworte: *e-government*[85] und *e-democracy*) überprüfungsbedürftig. Sodann wird man zu berücksichtigen haben, dass die mit einer Kreisgebietsreform einhergehende Funktionalreform (etwa in Mecklenburg-Vorpommern) zugleich die „Kommunalisierung" zuvor bei Sonderbehörden oder bei der staatlichen Mittelinstanz (Regierungsbezirke) angesiedelter Zuständigkeiten vorsieht. Derartige Bündelungen von Kompetenzen beim Regionalkreis dürften Bürgernähe eher befördern denn ihr entgegenstehen[86].

Bei der Bildung von Regionalkreisen im unmittelbaren Stadtumland einer Solitärstadt wird man im Interesse der verfassungsrechtlichen Haltbarkeit insbesondere – etwa durch entsprechende Ausgestaltung der Binnenorganisation (u. a.: Stimmverhältnisse in den Vertretungsorganen) – dafür zu sorgen haben, dass die Stadt im Landkreis nicht zu übergewichtig und dadurch der Kreis zum bloßen Anhängsel der Stadt gerät[87]. Gesondert zu prüfen ist ferner, ob die Einkrei-

---

[82] Grundlegend bereits *Stern*, Die verfassungsrechtliche Garantie des Kreises, in: Verein für die Geschichte der Deutschen Landkreise e.V. (Hrsg.), Der Kreis, Erster Band, 1972, S. 156, 175 ff., insbes. 176 f.; s. ferner *Schmidt-Aßmann* (Fn. 9), DVBl. 1996, 533 (540); *Erbguth* (Fn. 59), LKV 2004, 1 (2 f.); vgl. auch *Lange* (Fn. 22), S. 173 f.

[83] *Schmidt-Aßmann* (Fn. 9), DVBl. 1996, 533 (540); ähnlich *Stüer* (Fn. 16), LKV 2004, 6 (9).

[84] S. *Stüer* (Fn. 16), LKV 2004, 6 (9): nicht mehr als 300 km Durchmesser.

[85] S. dazu den Beitrag von *Schliesky* nachstehend in diesem Band.

[86] *Erbguth* (Fn. 59), LKV 2004, 1 (3).

[87] Vgl. *Stern* (Fn. 82), S. 176.

sung der bis dahin kreisfreien (Zentral-) Stadt ihrerseits mit der Selbstverwaltungsgarantie zu vereinbaren ist[88].

Dass die Hoffnungen auf verfassungsrechtlichen Flankenschutz gegenüber Regionalkreisbildungen nicht zu hoch gesteckt werden dürfen, bestätigen auch die Erfahrungen mit den (verfassungs-) gerichtlichen Auseinandersetzungen um die kommunalen Neugliederungen in den 60er und 70er Jahren. Im von diesen Maßnahmen besonders nachhaltig betroffenen Land Nordrhein-Westfalen führten die dagegen gerichteten vielfältigen Gerichtsverfahren nur in wenigen Ausnahmefällen zum Erfolg[89].

cc) Schutz im Randbereich der Garantie

Wenn Regionalkreismodelle keinen Bedenken im Hinblick auf den Kernbereich der Selbstverwaltungsgarantie begegnen, ist weiter nach möglichen Verletzungen im „Randbereich" dieses Verfassungspostulats zu forschen. Hier billigt das Bundesverfassungsgericht dem Gesetzgeber einen eher weiten Gestaltungsspielraum zu, indem es seine Organisationsentscheidungen lediglich einer „Vertretbarkeitskontrolle" und damit letztlich einer Überprüfung auf evidente Begründungsmängel und anhand der Verhältnismäßigkeit unterwirft[90]. Die Rechtfertigung eines Eingriffs in bestehende (Selbst-) Verwaltungsstrukturen hängt am Ende maßgeblich davon ab, ob im Zuge einer abwägenden – und entsprechend substantiiert begründeten – Gesamtbilanz die Vorteile der fraglichen Strukturreform deren Nachteile überwiegen[91].

Dabei geraten wieder praktische Gesichtspunkte in das Blickfeld: Sind die neuen Verwaltungsstrukturen wirklich effizienter, d. h. wirtschaftlicher, und wer soll das verlässlich prognostizieren? (In jedem Fall ist hier Arbeitsbeschaffung für die Consulting-Branche auszumachen.) Und: Wie steht es um die politische Teilhabe der betroffenen Bürger? Für das in *Mecklenburg-Vorpommern*

---

[88] S. *Stüer* (Fn. 16), LKV 2004, 6 (9); siehe dazu auch schon *VerfGH NW*, OVGE 30, 312 (313). Hinsichtlich der Region Hannover ist dies unproblematisch, da, wie schon ausgeführt, die Landeshauptstadt Hannover gegenüber der Region nach wie vor – sieht man einmal von bestimmten regionalen Aufgaben nach Maßgabe des Regionsgesetzes ab – die Stellung einer kreisfreien Stadt hat; näher hierzu *Priebs* (Fn. 62), DÖV 2002, 144 (145).

[89] S. dazu *Tettinger*, in: Tettinger/Löwer (Hrsg.), Kommentar zur Verfassung des Landes Nordrhein-Westfalen, 2002, Art. 78 Rn. 52 (3): Erfolgreich war z. B. die Kommunalverfassungsbeschwerde der Stadt Wesseling, vgl. *VerfGH NW*, OVGE 31, 297 (301).

[90] Grundlegend: *BVerfGE* 79, 127 (147 ff.).

[91] Der Gesetzgeber ist angehalten, eine detaillierte Kosten-Nutzen-Relation vorzulegen, vgl. allgemein *Stüer* (Fn. 16), LKV 2004, 6 (8 f.); *Erbguth* (Fn. 59), LKV 2004, 1 (5); jeweils m. w. N.

angestrebte Reformmodell – vier bis fünf Regionalkreise bei gleichzeitiger Kommunalisierung staatlicher Aufgaben – wird insoweit eine positive Gesamtbilanz gezogen: In ihren praktischen Auswirkungen verspreche sie Effizienzgewinne, die den Einwand mangelnder Bürgernähe mehr als wettmache[92]. Effizienzgewinne liegen nahe, weil die Zusammenfassung möglichst vieler Kompetenzen in einer Behörde bzw. einer Gruppe von Behörden, die gemeinsamer Leitung unterstehen, naturgemäß eine dezernats- und bereichsübergreifende Personal- und Ressourcenwirtschaft ermöglicht. Dies spart Reibungsverluste und somit Zeit und Geld[93]. Zudem können mit der Kommunalisierung bis dahin staatlicher Aufgaben Leitungsebenen reduziert und Personalstände mittel- und langfristig zurückgeführt bzw. anderweitig effizienter eingesetzt werden. Umgekehrt sind gerade kompetenz- und ressourcenmäßig „starke" Kreise Voraussetzung für die erhofften Einspareffekte. Derlei Kriterien mögen als verfassungsrechtlich hinreichend legitime Basis für eine Kreisgebietsreform im Ansatz durchaus genügen. Ausreichende politische Teilhabe der betroffenen Bürger dürfte trotz der Größe der neu geschaffenen (Regional-)Kreisstrukturen durchaus möglich bleiben; politische Partizipation und Verbundenheit zwischen Selbstverwaltungsträgern und Einwohnern ist – gerade in Zeit chronisch leerer Kassen und im Interesse eigentlich effizienter Selbstverwaltung – nicht nur eine Frage der Fläche.

b) Regionalverbandsmodell in Nordrhein-Westfalen

Das von der CDU-Opposition in NRW favorisierte Modell der Bildung dreier Regionalverbände bedeutet die Schaffung einer neuen, hinsichtlich ihres Aufgabenbestandes kommunal-staatlichen Mittelinstanz. Gegen ein derartiges Organisationsmodell sind in der Vergangenheit verfassungsrechtliche Bedenken vorgebracht worden[94]. Diesen ist indes zu entgegnen, dass es in Nordrhein-Westfalen bereits bislang Verwaltungsträger gibt, in denen sowohl staatliche als auch kommunale Angelegenheiten erledigt werden, nämlich die Kreise[95]. Hält man sich wiederum vor Augen, dass es – wie das BVerfG zu Recht betont[96] – eines „weiten Spielraums bei der organisatorischen Ausgestaltung der Verwal-

---

[92] So *Hesse* (Fn. 33), S. 16. Kritisch demgegenüber *Lautner* (Fn. 10), VR 1999, 409 (416 ff.); s. auch *Lange* (Fn. 56), DÖV 1996, 684.
[93] S. insoweit auch *Seewald*, in: Steiner (Hrsg.), Besonderes Verwaltungsrecht, 7. Aufl., 2003, Kap. I Rn. 387 f.
[94] S. *Erichsen/Büdenbender*, Verfassungsrechtliche Probleme staatlich-kommunaler Mischverwaltung, NWVBl. 2001, 161; *Schleberger* (Fn. 55), NWVBl. 2002, 16 (17).
[95] S. *Burgi* (Fn. 20), NWVBl. 2004, 131 (137).
[96] *BVerfGE* 63, 1 (34).

tung bedarf..., um den – verschiedenartigen und sich ständig wandelnden – organisatorischen Erfordernissen Rechnung tragen und damit eine wirkungsvolle und leistungsfähige Verwaltung gewährleisten zu können", kann nicht ernstlich zweifelhaft sein, dass sich die geplante neue Verwaltungseinheit „Regionalverband" keinen prinzipiellen verfassungsrechtlichen Einwänden ausgesetzt sieht.

Ein Sonderproblem ergibt sich hier aus Sicht der derzeit bestehenden Landschaftsverbände Rheinland und Westfalen-Lippe, aus denen nach dem „Oppositionsmodell" nunmehr drei Regionalverbände gebildet werden sollen. Weil der VerfGH NW die Landschaftsverbände dem Gewährleistungsbereich der kommunalen Selbstverwaltungsgarantie unterstellt hat[97], wirkt nach einer neueren Sichtweise zugunsten der Landschaftsverbände auch die institutionelle Rechtssubjektsgarantie[98]. Danach bestehen hier ähnliche Anforderungen wie bei sonstigen kommunalen Gebietsänderungen. Letztlich dürfte die Untersuchung auch insoweit wieder auf eine „Vertretbarkeitsprüfung" anhand einer Abwägung von Vor- und Nachteilen des konkreten Reformvorhabens hinauslaufen[99]:

In positiver Hinsicht verspricht das Reformvorhaben – wie schon beim Regionalkreismodell – durchaus Synergieeffekte durch Konzentration von Aufgaben auf der Regionalebene. Zudem dürften innerhalb der neu zu bildenden Selbstverwaltungsträger Steuerungs- und Flexibilitätsgewinne zu erwarten sein, wie sie auch aus dem Bereich sonstiger kommunaler Verwaltung bekannt sind. Insbesondere würde die derzeit auf Ebene der Regierungsbezirke bestehende administrative Zersplitterung des Ballungsgebietes an der Ruhr aufgehoben. Andererseits steht zu befürchten, dass aufgrund der Eigeninteressen eines verselbständigten Regionalverbands und seiner Vertretungskörperschaft das Aufgabenwachstum tendenziell eher befördert denn gehemmt wird. Auch besteht die Gefahr, dass die geplante Selbstverwaltung auf regionaler Ebene Land, Region und Kommunen in Konkurrenz um Zuständigkeiten, Regelungsmacht und Ressourcen treten lässt. Dies könnte zu erheblichen Reibungsverlusten

---

[97] *VerfGH NW*, NWVBl. 2001, 340; zu dieser Fragen eingehend *Burgi* (Fn. 20), NWVBl. 2004, 131 ff.

[98] S. insoweit namentlich *Burgi* (Fn. 20), NWVBl. 2004, 131 (134 ff.). Nach h. L. entfaltet die Rechtssubjektsgarantie hier dagegen keinerlei Schutz. Dafür spreche, dass die Landschaftsverbände erst nach Inkrafttreten der Verfassung geschaffen worden sind, zu ihrer Einrichtung keine Verpflichtung bestanden habe und deshalb auch ihre Auflösung ohne weiteres möglich sei, vgl. etwa *Erichsen*, Kommunalrecht NW, 2. Aufl. 1997, S. 301, wohl a. A. dagegen später in einem speziellen Beitrag zu den Landschaftsverbänden (NWVBl. 1995, 1 [3]); *Tettinger* (Fn. 89), Art. 78 Rn. 77. Demnach ließen sich der Verfassung auch hinsichtlich der nunmehr diskutierten Gebietsänderungen keine weitergehenden materiellen Anforderungen entnehmen.

[99] S. zum Ganzen *Hesse* (Fn. 33), S. 22 ff., sowie unter dem Aspekt der Gebietsreform auch *Burgi* (Fn. 20), NWVBl. 2004, 131 (136).

zwischen den bestehenden Verwaltungsträgern und, damit einhergehend, zu einem Steuerungsverlust der Landespolitik führen. Zu bedenken ist ferner, dass ein eigener Regionalverband Ruhrgebiet (mit dann immerhin knapp 6 Mio. Einwohnern) für das gesamte Bundesland kontraproduktive machtpolitische und sozioökonomische Disparitäten – namentlich hinsichtlich des bislang ausgewogenen Verhältnisses zwischen Ballungsraum und Peripherien sowie der landsmannschaftlichen (rheinisch/westfälischen) Identitäten an der Ruhr – nach sich ziehen kann. Möglicherweise überwiegen dann in einer bilanzierenden Gesamtbewertung des „Oppositionsmodells" die Nachteile. Ob deshalb freilich auch die verfassungsrechtlichen Grenzen des gesetzgeberischen Gestaltungsermessens überschritten wären, muss letztlich von der genauen Konturierung eines solchen Regionalverbandsmodells abhängig gemacht werden.

Entscheidend wird es insoweit auf die konkrete Beschaffenheit eines Ruhr-Verbandes ankommen – und zwar schon hinsichtlich seines genauen geografischen Zuschnitts (etwa gebotene [Teil-] Mitgliedschaft von Peripheriegemeinden und -kreisen?), sodann seiner Binnenstruktur (wiederum: hinreichende Repräsentanz der Mitgliedskörperschaften) sowie der genauen Aufgaben und Eingriffsbefugnisse des Verbandes[100].

V. Fazit

Neue Verwaltungsstrukturen durch Regionalisierung sind nicht pauschal zu verwerfen oder zu befürworten; insbesondere sind mit ihnen nicht von vornherein verfassungsrechtliche Grenzen überschritten. Sie bedürfen der funktionsadäquaten Realisierung unter Berücksichtigung der jeweiligen Verhältnisse „vor Ort" – und erscheinen umso mehr geboten, als sie – namentlich in Kombination mit einer Kommunalisierung bislang auf der staatlichen Mittelebene angesiedelter Aufgaben – nachweisbar zu nachhaltigen Effizienzsteigerungen führen. Insoweit wird man freilich auch über wiederkehrende Effizienzkontrollen und

---

[100] Neueres Anschauungs- resp. Argumentationsmaterial bietet auch hier die mehrfach erwähnte Entscheidung des *HessStGH* zum Rat der Region Ballungsraum Frankfurt/Rhein-Main vom 04.05.2002 (Fn. 46).

Neue Verwaltungsstrukturen durch Regionalisierung?

(verfassungsrechtliche) Korrekturpflichten des Landesgesetzgebers bei Nichteintritt seiner Prognosen nachzudenken haben[101].

Vorzugswürdig erscheinen Mechanismen der fakultativen kommunalen Zusammenarbeit auf der überregionalen Ebene. Institutionelle Reformen erfordern, zumal wenn sie mit Regionalisierung vormals staatlicher Aufgaben einhergehen, eine gesetzliche Regelung. Zur Vermeidung einer zu starken Verselbständigung regionaler Verwaltungsebenen ist auf eine bruchfreie Abgrenzung zur Peripherie und auf eine dem Selbstverwaltungsgedanken und der Rückbindung an die betroffenen kommunalen Gebietskörperschaften wiederum funktionsadäquat Rechnung tragende Binnenstruktur zu achten.

In jedem Fall empfiehlt sich die Heranziehung rechtsvergleichender Erkenntnisse: Reichhaltiges Anschauungsmaterial für die (gesetzlich flankierte) kommunale Zusammenarbeit bieten etwa die relativ neuen *communautés d'agglomérations, communautés des communes* und *communautés urbaines* in Frankreich[102]. Bezüglich der Bündelung von staatlichen und kommunalen Aufgaben auf der überörtlichen Ebene sollte auch ein Blick auf die 52 *spanischen Provinzen* (einschl. der parallel bestehenden, jedoch relativ schlank gehaltenen staatlichen Mittelinstanzen – *Delegados de Gobierno*) geworfen werden[103].

Noch näher liegt die Rechtsvergleichung bezüglich der deutschen Verwaltungsgeschichte, etwa mit Blick auf die ehemals hocheffizient arbeitenden Provinzialverwaltungen in Preußen (als Vorfahren der 1953 gebildeten und insofern nur

---

101 Vgl. zutr. *Tettinger* (Fn. 89), a. E., seinerseits in Anlehnung an *Grupp*, in: FS f. K. Stern, 1997, S. 1099 ff.
102 Hinzuweisen ist insoweit auch noch einmal auf Art. 72 franz. Verf. und die dort ebenfalls neu aufgenommene „Experimentierklausel": „Dans les conditions prévues par la loi organique, et sauf lorsque sont en cause les conditions essentielles d'exercice d'une liberté publique ou d'un droit constitutionnellement garanti, les collectivités territoriales ou leurs groupements peuvent, lorsque, selon le cas, la loi ou le règlement l'a prévu, déroger, à titre expérimental et pour un objet et une durée limités, aux dispositions législatives ou réglementaires qui régissent l'exercice de leurs compétences".
103 Freilich unter dem Vorbehalt, dass die dort anfänglich zu verzeichnenden erheblichen Kompetenz- und sonstigen Abstimmungskonflikte (s. etwa *Pielow* [Fn. 5], S. 66 ff., 175 ff., und *von Zimmermann-Wienhues* [Fn. 5], S. 42 f.) zwischenzeitlich bereinigt worden sind.

noch rudimentären Landschaftsverbände in NRW): Die preußischen Provinzialverfassungen zogen mit den durch sie bewirkten Einkreisungen von größeren Städten gerade auch eine beachtliche Stärkung der Kreise (bis dahin nur „Landkreise") nach sich[104].

---

[104] Vgl. *Jeserich/Pohl/v. Unruh*, Deutsche Verwaltungsgeschichte, Bd. 3, S. 572; ausführlicher und hinsichtlich manch aufschlussreicher Parallele zur heutigen Regionalisierungsdebatte : *Jeserich*, Die preußischen Provinzen: Ein Beitrag zur Verwaltungs- und Verfassungsreform, 1931, S. 25 ff. u. passim, sowie S. 277 ff. zu Reformüberlegungen zu Beginn der 30er Jahre.

Utz Schliesky
Auswirkungen des eGovernment auf Verwaltungsstrukturen?

I. Einführung: eGovernment und Funktionalreform

Nach mehr oder weniger erfolgreichen Reformbemühungen in vielen Bereichen der öffentlichen Verwaltung geistert nun ein neues Schlagwort durch die Amtsstuben: das eGovernment. Nach der mittlerweile vorherrschenden „Speyerer Definition" ist Electronic Government die „Abwicklung geschäftlicher Prozesse im Zusammenhang mit Regieren und Verwalten (Government) mit Hilfe von Informations- und Kommunikationstechniken über elektronische Medien"[1].

EGovernment wird als strategisches Gesamtkonzept zur Modernisierung der Verwaltung unter Verwendung von Informations- und Kommunikationstechnologien betrachtet und damit als Ziel einer neuen elektronischen Verwaltungsstruktur verstanden, die an das Konzept des „New Public Management" anknüpft und es weiterentwickelt, indem der rasante Fortschritt des IuK-Sektors in das Konzept integriert wird[2]. Hinter dem so definierten eGovernment verbirgt sich aus juristischer Perspektive ein breites Spektrum staatlicher bzw. kommunaler Verhaltensweisen von „bloßer" Informationstätigkeit über Auskünfte (§ 25 Satz 2 VwVfG) bis hin zum Verwaltungsakt (§ 35 VwVfG), die unterschiedlichen rechtlichen Maßstäben unterliegen.

Nicht zuletzt wegen der Verwendung kryptischer Begriffe, die sich zwar nicht hinter der vom Bundesverwaltungsamt angebotenen „Kryptobibliothek" verber-

---

1 *Von Lucke/Reinermann*, in: Reinermann/von Lucke (Hrsg.), Electronic Government in Deutschland, Speyerer Forschungsberichte 226, 2002, S. 1 ff.; s. *Hill*, BayVBl. 2003, 737.
2 KGSt-Bericht 1/2000, Kommune und Internet: Strategische Überlegungen und Hilfe zur Umsetzung, S. 1 f.; *Boehme-Neßler*, NVwZ 2001, 374 f.; *Groß*, DÖV 2001, 159 (163); *Naujokat/Eufinger*, in: Reinermann/von Lucke (Fn. 1), S. 46 (47 ff.).

gen³, aber für Verwaltungsjuristen nicht mehr ohne Wörterbuch zu verstehen sind, wird eGovernment oftmals als technische Modewelle abgetan und nicht im Zusammenhang mit Funktionalreformen betrachtet. Versteht man unter einer Funktionalreform die Gesamtheit aller Maßnahmen zur Verbesserung und Effizienzsteigerung der Arbeit der öffentlichen Verwaltung in allen Ebenen, vor allem durch Neuverteilung der Zuständigkeiten zwischen den einzelnen Verwaltungsebenen⁴, so ist genau dies mit zahlreichen hinter dem Begriff stehenden verwaltungswissenschaftlichen und politischen Ansätzen beabsichtigt: So wird der „Mehrwert" von eGovernment in der Nutzung für grenzüberschreitende Lösungen gesehen, wobei diese Grenzüberschreitungen dahingehend verstanden werden, dass die Verwaltungsstrukturen und Verwaltungsverfahren nicht mehr durch Raum, Zeit und Organisation als herkömmliche Determinanten „behindert" werden⁵. *Von Lucke* sieht durch die „neue Erreichbarkeit von Personen, Abläufen, Daten und Objekten" eine „neue Gestaltbarkeit gerade der grenzüberschreitenden Beziehungen" gegeben, mit der eine „virtuelle Verwaltung" entwickelt werden könne, die „vorgefundene institutionelle Abgrenzungen überwindet und damit Mehrwerte im Sinne heute mit Verwaltungshandeln verbundener Ziele bewirken kann"⁶. Bei dieser geradezu euphorischen Prognose bleibt zwar merkwürdig unklar, welches die heute mit Verwaltungshandeln verbundenen Ziele sein sollen; deutlich wird aber, dass es um eine grundlegende Umgestaltung von Verwaltungsstrukturen geht und die Ziele offenbar im Bereich der Effizienzsteigerung und Kostenreduktion liegen⁷. Ob diese Kostensenkungspotentiale tatsächlich realisiert werden können, erscheint fraglich, wenn man die Gefahr des sog. digital divide bedenkt, d. h. der fehlenden Möglichkeiten und Fähigkeiten eines Teils der Bürger, an elektronischen Verwaltungsverfahren teilzunehmen. Angesichts dieser vom Staat ebenfalls zu versorgenden Klientel

---

3   Unter einer „Kryptobibliothek" versteht man eine Datenbank mit Kryptoalgorithmen, mit denen elektronische Signaturen erzeugt und abgeglichen werden können. Die dem deutschen Signaturgesetz (SigG) und der Signaturverordnung entsprechenden Signaturschlüssel werden von der Regulierungsbehörde für Telekommunikation und Post (RegTP) gem. § 3 SigG im Bundesanzeiger veröffentlicht, zuletzt RegTP, Bekanntmachung zur elektronischen Signatur nach dem Signaturgesetz und der Signaturverordnung (Übersicht über geeignete Algorithmen) vom 2. Januar 2004, BAnz. Nr. 30 vom 13. Februar 2004 S. 2537 f.
4   *Eichhorn u. a.* (Hrsg.), Verwaltungslexikon, 3. Auflage 2003, Art. „Funktionalreform", S. 394.
5   *Von Lucke*, in: Eichhorn (Fn. 4), Art. „Electronic Government", S. 300 (301).
6   *Von Lucke*, ebd.
7   So in der Tat *von Lucke* (Fn. 4), S. 300 (302), der allerdings darüber hinaus als zusätzliche Ziele Nutzenbeschleunigung, Service- und Qualitätsverbesserung, Organisationsverbesserungen und eine durch Transparenz und Leistungsfähigkeit verbesserte Legitimation des öffentlichen Handelns neben der Kostenreduktion nennt.

werden klassische „Verwaltungsstrukturen" auch künftig vorzuhalten sein, die als Parallelstrukturen aber zusätzliche Kosten verursachen.

Neben den nur kurz skizzierten verwaltungswissenschaftlichen Bestrebungen sind es aber nunmehr vor allem auch politische und rechtliche Ansätze, die zur eigentlichen Bedrohung für die Verwaltungsstrukturen werden können.

II. Politischer Umsetzungsdruck

In manchen Bundesländern wird das eGovernment bereits als Argument für vermeintlich notwendige Gebietsreformen angeführt[8], doch ist es momentan zweifelsohne der Bund, der mit seinen Projekten „Bund Online 2005" und „Deutschland Online" auch finanziell beachtliche Anstöße zur Modernisierung von Verwaltungsstrukturen unternimmt.

1. Bund Online 2005

Hinter der Initiative „Bund Online 2005" verbirgt sich das Projekt, bis zum Ende des Jahres 2005 alle 449 als internetfähig erkannten Dienstleistungen der Bundesverwaltung online bereitzustellen; zum Stichtag 12. November 2003 war dies bei 248 Dienstleistungen bereits geschehen[9]. Konkret bedeutet dies, dass dem Bürger bereits heute über ein Online-Portal zahlreiche Verwaltungsdienstleistungen vom BAföG-Stundungsantrag über den Kauf von Bundesschatzbriefen bis zur Zoll-Auktion online angeboten werden. Realisiert ist auch bereits die Vergabeplattform, auf der alle Ressorts der Bundesverwaltung ihre Beschaffungsvorgänge im Sinne eines virtuellen Marktplatzes optimieren können. Der funktionalreformerische Ansatz ist hier unverkennbar: Neben der Realisierung von Kostensenkungspotentialen[10] wird Bund Online 2005 vor allem als wesent-

---

8 Deutlich etwa der schleswig-holsteinische Innenminister *Buß*, Pressemitteilung vom 20.02.2003, demzufolge die kommunalen Behörden gerade im Hinblick auf die Bewältigung komplexer IT-Fragen unter erheblichen Reformdruck von außen geraten würden. In diesem Sinne auch *Landesregierung Mecklenburg-Vorpommern*, Verwaltungsreform MV: In Zukunft einfach besser, 2003, S. 19.
9 *Bundesregierung*, Bund Online 2005 – Umsetzungsplan 2003, S. 1 f.
10 Hierzu *Bundesregierung* (Fn. 9), S. 53 f.; zumindest für die Einführungsphase skeptisch *Schmitz*, in: Schmidt-Aßmann u.a. (Hrsg.), Festgabe 50 Jahre Bundesverwaltungsgericht, 2003, S. 677 (695).

licher Bestandteil der Initiative zum Abbau von Bürokratie und Überregulierung verstanden[11]. Ausdrücklich betont wird das Ziel eines „einheitlichen, strategischen und ressortübergreifenden Ansatzes für die gesamte Bundesregierung"[12]. Wie stark der politische Druck insoweit ist, wird an den Finanzmitteln in Höhe von 1,65 Mrd. € deutlich, die der Bund für Bund Online 2005 zur Verfügung gestellt hat.

2. Deutschland Online

Der eGovernment-Reformansatz ist unter dem Namen „Deutschland Online" nunmehr auch auf Länder und Kommunen übertragen worden. Am 26. Juni 2003 haben die Regierungschefs von Bund und Ländern eine „Strategie für integriertes eGovernment" beschlossen[13]. Anknüpfend an Musterlösungen im Rahmen von Bund Online 2005 sowie an ebenfalls vom Bund geförderte Modellprojekte im Rahmen von Wettbewerben wie z. B. Media@Komm sollen bestehende Pilotprojekte in Bund, Ländern und Kommunen für die ebenenübergreifende Nutzung weiterentwickelt und transferiert werden[14]. Die auf der Hand liegenden Probleme des föderalen Verwaltungsaufbaus werden durchaus gesehen; die Bundesregierung setzt aber insoweit auf freiwillige Kooperation und vor allem auf „politische Koordinierung", so dass Deutschland Online sich die föderale Struktur Deutschlands zu Nutze machen solle[15]. Die für das Ziel eines „erfolgreichen gesamtstaatlichen eGovernments" als erforderlich angesehene enge Koordinierung und Abstimmung der beteiligten Verwaltungsträger erfolgt in bereits bestehenden informellen Gremien wie etwa dem Arbeitskreis VI der Innenministerkonferenz, dem Kooperationsausschuss ADV Bund/Länder/Kommunaler Bereich[16] oder in einer Staatssekretärsrunde, in der wiederum Länder, kommunale Spitzenverbände und der Bund vertreten sind und die mittlerweile

---

11 Ebenso *Meyer*, in: Knack (Hrsg.), VwVfG, 8. Aufl. 2003, § 3a Rn. 12.
12 *Bundesregierung* (Fn. 9), S. 83.
13 S. *Bundesregierung* (Fn. 9), S. 80.
14 S. *Bundesregierung* (Fn. 9), S. 80
15 *Bundesregierung* (Fn. 9), S. 80
16 KoopA ADV. – Der Kooperationsausschuss ADV, dem der Bund, die Länder und die kommunalen Spitzenverbände angehören, ist das (einzige) Gremium, in dem gemeinsame Grundsätze des Einsatzes der Informations- und Kommunikationstechniken und wichtige IT-Vorhaben in der öffentlichen Verwaltung besprochen werden. Der Ausschuss versteht sich als Plattform, um gemeinsame Interessen zu artikulieren und zu koordinieren. Der Ausschuss besteht seit dem 10. Februar 1970 und tagt mit jährlich wechselndem Vorsitz. Eine organisationsrechtliche Grundlage sucht man allerdings vergebens.

ein nur noch mühsam steuerbares Geflecht von mehreren Facharbeitsgruppen gebildet hat. Verfolgt wird bei alledem ein strategisches Gesamtkonzept, bei dem eine Neudefinition der Organisation, der Struktur, der Abläufe und Prozesse von Verwaltung nach zum Teil wirtschaftswissenschaftlichen Modellvorstellungen[17] beabsichtigt ist[18]. Allein die Tatsache, dass eGovernment als „gemeinsame Aufgabe von Bund, Ländern und Kommunen" angesehen wird[19] und eine Durchbrechung der bisherigen Zuständigkeitsordnung ausdrücklich für erforderlich gehalten wird[20], lässt die Vereinbarkeit mit der grundgesetzlichen Kompetenzordnung fragwürdig erscheinen[21]. Entgegen der Beteuerung der Bundesregierung scheint das eGovernment demnach eher eine weitere Angriffsflanke auf das Grundgesetz zu sein, dessen Tauglichkeit für (angeblich) erforderliche Reformprozesse – gerade im Hinblick auf die Kompetenzverteilung zwischen Bund und Ländern – neuerdings erheblich bezweifelt wird[22]. Angesichts dieser Verflechtungsbestrebungen müssen die Entflechtungsbemühungen der Föderalismuskommission, etwa durch Streichung der Gemeinschaftsaufgaben gem. Art. 91a f. GG aus dem Grundgesetz, allerdings erstaunlich hilflos erscheinen.

III. Rechtlicher Umsetzungsdruck

Hinzu kommt mittlerweile ein erheblicher rechtlicher Umsetzungsdruck, bei dem vor allem auch im Rahmen der politischen Konzeptionen gerade die gemeinschaftsrechtliche Ebene wieder einmal völlig vernachlässigt wird.

---

17 Zur Nachzeichnung dieser Wurzeln *Schliesky*, in: Meyer/Wallerath (Hrsg.), Gemeinden und Kreise in der Region, 2004, S. 80 ff.
18 Deutlich *Bundesministerium des Innern* (Hrsg.), Bund Online 2005 – Basiskomponenten und Kompetenzzentren, 2002, S. 25 ff.; aus der Literatur *Eifert*, ZG 2001, 115 (117; 119); *D'Epinay* in: Spahni (Hrsg.), EGovernment II, 2002, S. 3 (28); *Friedrichs/Hart/Schmidt* in: dies. (Hrsg.), EGovernment – effizient verwalten – demokratisch regieren, 2002, S. 21 (27); s. auch *Boehme-Neßler*, NVwZ, 2001, 374 (375); *Killian/Wind*, VerwArch. 88 (1997), 499 (501 ff.); *Kubicek/Hagen*, Internet und Multimedia in der öffentlichen Verwaltung, 1999, S. 17.
19 *Kleindiek*, in: Reinermann/von Lucke (Fn. 1), S. 118 (127 f.).
20 *Schedler/Proeller*, New Public Management, 2000, S. 231; *Schuppan/Reichard*, LKV 2002, 105 (106).
21 Zu der eher als „störend" empfundenen föderalen Struktur s. auch *von Lucke*, in: Reinermann/von Lucke (Fn. 1), S. 68 (84 f.).
22 S. nur den Präsidenten des Bundesverfassungsgerichts *Papier*, SZ, Nr. 114 vom 19.05.2003, S. 5; s. auch die dreiteilige Serie in *Der Spiegel*, Nr. 20 vom 12.05.2003; Nr. 21 vom 19.05.2003; Nr. 22 vom 26.05.2003; allgemein *Meier-Walser/Hirscher* (Hrsg.), Krise und Reform des Föderalismus, 1999.

1. Europäisches Gemeinschaftsrecht

Auch die EU-Kommission verfolgt nämlich längst ein umfangreiches eGovernment-Gesamtkonzept[23], das hier nicht näher erörtert werden kann. Ein wesentlicher Baustein verdient allerdings Hervorhebung: der Entwurf der Dienstleistungsrichtlinie[24]. Am 13. Januar 2004 hat die Europäische Kommission einen Richtlinienvorschlag unterbreitet, mit dem bis 2010 der Binnenmarkt auch im Bereich der Dienstleistungen vollends verwirklicht sein soll. Auf der Basis verschiedener Vorarbeiten analysiert die Kommission „nationale bürokratische Vorschriften" als wesentliches Hindernis für grenzüberschreitende Geschäftstätigkeiten im Dienstleistungsbereich. Insbesondere wird nach den Vorschlägen spätestens am 31. Dezember 2008 die Möglichkeit einer elektronischen Abwicklung von Verwaltungsvorgängen zwingend vorgeschrieben sein. Neben der Realisierung des Herkunftslandsprinzips auch bei behördlichen Genehmigungsverfahren ist die Vereinfachung von Verwaltungsverfahren ein tragender Pfeiler, den die Kommission vor allem durch die Benennung einheitlicher Ansprechpartner für alle Genehmigungsverfahren (Art. 6), die Möglichkeit zur elektronischen Abwicklung der Verfahren (Art. 8) sowie die Vereinfachung der Verfahren zur Genehmigung betreffend die Aufnahme und Ausübung von Dienstleistungstätigkeiten (Art. 10 bis 13) ausgestalten will. Brisant ist insoweit vor allem Art. 6 des Richtlinienvorschlags, der den Mitgliedstaaten aufgibt, dass spätestens ab dem 31. Dezember 2008 sogenannte einheitliche Ansprechpartner als Kontaktstellen zur Verfügung stehen, bei denen die Dienstleistungserbringer aus EU-Mitgliedstaaten die Verwaltungsverfahren zentral abwickeln können. Es soll ausgeschlossen sein, dass der Antragsteller sich an unterschiedliche Instanzen, Einrichtungen und Behörden wenden muss; verlangt wird eine „Einheitlichkeit" der Ansprechpartner für den Dienstleistungserbringer. Und Art. 8 bringt das eGovernment insoweit ausdrücklich ins Spiel: Nach Art. 8 Nr. 1 müssen die Mitgliedstaaten dafür Sorge tragen, dass spätestens am 31. Dezember 2008 alle Verfahren und Formalitäten, die die Aufnahme oder die Ausübung einer Dienstleistungstätigkeit betreffen, problemlos im Fernweg und elektronisch beim betreffenden einheitlichen Ansprechpartner oder bei der zuständigen Stelle abgewickelt werden können. In diesem Zusammenhang ist an die Richtlinie 2003/98/EG über die Weiterverwendung von Informationen des öffentlichen Sektors zu erinnern, die am 31. Dezember 2003 in Kraft getreten ist und die ebenfalls den Zwang öffentlicher Verwaltung zur Beteiligung an eGovernment-Anwendungen verstärkt.

---

23 eEurope 2005.
24 Dok. KOM (2004) 2 endg.

2. Nationales Recht

Ein vergleichbarer rechtlicher Veränderungsdruck ist auf nationaler Ebene noch nicht auszumachen. Vielmehr dominiert hier die dargelegte „politische Koordinierung", doch lässt sich mittlerweile ein Trend zur rechtlichen Abbildung elektronischer Verwaltungsabläufe bzw. zur Ermöglichung derselben beobachten. Anzuführen ist hier vor allem das 3. VwVfG-Änderungsgesetz[25] sowie die zum Teil bereits angepassten entsprechenden Ländergesetze, die rechtswirksames Handeln zwischen Verwaltung und Bürger mit Hilfe moderner Kommunikationstechnik möglich und rechtlich zulässig machen sollen. Vor allem untergesetzlich hält das eGovernment aber – vielfach unbemerkt – längst Einzug in die Verwaltungswirklichkeit, so etwa durch die Erste Bundesmeldedatenübermittlungsverordnung[26] oder durch die Elektronische Rechtsverkehrsverordnung[27].

IV. Auswirkungen auf Verwaltungsstrukturen

1. Zuständigkeitsordnung

Das eGovernment führt – wie gezeigt – zu einer medienbedingten Neustrukturierung von Verwaltungsabläufen, die durch Raum, Hierarchien bzw. Organisation und Zeit als bislang maßgebliche Determinanten für Verwaltungsstrukturen kaum noch behindert werden[28]. Die Einführung des eGovernment verändert nicht nur das Außenverhältnis der Verwaltung zum Bürger im Sinne einer Neukonzipierung von Verwaltungsverfahren, sondern bedingt gleichzeitig Anpas-

---

25 Dazu näher *Meyer*, in: Knack (Fn. 11), § 3a Rn. 1; *Roßnagel*, NJW 2003, 469 f.; *Schliesky*, NVwZ 2003, 1322 (1323 f.); *Schmitz*, in: Festgabe BVerwG (Fn. 10), S. 677 (682 ff.); *ders./Schlatmann* NVwZ 2002, 1281 (1283).
26 Entwurf einer Verordnung zur Durchführung von regelmäßigen Datenübermittlungen zwischen Meldebehörden verschiedener Länder (Erste Bundesmeldedatenübermittlungsverordnung – 1. BMeldDV) vom 31.10.2003.
27 Entwurf einer Verordnung über den elektronischen Rechtsverkehr beim Bundesverwaltungsgericht und beim Bundesfinanzhof (Elektronische Rechtsverkehrsverordnung – ERVVOBVerwGBFH). Zuvor bereits Verordnung über den elektronischen Rechtsverkehr beim Bundesgerichtshof (ERVVOBGH) vom 26.11.2001, BGBl. I 2001 S. 3225; zur elektronischen Kommunikation mit der Justiz *Viefhues/Scherf*, MMR 2001, 469 ff.
28 *Friedrichs/Hart/Schmidt*, in: dies. (Fn. 18), S. 21 (28); *von Lucke/Reinermann*, in: Reinermann/von Lucke (Fn. 1), S. 1 (5).

sungen und Umgestaltungen im organisatorischen Innenbereich der Verwaltung[29]. Mit dem Parameter „Raum" sind insoweit bestehende Verwaltungseinheiten, ihre Zuständigkeiten und ihre Größenstruktur angesprochen. Das Stichwort „Hierarchie" bezieht sich auf die Verwaltungsorganisationsstruktur und Fragen demokratischer Legitimation. Der Faktor „Zeit" betrifft die Arbeitszeiten der Verwaltungsmitarbeiter und die Erreichbarkeit der Verwaltung für den Bürger.

Im Sinne einer räumlichen Vorstellung konkretisiert die Zuständigkeitsordnung das Rechtsstaats- und das Demokratieprinzip des Art. 20 GG, indem die unverzichtbaren Anforderungen rechtsstaatlich-demokratischen Verwaltens, nämlich Transparenz, Kompetenz und Zurechenbarkeit, gewährleistet werden[30]. Der Begriff der „Zuständigkeit" bezeichnet im demokratischen Rechtsstaat des Grundgesetzes die Berechtigung und Verpflichtung, eine bestimmte (Verwaltungs-)Aufgabe wahrzunehmen[31] und eine (abschließende) Entscheidung in einem Verwaltungsverfahren vorzunehmen[32]. Viele eGovernment-Bestandteile wie das zentrale Portal, das damit realisierte „One-Stop-Government" sowie die Lebenslagenkonzepte gestalten Organisations- und Verfahrensabläufe aber nicht mehr von der gesetzlichen Zuständigkeitsordnung her, sondern von den – angeblichen oder tatsächlichen – Anforderungen der Nutzer[33]. Organisation und Verfahren der Verwaltung werden nach einem völlig anderen Konzept als bislang gestaltet, das weder die Kompetenzverteilung des Grundgesetzes noch einfachgesetzliche sachliche Zuständigkeiten als Maßstab anerkennt. Anders als bei bisherigen Reformvorschlägen sind keine punktuellen Durchbrechungen oder Abweichungen von der Zuständigkeitsordnung mehr beabsichtigt, sondern vielmehr eine eminente Änderung des Zuständigkeitsverständnisses aufgrund der vernetzten Verwaltung und eine Zuständigkeitskonzentration für den Außenkontakt zum Bürger[34], wie es insbesondere an dem normativen Konzept der Dienstleistungsrichtlinie deutlich wird. Der bislang Verantwortlichkeit sichernden Zuständigkeit droht so die Gefahr der Auflösung in „vernetzter Beliebig-

---

29 *Groß*, DÖV 2001, 159 (163); *Landsberg*, in: Reinermann/von Lucke (Fn. 1), S. 20 (25 f.).
30 *Schmidt-Aßmann*, in: Hoffmann-Riem/Schmidt-Aßmann (Hrsg.), Verwaltungsrecht in der Informationsgesellschaft, 2000, S. 405 (416); zustimmend *H.-G. Henneke*, Der Landkreis 2003, 504 (506); *Meyer*, in: Knack (Fn. 11), § 3a Rn. 13.
31 *Ule/Laubinger*, Verwaltungsverfahrensrecht, 4. Aufl. 1995, § 10 Rn. 2.
32 *Maurer*, Verwaltungsrecht, 14. Aufl. 2002, § 21 Rn. 44, 46; s. auch *Meyer*, in: Knack (Fn. 11), vor § 3 Rn. 5 ff., der zutreffend auf die Ausschlusswirkung der Zuständigkeit im Hinblick auf andere Behörden hinweist (Rn. 7).
33 S. *Kaiser*, in: Sidschlag/Bilgeri/Lamatsch (Hrsg.), Kursbuch Internet und Politik, Bd. 1/2001, S. 57 (66).
34 Hierzu näher *Killian/Wind*, VerwArch. 88 (1997), 499.

keit", bei der das im Hintergrund Daten sammelnde, Daten verarbeitende und Entscheidungen treffende Organ nicht mehr ersichtlich ist.

2. Verwaltungsstrukturen

Die Gefahren für den dezentralen Verwaltungsaufbau in der Bundesrepublik Deutschland liegen in der Natur des eGovernment begründet: Der effektive Einsatz von eGovernment-Elementen erfordert nämlich einen höheren Grad an Zentralität und insbesondere die Einheitlichkeit von Verwaltungsabläufen sowie beispielsweise der eingesetzten Software[35]. Die hierfür erforderlichen übergreifenden organisatorischen Arrangements zwischen Bund, Ländern, Kreisen und Gemeinden können zu einer Hochzonung der Entscheidungsverantwortlichkeiten und damit zu einem Kompetenzentzug auf der kommunalen Ebene führen. Insbesondere der zentrale Konzeptbaustein einer einzigen behördlichen Anlaufstelle mit zentraler Datenverwaltung gefährdet den dezentralen Verwaltungsaufbau und damit letztendlich die kommunale Organisationshoheit. Anstelle des Kriteriums „Angelegenheiten der örtlichen Gemeinschaft" wird die Fähigkeit zur Bewältigung komplexer IT-Fragen zum Kriterium für die Behördenstruktur und die Größe der Verwaltungseinheiten. Der dem eGovernment immanente Zentralisierungstrend sowie die bereits angedeutete Kostenlast können den Druck verstärken, größere kommunale Verwaltungseinheiten zu schaffen. Selbst dies würde aber die eGovernment-Vorstellungen kaum realisieren helfen, weil auch Bundes- und Landesaufgaben in Rede stehen. Selbst bei größeren kommunalen Strukturen käme man also um eine intensivierte Zusammenarbeit der verschiedenen Verwaltungsebenen nicht herum[36] – dies lässt allerdings das Argument, eGovernment erfordere eine *kommunale* Verwaltungsstrukturreform, fragwürdig werden. Jedenfalls wird aber schon allein wegen der technischen Anforderungen ein *faktischer Zwang* zu Verwaltungskooperationen entstehen. Dies lenkt den Blick aber auf einen anderen Schauplatz erforderlicher Reformen: die Entwicklung eines zeitgemäßen Verwaltungskooperationsrechts[37]. Eine realistische Lösung dürfte daher in der Entwicklung neuer, flexibler Instrumentarien für kommunale Zusammenarbeit, sonstige Verwaltungskooperationen und „public private partnerships" liegen. Zu beachten ist allerdings, dass

---

35 Zur Analyse s. auch *Landsberg*, in: Reinermann/von Lucke (Fn. 1), S. 20 (40).
36 Von *Eifert*, ZG 2001, 115 (123), als „Probleme eines administrativen Mehrebenensystems" gekennzeichnet.
37 Hierzu näher *Schliesky*, Die Gemeinde SH 2004, 3 ff.

der Schutz der gemeindlichen Kooperationshoheit[38] ausgelöst wird, wenn aufgrund bundes- oder landesgesetzlicher Vorgaben ein Zwang zu Verwaltungskooperationen entsteht.

V. Verfassungsrechtliche Bedenken

Die skizzierten Auswirkungen des eGovernment müssen auf verfassungsrechtliche Bedenken stoßen, denn die einfachgesetzliche Zuständigkeitsordnung ist kein Selbstzweck, sondern dient der Erfüllung bestimmter Funktionen, die wiederum aus den verfassungsrechtlichen Fundamentalnormen resultieren.

1. Bundesstaatliche Funktion

Die verfassungsrechtliche Kompetenzverteilung hat die Funktion, die bundesstaatliche Ordnung zu konkretisieren und zugleich die Organisations- und Entscheidungsgewalt der Länder und des Bundes gegen wechselseitige Übergriffe abzusichern[39]. Es handelt sich dabei um eine objektive Ordnung, die zwingend ist und weder durch Gesetz noch informelle Vereinbarungen abbedungen werden kann[40]. Diesbezügliche Bedenken bestehen, sofern der Bund verbindliche Vorgaben für Organisation und Verfahren der Landesverwaltung macht. Auch diese Aussage ist aber noch sehr vage, denn der Bundesstaat des Grundgesetzes ist durchaus auf Kooperation angelegt[41]. Dementsprechend werden eGovernment-Maßnahmen über alle grundgesetzlichen Verwaltungsebenen hinweg sogar als von dem verfassungsrechtlichen Gebot des Zusammenwirkens der staatlichen Kompetenzträger gefordert angesehen[42]. Das damit angesprochene

---

38 Dazu näher *BbgVerfG*, DVBl. 2000, 1981 (1983) m. w. N.; *Schliesky*, in: Ante/Pinkwart/Schliesky, Rahmenbedingungen und wechselseitige Verflechtung in Stadt-Umland-Bereichen schleswig-holsteinischer Ober- und Mittelzentren als Grundlage finanzieller Konsequenzen für ein Finanzausgleichssystem, 2001, S. 67; *Schmidt-Jortzig*, in: von Mutius (Hrsg.), Festschrift für von Unruh, 1983, S. 525, 527 ff.; *Stober*, Kommunalrecht, 3. Aufl. 1996, S. 87.
39 *Maunz/Zippelius*, Deutsches Staatsrecht, 30. Aufl. 1998, S. 118, 344 ff.
40 BVerfGE 32, 145 (156); 63, 1 (39); *Pernice*, in: Dreier (Hrsg.), Grundgesetz, Bd. II, 1998, Art. 30 Rn. 20; *Pietzcker*, in: Isensee/Kirchhof (Hrsg.), Handbuch des Staatsrechts, Bd. IV, 1990, § 99 Rn. 18 ff.
41 *Maurer*, Staatsrecht I, 2. Aufl. 2001, § 10 Rn. 50 ff., 55 ff.
42 *Eifert*, ZG 2001, 115 (125).

Prinzip der Bundestreue ist allerdings wiederum ein viel zu vager Maßstab für konkrete Grenzziehungen, denn Bundestreue kann sowohl für das eGovernment im Sinne einer Kooperationspflicht als auch gegen das eGovernment, nämlich im Sinne einer Respektierung der Landes-Organisationsgewalt, in Anspruch genommen werden. Insoweit ist im Hinblick auf die Zuständigkeitsordnung zu differenzieren: Eine Kompetenz wird für die Ausübung von Staatsgewalt eingeräumt, also zum rechtlich verbindlichen Entscheiden. Kooperation und Koordinierung im vorgelagerten Bereich sind angesichts des kooperativ angelegten Bundesstaatsprinzips grundsätzlich nicht zu beanstanden, sofern die Letztentscheidungsbefugnis und die Verantwortlichkeit für die Aufgabenwahrnehmung der verfassungsrechtlichen Kompetenzordnung entsprechen[43]. Verfassungsrechtlich zulässig ist es daher noch, wenn gemeinsame Einrichtungen von Bund und Ländern Leistungen zur Nutzung nach Belieben der beteiligten Verwaltungsträger bereitstellen, sofern keine Verpflichtung zur Übernahme besteht[44]. Die verfassungsrechtlich unzulässige Preisgabe von Hoheitsrechten und Entscheidungskompetenzen beginnt aber bei vertraglichen oder auch informellen dauerhaften Bindungen der Verwaltungsträger, die eine spontane Änderung von Verwaltungsverfahren und -organisation und damit eine Inanspruchnahme der eigenen Verwaltungsverantwortlichkeit ausschließen[45]. Gerade solche Dauerbindungen bezüglich Organisation und Verfahren beabsichtigt das eGovernment-Konzept des Bundes jedoch. Zu bedenken ist darüber hinaus, dass Verwaltungsverfahren und Verwaltungsorganisation erhebliche Bedeutung für das Ergebnis des Informations- und Entscheidungsprozesses haben, der letztlich zu der bislang in Staatsrechts- und Verwaltungsrechtslehre betrachteten Ausübung von Staatsgewalt führt[46]. Damit können die hier in Rede stehenden Bestandteile des eGovernment-Konzepts nicht als lediglich technische Fragen abgetan werden, sondern müssen vielmehr als Verfahrens- und Organisationsregelungen begriffen werden, die erheblichen Einfluss auf die inhaltliche Verwaltungsentscheidung nehmen. Damit ist nicht einem strikten Verbot einer „Mischverwaltung" im Sinne einer funktionellen und organisatorischen Verflechtung der

---

43 *Hermes*, in: Dreier (Hrsg.), Grundgesetz, Bd. III, 2000, Art. 83 Rn. 52; *Kisker*, Kooperation im Bundesstaat, 1971, S. 166; *Lerche*, in: Maunz/Dürig/Herzog/Scholz (Hrsg.), Grundgesetz, Stand: Oktober 2002, Art. 83 Rn. 93 ff., insbes. Rn. 108.
44 *Kisker* (Fn. 43), S. 205.
45 *Kisker* (Fn. 43), S. 189 ff., der dies als Fall der „vorwegnehmenden Preisgabe von Kompetenzen" bezeichnet; *Lerche* (Fn. 43), Art. 83 Rn. 112.
46 Hierzu *Hufen*, Fehler im Verwaltungsverfahren, 4. Aufl. 2002, Rn. 49 f.; *Schmidt-Aßmann*, Das Allgemeine Verwaltungsrecht als Ordnungsidee, S. 205 ff.

Verwaltung von Bund und Ländern[47] das Wort geredet. Vielmehr gebietet das Grundgesetz nur die eigenverantwortliche Wahrnehmung der Kompetenzen im Sinne eines hinreichenden Einflusses des jeweiligen Verwaltungsträgers auf alle Stadien der Aufgabenwahrnehmung, die eine Zurechnung konkreter Handlungen zum Zuständigkeitsinhaber ermöglicht. Die Entwicklung und Konzeptionen für Verfahren und Organisation auch der Länderverwaltungen und deren verbindliche Weitergabe an Länder und Kommunen beeinträchtigen diese eigenverantwortliche Kompetenzwahrnehmung. Die Grenze des verfassungsrechtlich Zulässigen ist dort überschritten, wo es nicht mehr um die Synchronisation unterschiedlicher Verwaltungszuständigkeiten, sondern um deren *Integration* in eine Gesamtzuständigkeit geht[48]. Genau eine derartige Integration zu einer gesamtstaatlichen Aufgabe wird aber bei dem vom Bund propagierten eGovernment-Konzept angestrebt[49]. Auch das Bundesverfassungsgericht sieht es aber als Verletzung der Verwaltungshoheit eines Landes an, wenn dieses über seine sächlichen und personellen Verwaltungsmittel nicht mehr unbeeinflusst von – grundgesetzlich nicht vorgesehenen – Eingriffen des Bundes verfügen kann[50].

2. Rechtsstaatliche Funktion

In rechtsstaatlicher Hinsicht dient die Zuständigkeitsordnung der Verantwortungsklarheit[51] und damit der Realisierung einer rationalen Organisation, durch die auch dem Bürger gegenüber die Zuordnung von Aufgaben und Zuständigkeiten in der Verwaltungsorganisation transparent wird[52]. Das One-Stop-Government und das Lebenslagenkonzept verwischen diese Transparenz: Es sind keine punktuellen Durchbrechungen oder Abweichungen von der Zuständigkeitsordnung beabsichtigt, sondern vielmehr eine immanente Änderung des Zuständigkeitsverständnisses aufgrund der vernetzten Verwaltung und der Vor-

---

47 *BVerfGE* 63, 1 (38); *Ronellenfitsch*, Die Mischverwaltung im Bundesstaat, Erster Teil, 1975, S. 58; ausführlich auch *Loeser*, Theorie und Praxis der Mischverwaltung, 1976, S. 53 ff.; *Trute*, in: von Mangoldt/Klein/Starck (Hrsg.), Das Bonner Grundgesetz, 4. Aufl. 2001, Art. 83 Rn. 28 ff.
48 *Lerche* (Fn. 43), Art. 83 Rn. 104; *Trute* (Fn. 47), Art. 83 Rn. 44.
49 *Bundesregierung (Hrsg.)*, Umsetzungsplan für die eGovernment-Initiative 2005 – fortgeschriebener Stand der Umsetzung; Kabinettsbeschluß vom 11. Dezember 2002, S. 46 ff., insbes. 50.
50 *BVerfGE* 63, 1 (43 f.).
51 *Lerche* (Fn. 43), Art. 83 Rn. 110; *Trute* (Fn. 47), Art. 83 Rn. 32; s. auch *Bull*, in: AK-GG, 2. Auflage 1989, vor Art. 83 Rn. 48.
52 *Schulze-Fielitz*, in: Dreier (Fn. 40), Art. 20 Rn. 192 m. w. N.

stellung einer Zuständigkeitskonzentration für den Außenkontakt zum Bürger[53]. Die rechtsstaatliche Funktion verlangt nach Klarheit bei der Zuordnung von Aufgaben und Kompetenzen in der Verwaltungsorganisation[54]. Dabei darf allerdings nicht vernachlässigt werden, dass jede Zuständigkeitsabgrenzung der Einwirkung faktischer Kräfte unterliegt, die sich einer rechtlichen Normierung entziehen[55]. Insoweit ist nicht zu beanstanden, wenn sich das „Lebenslagenkonzept" in Hinweisen auf die zuständige Behörde erschöpft, die in das Internet eingestellt werden. Darüber hinaus kann der Gesetzgeber auch über neue Kompetenzbündelungen nachdenken. Erforderlich ist insoweit aber eben eine rechtssätzliche Regelung, um die Transparenz und normative Zurechenbarkeit des Verwaltungshandelns zu gewährleisten[56].

3. Demokratische Funktion

Schließlich erfüllt die Zuständigkeitsordnung eine wesentliche demokratische Funktion im Lichte des grundgesetzlichen Demokratieprinzips[57]. Maßgeblicher Ausgangspunkt ist insoweit das verfassungsrechtliche Gebot demokratischer Legitimation aller Ausübung von Staatsgewalt[58]. Ausübung von Staatsgewalt ist jedenfalls alles amtliche Handeln mit Entscheidungscharakter[59], und die herrschende Meinung verlangt hierfür einen Zurechnungs- und Verantwortungszusammenhang im Sinne einer ununterbrochenen Legitimationskette zwischen dem jeweils maßgeblichen Staatsvolk und dem handelnden Staatsorgan. Dieser Legitimationszusammenhang ist nicht darstellbar ohne die sachliche Zuständigkeit eines Verwaltungsträgers, einer Behörde oder eines Organs, da die Zustän-

---

53 Hierzu näher *Killian/Wind*, VerwArch. 88 (1997), 499 ff.
54 *Schmidt-Aßmann*, in: Isensee/Kirchhof (Hrsg.), Handbuch des Staatsrechts, Bd. I, 1987, § 24 Rn. 79; s. auch *Thomsen*, DÖV 1995, 989 (991 f.). – Derzeit wird diese gravierende rechtsstaatliche Fragestellung häufig in einem Konflikt zwischen der „informationellen Einheit der Verwaltung" (*Reinermann*, DÖV 1999, 20 ff.) und „informationeller Gewaltenteilung" (*Groß*, DÖV 2001, 159 [164]) verbrämt.
55 So bereits *Lassar*, in: Anschütz/Thoma (Hrsg.), Handbuch des Deutschen Staatsrechts, Bd. I, 1930, § 27, S. 301 (302).
56 Zum rechtsstaatlichen Gesetzesvorbehalt *Ule/Laubinger* (Fn. 31), § 10 Rn. 15.
57 Zum Zusammenhang zwischen Kompetenz, Legalität und Legitimität *Stettner*, Grundfragen einer Kompetenzlehre, 1983, S. 188 ff.
58 Ausführlich hierzu *Böckenförde*, in: Isensee/Kirchhof (Hrsg.), Handbuch des Staatsrechts, Bd. II, 3. Aufl. 2003, § 24 Rn. 11 ff.; *Mehde*, Neues Steuerungsmodell und Demokratieprinzip, 2000, S. 163 ff.; *Schliesky*, Souveränität und Legitimität von Herrschaftsgewalt, 2004, S. 230 ff.
59 *BVerfGE* 83, 60 (73); 93, 37 (68).

digkeit den tatsächlichen Gegenstandsbereich bezeichnet, der dem Kompetenzinhaber zur Wahrnehmung zugewiesen ist und sowohl die Ermächtigung zur als auch die Grenze der inhaltlichen Entscheidung darstellt. Mit anderen Worten: Nur für den mit der Zuständigkeit gekennzeichneten Gegenstandsbereich besitzt der jeweilige Funktionswalter die erforderliche demokratische Legitimation, um Staatsgewalt auszuüben[60]. Dieses in der Staatsrechtslehre und der Rechtsprechung des Bundesverfassungsgerichts zugrunde gelegte Konzept demokratischer Legitimation verlangt – unabhängig davon, ob das Staatshandeln unmittelbar nach außen wirkt oder nur behördenintern die Voraussetzungen für die Wahrnehmung der Aufgaben schafft[61] – klare Zuständigkeitszuweisungen und – nach herrschender Meinung – im Grunde genommen eine hierarchisch strukturierte Verwaltung[62]. Diesen Anforderungen kann die eGovernment-Struktur nicht gerecht werden: Die „vernetzte Gesamtzuständigkeit" erlaubt keinen klaren Verantwortungs- und Zurechnungszusammenhang zu einem handelnden Amtswalter[63]. Vielmehr ist gerade eine auf Problem- und Lebenslagen bezogene Kooperation gewollt, aus der Einzelbeiträge nur schwer zu isolieren sind. Damit ist auch keine klare Legitimationskette zu dem jeweils legitimierenden Bundes-, Landes- oder Gemeindevolk feststellbar. Die von den Volksvertretungen sichergestellte parlamentarische Kontrolle, die im Übrigen gerade auch durch klare Zuständigkeiten gesichert werden soll[64], wird zudem erheblich erschwert. Und schließlich erfolgt gerade auf das legitimationssichernde Hierarchieprinzip[65] ein Frontalangriff, da das eGovernment technisch und strukturell bedingt in hierarchiefeindlichen kooperativen Netzwerkstrukturen ablaufen soll[66].

Die Bedenken im Hinblick auf die das Demokratieprinzip sichernde Funktion der Zuständigkeitsordnung lassen sich bei Zugrundelegung der herrschenden Meinung nicht ausräumen. Ob man deshalb das eGovernment von vornherein für demokratiewidrig erklären sollte, erscheint aber fraglich. Geboten ist vielmehr ein Überdenken des Demokratiekonzepts, das durch das Bundesverwaltungsgericht mit seinen Vorlagebeschlüssen zu den nordrhein-westfälischen

---

60 *BVerfGE* 93, 37 (68).
61 S. *BVerfGE* 93, 37 (68).
62 *Böckenförde* (Fn. 58), § 24 Rn. 23 mit Fn. 35; *Dreier* (Fn. 40), Art. 20 (Demokratie) Rn. 114; *Hermes* (Fn. 43), Art. 86 Rn. 15; ausführlich *Dreier*, Hierarchische Verwaltung im demokratischen Staat, 1991, S. 129 ff.; dagegen *Mehde* (Fn. 58), S. 311 ff., 325, 327; *Schliesky* (Fn. 58), S. 428 ff.
63 Zum Abbau der behördeninternen „informationellen Hierarchie" *Schmitz*, in: Festgabe BVerwG (Fn. 10), S. 677 (692 f.).
64 *Hermes* (Fn. 43), Art. 65 Rn. 38 ff.
65 Ausführlich zu dessen Elementen in Form von Weisungs- und Letztentscheidungsrechten *BVerfGE* 93, 37 (67 ff.).
66 *Schliesky*, NVwZ 2003, 1322 (1327 f.).

Wasserverbänden⁶⁷ angeregt und vom Bundesverfassungsgericht für den Bereich der funktionalen Selbstverwaltung nunmehr partiell aufgegriffen worden ist[68]. Eine solche Neubestimmung der grundgesetzlichen Demokratietheorie ist erforderlich und im Rahmen der Verfassung auch möglich, kann hier aber verständlicherweise nicht mehr ausgebreitet werden. Abgeschlossen sei nur mit dem Hinweis auf eine andere Gefährdung: Das Ehrenamt kommt in den Konzepten für neue Verwaltungsstrukturen und -abläufe regelmäßig nicht mehr vor, und eine vom Deutschen Landkreistag durchgeführte Umfrage hat in diesem Punkt ergeben, dass die Mehrzahl der engagierten Kreise eGovernment-Anwendungen ohne die Einbeziehung des Ehrenamtes entwickelt hat und überwiegend eine Schwächung des Ehrenamtes als Folge des eGovernment erwartet. Da diese Form der kommunalen Selbstverwaltung aber eine verfassungsrechtliche Absicherung genießt, wird man sich auch hier nicht mit der einfachen Behauptung zufrieden geben können, dass durch eGovernment Transparenz und Leistungsfähigkeit der Verwaltung und damit auch deren Legitimation verbessert werde[69].

VI. Fazit

Das eGovernment stellt eine erhebliche Herausforderung für die grundgesetzliche und gerade für die einfachgesetzliche Kompetenzordnung dar. Die traditionellen Verwaltungsstrukturen beruhen auf physischen Kommunikationsmitteln, die bestimmte Ablaufstrukturen bedingen und normative Abbildungen erfahren haben. Die moderne IT-Technik erlaubt nun eine netzwerkartige Zusammenführung verschiedenster Verfahrensstränge in einem einzigen außenwirksamen Punkt und gibt insoweit Anlass zum Hinterfragen tradierter Organisationsstrukturen. Zugleich gibt es wegen des rechtlichen und politischen Umsetzungsdrucks, aber auch wegen der Erwartungen der Wirtschaft und zahlreicher Bürger keine Alternative für die Verwaltung, als die Herausforderung des eGovernment aufzunehmen. Diese darf aber nicht zur Aushöhlung der verfassungsrechtlich vorgegebenen Funktionen führen, die von der bisherigen Zuständigkeitsordnung erfüllt wurden. Wenn eGovernment mehr sein soll als ein ökonomisch motivierter Versuch zur Überwindung föderaler Verwaltungsstruk-

---

67 *BVerwGE* 106, 64 ff.; *BVerwG*, NVwZ 1999, 870 ff.
68 *BVerfG*, DÖV 2003, 678 f.
69 So aber *von Lucke/Reinermann*, in: Reinermann/von Lucke (Fn. 1), S. 1 (6); *Roßnagel*, in: Hoffmann-Riem/Schmidt-Aßmann (Fn. 30), S. 237 (269). Dagegen *Schliesky*, NVwZ 2003, 1322 (1328 mit Fn. 79).

turen sowie der fragwürdigen betriebswirtschaftlichen Zentralisierung von Ablaufprozessen, dann sollten sich dringend Verfassungs- und Verwaltungsrechtler in diesen Modernisierungsprozess einbringen.

Heinrich Albers

Künftige Funktionen und Aufgaben der Kreise im sozialen Bundesstaat
– einige generelle Anmerkungen

I. Ausgangslage

Die Bundesrepublik Deutschland befindet sich zur Zeit in einer tiefgreifenden Umbruchsituation. Das gilt für nahezu alle Bereiche des Staates und der Gesellschaft:

- Für die Sozialsysteme (Reform der Rentenversicherung, der Krankenversicherung, der Pflegeversicherung, der Arbeitslosenversicherung, Zusammenlegung von Arbeitslosenhilfe und Sozialhilfe für erwerbsfähige Hilfeempfänger, Reform der Sozialhilfe, Integration der Grundsicherung im Alter und bei Erwerbsminderung in das Sozialgesetzbuch XII),
- für notwendige Deregulierungen auf dem Gebiet des Arbeits- und Tarifrechts,
- für erforderliche Deregulierungen des Wirtschaftsrechts,
- für Reformen im Bildungsbereich im Gefolge der vorgelegten PISA-Studien,
- für eine Reform des Steuersystems (Einkommensteuer, Körperschaftsteuer, Umsatzsteuer, Gewerbesteuer, Grundsteuer),
- für einen Umbau der Staats- und Verwaltungsorganisation (EU-Verfassung, Kommission des Bundestages und des Bundesrates zur Modernisierung der bundesstaatlichen Ordnung – Föderalismuskommission –, Verwaltungsreformen in den Ländern mit Abschaffung bzw. Reform der Bezirksregierungen, Zusammenlegungen von Landkreisen, Abschaffung von Verwaltungsgemeinschaften auf Gemeindeebene),
- für die Reform der inneren Verwaltung (z. B. Einführung neuer Steuerungsinstrumente, Reform des Haushaltsrechts durch Einführung eines neuen Buchführungssystems).

Die kommunalen Gebietskörperschaften, hier besonders die Landkreise, sind von allen Reform- und Änderungsmaßnahmen unmittelbar und mittelbar betroffen. Die Änderungen im gesamten Sozialsystem treffen die Landkreise u. a. als

Träger der Sozial- und Jugendhilfe, der Grundsicherung im Alter und bei Erwerbsminderung, als Inhaber des Sicherstellungsauftrages für ein funktionierendes Krankenhauswesen und als Träger von Krankenhäusern. Die Reformen im Bildungsbereich berühren die Landkreise als Träger der Schulen in den Sekundarbereichen und im berufsbildenden Schulwesen. Auch die Schulentwicklungsplanung ist betroffen. Die notwendige Neuordnung unseres Steuersystems wirkt sich auf die Quantität und Qualität der Steuereinnahmen aus, wobei die Landkreise innerhalb der geltenden Steuerverteilung stiefmütterlich behandelt werden und zu Kostgängern der Länder über den kommunalen Finanzausgleich und der kreisangehörigen Gemeinden über die Kreisumlage geworden sind. Von eigenen Steuereinnahmen wurden sie in der Vergangenheit systematisch abgedrängt, obwohl sie wichtige originäre Aufgaben wahrnehmen und damit finanzwirtschaftlich einen Anspruch auf originäre Steuereinnahmen haben (originäre Aufgaben und originäre Einnahmen bedingen sich).

Es stellt sich die Frage, in welche Richtung sich die Reformen im Hinblick auf unseren Staatsaufbau bzw. die Verwaltungsorganisation und damit auch auf die Rolle der kommunalen Gebietskörperschaften und hier im Besonderen der Landkreise voraussichtlich entwickeln werden.

II. Gegenläufige Tendenzen der Reformen

Auf Bundesebene und in einigen Bundesländern, wie zum Beispiel in Niedersachsen, haben wir zur Zeit nach meiner Beobachtung gegenläufige Entwicklungen:

- auf Bundesebene eine zunehmende Tendenz zur Zentralisierung von bisherigen Landes- und Kommunalaufgaben,
- in den Ländern, wie zum Beispiel in Niedersachsen – bei aller Vorsicht in der Einschätzung und eher aus der Finanznot resultierend –, eine Tendenz zur Stärkung der Aufgabenstellung der kommunalen Gebietskörperschaften durch Verlagerung von bisher durch den Staat wahrgenommenen Aufgaben auf die Kommunen. Überlegungen zur Kommunalisierung weiterer Landesaufgaben gibt es in unterschiedlicher Intensität auch in den übrigen Ländern. In Baden-Württemberg soll zwar die Bezirksebene durch die Integration von Fachbehörden gestärkt werden, es sollen aber Aufgaben dieser Ebene auf die Landkreise und kreisfreien Städte übertragen werden. Auch in den neuen Ländern wird überlegt, weitere Aufgaben, die bisher der Staat vollzieht, auf die Kreise zu verlagern, die allerdings noch vergrößert werden sollen (z. B. plant Mecklenburg-Vorpommern die Reduzierung der Zahl der

Künftige Funktionen und Aufgaben der Kreise im sozialen Bundesstaat

Landkreise auf insgesamt fünf bei Eingliederung der bisherigen kreisfreien Städte; Sachsen-Anhalt plant eine weitere Konzentration der Landkreise).

1. Zur Bundesebene

Der Bund drängt seit Jahren in Aufgabenbereiche hinein, die herkömmlich den Ländern und den kommunalen Gebietskörperschaften obliegen. Unitaristische Tendenzen gibt es in der Bundesrepublik Deutschland in unterschiedlicher Intensität und mit wechselnden Begründungen seit ihrer Gründung. Hier einige Beispiele aus der jüngeren Zeit:

- Im Zuge der Diskussion um § 218 StGB wurde der Rechtsanspruch auf einen Kindergartenplatz bundesweit normiert und es wurden Mindeststandards festgesetzt, die allerdings durch Landesgesetze noch konkretisiert und verschärft wurden. Die Ausführung dieser Aufgabe und deren Finanzierung wurde den Kommunen ohne einen ausreichenden finanziellen Ausgleich übertragen.

- Im Zuge der PISA-Diskussion stellte der Bund Finanzmittel zur Errichtung von Gesamtschulen zur Verfügung. Die Schulpolitik und -gesetzgebung ist eine klassische Aufgabe der Länder, die Schulträgerschaft eine kommunale Aufgabe. Die Länder ließen sich durch Finanzmittel des Bundes jenseits der geltenden Verfassungslage „korrumpieren".

- Der Bund will 1,5 Mrd. € für die Ganztagsbetreuung von Kindern unter drei Jahren bereitstellen. Auch hier handelt es sich um eine kommunale Aufgabe.

- Im Zuge der Zusammenlegung von Arbeitslosenhilfe und Sozialhilfe setzte der Bund im Vermittlungsausschuss eine grundsätzliche Zentralisierung durch, die nur mit einem neuen Instrument der „Option kommunaler Trägerschaft" verhindert werden kann. In der Umsetzung der Optionsmöglichkeit verhält sich der Bund sehr sperrig, um das Modell zu unterlaufen. Mit dem Vorschlag einer Organleihe würden die optierenden Kommunen praktisch zu Außenstellen der Bundesagentur für Arbeit degradiert, weil sie deren Weisungen und damit auch den direkten Vorgaben des zuständigen Bundesministeriums unterworfen würden.

Die Liste könnte fortgesetzt werden.

Nach meiner Beobachtung stehen wir gegenwärtig angesichts der demografischen, gesamtgesellschaftlichen und gesamtwirtschaftlichen Veränderungen im Bereich der Staatsorganisation auf der Bundesebene vor einer Richtungsentscheidung von historischer Dimension. Es geht im Kern um die Frage: zentraler oder dezentraler Staatsaufbau. Aus der leidvollen Erfahrung der Vergangenheit und der tatkräftigen Arbeit auf der lokalen Ebene – der Zentralstaat funktionierte zunächst noch nicht – entwickelte sich nach dem Zusammenbruch des Staatsgefüges nach dem Zweiten Weltkrieg eine starke kommunale Selbstverwaltung. Die rasante Aufbautätigkeit und der wirtschaftliche Erfolg wären ohne diese kommunale Selbstverwaltung nicht möglich gewesen.

Die gegenwärtigen Problemlagen des Staates und der Kommunen im Bereich der Aufgabenstellung und der Finanzierung stellen die Grundsatzfragen neu: Ist eher der Zentralstaat oder die auf föderalen Strukturen basierende kommunale Selbstverwaltung in der Lage, diese Herausforderungen zu meistern?

Aus kommunaler Sicht ist die Frage zu entscheiden: Was wird künftig aus den Gemeinden und Landkreisen? Die zentralen Vorgaben des Staates für die kommunalen Aufgaben, deren Qualität (Erfüllungsstandards) und Quantität und die massiven Eingriffe in die kommunale Finanzmasse haben zu einer Auszehrung der Handlungsspielräume der Kommunen geführt. In dieser Situation versucht der Bund beispielsweise, im Zuge der zentralisierten neuen Hilfeart für Langzeitarbeitslose die Kommunen als seinen „verlängerten Arm" zu etablieren (Stichworte: „Organleihe" als Optionsmodell; Zusammenarbeit in der „Arbeitsgemeinschaft" mit der Bundesagentur für Arbeit). Statt die Vorteile der kommunalen Selbstverwaltung herauszustellen und die Kommunen zu stärken, führen die Reformen zu einer massiven Verschlechterung. Die vom Bund eingesetzte Kommission zur Reform der Gemeindefinanzen hätte bei einer umfassenderen Aufgabenstellung und einer stärker auf die kommunalen Belange ausgerichteten Zusammensetzung erfolgreich sein können. Das Scheitern der Kommission war so vorprogrammiert. Weitere Beispiele für die Zentralisierungsbestrebungen des Bundes habe ich bereits aufgezeigt. In diese Kette der Eingriffe des Bundes in die Hoheit der Länder gehört auch der Umstand, dass der Bund auch in der Kulturförderung, einer Domäne der Länderhoheit, ein stärkeres Gewicht haben möchte. Dazu wurde eigens eine Position im Kanzleramt („Kulturstaatsminister") eingerichtet.

Hinter diesen Bestrebungen des Bundes steht der Glaube daran, dass durch zentrale Vorgaben bzw. zentrale Aufgabenwahrnehmung die derzeit drängenden Probleme gelöst werden könnten. Das ist ein Trugschluss. Die kommunale Selbstverwaltung hat klar unter Beweis gestellt, dass lokale Lösungen, die die örtlichen Verhältnisse in den Blick nehmen, den zentralistischen Lösungswegen deutlich überlegen sind.

2. Zur Landesebene, speziell Niedersachsen

Die geplante Abschaffung der Bezirksregierungen in Niedersachsen erfordert eine Neustrukturierung der derzeit dort wahrgenommenen Aufgaben in mehrere Richtungen, die auch die Kommunen berühren. Dabei geht es insbesondere um folgende Fragestellungen:

- Welche Aufgaben können ganz entfallen?
- Welche Aufgaben können privatisiert werden?
- Welche Aufgaben können wesentlich reduziert und auf andere Ebenen verlagert werden?
- Welche Aufgaben eignen sich für eine Kommunalisierung?
- Welche speziellen Sachaufgaben können auf dezentrale Fachbehörden übertragen werden?
- Welche Aufgaben müssen weiterhin zentral wahrgenommen werden, gegebenenfalls in den Ministerien?
- Brauchen wir „in der Fläche" weiterhin eine „Anlaufstelle" für die Koordinierung von Landesaufgaben und -zuständigkeiten („Regierungsbüros")?

Die niedersächsische Landesregierung ist gegenwärtig dabei, diese Fragen zu klären. Im Laufe dieses Prozesses ist die Rolle der Landkreise zu bestimmen. Nach dem Willen der Landesregierung sollen die Landkreise Aufgaben übernehmen, die bisher die Bezirksregierungen wahrnehmen. Auch die Frage einer Übertragung von Aufgaben der Kreisebene auf kreisangehörige Gemeinden und Städte spielt eine Rolle. Im Zuge der Erörterung der Frage, welche Aufgaben der Bezirksregierungen auf die Landkreise übertragen werden könnten, wurde die Befürchtung geäußert, die Landkreise könnten sich weitgehend zu unteren staatlichen Verwaltungsbehörden entwickeln, wobei die eigentlichen kommunalen Selbstverwaltungsaufgaben der Landkreise in den Hintergrund treten könnten. Diese Befürchtungen sind unbegründet – wie auch der nachstehende Beitrag von *Schlebusch* belegt. Soviel kann aber schon hier gesagt werden: der Anteil der staatlichen Aufgaben an den Kreisaufgaben ist sehr viel geringer als gemeinhin angenommen wird. Anfang der 90er Jahre lag bei den Landkreisen in Niedersachsen der Ausgabenanteil, der auf die Aufgaben des übertragenen Wirkungskreises entfiel, bei rund 1/5 der Gesamtausgaben (*Albers*, in: Albers/Günther, Der Kreistagsabgeordnete in Niedersachsen, 2. Aufl. 1990, S. 71). Wesentliche Veränderungen in den Anteilen sind seither nicht eingetreten. Durch eine Übertragung von Aufgaben der Bezirksregierungen auf die Landkreise würde sich der Anteil der Aufgaben des übertragenen Wirkungskreises auch nicht wesentlich verändern. Der Umfang der Aufgaben, die übertragen würden, ist vergleichsweise gering. Nach Ermittlungen des Niedersächsischen Landkreistages handelt es sich um Aufgaben, die landesweit etwa 200 Planstellen ausmachen, verteilt auf 38 Landkreise (einschließlich der Region Hannover) und 9 kreisfreie Städte.

III. Welche Rolle sollten die Landkreise künftig haben?

Innerhalb der aufgezeigten grundsätzlich unterschiedlichen Staatsphilosophien ist die künftige Rolle der Landkreise zu bestimmen.

Die Landkreise haben bekanntlich drei Funktionsbereiche:

– Sie sind *Gebietskörperschaften* mit originären eigenen Aufgaben, nämlich denen, die von überörtlicher Bedeutung sind (gemeindeübergreifende Angelegenheiten). Hier liegt das Schwergewicht der gegenwärtigen Aufgaben der Landkreise, z. B. im Bereich der sozialen Hilfeleistungen bis hin zur finanziellen Grundsicherung, der Jugendangelegenheiten, der Schulen und der überörtlichen verkehrlichen Infrastruktur. Dazu gehört auch die Förderung der Wirtschaft und der wirtschaftsstrukturellen Entwicklung des Raumes.

– Sie sind *Gemeindeverbände*, üben also die Aufgaben aus, die die kreisangehörigen Gemeinden und Städte allein nicht wahrnehmen können. Hier haben sie eine Ausgleichs- und Ergänzungsfunktion/-aufgabe gegenüber den Gemeinden und Städten wahrzunehmen.

– Sie nehmen darüber hinaus *staatliche Aufgaben* wahr, die der Staat in der Fläche selber nicht wahrnehmen kann oder will (als untere staatliche Verwaltungsbehörde).

Die unterschiedlichen Reformansätze auf Bundes- und Landesebene berühren die Landkreise in unterschiedlicher Weise. Die Zentralisierungsbestrebungen des Bundes treffen und schwächen die kommunale Selbstverwaltung der Kreisebene, nicht nur die der Landkreise, sondern auch der kreisfreien Städte, was die gemeindlichen Spitzenverbände auf Bundesebene meines Erachtens in der gegenwärtigen Diskussion um die Zusammenlegung von Arbeitslosenhilfe und Sozialhilfe durch zur Übertragung der Zuständigkeit für erwerbsfähige Langzeitarbeitslose auf den Bund und die Administration durch die Bundesagentur für Arbeit sträflich übersehen oder nicht wahrhaben wollen. Ein großer Teil der Aufgaben im sozialpolitischen Bereich – klassische kommunale Aufgaben – soll zentralisiert und damit dem kommunalen Einfluss entzogen werden, sollte es zur Wahrnehmung durch die Bundesagentur kommen. Die Zentralisierungsbestrebungen des Bundes berühren die Stellung der Landkreise als Gebietskörperschaft.

Künftige Funktionen und Aufgaben der Kreise im sozialen Bundesstaat

Im Falle weiterer Verlagerungen von Aufgaben der Landkreise auf die Gemeinden wird die Ausgleichs- und Ergänzungsfunktion stärker noch als bisher zum Tragen kommen, wenn Aufgaben auf kleine, nicht so verwaltungskräftige Gemeinden verlagert werden. Das gilt vor allem in den dünn besiedelten ländlichen Räumen. Die Landkreise bleiben also insoweit weiterhin in der Verantwortung.

Die Übertragung von staatlichen Aufgaben, die bisher von der Bezirksebene wahrgenommen werden, auf die kreisfreien Städte und Landkreise, erhöht einerseits die Anzahl der Aufgaben des übertragenen Wirkungskreises, es sei denn, dass einzelne Aufgaben künftig als Aufgaben des eigenen Wirkungskreises ausgestaltet werden, wie derzeit beispielsweise im Rahmen der Gesundheitsreform in Niedersachsen vorgesehen. Die Landkreise sollen hier künftig Aufgaben der Gesundheitsvorsorge als eigene, die der Gesundheitspolizei (z. B. Seuchenbekämpfung) als übertragene Aufgaben wahrnehmen. Andererseits wird durch die Übertragung von Zuständigkeiten der Bezirksebene auf die Landkreise die eigenverantwortliche Aufgabenerfüllung in den Aufgabenfeldern des eigenen Wirkungskreises verbessert und gestärkt. Das gilt beispielsweise für den öffentlichen Personennahverkehr oder die Heimaufsicht.

Zur Überwindung der gegenwärtigen gesamtwirtschaftlichen und sozialen Probleme erscheint mir folgende Aufgabenverteilung sinnvoll und zielführend:

- Der Bund sollte sich darauf beschränken, diejenigen sozial-, arbeits-, steuer-, ordnungs- und wirtschaftspolitischen Rahmenbedingungen zu regeln und vorzugeben, die für die Bedingungen eines „sozialen Bundesstaates" nach Art. 20 Abs. 1 GG notwendig sind.

- Der Bund sollte im Bereich der sozialen Sicherungssysteme für die Aufgabenfelder die administrative Verantwortung tragen, die mit den herkömmlichen sozialversicherungsrechtlichen Bereichen umschrieben werden (Rentenversicherung, Krankenversicherung, Arbeitslosenversicherung, Pflegeversicherung), egal ob sie als staatliche Pflichtversicherung, pflichtige private Vorsorge, umlage- oder kapitalgedeckt, ausgestaltet werden. In diesen Bereichen existieren gut funktionierende Selbstverwaltungskörperschaften, die diese Sicherungssysteme administrieren können. Auch die Privatwirtschaft bietet Vorsorge- und Sicherungssysteme an, für die der Staat den rechtlichen Rahmen vorgeben muss und über die er die Kontrolle auszuüben hat.

- Die Länder und die kommunalen Gebietskörperschaften sollten innerhalb der bundesweiten Vorgaben, die landesindividuell auszufüllen wären, die Verantwortung für die steuerfinanzierten sozialen Sicherungssysteme tragen und administrieren (u. a. Sozialhilfe, Grundsicherung im Alter und bei Erwerbsminderung, Jugendhilfe). Dazu gehört auch die neue Grundsicherung für Arbeitsuchende, die die Arbeitslosenhilfe und die Sozialhilfe für die erwerbsfähigen Hilfeempfänger ablöst. Die Kommunen benötigen dazu eine verfassungsrechtlich abgesicherte Finanzposition auf der Basis eines praktikablen Konnexitätsprinzips, auch im Verhältnis des Bundes zu den kommunalen Gebietskörperschaften. Die Finanzausstattung ist aufgabenadäquat zu regeln und den Bedürfnissen der kommunalen Selbstverwaltung anzupassen, d. h., dass auch die Einnahmen einer kommunalen Gestaltung zugänglich sind (z. B. Hebe- und Steuersatzrechte).

- Die Landkreise werden darüber hinaus auch künftig vielfältige überörtliche Aufgaben zu erledigen haben. Dazu gehören unter anderem das überörtliche Schulwesen, das Gesundheitswesen, der Umwelt- und Naturschutz, die Abfallentsorgung, die überörtliche verkehrliche Infrastruktur, der straßengebundene öffentliche Personennahverkehr, die Wirtschaftsförderung.

- In finanzwirtschaftlicher Hinsicht benötigen die Landkreise eine qualitativ und quantitativ bessere Finanzausstattung. Die Abhängigkeit vom Land und von den kreisangehörigen Gemeinden ist zu reduzieren. Den Landkreisen ist eine originäre Steuereinnahmequelle zuzuweisen. Denkbar wäre die Zuweisung eines Anteils an der Umsatzsteuer, der nach wirtschaftskraftbezogenen Kriterien zu verteilen wäre. Die Kreisumlage, ein Grund für ständige Auseinandersetzungen mit den kreisangehörigen Gemeinden, könnte so auf ein erträgliches Maß reduziert werden (Instrument der Spitzenfinanzierung und der Ausgleichsfunktion).

Innerhalb dieses Konzeptes hätten die Kreise einen auf Dauer gesicherten und den örtlichen Bedürfnissen entsprechenden Handlungsrahmen. Unmittelbar demokratisch legitimierte kommunale Selbstverwaltung hat hier ihren Raum.

Gernot Schlebusch

Künftige Funktionen und Aufgaben der Kreise

In einem ersten Abschnitt soll skizziert werden, wo – soweit sich dies aus heutiger Sicht voraussagen lässt – künftig das Schwergewicht bei den Aufgaben der Landkreise liegen wird. Im Anschluss daran werde ich in einem zweiten Abschnitt auf die Perspektiven eingehen, die sich aus der Verwaltungsreform in Niedersachsen für die Kreise ergeben.

I. Schwerpunkte bei der Aufgabenwahrnehmung

1. Soziales

Wie bisher wird einer der großen Schwerpunkte bei den Aufgaben der Landkreise im Sozialbereich liegen. Zu nennen sind hier insbesondere die Betreuung älterer Menschen, Eingliederungshilfe für Behinderte sowie Hilfen für Langzeitarbeitslose.

Die Menschen werden älter als früher und sind häufig über längere Zeit betreuungs- und pflegebedürftig. Da – anders als in früheren Zeiten – die Pflege und Betreuung vielfach nicht mehr in der Familie erfolgt oder erfolgen kann, sind einmal Strukturen und Netzwerke – weit im Vorfeld von Pflege – zu schaffen, damit so lange wie möglich älteren Menschen ein selbstständiges Leben ermöglicht wird. Zum anderen ist dafür Sorge zu tragen, dass die notwendigen stationären Betreuungs- und Pflegeeinrichtungen vorhanden sind.

In der Praxis stößt dies auf zwei Probleme: Einmal wird es immer schwieriger, in ausreichendem Umfange geeignetes Betreuungs- und Pflegepersonal zu gewinnen. Zum anderen sind die meisten älteren Menschen nicht in der Lage, die Kosten für die Betreuung und Pflege selbst zu tragen.

Die Einführung der Pflegeversicherung hat die Erwartung geweckt, dass dieses allgemeine Lebensrisiko finanziell umfassend abgesichert wird. Dies war jedoch ein Trugschluss. Bereits bei Einführung der Pflegeversicherung stand fest, dass angesichts der Bevölkerungsentwicklung ein umlagefinanziertes soziales Sicherungssystem nicht zukunftsfähig sein konnte. Weder reichen die – seit Einführung der Pflegeversicherung unveränderten – Pauschalbeträge aus, den Pflegeaufwand finanziell abzugelten noch umfasst diese Versicherung die notwendigen Betreuungsleistungen, wie sich das am Beispiel altersbedingter Demenzerkrankungen verdeutlichen lässt.

Nach wie vor sind deshalb erhebliche finanzielle Leistungen vom Einzelnen selbst oder durch den Sozialhilfeträger zu erbringen. Obwohl dies der Fall ist, haben seit Einführung der Pflegeversicherung die Pflegekassen über bundeszentral gesteuerte Vorgaben und Festlegungen den entscheidenden Einfluss im Pflegebereich. Dies erschwert die Ausgestaltung der Betreuungs- und Pflegestruktur vor Ort, einem Aufgabenbereich, der zur kommunalen Daseinsvorsorge zählt.

Was die Eingliederungshilfe angeht, so ist darauf aufmerksam zu machen, dass die Zahl der Behinderten steigt und zugleich die Politik das Ziel verfolgt, den behinderten Menschen – soweit dies irgend möglich ist – in gleicher Weise wie den nichtbehinderten Menschen eine Teilhabe am gesellschaftlichen Leben zu ermöglichen. Die finanziellen Belastungen sind erheblich. Es gibt eine Vielzahl von Leistungsträgern, z. B. Sozialhilfe- und Jugendhilfeträger, die Renten- und Unfallversicherungen sowie die Krankenkassen, was die Kooperation und Koordination nicht gerade erleichtert, zumal vor Ort „ganzheitliche" Lösungen erwartet werden.

Wie vielfältig in der kommunalen Praxis das Hilfsangebot für den betroffenen Personenkreis ist, mag an folgenden Stichworten verdeutlicht werden:

- interdisziplinäre Frühförderung,
- integrativer Kindergarten,
- Sonderschule/Integrationshelfer in der Regelschule,
- Tagesbildungsstätte,
- Werkstatt für Behinderte,
- Wohnheim,
- Tagesbegegnungsstätte für seelisch Behinderte,
- Betreutes Wohnen,
- Hilfsmittel,
- Versorgung behinderter Menschen im Alter,
- niedrigschwellige Betreuungsangebote.

Angesichts der aufgezeigten Schwierigkeiten und finanziellen Belastungen gibt es aus dem kommunalen Raum die Forderung nach einem bundesfinanzierten Leistungsgesetz. Aus meiner Sicht kann hiervor nur gewarnt werden. Wie das Beispiel „Pflegeversicherung" zeigt, würde es in einem solchen Falle detaillierte bundeszentrale Vorgaben geben, die den kommunalen Entscheidungsspielraum vor Ort in erheblichem Umfang einschränken. Dagegen wäre nach allen Erfahrungen der Vergangenheit davon auszugehen, dass die Sozialhilfe finanziell in beträchtlichem Umfang ergänzend eintreten müsste. Etwaige Einsparungen würden den Kommunen im Rahmen des kommunalen Finanzausgleichs „abgezogen".

Als dritter Aufgabenschwerpunkt im Bereich „Soziales" sind die Hilfen für Langzeitarbeitslose zu nennen. Insoweit möchte ich zunächst auf Ausführungen von *Hans-Günter Henneke* zu „Hartz IV" und dem so genannten Optionsmodell für die Grundsicherung für Arbeitsuchende verweisen. Darüber hinaus will ich mich auf einige wenige Anmerkungen beschränken.

Mittel- bis langfristig ist damit zu rechnen, dass die Zahl der Arbeitslosen abnehmen wird. Die Erwartung liegt nicht so sehr in der Hoffnung auf einen wirtschaftlichen Aufschwung begründet, sondern hängt in erster Linie mit der Bevölkerungsentwicklung zusammen. Da immer weniger jüngere Menschen heranwachsen, werden die Schwierigkeiten, einen Arbeitsplatz zu finden, abnehmen. Dies wird jedoch nicht für diejenigen jungen Menschen gelten, die eine nur geringe berufliche Qualifikation haben; also z. B. diejenigen, die keinen Schulabschluss vorweisen können. In zunehmendem Maße wird die Wirtschaft angesichts des internationalen Wettbewerbs „einfachere Arbeitsplätze" wegrationalisieren oder in so genannte „Billiglohn-Länder" verlagern. Von daher wird es immer problematischer werden, Menschen mit geringen beruflichen Fähigkeiten in das Arbeitsleben einzugliedern. Die Lebenssituation dieser Menschen wird durch Arbeitsentwöhnung, Wohnungslosigkeit, Suchterkrankungen, Schulden und Perspektivlosigkeit gekennzeichnet sein. Diesem Personenkreis Hilfe und Unterstützung zu gewähren, wird eine besondere Aufgabe der Landkreise sein. Eine bundeszentrale Stelle wie die Bundesagentur für Arbeit kann und wird dies nicht leisten können.

2. Kinder- und Jugendhilfe

Neben dem Aufgabenfeld „Soziales" wird auch weiterhin die Kinder- und Jugendhilfe zu den Hauptaufgaben der Landkreise gehören.

Angesichts allgemeiner Entwicklungen – wie des Zerfalls der Familien, der Abkehr von bisherigen Wertvorstellungen, der Probleme bei der Integration von Ausländern, eines weitgehenden Verzichts auf Erziehung und eines anderen Verständnisses von öffentlicher Ordnung – wird die Kinder- und Jugendhilfe mehr und mehr zu einem „Reparaturbetrieb" unserer Gesellschaft, ohne allerdings auf die Ursachen dieser Entwicklung Einfluss nehmen und damit die an sie gerichteten Erwartungen erfüllen zu können.

Stichworte sind in diesem Zusammenhang die
- – sozialpolitische Familienhilfe,
- – sozialpädagogische Tagesgruppe,
- – Heimerziehung,
- – intensive Einzelbetreuung,
- – Erziehungsberatung,
- – Jugendarbeit.

Daneben stehen im Mittelpunkt der Kinder- und Jugendhilfe die Hilfen für Familien zur Vereinbarkeit von Beruf und Familie. Insoweit geht es in quantitativer Hinsicht um den Ausbau von Kinderbetreuungsmöglichkeiten wie Kindertagesstätten und Tagespflege; darüber hinaus wird in qualitativer Hinsicht für die Kindertagesstätten ein ergänzendes Bildungsangebot gefordert.

3. Gesundheitswesen

Die Aufzählung der künftigen Schwerpunktaufgaben der Landkreise wäre unvollständig, wenn das „Gesundheitswesen" unerwähnt bliebe, obwohl in diesem Bereich zurzeit viele Fragen offen sind. Betroffen sind die Landkreise als Träger des so genannten Sicherstellungsauftrages – sie haben die Versorgung der Bürger mit Krankenhausleistungen zu gewährleisten –, als Krankenhausträger sowie als Träger des öffentlichen Gesundheitsdienstes.

Gerade im Krankenhauswesen hat es insoweit eine entscheidende Veränderung gegeben, als in Zukunft den Krankenhäusern für Krankenhausleistungen von den Kassen nur noch Fallpauschalen gewährt werden. Dies bedeutet, dass in erster Linie für größere Krankenhäuser oder Spezialkliniken solche Fallpauschalen auskömmlich sein werden. Im Hinblick hierauf sowie darüber hinaus durch die zu erwartende Zunahme von ambulanten Operationen wird es bei den Krankenhäusern zu einem Konzentrationsprozess kommen. Ob nach der Einführung des in Rede stehenden Abgeltungssystems für Krankenhausleistungen noch Raum bleibt für eine Krankenhausplanung der Länder oder einen Sicherstellungsauftrag der Landkreise ist unklar. Mit anderen Worten: es steht zurzeit noch nicht fest, wer zukünftig die gesundheitspolitische Verantwortung dafür trägt, dass auch im ländlichen Raum künftig eine angemessene Krankenhausversorgung gesichert ist.

In jedem Falle ist jedoch davon auszugehen, dass die Bevölkerung an die Landkreise die Forderung richten wird, für die notwendige Versorgung mit Gesundheitsdienstleistungen auch im ländlichen Raum – etwa über die Schaffung so genannter Gesundheitszentren durch die Verzahnung von Krankenhäusern mit niedergelassenen Ärzten, ggf. unter Einbeziehung des Betreuungsbereichs für ältere Menschen – Sorge zu tragen.

4. Bildung und Schule

Nicht zuletzt unter dem Eindruck des Ergebnisses der „PISA-Studie" wird das Thema „Bildung und Schule" auch weiterhin und künftig sogar verstärkt nicht nur im Mittelpunkt der bundes- und landespolitischen Diskussion, sondern auch der kommunalpolitischen Diskussion stehen.

Dabei geht die Tendenz allgemein dahin, der Schule mehr Autonomie einzuräumen. In diesem Zusammenhang sind Begriffe wie „Selbstständige Schule" im Umlauf. Von daher ist damit zu rechnen, dass es mittel- bis langfristig im Schulbereich keine „Doppel-Zuständigkeit" mehr geben wird: für den inneren Schulbetrieb einschließlich der Beschäftigung der Lehrer trägt das Land, für die bauliche und die sächliche Ausstattung die Kommune die Verantwortung. Soweit sich dies heute abzeichnet, ist anzunehmen, dass ähnlich wie in vielen anderen europäischen Ländern der kommunale Einfluss auf die Schule – selbstverständlich unter staatlicher Aufsicht – zunehmen wird. Beispielsweise könnte dies für die Auswahl und die Anstellung der Lehrer der Fall sein. Damit würde der schon heute bestehenden Vorstellung der Bevölkerung, bei der Schule handele es sich um eine „kommunale Einrichtung", Rechnung getragen.

5. Entwicklung des Landkreises

Seit eh und je gehört es zu den klassischen Aufgaben der Landkreise, gemeinsam mit ihren Gemeinden die Entwicklung ihres Gebietes zu fördern. Im Blickfeld ist dabei insbesondere die wirtschaftliche Entwicklung. Im Hinblick auf die Verschärfung des internationalen Wettbewerbs kommt dieser Aufgabe eine immer größere Bedeutung zu. Gefragt sind insoweit Kreativität und Flexibilität.

In Zusammenarbeit mit benachbarten Landkreisen und kreisfreien Städten geht es insbesondere darum, die Anbindung des Raumes auf der Schiene und auf der Straße zu verbessern, Infrastrukturprojekte von regionaler und überregionaler Bedeutung zu fördern sowie die Ansiedlung von Forschungseinrichtungen zu erreichen. Jüngste Beispiele aus Niedersachsen sind etwa der Tiefwasserhafen in Wilhelmshaven oder die Vorfinanzierung des Autobahnteilstücks im Emsland. Kreisintern handelt es sich um die Schaffung eines „wirtschaftsfreundlichen Klimas". Maßnahmen hierzu sind u. a. die Beratung von Unternehmen über Fördermöglichkeiten, Vereinfachung und Beschleunigung von Genehmigungsverfahren, Hilfe und Unterstützung bei der Erweiterung und Verlagerung von Betrieben, die Zusammenarbeit von Berufsschulen und örtlicher Wirtschaft sowie die Förderung des Mittelstandes über die Sparkassen.

Kreisentwicklung beschränkt sich jedoch nicht nur auf die Förderung der Wirtschaft, sondern sie schließt das gesamte Lebensumfeld ein, also Infrastruktur und Wohnmöglichkeiten ebenso wie Umwelt, Freizeit, Sport und Kultur.

Mit anderen Worten: Bei der Kreisentwicklung handelt es sich also darum, den Lebensraum so zu gestalten, dass er sowohl für die Wirtschaft als auch für die dort lebenden Menschen attraktiv ist.

Damit möchte ich die Auflistung zukünftiger Schwerpunktaufgaben der Landkreise beenden.

6. Zwischenfazit

Vergegenwärtigt man sich die fünf genannten Aufgabenfelder, so lassen sich aus meiner Sicht drei Feststellungen treffen:

– Erstens: Es handelt sich nicht um neue Aufgaben, sondern um Aufgaben, die die Landkreise bisher schon wahrgenommen haben. Funktion und grundsätzliche Aufgabenstellung der Landkreise bleiben also unverändert.
– Zweitens: Bei den in Rede stehenden Aufgaben handelt es sich nicht um solche Bereiche, für die Landkreise etwa eine Alleinzuständigkeit haben. Vielmehr lassen sich diese Aufgaben nur bewältigen in Zusammenarbeit mit einer Vielzahl von Institutionen und Gruppierungen; das sind neben den kreisangehörigen Gemeinden beispielsweise die Kirchen, die freie Wohlfahrtspflege, die Krankenkassen oder ehrenamtliche Initiativen. Wegen ihrer Bündelungsfunktion sind die Landkreise für eine derartige Koordination in besonderer Weise geeignet.
– Und schließlich drittens: In zunehmendem Maße erschweren bundeszentrale Regelungen die Aufgabenwahrnehmung vor Ort. Als Beispiel sei hier auf den Pflegebereich hingewiesen.

Gerade diese Feststellung leitet zu der Frage über, mit der ich mich im zweiten Abschnitt meiner Ausführungen beschäftigen möchte, ob und welche Perspektiven sich aus den Vorhaben zur Reform und Modernisierung der Verwaltung in einzelnen Bundesländern ergeben. Wie eingangs bemerkt, möchte ich die aufgeworfene Frage am Beispiel der Verwaltungsreform in Niedersachsen beantworten.

II. Perspektiven aus der Verwaltungsreform in Niedersachsen für die Aufgabenwahrnehmung der Landkreise

Die Niedersächsische Landesregierung hat beschlossen, die Bezirksregierungen abzuschaffen und in diesem Zusammenhang darüber zu befinden, welche Aufgaben, die von den Bezirksregierungen bisher wahrgenommen worden sind, gänzlich entfallen oder privatisiert werden können. Dabei verfolgt die Landesregierung die Absicht, die verbleibenden Aufgaben – soweit wie möglich – zu kommunalisieren und die damit verbundenen finanziellen Belastungen entsprechend auszugleichen.

In diesem Zusammenhang möchte ich davon absehen, der Frage nachzugehen, ob es sachlich richtig ist, in einem Flächenland wie Niedersachsen die Bezirksregierungen abzuschaffen. Dazu müsste insbesondere im Einzelnen näher ausgeführt werden, ob die Bezirksregierungen die ihnen zugedachte Koordinierungsfunktion in der Vergangenheit erfüllt haben bzw. erfüllen konnten. Dies würde den Rahmen dieses Beitrages sprengen.

Bezogen auf die kommunale Ebene ergeben sich aus der Grundsatzentscheidung der Landesregierung – Auflösung der Bezirksregierungen und Kommunalisierung von Aufgaben in Teilbereichen – vor allem folgende Konsequenzen:

- Einmal eine größere Bürgernähe durch die Dezentralisierung von Aufgaben.
- Zum anderen eine Stärkung der Bündelungsfunktion der Landkreise, der mit Auflösung der Bezirksregierungen eine erhöhte Bedeutung zukommt.
- Weiterhin eine Vereinfachung und Beschleunigung von Verwaltungsverfahren, Einsparungen durch Synergieeffekte sowie eine Verbesserung der Aufgabenwahrnehmung durch Zusammenfassung von Einzelzuständigkeiten.

Dies möchte ich an drei Beispielen kurz verdeutlichen:

1. Die Bezirksregierungen sind bisher für die Ausweisung von Naturschutzgebieten zuständig. Im Vorfeld leisten die Landkreise als untere Naturschutzbehörde in umfassender Weise Vorarbeiten; sie sind nach der Ausweisung des Naturschutzgebietes auch wieder für dessen Pflege zuständig. Außerdem obliegt den Landkreisen als unteren Naturschutzbehörden die Ausweisung von Landschaftsschutzgebieten, die häufig an Naturschutzgebiete angrenzen. Mit anderen Worten: Lediglich der Rechtsakt der Ausweisung von Naturschutzgebieten ist bisher von der Zuständigkeit der Landkreise ausgenommen. Dies soll im Rahmen der anstehenden Verwaltungsreform nun durch Zuweisung der in Rede stehenden Aufgabe an die Landkreise geändert werden.

2. Die Heimaufsicht im sozialen Bereich ist in Niedersachsen sehr zersplittert: Für Altenpflegeeinrichtungen sind generell die Landkreise, kreisfreien Städte und großen selbstständigen Städte zuständig; soweit es sich um kommunale Altenpflegeeinrichtungen handelt, liegt die Zuständigkeit bei den Bezirksregierungen. Die Heimaufsicht über Behinderteneinrichtungen und so genannte gemischte Einrichtungen wird vom Niedersächsischen Landesamt für Zentrale Soziale Aufgaben wahrgenommen. Da die Pflegebedürftigen in Pflegeeinrichtungen in der Regel auch behindert sind, kommt es ständig zu Abgrenzungsschwierigkeiten mit dem Niedersächsischen Landesamt für Zentrale Soziale Aufgaben. Im Rahmen der Verwaltungsreform sollen die genannten Einzelzuständigkeiten auf kommunaler Ebene zusammengefasst werden.

3. Die Aufsicht über Jugendhilfeeinrichtungen liegt beim Landesjugendamt, das in Niedersachsen in die Bezirksregierung Hannover – als so genannte „Vorort-Aufgabe" – integriert ist. Dies führt zu Schwierigkeiten. Die örtlichen Jugendhilfeträger – also u. a. die Landkreise – haben mit den örtlichen Jugendhilfeeinrichtungen Leistungs-, Entgelt- und Qualitätsentwicklungsvereinbarungen abzuschließen. Die Wahrnehmung der Heimaufsicht durch das Landesjugendamt führt in der Praxis dazu, dass jede Änderung einer vor Ort abgeschlossenen Leistungsvereinbarung dem Landesjugendamt vorgelegt werden muss. Hier entsteht Doppelarbeit, wobei unterstellt wird, dass die Jugendhilfeträger mit Einrichtungen vor Ort Leistungs- und Entgeltvereinbarungen abschließen könnten, die letztlich gegen das Wohl des Kindes – dies ist der Prüfungsauftrag der Heimaufsicht – verstoßen. Im Rahmen der Verwaltungsreform soll die Zuständigkeit auf die kommunale Ebene verlagert werden. Allerdings setzt dies eine Änderung des Kinder- und Jugendhilferechts auf Bundesebene voraus.

Mit diesen Beispielsfällen möchte ich es genug sein lassen und mich einem letzten Aspekt zuwenden, den ich als Konsequenz aus der Grundsatzentscheidung der Landesregierung zur Verwaltungsreform, nämlich der Auflösung der Bezirksregierungen, sehe: nämlich die Möglichkeit, durch Zuweisung bisheriger Aufgaben der Bezirksregierungen den Gestaltungsspielraum der Landkreise im Bereich der Selbstverwaltung zu stärken und zugleich Handlungs- und Finanzverantwortung zusammenzuführen.

Lassen Sie mich auch dies bitte an einem Beispiel verdeutlichen:

Die Landkreise sind zuständig für den straßengebundenen öffentlichen Personennahverkehr. Zur Wahrnehmung dieser Aufgabe steht ihnen weder ein rechtliches noch ein finanzielles Instrumentarium zur Verfügung. Lediglich über den Einsatz der Mittel, die sie im Rahmen der Schülerbeförderung zur Verfügung zu stellen haben, können sie auf die Gestaltung des öffentlichen Nahverkehrs Einfluss nehmen.

Für die Erteilung von Linienkonzessionen sind die Bezirksregierungen zuständig. Sie zahlen auch die Mittel aus, die den Verkehrsunternehmen, die verbilligte Zeitfahrausweise für den Ausbildungsverkehr anbieten, nach § 45a PBefG zu gewähren sind. Den Landkreisen ist weder als Träger der Schülerbeförderung noch als ÖPNV-Aufgabenträger bekannt, welche öffentlichen Ausgleichsleistungen die Unternehmen erhalten. Ähnliches gilt für andere Förderungen – etwa bei Zuschüssen im Falle der Anschaffung von Bussen –, die die Verkehrsunternehmen erhalten.

Die Auflösung der Bezirksregierungen würde die Möglichkeit eröffnen, die angeführten Zuständigkeiten der Bezirksregierungen auf die kommunale Ebene zu verlagern.

Soweit die Beispiele.

Alles in allem können sich also durchaus aus der Verwaltungsreform in Niedersachsen positive Auswirkungen für die Aufgabenwahrnehmung der Landkreise ergeben. Allerdings sind dort deutliche Grenzen gesetzt, wo es bundesrechtliche Regelungen gibt. Dies habe ich am Beispiel der Aufsicht über die Jugendhilfeeinrichtungen aufzuzeigen versucht.

III. Resümee

Gestatten Sie mir als Resümee meiner Ausführungen abschließend vier Feststellungen:

1. Die Funktion und die grundsätzliche Aufgabenstellung der Landkreise bleiben unverändert. Dies gilt sowohl bei einem Blick auf die zukünftigen Schwerpunktaufgaben als auch unter Berücksichtigung der Aufgabenverlagerungen, die sich bei der Verwaltungsreform in Niedersachsen abzeichnen.

2. Die angeführten Aufgaben überfordern die Landkreise entgegen den Befürchtungen, die hin und wieder geäußert werden, keineswegs. Das gilt sowohl für die Aufgaben, die in Zukunft von besonderer Bedeutung sein werden, als auch für die Aufgaben, die im Zuge der Verwaltungsreform verlagert werden.

Gerade hinsichtlich der zuletzt genannten Aufgabengruppe ist zu berücksichtigen, dass es sich um Zuständigkeiten handelt, deren Übertragung auf die Landkreise wir seit vielen Jahren – also unabhängig von der jetzigen Entscheidung der Landesregierung, die Bezirksregierungen abzuschaffen, – gefordert haben. Dabei handelt es sich um Aufgabenfelder, in denen die Landkreise bisher schon tätig waren und die betreffenden Mitarbeiterinnen und Mitarbeiter dieselbe

Vorbildung und dieselbe Qualifikation aufweisen, über die das Personal bei den Bezirksregierungen verfügt.

3. Den Landkreisen droht auch nicht etwa – wie einige meinen – eine Art Verstaatlichung.

Betrachtet man die Aufgabenfelder, die als künftige Schwerpunktaufgaben ausgemacht worden sind, so handelt es sich ausnahmslos – Soziales, Kinder- und Jugendhilfe, Krankenhauswesen, Schulen, Förderung der wirtschaftlichen Entwicklung – um Aufgaben des eigenen Wirkungskreises.

Was die im Zuge der Verwaltungsreform vorgesehenen Aufgabenverlagerungen angeht, so handelt es sich in erster Linie um Zuständigkeiten, die die Wahrnehmung von Aufgaben im eigenen Wirkungskreis – siehe Öffentlicher Personennahverkehr – erleichtern oder – siehe die Ausweisung von Naturschutzgebieten – eine bessere Gestaltung des Raumes ermöglichen. Abgesehen davon handelt es sich um ein Aufgabenvolumen, für das auf Landesebene – zusammengesetzt aus einzelnen Stellenanteilen – weniger als 200 Stellen vorgesehen sind.

Im Übrigen ist darauf hinzuweisen, dass der übertragene Wirkungskreis bei den Landkreisen keineswegs so dominant ist, wie da immer wieder behauptet wird. Nach einer Aufstellung des Niedersächsischen Landesamtes für Statistik hat der Anteil der Aufgaben des übertragenen Wirkungskreises der Landkreise im Durchschnitt der Jahre 1997 bis 1999 deutlich unter zehn Prozent des Zuschussbetrages der Gesamthaushalte aller Landkreise in Niedersachsen betragen.

4. Die sich abzeichnende Aufgabenentwicklung bei den Landkreisen bedingt keine – wie auch immer geartete – Kreisgebietsreform.

Was mögliche Aufgabenverlagerungen im Zuge der Verwaltungsreform angeht, ergibt sich dies aus den Ausführungen hierzu bereits von selbst: es handelt sich um „Ergänzungszuständigkeiten", nicht um völlig neue Aufgabenfelder.

Hinsichtlich der künftigen Schwerpunktaufgaben ist hervorzuheben, dass gerade die Wahrnehmung der Aufgaben im sozialen Bereich und im Bereich der Kinder- und Jugendhilfe überschaubare Strukturen voraussetzt. Da, wo eine Zusammenarbeit mit anderen kommunalen Gebietskörperschaften wie bei der Kreisentwicklung gefragt ist, handelt es sich nicht um Zuständigkeiten im eigentlichen Sinne, die einen festen Gebietszuschnitt bedingen. Vielmehr geht es um Aktivitäten, die – vielfach aus aktuellem Anlass – einen unterschiedlichen Bezugsraum haben, z. B. das Eintreten der betroffenen Landkreise für den Bau einer Küstenautobahn oder die Beteiligung an einer touristischen Konzeption im Zusammenhang mit dem Weserradwanderweg. Jede Aktivität dieser Art erfordert regelmäßig eine andere räumliche Abgrenzung. Auch eine Kreisgebietsreform würde daran nichts ändern.

Fünfter Abschnitt

Diskussion und Ergebnisse

Hans-Günter Henneke
Zusammenfassung der Diskussion

I. Reformprozesse in Deutschland zwischen Parteienwettbewerb, Wohlfahrtsstaat und Kartellföderalismus

Zu Beginn der Diskussion wurden einige Thesen *Hans Jörg Henneckes* kontrovers diskutiert. *Hesse* formulierte pointiert, *Hans Jörg Henneckes* Thesen nähmen sich in ihrer Summe wie ein „Traktat für die Grenzen rein ordnungspolitischen Denkens" aus. In ihrer Aufaddierung führten sie zu einer nicht koordinierten Dezentralität, bei der die Steuerung des Staatshandelns kaum mehr gewährleistet werden könne. Auch sei es überzeichnend, von Kartellföderalismus zu sprechen. Die derzeitige Föderalismuskritik weise in hohem Maße modische Züge auf. Die seit Jahrzehnten bestehende Politikverflechtung sei bis vor kurzem noch als machtteilendes, stabilitätsgewährendes, friedensstiftendes Element der demokratischen Ordnung gelobt worden und werde gegenwärtig einseitig abqualifiziert. Zu Recht beschränke sich die Föderalismuskommission daher auf die notwendige Beseitigung der gröbsten Verwerfungen. Dies gelte insbesondere für die Gemeinschaftsaufgaben und Finanzhilfen. *Hans Jörg Hennecke* bezeichnete den Begriff des kooperativen Föderalismus dagegen als zu euphemistisch. Am Befund, dass das interventionistische Politikverständnis versagt habe, sei nicht vorbeizukommen.

Ruffert und *Schliesky* begrüßten demgegenüber *Hans Jörg Henneckes* Dezentralitätsbestrebungen, machten aber deutlich, dass diese mit Veränderungen im überkommenen Demokratiemodell einhergehen müssten. Das BVerfG verlange indes in ständiger Rechtsprechung die Ableitung der Legitimation in einem einzigen monistischen Strang vom Staatsvolk. Die Garantie kommunaler Selbstverwaltung sei im Hinblick auf Art. 20 Abs. 2 GG als Ausnahme zu begreifen. Dies passe nicht zu der von *Hans Jörg Hennecke* favorisierten dezentralen Steuerung und dezentralen Entscheidungsfindung. *Hans Jörg Hennecke* stimmte dem zu und trat für die weitest mögliche Umsetzung des Grundsatzes: „Selbstbestimmung vor Mitbestimmung" ein, um kollektivierte Entscheidungen unter einen stärkeren Rechtfertigungsdruck zu stellen.

Hinsichtlich des von *Hans Jörg Hennecke* empfohlenen Übergangs von umlagefinanzierten zu steuerfinanzierten sozialen Sicherungssystemen vertraten *Kirch-*

hof und *Mann* die Auffassung, dass man aus einmal begründeten umlagefinanzierten Systemen nicht wieder herauskomme. Ein beachtlicher Reformschritt liege aber schon im Übergang auf kapitalgedeckte Systeme, was mit einer intensiven Staatsaufgabendiskussion verbunden sei.

Lange sah in den Veränderungsschwierigkeiten bei umlagefinanzierten Systemen aber auch eine spezifische Reformchance, gerade weil die Leistungserwartungen der Beitragszahler verfassungsrechtlich nur mit großen Übergangszeiten eingeschränkt werden könnten. Dies könne dazu führen, relativ frühzeitig Reformen durchzuführen, deren Auswirkungen erst in späteren Jahren griffen.

Hans Jörg Hennecke charakterisierte umlagefinanzierte Systeme als „Kettenbriefe". *Langes* Trägheits- und Vertrauensschutzargument hielt *Hennecke* entgegen, dass gerade langfristige Entwicklungen in der Politik viel zu wenig vermittelt würden. Die Bereitschaft der Bürger für Reformen wachse, wenn sie das Leitbild erkennen könnten, auf dessen Realisierung die Politik mit ihren Reformbemühungen hinarbeite. Transparente Kostenstrukturen, die die langfristigen Finanzprobleme aufzeigten, verbesserten die Reformakzeptanz.

Mann widersprach *Hans Jörg Henneckes* These, wonach eine Stärkung der Finanzautonomie erfolgreich implementiert werden könne, wenn die Besteuerung an obligatorische Referenden geknüpft werde. In den Bundesländern seien umgekehrt finanzwirksame Volksbegehren und -entscheide grundsätzlich unzulässig. Die Verfassungsgerichte hätten bestätigt, dass man aus guten Gründen finanzwirksame Volksentscheide nicht zulasse, weil sonst die bestehenden Haushaltspläne umgestoßen würden.

Hans-Günter Henneke wies ergänzend darauf hin, dass man aus kommunaler Sicht mit großer Sorge bei der finanzwirksamen Volksgesetzgebung in jüngerer Zeit einen Wandel der landesverfassungsgerichtlichen Rechtsprechung beobachtet habe und nannte insoweit Entscheidungen des SächsVerfGH zum Schulbereich und des NdsStGH zum KiTaG. Die Folge sei, dass die Landtage in ihrer politischen Verantwortung allein gelassen würden. Der SächsVerfGH habe entschieden, wenn eine Volksgesetzgebung Kostenfolgen habe, könne der Landtag eine solche kostenwirksame Volksgesetzgebung durch parlamentarische Gesetze wieder zurückführen und müsse dafür dann die politische Verantwortung tragen.

Hans-Günter Henneke vertrat die Auffassung, dass dies politisch nicht durchzuhalten sei. Dies sei am niedersächsischen Beispiel des KiTaG deutlich geworden. Die Kommunen hätten das Finanzausgleichsverfahren gegen das Land Niedersachsen vor dem NdsStGH gewonnen. Das Land habe daraufhin zwar nicht mehr Mittel bereitgestellt, wohl aber Standards im KiTaG gelockert und die Mittel in den kommunalen Finanzausgleich überführt. Als ein dagegen gerichtetes Volksbegehren für zulässig erklärt wurde, habe der Landtag seine Entscheidung schnell wieder rückgängig gemacht, um vor der Landtagswahl einen entsprechenden Volksentscheid zu vermeiden. Im Bereich der finanzwirksamen Volksgesetzgebung gebe es daher Entwicklungen, die die öffentlichen Haushalte massiv beeinträchtigten.

II. Das Optionsmodell bei der Grundsicherung für Arbeitsuchende

Hesse wies darauf hin, dass *Hans-Günter Henneke* das Optionsmodell zu Recht als „Modell" bezeichnet habe und man noch nicht aus der Praxis berichten könne. Er fragte, ob das, wofür der Deutsche Landkreistag kämpfe, funktional überzeugend, machbar und tatsächlich lösungsorientiert angelegt sei. Zwar stünden die Kreise größtenteils hinter dem Modell. Es gebe aber auch Kreise und vor allem kreisfreie Städte, die sich die Übernahme der Aufgabe nicht zutrauten. *Hesse* riet dazu, stärker funktional und nicht modellhaft zu argumentieren und die Empirie stärker zu berücksichtigen.

Böhme hob hervor, dass sich am Beispiel des Gezerres um das Optionsmodell bei der Grundsicherung für Arbeitsuchende exemplarisch verdeutlichen lasse, wie schwierig es sei, Aufgaben vom Bund auf die Kommunen zu übertragen – und trotzdem sei es auf diesem wie auf anderen Feldern notwendig, zu einer Kommunalisierung der Aufgabe zu kommen. Man habe im politischen Erörterungsprozess zu Recht sehr intensiv für eine Trägerschaft der Kreise und kreisfreien Städte argumentiert. Diese hätten gerade auf dem sozialen Gebiet erhebliche Erfahrungen und würden ihre weitgehend betreuungsbedürftigen Kunden kennen. Jeder an der Entscheidung Beteiligte habe gewusst, dass die Arbeitsverwaltung für diese spezielle Aufgabe als zu zentralistisch und bürokratisch organisiert nicht der richtige Träger sei.

Lange hielt die generelle Kommunalisierung der Aufgabe für eine überzeugende Lösung, bezweifelte aber in verfassungspolitischer Hinsicht die Wünschbarkeit der in § 6a SGB II vorgesehenen optionalen kommunalen Trägerschaft, da seiner Auffassung nach Art. 84 Abs. 1 GG „bis an seine Grenze beansprucht" werde und der – für sich betrachtet zu Recht in Art. 106 Abs. 8a GG zu regelnde – Sonderbelastungsausgleich eine Regelung vorsehen müsse, die dem Regelmodell der Finanzverfassung nicht entspreche und eigentlich systemwidrig sei.

Schliesky kritisierte das Organleihemodell der Bundesregierung unter Demokratiegesichtspunkten. Eine demokratisch legitimierte Verwaltungsausübung sei damit nicht zu gewährleisten. Auch komme es nicht zu einer klaren Verantwortungszuordnung.

Duppré und *Gorrissen* unterstützten die Position *Böhmes* und entgegneten *Hesse*. Der Ablauf des Gesetzgebungsverfahrens zur Zusammenführung von Arbeitslosenhilfe und Sozialhilfe sei beispielhaft für die von *Hans Jörg Hennecke* beschriebene Verflechtung sowie den Zwang zum Konsens, der zu in der Sache im Grunde nicht tragfähigen Kompromissen führe (*Duppré*). Die Kreise und kreisfreien Städte seien die geeignete Trägerebene für die Sachaufgabe. Nun komme aufgrund der Ergebnisse des Vermittlungsverfahrens hinzu, dass die Kreise und kreisfreien Städte in jedem Falle die Kosten für die Unterkunft und Heizung der Hilfeempfänger zu tragen hätten. Die dafür anfallenden Ausgaben seien unkalkulierbar und überdies dynamisch steigend, während die vom Bund übernommenen Sozialhilfelasten bei anspringender Konjunktur und dem „Greifen von Hartz IV" tendenziell sänken. Angesichts dieser Belastung bleibe den kommunalen Trägern bei einer fairen Ausgestaltung des Optionsgesetzes faktisch gar nichts anderes übrig als zu optieren, weil man ansonsten die beeinflussbaren Steuerungspotentiale, mit denen man versuchen müsse, die Kosten einigermaßen im Griff zu behalten, aus der Hand gebe. Zwar sei sich die kommunale Familie hinsichtlich der Bereitschaft zur Übernahme der Aufgabenträgerschaft nicht einig gewesen und vor allem manche Oberbürgermeister seien in Sorge, dass die Arbeitslosen dann „ihre Arbeitslosen" würden; angesichts der Belastung mit den Unterkunfts- und Heizkosten wachse aber auch bei den kreisfreien Städten und Kreisen, die eigentlich nicht optieren wollten, die Bereitschaft, die Option zu ziehen. Daher sei von einer breiten Grundtendenz zur Option unter der Voraussetzung fairer Konditionen auszugehen (*Duppré*).

Gorrissen unterstützte *Duppré*s Argumentation. Die Kommunen müssten ganz klar die Übernahme der Aufgabenverantwortung einfordern. Wenn mit *Böhme* das Grundübel in einem Auseinanderfallen von Entscheidungs- und Finanzierungsverantwortung liege, dann dürfe man nicht den Fehler begehen, Aufgaben auf eine Arbeitsgemeinschaft zu übertragen, weil es hier wieder zu einem Auseinanderfallen von Entscheidungs- und Finanzierungsverantwortung komme. Die Verantwortungszusammenführung lasse sich nur bei Ausübung der Option kommunaler Trägerschaft erreichen. Gerade von kommunaler Seite werde zu Recht immer wieder beklagt, dass man bei zahlreichen Aufgaben in eine Finanzierungsverantwortung hineingedrängt werde, ohne die Entscheidungsparameter selbst bestimmen zu können. Wenn man im kommunalen Bereich wieder „ein Stück Land sehen wolle", müsse man bei der Grundsicherung für Arbeitsuchende die Aufgabenträgerschaft und damit verbunden die volle Handlungsfreiheit hinsichtlich der Art und Weise der Aufgabenerledigung bekommen. Auch wenn insbesondere einige ostdeutsche Kommunen angesichts der gewaltigen Dimension der Aufgabe berechtigte Zweifel an deren Übernahme hätten, komme man von kommunaler Seite – eine faire Ausgestaltung vorausgesetzt – an der Ausübung der Option gar nicht vorbei.

Zusammenfassung der Diskussion

Hesse entgegnend machte *Hans Günter Henneke* deutlich, dass der Kreisbereich angetreten sei, die zusammengeführte Aufgabe von Arbeitslosenhilfe und Sozialhilfe insgesamt unter der Voraussetzung einer verfassungsrechtlich abgesicherten Finanzierung zu übernehmen. Diese Konzeption hätte den Gesichtspunkten der Verantwortungsstärkung und Dezentralisierung gleichermaßen Rechnung getragen. Am besten wäre es dabei gewesen, die Finanzierung über einen erhöhten kommunalen Umsatzsteueranteil zu regeln. Ersatzweise wäre die Einführung des Konnexitätsprinzips bei pauschalierbaren Leistungen in Betracht gekommen, wobei der Deutsche Landkreistag bei der Konnexitätsvariante insoweit zunächst nicht an die Einbeziehung der Verwaltungskosten gedacht habe. Der Einbezug der Verwaltungskosten stelle sich beim Optionsmodell als Gleichheitsproblem dar. Diese Problematik existiere nicht, wenn alle Kommunen gleichermaßen Aufgabenträger seien. Die Verwaltungskosten hätten dann durch originäre Steuermittel oder Finanzausgleichsmittel aufgefangen werden müssen. Diese Grundidee habe im laufenden Gesetzgebungsverfahren bis Mitte Dezember gehalten. Dabei habe sich der Deutsche Landkreistag auf das Wort mehrerer Ministerpräsidenten verlassen, dass es entweder zu einer kommunalen Trägerschaft oder zu gar keiner Lösung komme.

Der Deutsche Landkreistag habe die Zusammenführung der Arbeitslosenhilfe und Sozialhilfe auf der Kreisebene im Zusammenhang mit den Funktionalreformprozessen in den Ländern gesehen. Durch beide Felder hätte es zu einer ausgewogenen Stärkung der Leistungskraft der Kreisebene kommen können – und zwar bei den landesrechtlichen Funktionalreformen durch die Übertragung bisheriger staatlicher Aufgaben und bei der Zusammenführung von Arbeitslosenhilfe und Sozialhilfe durch eine Stärkung der Selbstverwaltungsaufgaben. Von dieser vom DLT verfolgten Philosophie seien keine Abstriche zu machen. Die Idee einer kommunalen Option sei erst ganz am Ende des Vermittlungsverfahrens aufgetaucht und vom DLT nicht empfohlen worden. Nachdem sie aber Gesetzeskraft erlangt habe, sei mit ihr umzugehen. Entscheidend sei insoweit, dass es die Kommunen nach § 6a SGB II in der Hand hätten, die angestrebte Funktionalreform kraft eigener Entscheidung selbst durchzuführen. Dies wäre der Fall, wenn es zu einer flächendeckenden Option käme. Bei der Ausformung des Optionsgesetzes sei es daher Aufgabe des Deutschen Landkreistages gewesen, um die Selbstgestaltbarkeit der Aufgabe zu kämpfen. Dafür benötige man dann aber eine verfassungsrechtlich abgesicherte Finanzierung, da es immerhin um ein Finanzvolumen von mehr als 9 Mrd. € gehe. Entscheidend sei für den Deutschen Landkreistag insoweit nicht gewesen, ob die Geldleistungen direkt vom Bund an die Kommunen gegeben oder über die Länder geleitet würden. An der Anwendung des Art. 104a Abs. 3 GG sei aber unannehmbar gewesen, dass bei einer Übernahme der Geldleistung durch den Bund die Aufgabe zu einer Bundesauftragsverwaltung geworden wäre. Insoweit habe es für den Deutschen Landkreistag überhaupt keine Handlungsalternative gegeben. Man habe vor der

Frage gestanden, entweder das Optionsmodell gegen die eigene Überzeugung völlig preiszugeben oder aber für die Schaffung von Rahmenbedingungen einzutreten, die es möglichst vielen Kommunen ermöglichen, in den Systemwettbewerb mit der Bundesagentur für Arbeit einzutreten. Der Deutsche Landkreistag habe sich bei der Zusammenführung der Aufgaben immer für Systemwettbewerb ausgesprochen. Dabei habe man im Ausgangspunkt selbstverständlich Wettbewerb auf der horizontalen Ebene, also zwischen Kommunen, gemeint. Dass man durch das Optionsmodell einen Systemwettbewerb auf der vertikalen Ebene zwischen kommunalen Trägern und der Bundesagentur bekäme, habe man sich bis dahin nicht vorstellen können. Man habe sich aber sofort nach Verabschiedung des SGB II entschieden, die Herausforderung der Option aktiv anzunehmen, um auf dieser Grundlage sodann auch noch den Schritt zu gehen, möglichst Optionsverbünde herzustellen, damit nicht überall Flickenteppiche in den Ländern entstünden.

Lange und *Hesse* entgegnend machte *Hans-Günter Henneke* deutlich, dass zwar die Politik durchaus Entscheidungsalternativen gehabt habe. Der Deutsche Landkreistag habe demgegenüber nach Verabschiedung des SGB II in seinem Vorgehen keine Alternative gehabt, um das Ziel einer möglichst flächendeckenden kommunalen Aufgabenträgerschaft sicherzustellen. *Hans-Günter Henneke* konzedierte *Lange*, dass verfassungspolitisch eine Sonderregelung in Art. 106 Abs. 8a GG nicht besonders glücklich sei. Sie sei aber als nicht analogiefähige punktuelle Ausnahmeregelung zu verstehen und präjudiziere – entgegen anderslautenden Stimmen – keinesfalls die Beratungen der Föderalismuskommission. Auch der Deutsche Landkreistag halte nichts davon, den Gedanken des Art. 106 Abs. 8 GG generell auszuweiten und in einen größeren Zusammenhang zu stellen. Dabei sei allerdings darauf hinzuweisen, dass in der Sachverständigenanhörung der Föderalismuskommission am 11. März 2004 durchaus die Position vertreten worden sei, die bisherige Regelung des Art. 106 Abs. 8 GG in eine Grundsatzregelung in Art. 104a Abs. 3 GG (neu) zu überführen. Das seien Überlegungen, die man von Seiten des Deutschen Landkreistages ausdrücklich nicht unterstütze.

Hans-Günter Henneke unterstrich schließlich die Ausführungen *Schlieskys*. Wenn das BMWA neuerdings von „erweiterter Organleihe" spreche, die den betrauten kommunalen Stellen mehr Spielraum einräumen solle, sei die Legitimationskette überhaupt nicht mehr nachvollziehbar. Dabei handele es sich schlicht um unzulässige Mischverwaltung. Der Deutsche Landkreistag sei gegen das Organleihemodell und halte es in der konkreten Situation zwischen Bund und Kommunen auch verfassungsrechtlich für nicht zulässig. Eine „erweiterte Organleihe" laufe aber vollends auf eine „verschlimmbessernde" verantwortungsverwischende verfassungsrechtlich unzulässige Mischverwaltung hinaus.

III. Notwendigkeit einer Länderneugliederung?

Schmidt-Jortzig berichtete darüber, dass in der Föderalismusreformkommission Konsens darüber bestehe, das Thema „Länderneugliederung" als „Unthema" nicht anzupacken, kündigte aber an, dass es Initiativen geben werde, das in Art. 29 GG geregelte Neugliederungsverfahren so zu verändern, dass die Vorschrift keine „Neugliederungsverhinderungsvorschrift" bleibe.

Von den Diskussionsteilnehmern wurde die Frage strittig diskutiert, ob man ohne Länderneugliederung das föderative System erfolgreich reformieren könne. *Lange* vertrat die Auffassung, dass die Stärkung von Eigenverantwortung, Eigenständigkeit und Wettbewerb grundsätzlich gleiche Startchancen und Ausgangsbedingungen bei den Ländern voraussetze. Die Ist-Situation erweise sich daher als wesentlicher Hemmschuh für die angestrebten Ziele der Föderalismusreform.

Janssen schloss sich dieser Beurteilung an und wies darauf hin, dass nach Art. 29 Abs. 1 GG die Länder so geschnitten sein müssten, dass sie nach Größe und Leistungsfähigkeit die ihnen obliegenden Aufgaben wirksam erfüllen können. Wenn man den Ländern neue Gesetzgebungs- und Ausführungskompetenzen zuerkenne und die Länder überdies eine Europarechtstransformationskompetenz sowie größere finanzielle Autonomie erhalten wollten, müsse man ernsthaft fragen, ob Länder wie Bremen ihre Aufgaben noch wirksam erfüllen könnten. Es sei ihm rätselhaft, wie man diese Aspekte so völlig außer Betracht lassen könne. Man dürfe von Länderseite nicht nur „kraftvoll die Backen aufblasen", sondern müsse sorgfältig prüfen, ob alle Länder aufgrund ihrer derzeitigen Struktur zur Wahrnehmung der eingeforderten Europakompetenz und der größeren finanziellen Autonomie in der Lage seien.

Meyer schloss sich dem an. Wenn man neue Gesetzgebungskompetenzen für die Länder einfordere, könne man die Neugliederungsthematik nicht ausblenden. *Meyer* hielt den Ländern insoweit eine „bemerkenswerte Schizophrenie" vor. Es werde mit zweierlei Maß gemessen, da innerhalb einzelner Länder – wie etwa in Mecklenburg-Vorpommern – die Durchführung von Funktionalreformen durchaus mit einer kommunalen Neugliederung als Voraussetzung verbunden werde.

Wendt und *H. J. Hennecke* äußerten sich abweichend: Sie betonten, es gehe um die Optimierung der Strukturen des föderativen Systems, um mehr Selbständigkeit und Entflechtung der Kompetenzen sowie um die Herstellung von Finanzautonomie. Die Schaffung sachgerechter Verantwortlichkeiten müsse das Ziel sein. Eine isolierte Zusammenlegung von Ländern mache nur wenig Sinn, weil allein dadurch die Entscheidungsproblematik im föderativen System kaum oder gar nicht verändert werde. Die Zahl der Akteure im System sei weniger relevant. *Hennecke* wies ergänzend darauf hin, dass es andere föderale Systeme gebe, wo die Einwohnerdiskrepanz und die Größenunterschiede noch viel größer seien als in Deutschland. Größe allein sei kein Ausweis von Leistungsfähigkeit. So habe sich etwa das Saarland auf vielen Feldern in den letzten Jahren sehr positiv entwickelt.

Wendt ergänzte, dass die Stärkung der Finanzautonomie der Länder flankierende Hilfen seitens des Bundes etwa nach Art. 104 a Abs. 4 GG nicht ausschließe. Dieses Institut könne der Bund bewusst nutzen, um verbleibende finanzielle Disparitäten zwischen den Ländern auszugleichen.

IV. Die europäische Dimension

Zur europäischen (und kommunalen) Dimension der Föderalismusreform heißt es im Kommissionseinsetzungsbeschluss von Bundestag und Bundesrat im vorletzten Satz lapidar: „Sie soll die Fragen zur Modernisierung der bundesstaatlichen Ordnung auch vor dem Hintergrund der Weiterentwicklung der Europäischen Union und der Situation der Kommunen beleuchten."

Diese relative Geringachtung der europäischen – wie der kommunalen – Dimension bei der Reform der bundesstaatlichen Ordnung wurde von den Teilnehmern des Professorengesprächs deutlich kritisiert.

Schoch äußerte seine Verwunderung über die von *Kirchhof* und *Schmidt-Jortzig* wiedergegebene Punktation der Föderalismuskommission und bezweifelte die Rationalität der Kommissionsarbeit. In zentralen Punkten werde das Pferd vom Schwanz her aufgezäumt. Fragen der Europatauglichkeit müssten vorangestellt werden, um eine rationale Diskussion um die Neuordnung der Gesetzgebungskompetenzen etwa im Umweltrecht überhaupt führen zu können. Schließlich sei Deutschland etliche Male vom EuGH wegen fehlender Umsetzung von europäischem Recht durch die Länder verurteilt worden. *Schoch* fragte zuspitzend, wie es in der Föderalismuskommission um die logische Gewichtung der Elemente zueinander stehe oder ob man die relevanten Fragen „nur so nebeneinander" abarbeite.

Kirchhof brach dagegen eine Lanze für das Vorgehen der Föderalismuskommission. Richtig sei zwar, dass von außen der Eindruck entstehen könne, dass zu bewältigende Themen auf der Agenda fehlten, strukturell falsch angelegt seien oder die notwendige Eindringtiefe fehle. Man müsse aber auch auf die politische Umsetzungsfähigkeit achten und könne den politischen Akteuren letztlich nur das zumuten, was sie in der Umsetzung auch bewältigen könnten. Dafür sei das Vorgehen nach Schwerpunkten vom Grundansatz her richtig. Man dürfe die Beharrungskräfte nicht unterschätzen, die bei systematischerem Vorgehen nur

Zusammenfassung der Diskussion

die Probleme herauspickten, um Fragen im Ergebnis nicht anpacken zu müssen. Er sei inzwischen mit dem eingeschlagenen „tastenden Verfahren" ganz zufrieden.

Auch *Hesse* mahnte die Einbeziehung der europäischen Dimension nachdrücklich an und wies *Hans Jörg Hennecke* entgegentretend darauf hin, dass Europa mit der Marktöffnung im Bereich der Daseinsvorsorge zwar durchaus erfolgreich versucht habe, die zu traditionellen und sklerotischen Elemente der deutschen Wirtschafts- und Sozialstruktur aufzubrechen; es sei aber kritisch zu hinterfragen, ob das, was europäisch an deren Stelle gesetzt worden sei, ein zukunftsfähiger Lösungsansatz sei.

Wenn man den Entwurf des europäischen Verfassungsvertrages betrachte, seien in der letzten Nacht zentrale Politikfelder wie die Gesundheitspolitik der Methode der offenen Koordinierung unterworfen worden und damit in den weitgehenden Zugriff der Kommission gekommen. Ob sich dies positiv auf die faktische Leistungserbringung auswirken werde, sei massiv zu bezweifeln.

Hesse prognostizierte, dass der Prozess zunehmender Europäisierung unter Umständen gerade insoweit durch eine massive Bürokratisierung und Verflechtung geprägt sein werde. *Hesse* kritisierte wie *Schoch*, dass die europäische Dimension in der Föderalismuskommission kaum eine Rolle spiele. Man befasse sich bislang ausschließlich mit Art. 23 GG, obwohl die von *Kirchhof* dargestellten Materien, mit denen sich die Kommission beschäftige, unstrittig in den überwiegenden Teilen europarechtlich überlagert seien. *Hesse* charakterisierte dieses Vorgehen als Realitätsverleugnung. Insbesondere aus dem dritten Teil des europäischen Verfassungsvertragsentwurfs ergäben sich erheblich mehr Konsequenzen für den deutschen Föderalismus als man derzeit gewärtige. Man befasse sich in der Kommission mithin mit Fragestellungen, die sich realiter schon in ganz anderen Kontexten bewegten. Ein solches Vorgehen sei nicht zukunftsträchtig.

Schmidt-Jortzig konzedierte, dass in den bisherigen Kommissionsberatungen die Frage der Europatauglichkeit des GG nicht sehr systematisch diskutiert worden sei. Im Mai finde allerdings eine Sachverständigenanhörung speziell zum Europathema statt. *Schmidt-Jortzig* machte darauf aufmerksam, dass der Aspekt nicht hinreichend berücksichtigt worden sei, dass viele Aufgaben, für die bisher eine Bundeszuständigkeit bestanden habe, mittlerweile nach Europa abgewandert seien. Dies habe zur Folge, dass das in Art. 72 Abs. 2 GG enthaltende Kriterium der Gleichwertigkeit der Lebensverhältnisse für die Inanspruchnahme einer Gesetzgebungskompetenz des Bundes einen heftigen Bedeutungsschwund aufweise. Bei Vorliegen dieses Kriteriums bestehe heute in der Regel Anlass, die „europäische Karte ins Spiel" zu bringen. Der Bund werde daher aus der Legitimation, die Gleichwertigkeit der Lebensverhältnisse im Bundesgebiet herzustellen, immer mehr herausgedrängt. Diese Verdrängung von Bundes-, aber auch von Landeslegitimation durch Europa sei in der Kommission bisher kaum zur Sprache gekommen.

Schmidt-Jortzig wies des Weiteren darauf hin, dass insbesondere die Ministerpräsidenten der Diskussion um Art. 23 GG ein hohes Gewicht beimessen. Im Ergebnis werde es allerdings wohl darauf hinauslaufen, dass Art. 23 GG letztlich nicht geändert werde. Schon bisher werde allerdings in Art. 23 GG die nationale Handlungsfähigkeit im europäischen Kontext nicht hinreichend behandelt, da der ganze Rechtsentstehungsprozess nicht hinreichend aufgeschlüsselt worden sei. Man müsse den nationalen Planungsprozess, die Verhandlungs- und Entscheidungsphase im Ministerrat sowie die anschließende Umsetzungsphase unterscheiden. Art. 23 GG erfasse nur die Verhandlungs- und Entscheidungsphase und lasse damit wichtige Bereiche des Gesamtprozesses außer Betracht. Daran werde sich durch die Föderalismuskommission nichts ändern. Am nationalen Planungsprozess könne man die Länder intensiv beteiligen. Die bestehenden Länderkompetenzen nach Art. 23 Abs. 6 GG würden derzeit nicht wahrgenommen.

Überdies wies *Schmidt-Jortzig* darauf hin, dass neben Art. 23 Art. 24 Abs. 1a GG in den Befassungen der Sachverständigen angesprochen worden sei. *Schliesky* kritisierte, dass die europäische Dimension in der Kommission zwar eine gewisse Rolle spiele, aber nicht aus dem Blickwinkel der Kommunen betrachtet werde. Aus kommunaler Sicht sei die kommunale Verankerung in Art. 5 und 9 Abs. 3 des Verfassungsvertragsentwurfs als Erfolg gefeiert worden, da die Kommunen ausdrücklich in das Subsidiaritätsprinzip miteinbezogen seien. Es mangele indes an einer innerstaatlichen Umsetzung, wenn in Deutschland nicht ein vernünftiger Subsidiaritätsmechanismus eingeführt werde. Es gebe Stimmen, die diesbezüglich eine Verankerung in Art. 23 GG vorschlügen. Wenn in der Föderalismuskommission jetzt keine Weichenstellungen mit dem Ziel vorgenommen würden, entsprechende Regelungen im Gesetz über die Zusammenarbeit von Bund und Ländern in Angelegenheiten der EU vorzusehen, befürchtete *Schliesky* ein Leerlaufen der kommunalrelevanten Bestimmungen im Verfassungsvertragsentwurf.

Wenn es ermöglicht werde, gegen eine Verletzung des Subsidiaritätsprinzips vor dem EuGH zu klagen, sei es im Vorfeld wichtig, anders als bisher im nationalen Recht ein einklagbares Mitwirkungsrecht der Kommunen zu normieren. *Schliesky* regte an, diese Frage in der Föderalismuskommission zu erörtern. *Kirchhof* räumte ein, dass diese Fragestellung in der Föderalismuskommission bisher keine Rolle gespielt habe. *Schmidt-Jortzig* machte darauf aufmerksam, dass Art. 23 Abs. 1 GG schon jetzt den Grundsatz der Subsidiarität als Kriterium für das Mitwirken Deutschlands an der europäischen Integration erwähne und sah dies als einen Weg an, auf dem die europäische Prägung des Begriffs „Subsidiarität" national-verfassungsrechtlich aktiviert werden könne. Die kommunale Europabeziehung und Wichtigkeit im europäischen Mehrebenensystem sei eine verfassungspolitische Direktive vorrangig an die Länder, aber auch an den Bund bei der Gestaltung der Vollziehung europäischer Angelegenheiten und der Ausführung von Gesetzen.

Schließlich wurden Fragen der Haftung gemäß Art. 104a Abs. 5 GG angesprochen. *Schmidt-Jortzig*, *Schoch* und *Kirchhof* wiesen darauf hin, dass es erforderlich sei, innerstaatliche Haftungsregeln bei Verstößen gegen europäisches Recht zu finden, um ein Weiterreichen an die Länder zu ermöglichen. Dies gelte sowohl für Verstöße gegen die Stabilitätskriterien nach Art. 104 Abs. 11 EG und wegen Vertragsverletzungen nach Art. 228 EG. *Schoch* vertrat die Auffassung, dass die Haftungsproblematik bei der Neuzuordnung der Gesetzgebungskompetenzen nach Art. 70 ff. GG berücksichtigt werden müsse und präferierte in EG-relevanten Materien eher eine Zuordnung zum Bund.

Kirchhof sprach sich auch für eine innerstaatliche Umsetzung der EG-vertraglich vorgegebenen Verschuldungsbegrenzung aus. Er sei allerdings dezidiert gegen materielle Kriterien. Sowohl die Neuregelung des Art. 115 GG im Jahre 1969 als auch das 3 %-Kriterium hätten ihre beabsichtigte Wirkung verfehlt und eher eine Zunahme der Verschuldung befördert. Daher sei es insoweit richtiger, erhöhte Verfahrensanforderungen zu stellen, wie etwa das Erfordernis qualifizierter Mehrheiten in den zuständigen Gremien. Angesichts dessen, dass gerade Deutschland mehrfach gegen die Maastricht-Kriterien verstoßen und überdies im Europäischen Rat durchgedrückt habe, dass der Verstoß nicht weiterverfolgt werde, hielt *Ruffert* es für politisch nicht durchsetzbar, von deutscher Seite aus für eine Verschärfung der Maastricht-Kriterien einzutreten.

V. Die Rolle der Kommunen in der Föderalismusreform und in der Kommission

Eine breite Diskussion löste die Forderung *Böhmes* nach einer breiten Beteiligung der Kommunen in der Föderalismusreform und in der Kommission aus. Auf *Gökes* Frage, in welcher Weise sich *Böhme* eine institutionalisierte Beteiligung der Kommunen im Bund-Länder-Konzert vorstelle, erwiderte dieser, dass man sich eine eigene Kommunalkammer oder einen eigenen Sitz im Bundesrat im Ergebnis nicht vorstellen könne. Die Verankerung eines strikten Konnexitätsprinzips zwischen Bund und Kommunen bei unmittelbaren Aufgabenübertragungen seitens des Bundes befürwortete *Böhme*, hielt sie aber ebenfalls kaum für durchsetzbar. Im Ergebnis sprach er sich für einen verfassungsrechtlich verbrieften Konsultationsmechanismus aus, der die Kommunen in die Lage versetze, auf der Bundesebene „wirklich eine Rolle zu spielen und nicht nur als Bittsteller am Tisch zu sitzen". Der entscheidende Vorteil für den föderalen Staat liege bei einem solchen Verfahren darin, dass die kommunale Seite im Gesetzgebungsverfahren aufgrund ihrer breiten Anwendungserfahrungen und ihrer erwiesenen Einsparleistungen und der Nähe zum Bürger flexibler, effektiver und effizienter und damit insgesamt verantwortlicher auftreten könne als die Landesverwaltung. Auch unter Demokratiestärkungsgesichtspunkten biete sich eine stärkere Einbeziehung der Kommunen an.

In der Föderalismuskommission dürfe es überdies nicht nur zu einer Entflechtung zwischen Bund und Ländern und zu einer Diskussion über Aufgabenverlagerungen zwischen diesen beiden Ebenen kommen. Vielmehr müsse die kommunale Ebene stets voll mitbedacht werden. Es gehe gar nicht darum, dass die Kommunen in der Kommission gleichberechtigt am Tisch säßen. Aber von kommunaler Seite müssten Argumente entwickelt und dargelegt werden können, um die konkrete Bedeutung der Stärkung der kommunalen Ebene für ein Gelingen der Ziele der Föderalismusreform herauszustellen.

Schmidt-Jortzig attestierte speziell dem Deutschen Landkreistag, in der Föderalismuskommission die kommunalen Belange insbesondere hinsichtlich der finanziellen Belastungen und der finanziellen Eingebundenheit der Kommunen im föderalen System immer wieder sehr deutlich zum Ausdruck gebracht zu haben. Auf der kommunalen Bank habe sich bislang allein der DLT artikuliert, was allerdings für die Gesamtheit der Kommunen durchaus nicht zum Schlechtesten geraten sei. *Duppré* begrüßte diese Ausführungen ausdrücklich und brachte seine Hoffnung zum Ausdruck, dass in der Föderalismuskommission auch weiterhin einheitliche Kommunalpositionen vertreten würden.

Lange unterstützte die Forderung nach Einbeziehung der Kommunen und der kommunalen Belange in die Föderalismusdebatte und verwies auf Art. 28 Abs. 3 GG, wonach der Bund unmittelbar in die Pflicht genommen werde, die Funktionsbedingungen kommunaler Selbstverwaltung zu gewährleisten.

Schliesky riet dazu, eine verfahrensrechtliche Absicherung der Garantie kommunaler Selbstverwaltung entsprechend dem Diskussionsstand zu den Grundrechten stärker in den Vordergrund zu rücken und sprach sich für eine Einbeziehung der Kommunen in den Rechtsetzungsprozess durch strikte Subsidiaritätsprozesse sowohl bei bundes- wie bei europarechtlichen Fragen aus. Auch schlug er in Anknüpfung an seine Darlegungen aus dem Vorjahr vor, die Einführung des Konnexitätsprinzips ebenfalls als verfahrensrechtliche Fragestellung, nämlich als gebotene Qualifizierung hinsichtlich der Rechtfertigung von Eingriffen in die Garantie kommunaler Selbstverwaltung, zu verstehen.

Hesse hielt eine stärkere Einbeziehung der Kommunen in die Föderalismusreform und in die Beratungen der Kommission dagegen nicht für realistisch und bezeichnete die Reduktion der Kernfragen der Kommission auf das Bund-

Länder-Verhältnis als „ganz in Ordnung", warnte in diesem Zusammenhang aber zugleich davor, die vertikalen und horizontalen Koordinierungsprobleme, die die deutsche Politik prägten, aufgrund einer zu engen und zu punktuellen Sichtweise in ihrer Komplexität nicht hinreichend in die Kommissionsberatungen einzubeziehen.

Duppré hielt demgegenüber die Forderung nach einer intensiveren Einbindung der Kommunen und der kommunalen Belange in die Arbeit der Föderalismuskommission für dringend geboten, gab sich hinsichtlich der Realisierungschancen der aus kommunaler Sicht gebotenen Maßnahmen aber illusionslos. Solange man sich in der kommunalen Familie – wie bei der Arbeitsmarkt- und nun auch bei der Gewerbesteuerreform – untereinander blockiere und der eine dem anderen vorwerfe, den kommunalen Konsens zu verlassen, wenn er realistische alternative Überlegungen anstelle, müsse man sich auf der kommunalen Ebene selbstkritisch fragen, ob man wirklich mit Nachdruck die berechtigten kommunalen Forderungen in die Arbeit der Förderalismuskommission einbringe.

VI. Die Arbeit der Föderalismuskommission in der Diskussion

1. Verfahrensverabredungen

Schmidt-Jortzig informierte darüber, dass im Einsetzungsbeschluss der Föderalismuskommission festgelegt worden sei, dass die Kommission in Sachfragen mit einer Zweidrittelmehrheit ihrer Mitglieder entscheide, um so den späteren Verfassungsänderungsprozess zu vereinfachen. Außerdem sei ein äußerst ehrgeiziger Zeitplan verabredet worden. Wenn man diesen einhalten wolle, müsse man langsam „zur Schürzung des Knotens" kommen. Er sei hinsichtlich der erzielbaren Ergebnisse gebremst optimistisch, zumal die Co-Vorsitzenden *Müntefering* und *Stoiber* erhebliches politisches Gewicht in die Kommission einbrächten. Förmliche Abstimmungen seien erst ganz zum Schluss vorgesehen, was *Kirchhof* zu der Bemerkung veranlasste, in der „Nacht der langen Messer" müsse dann „Farbe bekannt" werden. Die Aufgabe der Sachverständigen werde es dabei sein, dafür zu sorgen, dass die nur punktuell zu erwartenden Neuregelungen insgesamt kohärent seien.

Schmidt-Jortzig verwies zudem darauf, dass des Weiteren verabredet worden sei, neben der Länderneugliederung den bundesstaatlichen Finanzausgleich zum „Unthema" zu erklären. Eine Befassung mit Finanzausgleichsfragen werde sich allerdings nicht ganz vermeiden lassen, da mit den Gemeinschaftsaufgaben und

Mischfinanzierungstatbeständen zumindest Randgebiete des bundesstaatlichen Finanzausgleichs in den Blick genommen worden seien. Zudem befasse man sich mit finanzrelevanten Strukturprinzipien wie der Frage, ob das Konnexitätsprinzip an die Verwaltungszuständigkeit oder an andere Kriterien anknüpfen solle.

Janssen bezweifelte, dass eine Zweidrittelmehrheit in der Kommission per se eine sichere Gewähr für die nachfolgende verfassungsrechtliche Umsetzungsfähigkeit biete. *Hesse* mahnte hinsichtlich des Zweidrittelmehrheitserfordernisses zur Vorsicht: Dadurch verenge man die Reformoptionen auf Win-win-Situationen, was dem gebotenen Reformprozess abträglich sein könne.

Janssen unterstrich, dass man Finanzausgleichsfragen i. e. S. nicht zentral behandeln könne, zumal es dabei im Kern um einfaches Gesetzesrecht und nicht um die verfassungsunmittelbaren Regelungen in Art. 107 GG gehe. Auch *Wendt* hielt es für richtig, den Finanzausgleich i. e. S. nicht zu thematisieren, zumal dieser gerade in einem quälenden Prozess mit Wirkung ab dem 1.Januar 2005 bis zum Jahre 2019 neu geregelt worden sei. Andererseits befinde man sich in einem ständigen Entwicklungsprozess. Das sehe man etwa an der jüngst eingereichten Haushaltsnotlage-Klage Berlins. Wenn sich das BVerfG dieses Verfahrens schnell annehme, könne sich die Föderalismuskommission doch noch mit Grundfragen der Bund-Länder-Finanzbeziehungen befassen müssen, zumal dann auch noch andere Länder umgehend „ihren Fuß in die Tür stellen" würden. *Mellinghoff* konnte insoweit Entwarnung geben: Das BVerfG werde bis zum geplanten Abschluss der Kommissionsarbeit nicht über die geltend gemachte Haushaltsnotlage Berlins verhandeln.

2. Modifizierungen im Bereich der Gesetzgebungskompetenzen

Diskutiert wurde sowohl die Modifizierung der Kompetenzkataloge wie eine Veränderung der Arten der Gesetzgebungskompetenzen einschließlich der Ermöglichung von Zugriffs- bzw. Abweichensrechten der Länder.

Maurer bezeichnete es eingangs als legitimes Reformanliegen, den Gesetzgebungsbereich der Länder wieder zu erweitern. Die Gesetzgebung sei ein wesentliches Element von Staatlichkeit. Die Länder könnten nur dann ihre Staatsqualität erhalten, wenn sie dauerhaft über genügend Gesetzgebungskompetenzen verfügten. Die deutliche Reduzierung in den letzten Jahrzehnten sei allerdings nicht zufällig und willkürlich erfolgt, sondern auf den Willen der Bürger zu bundesweit einheitlich geltenden Gesetzen zurückzuführen. Überdies seien gerade auch kleinere Länder zu einer umfangreichen Gesetzgebung gar nicht in

Zusammenfassung der Diskussion

der Lage. Man müsse daher genau bedenken, ob es Gründe für eine Rückübertragung von Gesetzgebungskompetenzen auf die Länder gebe. Weite Teile des Landesrechts wie das Schulrecht, das Staatskirchenrecht oder das Rundfunkrecht würden überdies durch die Rechtsprechung des BVerfG präjudiziert, so dass die Landtage in der Substanz nur das normieren könnten, was das BVerfG bereits vorgezeichnet habe. Die Landtage würden damit zum bloßen Vollstrecker bundesverfassungsgerichtlich entwickelter Konzeptionen. Bei Ausweitung des Landesrechts sei überdies auf die Problematik der eingeschränkten Prüfungskompetenz des BVerwG hinzuweisen. Das Landesrecht falle als einfaches Gesetzesrecht aus der Überprüfung durch das BVerwG völlig heraus.

Von mehreren Diskussionsteilnehmern wurde die Altenpflegeentscheidung des BVerfG vom 24.10.2002[1] angesprochen. *Hendler* merkte dazu an, die konkurrierende Gesetzgebung des Bundes sei seither auch nicht mehr das, was sie früher gewesen sei. Die Anforderungen an ein gesetzgeberisches Tätigwerden des Bundes gemäß Art. 72 Abs. 2 GG seien dadurch ganz erheblich gesteigert worden. Dies räume den Ländern seither weitaus größere Gestaltungsmöglichkeiten ein. Diese gelte es für die Länder nunmehr auszuschöpfen, ohne dass es insoweit überhaupt einer Verfassungsänderung bedürfe.

Janssen bezeichnete die Entscheidung dagegen als zweifelhaften Fortschritt. Damit werde die Ausübung der konkurrierenden Gesetzgebungskompetenz des Bundes in Wahrheit verkompliziert. Das Damoklesschwert der Verfassungswidrigkeit von Regelungen des Bundes werde noch schärfer als bisher, wenn bereits der Einstieg in die Gesetzgebungsbefugnis justiziabel sei.

Janssen kritisierte überdies, dass darüber nachgedacht werde, den Typus der konkurrierenden Gesetzgebung noch durch Hinzufügung von Zugriffsrechten zu verkomplizieren, obwohl man schon seit langem wisse, dass er im Ergebnis unpraktikabel sei und für die Länder kaum etwas gebracht habe. Hinzu komme, dass im europäischen Verfassungsvertragsentwurf sowohl die Rahmengesetzgebungskompetenz als auch die konkurrierende Gesetzgebung vorgesehen sei. Aus europarechtlichen Gründen wie aus Praktikabilitätsüberlegungen sei daher zu fragen, ob man dies alles in der bundesstaatlichen Ordnung fortschreiben wolle.

Schmidt-Jortzig befasste sich ebenfalls kritisch mit dem von den Ländern zunächst stark präferierten Zugriffsverfahren und wies darauf hin, dass man hierfür im GG mit Art. 125a Abs. 1 S. 2 bereits ein Vorbild habe, wonach einzelne Länder abweichen könnten. Rechtstechnisch könne man über eine Verallgemeinerung dieses Gedankens nachdenken. Auch bestünde die Möglichkeit, ganze Materien aus Art. 74 GG herauszunehmen und in eine neue Vorschrift mit der Folge zu übernehmen, dass die Länder insoweit von Bundesrecht abweichen

---

[1] BVerfGE 106, 62 (148 ff.).

könnten; es seien aber auch punktuelle Lösungen denkbar. Die Sachverständigen hätten von der Einführung von Zugriffsrechten indes eher abgeraten. Die Euphorie der Länder bei dieser Thematik sei seither verschwunden.

Auch *Mellinghoff* bezweifelte am Beispiel der Diskussion um die Ermöglichung von verfahrensabweichenden Länderregelungen in Art. 84 Abs. 1 GG, ob man diesen Weg einschlagen solle. Wenn man in Art. 84 GG dem Bund die Möglichkeit zur Regelung des Verwaltungsverfahrens mit einer Abweichensklausel für die Länder einräume, werde sich die Art und Weise der Bundesgesetzgebung völlig verändern müssen. Schon jetzt litten viele Gesetze darunter, dem Grundsatz der Normenklarheit und -wahrheit nicht Rechnung zu tragen, was für die Bürger erhebliche Probleme aufwerfe. Die verfassungsrechtliche Ermöglichung von Bundesgesetzen mit Abweichungsklauseln sei daher nicht zu begrüßen.

Kirchhof sprach davon, dass man bei der Ermöglichung von Zugriffsrechten zu einer „ganz merkwürdigen Rechtskonstruktion" komme. Nach Art. 72 Abs. 2 GG stehe die Inanspruchnahme der konkurrierenden Gesetzgebung unter dem Vorbehalt des Nachweises der Notwendigkeit einer bundeseinheitlichen Regelung. Wenn man nun den Ländern strukturell ein mit Vorrangwirkung versehenes Zugriffsrecht einräume, werde der Regelungsgedanke des Art. 72 Abs. 2 GG verlassen. Stattdessen bekomme man eine neue Form von konkurrierender Gesetzgebung, bei der dem Bund eine Reserve- oder Notfunktion beigemessen werde. Der Bundesgesetzgeber biete quasi eine bundeseinheitliche Regelung an, die einen Regelungssicherheitsschutz für die Länder biete, die keine eigene Regelung normierten. Dies führe im Ergebnis zu einem Flickenteppich an Rechtssetzung. Die Position der Länder sei in diesem Punkt allerdings sehr dezidiert, um auf diese Weise überhaupt zu einer Stärkung der Landesgesetzgebungskompetenz zu gelangen.

Auf den angestrebten Wegfall der Rahmengesetzgebung des Bundes gingen *Hendler* und *Göke* näher ein. *Hendler* machte deutlich, dass der Bund ein erhebliches Interesse daran habe, den Umweltschutz als gesamte Regelungsmaterie zu behalten. Das sei in der Sache auch richtig, da man sich auf dem Weg vom medialen zum integrierten Umweltschutz befinde und die verschiedenen Umweltmedien Boden, Wasser und Luft nicht mehr separat betrachtet werden könnten. Davon gehe auch das europäische Recht weitgehend aus. Bei der Umsetzung von EG-Richtlinien im Umweltbereich würden daher, wie etwa die Beispiele UVP-Richtlinie und Plan-UVP-Richtlinie zeigten, erhebliche Kompetenzfragen aufgeworfen. Hinzu komme, dass das Scheitern des UGB große Narben geschlagen habe.

Hendler äußerte zwar Verständnis dafür, dass sich die Länder gegen einen weiteren Kompetenzverlust im Umweltrecht wehrten, riet aber zu einer Stärkung der Bundesgesetzgebungskompetenz im Umweltrecht, um zu einer „Kompensa-

Zusammenfassung der Diskussion

tion des Verlustschmerzes" der Länder auf anderen Gesetzgebungsfeldern zu kommen.

Göke ging näher auf den angedachten Wegfall der Rahmengesetzgebung im Bereich des öffentlichen Dienstrechts sowie eine Modifizierung der konkurrierenden Gesetzgebung des Bundes für die Beamtenbesoldung und -versorgung in Art. 74a GG ein. Eine größere Besoldungsflexibilität sei sehr sinnvoll. Aber gerade deshalb sprach sich *Göke* dafür aus, bestimmte Fixpunkte dieser Materie weiterhin bundesrechtlich zu regeln, um nicht einen unnötigen Wettlauf zwischen Bund, Ländern und Kommunen zu installieren. Das gelte erst recht für Versorgungsfragen. Auch sei es sachgerecht, einen Wechsel von Beamten in die Privatwirtschaft und zurück zu ermöglichen. Derartige Grundregeln könnten aber nur bundeseinheitlich und nicht länderindividuell getroffen werden.

Hinsichtlich der Verlagerung von Sachregelungsmaterien auf die Länder ging *Steck* in Anknüpfung an die Darlegungen von *Kirchhof* auf die Zuordnung der Kompetenzen für die Arbeitsmarktpolitik ein. Es sei einsichtig, die beitragsfinanzierten Sozialversicherungssysteme in der Hand des Bundes zu belassen. Zu fragen sei aber, welche Konsequenzen sich aus einer Übertragung der Zuständigkeit für die regionale Arbeitsvermittlung auf die Länder für die Bundesagentur für Arbeit ergäben. Konkret sei überdies zu fragen, was aus der Zuständigkeit für die Grundsicherung für Arbeitsuchende werde. Qualifiziere man diese Aufgabe als Fürsorgeleistung, komme es darauf an, ob die Kompetenz nach Art. 74 Abs. 1 Nr. 7 GG ebenfalls auf die Länder verlagert werde oder beim Bund verbleibe.

Böhme und *Dupré* sprachen sich für stärkere Landesgesetzgebungs- und kommunale Ausführungskompetenzen aus. So war *Böhme* der Ansicht, dass die Bereiche Schule, Städtebau und Pflege in der Ausführung stärker kommunalisiert werden müssten, damit es sich bei der Wahrnehmung der Verwaltungsaufgaben nicht weiter um eine organisierte Unverantwortlichkeit handele. *Dupré* sprach sich ebenfalls für eine Bündelung der schulischen Angelegenheiten im weiteren Sinne in der Gesetzgebungskompetenz der Länder und in der Ausführungskompetenz der Kommunen aus. Hier müsse man die kommunale Entscheidungsverantwortung deutlich stärken. Dabei gehe es nicht nur um Fragen der Schulorganisation und der Schulträgerschaft. Die Kommunen müssten auch mehr Einfluss auf die Schulinhalte haben. Überdies sei nach der Personalhoheit zu fragen.

3. Kommunale Steuerertrags- und -gestaltungskompetenzen

Duppré forderte die Förderalismuskommission nachdrücklich auf, sich mit der Neuregelung der kommunalen Steuerertrags- und -gestaltungskompetenzen zu befassen. Die Gewerbesteuerreform sei bekanntlich jüngst gescheitert. Seines Erachtens werde es auch künftig keine den kommunalen Zielen der Verbesserung und Verstetigung der Einnahmen bei Aufrechterhaltung des Wirtschaftsbezugs dienende Gewerbesteuerreform mehr geben. Daher liege es auf der Hand, dass man über Alternativen nachdenken müsse. Die absehbar letzte Chance dies zu tun, sei die Föderalismuskommission. Die Einsetzung einer neuen Gemeindefinanzreformkommission sei höchst unwahrscheinlich. Daher müsse dieses Thema in der Föderalismuskommission bewegt werden. Das könne allerdings nur geschehen, wenn man von kommunaler Seite nicht alternativlos die – politisch nicht durchsetzbare – Revitalisierung der Gewerbesteuer betreibe.

Böhme teilte die Einschätzung *Dupprés* ausdrücklich. In der Gemeindefinanzreformkommission habe die kommunale Familie einträchtig stur das Gewerbesteuermodell vertreten. Man habe aber im zweiten Halbjahr 2003 erkennen müssen, dass dieses Modell in Deutschland nicht mehr mehrheitsfähig sei. Wenn man sich die aktuell diskutierten Steuermodelle anschaue, sei die Gewerbesteuer in keinem einzigen Vorschlag mehr dabei; vielmehr sei sie mittelfristig oder sogar kurzfristig zur Abschaffung notiert, ohne dass darüber ein Aufschrei erfolge. Die Kommunen dürften sich in dieser Frage nichts vormachen. Bei der Nachtsitzung des Kanzlers mit dem Wirtschafts- und Finanzminister und dem Fraktionsvorsitzenden im August 2003 in Hannover seien die ganzen Kommissionsergebnisse, die die SPD-Kommissionsmitglieder, die Gewerkschaftsvertreter u. a. einstimmig mitgetragen hätten, völlig zur Disposition gestellt worden.

Böhme hielt es für geboten, den Ländern zusätzliche Steuergestaltungskompetenzen einzuräumen. Ihnen müssten unterschiedlich gestaltbare Einnahmemöglichkeiten gewährleistet werden. Dafür kämen nur die großen Gemeinschaftsteuern in Betracht, auf die man Zu- und Abschläge ermöglichen könne. Es sei richtig und vernünftig, wenn zwischen den Ländern auf diese Weise eine Art Wettbewerb entstünde. Noch 1997 habe Ministerpräsident *Teufel* als Bundesratspräsident ausgeführt, dass die Länder substanzielle Handlungs- und Gestaltungsspielräume bräuchten, weil „nur so der Wettbewerb ermöglicht wird, der uns allen gut tut". *Hans-Günter Henneke* habe zwar zu Recht gesagt, dass es heute taktisch tödlich sei, so zu argumentieren, weil dann die Länderbank gesprengt werde. Aber dennoch schielten auch in der Landespolitik alle nach einer Stimulanz. Wenn eine solche Zuschlagslösung käme, läge es geradezu auf der Hand, die Gewerbesteuer abzuschaffen, um auch den Kommunen Zuschlagsrechte zu ermöglichen.

Zusammenfassung der Diskussion

Böhme stellte insoweit einen Zusammenhang zur Raumordnung her und sprach sich dafür aus, dass die Föderalismuskommission kommunale Zuschlagsrechte auf die Gemeinschaftsteuern einräume, um im Stadt-Umland-Bereich Regionalreformen zu ermöglichen. Dies sei ein weiteres Beispiel dafür, dass man bei den Lösungsansätzen in der Föderalismuskommission nicht nur auf Bund und Länder, sondern auch auf die Kommunen schauen müsse.

Wendt unterstützte die Idee der Einführung von Zuschlags- und Hebesatzrechten der Länder als bedenkenswert und wichtig; dies könne aber nur in relativ engen Grenzen geschehen, da schon jetzt eine Scherenentwicklung zwischen weiter wachsenden bevölkerungs- und wirtschaftsstarken Ländern einerseits und weiter schwächelnden dünn besiedelten und wirtschaftsschwachen Ländern andererseits festzustellen sei. Von daher könne die einzufügende Beweglichkeit nur eine begrenzte sein.

Janssen erinnerte in diesem Zusammenhang an das Landtagspräsidentenpapier (ZG-Sonderheft 2000), das vor vier Jahren vorgeschlagen habe, den Ländern Zuschlags- und Hebesatzrechte auf die Einkommensteuer einzuräumen. Seinerzeit seien die Landtagspräsidenten gescholten worden, zu progressiv zu sein.

Göke gab seinen Eindruck wieder, dass es sich bei Zuschlagsrechten für die Kommunen ebenfalls um ein „Unthema" handele, zumal viele Kommunen Angst vor der Verantwortung hätten und ihnen ein fester Anteil an der Umsatzsteuer lieber sei als sich des Risikos auszusetzen, selbst hinsichtlich der Steuerfestsetzung den Bürgern gegenüber Verantwortung tragen zu müssen.

Schmidt-Jortzig diagnostizierte eine verbreitete Angst bei Ländern und Kommunen vor der Verantwortung, vor Eigenständigkeit und Unterschiedlichkeit bei den Akteuren. Es sei halt viel bequemer, sich hinter einem großen Schirm verbergen zu können und nicht in der Schusslinie zu stehen, dann aber die relevanten Fragestellungen auch nicht eigenständig regeln zu können. Entdeckungsverfahren mit günstigen Wirkungen für den eigenen Beritt würden damit allerdings vertan. Der Gesichtspunkt, dass es sich bei der Einheitlichkeit bzw. Gleichwertigkeit der Lebensverhältnisse nicht um ein Staatsziel handele, sondern diese Aspekte auf ein reines Korrekturkriterium reduziert werden sollten, um zu mehr Eigenständigkeit, Unterschiedlichkeit und zum Zwang zu kommen, sich gegenüber seinem Wähler rechtfertigen zu müssen, sei nicht für alle ein erstrebenswertes Ziel, sondern weitgehend eine befürchtete Entwicklung. Dies lähme den Reformwillen sehr.

Böhme hielt dem entgegen, dass es bisher ein Dogma gewesen sei, ein kommunales Hebesatzrecht zu verlangen. Die Kommunen dürften nicht zu Kostgängern des Staates werden, ohne selbst ein irgendwie geartetes Hebesatzrecht zu haben. Das kommunale Hebesatzrecht sei „der Schlüssel zur Steuerung des Bandes zwischen Rathaus und lokaler Wirtschaft" und müsse neben einer kommunalen Umsatzsteuerbeteiligung fortbestehen. Falls eine erhöhte Umsatzsteuerbeteiligung erfolge, berge dies unmittelbare Gefahren für den Fortbestand der Gewerbesteuer.

Hans-Günter Henneke griff die Frage auf, ob die Beratungen in der Föderalismuskommission zu einer Gefahr für den Fortbestand der Gewerbesteuer führten. Diese Befürchtung gebe es wohl im städtischen Bereich, weshalb der Deutsche Städtetag auch hinsichtlich der verfassungspolitischen Neuordnung der Steuerzuteilung völlig weggetaucht sei. S. E. müsse man deutlich unterscheiden. Die Föderalismuskommission mache keine Steuerpolitik; sie könne indes die Möglichkeiten für Steuerzuordnungen schaffen, die spätere einfach-gesetzliche Umsetzungen erleichtern könnten. Dieses Ziel müsse man in der Föderalismuskommission verfolgen, um von kommunaler Seite bei einer möglichen Gewerbesteuerabschaffungsdiskussion mit Blick auf eine wirtschaftsbezogene Steuerbeteiligung nicht alternativlos dazustehen.

Wieland machte Bedenken gegen eine Stärkung der Steuergestaltungsautonomie der Länder geltend. Man müsse sich vor Augen halten, dass man nicht in einem idealen Bundesstaat lebe, der aus ungefähr gleich starken Ländern bestehe, denen man in fast vollständigem Sinne die Ausgabenhoheit geben müsse. Nach dem deutschen System, bei dem die Gesetzgebungskompetenz auch nach der Arbeit der Föderalismuskommission weitgehend beim Bund liege, hätten die Länder nur eine relativ begrenzte Autonomie in Bezug auf ihre Ausgaben. Diese seien ihnen weitgehend vorgegeben. Wenn jedes Land über seine eigenen Steuern selbst entscheide und Zuschläge erheben solle, führe dies zwangsläufig dazu, dass den steuerschwachen Ländern, wenn sie sich wegen ihrer Finanzschwäche um die Unterstützung der anderen Länder bemühten, entgegengehalten werde, erst einmal die eigenen Steuerquellen auszuschöpfen. Daher sei zu fragen, ob es gewollt sein könne, dass etwa die steuerschwachen ostdeutschen Länder die Landessteuern massiv erhöhen müssten, um sich gewissermaßen den Anspruch auf Solidarität zu erkaufen, weil man erst dann, wenn man die Sätze so stark erhöht habe, dass überhaupt nichts mehr gehe, von den anderen Unterstützung verlangen könne. *Wieland* warnte deshalb davor, die Gesetzgebungskompetenz insoweit auf die Länder zu verlagern und den Ländern Zuschlagsrechte einzuräumen. Wenn man erreichen wolle, dass Deutschland im Laufe der Zeit innerlich zusammenwachse, dann müsse die Steuerlast in den ostdeutschen Ländern vermutlich niedriger sein als in den westdeutschen Ländern, da man nur so die Wirtschaft bewegen könne, dort hinzugehen. Man könne nicht den umgekehrten Weg gehen und den Ländern sagen: „Wir geben euch Gestaltungsfreiheit; ihr könnt ja erhöhen. Dann könnt ihr selber für euch sorgen."

Schmidt-Jortzig nahm die gegenteilige Position ein und sprach sich für eine Stärkung der Steuerautonomie der Gebietskörperschaften aus, auch wenn man damit an Randfragen der Finanzverfassung herankomme. Es müsse bei Art. 105 Abs. 2 und Abs. 2a GG darum gehen, die Regelungshoheit und Ertragshoheit

Zusammenfassung der Diskussion

stärker zusammenzuführen. Den Ländern müsse jedenfalls die Gesetzgebungszuständigkeit für diejenigen Steuern eingeräumt werden, deren Aufkommen ihnen nach Art. 106 Abs. 2 GG zustehe. Überdies gehe es darum, die Finanzautonomie der Kommunen zu stärken. *Schmidt-Jortzig* sprach sich dafür aus, das in Art. 106 Abs. 5 S. 3 GG seit 1969 vorgesehene Hebesatzrecht für die kommunalen Einkommensteueranteile endlich zu realisieren und auf eine kommunale Körperschaftsteuerbeteiligung zu erstrecken. Außerdem müssten die Kreise an eine eigene originäre Steuerquelle herangelassen werden. In Art. 28 Abs. 2 S. 3 GG sei den Kommunen seit einigen Jahren eine wirtschaftskraftbezogene Steuerquelle mit eigenem Hebesatzrecht ausdrücklich garantiert, um die kommunale Selbstverwaltung durch Hebesatzrechte unterfüttert zu bekommen. Überdies schlug *Schmidt-Jortzig* vor, die kommunale Umsatzsteuerbeteiligung in Art. 106 Abs. 5a GG zu verstärken. Dies könnte dadurch geschehen, dass man den Kommunen in Art. 106 Abs. 5a GG ausdrücklich „wesentliche Anteile" garantiere. Bei der Umsatzsteuer-Beteiligung sprach sich *Schmidt-Jortzig* nachdrücklich dafür aus, Umsatzsteuerpunkte für die Kreise zu erstreiten, um wörtlich hinzuzufügen: „Aber da ist relativer Pessimismus angebracht, weil die kommunale Familie gar nicht so familiär ist." Die Gewerbesteuergarantie in Art. 106 Abs. 6 S. 1 GG schlug *Schmidt-Jortzig* zur Streichung vor.

Duppré begrüßte die Grundaussagen von *Schmidt-Jortzig*, machte aber im kommunalen Bereich auch insoweit eine partielle „Angst vor der Verantwortung" aus. Theoretisch seien alle für Hebesatzrechte, in concreto scheue man aber davor zurück, damit in die Gremien zu gehen. Ausdrücklich unterstützte *Duppré Schmidt-Jortzigs* Vorschlag zur Kreissteuerbeteiligung, befürchtete aber ebenfalls, dass bei einer diesbezüglichen öffentlichen Diskussion in der Föderalismuskommission von anderer Seite mit eigennützigen, sachfremden Erwägungen massiv dagegen gehalten werde, um eine Stärkung der Kreisebene zu verhindern. Daran anknüpfend warf *Meyer* die Frage auf, welchen strukturellen Zugewinn die Kreise aus einer Umsatzsteuerbeteiligung hätten. Überdies forderte er dazu auf, über Maßstab und Höhe der kommunalen Umsatzsteuerbeteiligung konkrete Vorstellungen zu entwickeln. Insbesondere sei zu prüfen, ob die Kommunen einen gesetzlich festgeschriebenen Umsatzsteueranteil erhalten sollten oder bedarfsorientiert als dritter Partner neben Bund und Ländern zu beteiligen seien.

Hans-Günter Henneke unterstützte die Überlegungen zur Einführung einer Kreissteuerbeteiligung und wies hinsichtlich der Diskussion um Ländergestaltungsrechte darauf hin, dass jedenfalls die ostdeutschen Länder dafür kaum eintreten dürften, so dass von einer diesbezüglichen Mehrheit wohl nicht auszugehen sei. Wenn man sich *Wendts* Überlegungen der Schaffung von Korridoren für Zuschlags- bzw. Hebesatzrechte zu Eigen mache, müsse man sich die begrenzten Wirkungen vergegenwärtigen. Selbst bei voller Ausschöpfung der Korridore seien die Wirkungen von Zuschlags- und Hebesatzrechten auf die

Bürger in Flächenländern in der Summe geringer als die Auswirkungen einer Abschaffung der Entfernungspauschale für Auspendlerländer wie Rheinland-Pfalz, Niedersachsen und Schleswig-Holstein. Aus der Sachverständigenanhörung in der Föderalismuskommission fügte *Hans-Günter Henneke* als seinen Eindruck an, dass die Einführung von Zuschlags- und Hebesatzrechten mehrheitlich nicht favorisiert worden sei. Dabei habe nicht das Argument der „Angst vor der Verantwortung" die entscheidende Rolle gespielt, sondern der Gesichtspunkt des vergleichbaren Aufgabenbestandes und der nicht angestrebten Beförderung von Wanderungsbewegungen im Bundesgebiet. Dies müsse man hinzufügen, um nicht Hoffnungen zu erwecken, die sich nachher nicht realisieren ließen.

Kirchhof sprach sich sehr nachdrücklich gegen die Einführung von Zuschlags- und Hebesatzrechten bei der Einkommen- und Körperschaftsteuer aus und warnte ausdrücklich vor entsprechenden Regelungen. Das Einkommen- und Körperschaftsteuerrecht sei auf Bundeseinheitlichkeit angelegt. Bei der Wirtschaftsbesteuerung werde sogar eine Einheitlichkeit im Binnenmarkt angestrebt. Die Schaffung eines Flickenteppichs in Deutschland sei insoweit ein völlig falsches Signal. Falls man Bandbreiten einführte, würden zu geringe Bandbreiten das Ziel verfehlen, bei höheren Bandbreiten ergäben sich indes aufgrund der unterschiedlichen Steuerkraft der einzelnen Gebietskörperschaften erhebliche Verwerfungswirkungen. Der Wettbewerb werde damit verzerrt, ohne dass die Bürger dies verstehen könnten. Man benötige Doppelbesteuerungsabkommen, Betriebsstättenabgrenzungen und Verrechnungspreise, weil man Gewinne verschieben könne. Die Hebesatzdiskussion sei zwar gut gemeint, greife aber zu kurz. Daher solle man Zuschlags- und Hebesatzrechte bei der Einkommen- und Körperschaftsteuer nicht weiter verfolgen. Bei der Umsatzsteuer kämen Hebesatzrechte ohnehin nicht in Betracht. Als Lösung verbleibe die Möglichkeit, Zuschlags- und Hebesatzrechte auf Steuern zu erheben, die den Ländern zustehen. Die Erbschaftsteuer sei dafür indes nicht geeignet, wohl aber die Grundsteuer. Deren Potential sei bei weitem nicht ausgeschöpft. In anderen Ländern wie z. B. den USA lebten die Kommunen geradezu von der Grundsteuer. Auch örtliche Verbrauch- und Aufwandsteuern kämen für Gestaltungsmöglichkeiten gut in Betracht. Bei den großen Steuern, bei denen sich der Wirtschaftsstandort Deutschland im Binnenmarkt als Mitgliedstaat bewege, hätten Zuschlags- und Hebesatzrechte dagegen fatale Folgen für ein immer komplizierter werdendes Steuerrecht.

4. Unterbindung des Bundesdurchgriffs auf die Kommunen oder Konnexität?

Die in der Föderalismuskommission geführten Erörterungen über eine Reform der Art. 84 und 104a GG lösten bei den Teilnehmern des Professorengesprächs intensive Diskussionen aus, wobei in dem Befund Einigkeit bestand, dass man die drei Fragen:

– Rückführung von Zustimmungserfordernissen des Bundesrates und damit Preisgabe von Ländermacht;
– Befugnis des Bundes zur Regelung der Einrichtung der Behörden und damit des unmittelbaren Aufgabendurchgriffs auf die Kommunen sowie
– Modifizierung des Konnexitätsprinzips bei finanzwirksamen Bundesgesetzen

im Zusammenhang diskutieren und lösen müsse.

Eingangs wies *Vorholz* auf die daneben bestehende faktische Macht des Bundes hin, über die Bereitstellung von Finanzmitteln die Aufgabenerfüllung von Ländern und Kommunen zu determinieren. Als Beispiele nannte sie das Ganztagsschulprogramm und den Ausbau der Kinderbetreuung, wo der Bund nicht einmal Mittel bereit stelle, sondern sich Einfluss durch das Belassen anderweitig vermeintlich hervorgerufener Einsparungen erkaufe. Angesichts der desolaten finanziellen Situation könnten es sich Länder und Kommunen nicht leisten, auf Geld zu verzichten. Aus strukturellen Gründen müsse man aber gegensteuern. *Vorholz* forderte, bei der Kinderbetreuung eine Fremddeterminierung durch den Bund durch Übertragung der Gesetzgebungskompetenz auf die Länder zu vermeiden. *Dupré* und *Hans-Günter Henneke* unterstrichen diese Überlegung zum Komplex Fürsorge/Kinderbetreuung/Schule/Bildung.

Dupré forderte: Wenn man jetzt in den Bereich der „U-3-Betreuung" hineingehe, müsse eigentlich die Regelungskompetenz kraft Sachzusammenhangs bei den Ländern zusammengeführt werden. Von Bundesseite werde ein Finanzierungszusammenhang zu den behaupteten Entlastungswirkungen aus „Hartz IV" hergestellt. Die Länder hätten heftig gegen diesen Eingriff in die Länder- und Kommunalpolitik protestieren müssen. Da Geld sinnlich mache, seien aber auch die B-Länder irgendwann „umgefallen".

Hans-Günter Henneke wies darauf hin, dass eine Auswertung ergeben habe, dass ca. 60 % aller bisherigen Bundesgesetze zustimmungsbedürftig gewesen seien, wobei sich wiederum zu etwa 60 % die Zustimmungsbedürftigkeit aus Art. 84 Abs. 1 GG ergeben habe. *Maurer* hielt die hohe Zustimmungsbedürftigkeit nach Art. 84 Abs. 1 GG nicht für ein verfassungsrechtliches, sondern für ein hausgemachtes Problem der Verfassungsauslegung nicht zuletzt durch die Verfassungsgerichtsbarkeit. Wenn man Art. 84 Abs. 1 GG unvoreingenommen lese, passe die Trennungslehre besser als die Einheitslehre. Es sei nicht zu rechtfertigen, dass der Bundesrat ein Gesetz insgesamt zum Scheitern bringen könne, wenn sich seine Zustimmungsnotwendigkeit nur auf das Verfahren beziehe. Andererseits sei es angesichts der bekannten Auslegung durch das BVerfG verwunderlich, dass der Gesetzgeber seine Gesetze nicht in materiell-rechtliche und verfahrensrechtliche aufspalte.

Dupré erinnerte daran, dass mit Unterstützung des Deutschen Landkreistages zwölf Kreise und zwei kreisfreie Städte gegen den Aufgabendurchgriff des Bundes bei der Grundsicherung im Dezember 2003 kommunale Verfassungsbeschwerde erhoben hätten und kündigte an, dass mit Blick auf die Übertragung der Unterkunftskosten nach § 6 SGB II ebenfalls verfassungsprozessual vorgegangen werden müsse, sollte es insoweit im Verlaufe des Jahres 2004 nicht zu materiellen Rechtsänderungen kommen. In rechtspolitischer Hinsicht erachtete es *Dupré* für am besten, den Bundesdurchgriff auf die Kommunen total abzuschneiden. Das würde eine klare Verfassungslage bringen und die Konnexitätsproblematik zwischen Bund und Kommunen erledigen. Nur dann könnten die Kommunen von ihrer Forderung nach einer unmittelbaren Konnexitätsbeziehung zwischen Bund und Kommunen Abstand nehmen.

Schmidt-Jortzig betonte, dass die Problematik überbordender Verwaltungskosten und nicht abgedeckter Zweckausgaben bei einem Bundesdurchgriff auf die Kommunen in der Föderalismuskommission durch den DLT hinreichend zur Sprache gebracht worden sei. Man werde nicht umhinkommen, hier zu Veränderungen zu kommen. Die meisten Kommissionsmitglieder hätten sich schon dazu bekannt, im Rahmen des Art. 84 GG zu einer Lösung zu kommen. Wenn man in Art. 84 Abs. 1 GG dem Bund die Kompetenz zur Einrichtung der Behörden nehme und dafür das Zustimmungserfordernis des Bundesrates entfalle, könne eine Lösung aber nur unter Einbeziehung der Finanzfolgefragen gefunden werden. Dies führe dann in den Art. 104a GG, wo man möglicherweise Abhilfe schaffen könne. *Maurer* machte darauf aufmerksam, dass eine Beschränkung der Regelungsbefugnis des Bundes in Art. 84 Abs. 1 GG wohl auch zu einer Reduktion der Bundeskontrolle führen müsse.

Böhme räumte ein, dass sich die kommunale Konnexitätsforderung in einem völlig anderen Licht darstelle, falls es künftig keinen Bundesdurchgriff auf die Kommunen mehr geben sollte. Der Bund werde dann aber Zustimmungsfreiheit der Gesetze fordern, worin eine Gefahr für die Länder liege. Der Bund könne dann ohne Vetomöglichkeit der Länder über den Bundesrat für die Länder ausgabenwirksame Gesetze regeln. Die Länder seien ihrerseits den Kommunen bei Weiterleitung der Aufgaben grundsätzlich zum Belastungsausgleich aufgrund der landesverfassungsrechtlichen Konnexitätsbestimmungen verpflichtet und hingen damit in der Finanzierungsfalle fest. Daher prognostizierte *Böhme*, dass die Länder einer solchen verfassungsrechtlichen Neuregelung nicht zustimmen

Zusammenfassung der Diskussion

könnten, zumal sie in der Vergangenheit bei bundesgesetzlichen Aufgabenzuweisungen auf Kommunen bewusst ihre Zustimmung gegeben hätten, um nicht selbst in die Pflicht genommen zu werden.

Meyer schloss sich der Einschätzung *Böhmes* an und nannte Beispiele für doppelbödiges Verhalten der Länder durch gleichzeitige Zustimmung in Bundesrat zu kostenwirksamen Gesetzen für die Kommunen bei lautem Beklagen der Finanzierungsfolgen. Jedenfalls bedürfe es einer Kompensation der Länder für eine herzustellende Zustimmungsfreiheit in Art. 84 Abs. 1 GG. Hinsichtlich der Neuregelungsüberlegungen in Art. 104a Abs. 3 GG warf *Meyer* Fragen zur Ausgestaltung mit Blick auf die „klebrigen Hände der Länderfinanzminister" auf und fragte insbesondere, ob man grundgesetzlich überhaupt eine Weiterleitungspflicht der Länder an die Kommunen vorsehen könne.

Duppré brachte zwei Möglichkeiten zur Kompensation der Ländermitwirkung bei Verlust der Zustimmungsmöglichkeit in Art. 84 Abs. 1 GG ins Gespräch, nämlich eine neue Zustimmungspflicht des Bundesrates bei finanzwirksamen Bundesgesetzen sowie die Schaffung von Gesetzeskonnexität zwischen Bund und Ländern für neue Gesetze. In Rheinland-Pfalz sei aufgrund der maßgeblichen Hilfe der Enquete-Kommissionsmitglieder *Schoch* und *Wieland* nicht nur interfraktionell die Einführung eines Konnexitätsprinzips zwischen Land und Kommunen beabsichtigt[2], sondern auch ein interfraktioneller Entschließungsantrag zur Verankerung des Konnexitätsprinzips auf Bundesebene[3] auf den Weg gebracht worden.

Hans-Günter Henneke begrüßte dieses rheinland-pfälzische Vorgehen grundsätzlich, wies zugleich aber darauf hin, dass sich gerade die rheinland-pfälzische Landesregierung am vehementesten gegen einen verfassungsrechtlich verankerten punktuellen Sonderbelastungsausgleich zwischen Bund und Kommunen aus Anlass der Erarbeitung des Optionsgesetzentwurfs ausgesprochen habe. Auch seien die Überlegungen aller Fraktionen des rheinland-pfälzischen Landtags von der rheinland-pfälzischen Landesregierung in die Föderalismuskommission bisher nicht eingebracht worden. Ähnlich verhalte sich die bayerische Staatsregierung. In Bayern habe der Landtag bereits mit einer Entschließung vom 3.April 2003[4] die Einführung einer Konnexitätsbeziehung zwischen Bund und Kommunen gefordert. Gerade die bayerische Landesregierung mache in der Föderalismuskommission aber immer wieder deutlich, dass sie bei finanzwirksamen Bundesgesetzen eine „politische Lösung" und keine Konnexitätsbeziehung zwischen Bund und Ländern sowie zwischen Bund und Kommunen habe wolle.

---

2   Dazu inzwischen RhPf LT-Drs. 14/3016 vom 19.03.2004.
3   Dazu inzwischen RhPf LT-Drs. 14/3017 vom 19.03.2004.
4   BayLT-Drs. 14/12076.

Bei Art. 84 Abs. 1 GG werde in der Föderalismuskommission auf Vorschlag des BMJ, der nordrhein-westfälischen Landesregierung, der bayerischen Staatsregierung und des DLT eine Lösung favorisiert, auf ein Zustimmungserfordernis des Bundesrates künftig ganz zu verzichten – und zwar durch

- Beseitigung der Befugnisse des Bundes zur Regelung der Einrichtung von Behörden und
- Abweichensrechte der Länder bei Verwaltungsverfahrensregelungen.

Neu zu regeln bleibe dann in der Tat die damit entfallende Hebelwirkung des Bundesrates bei der Sachgesetzgebung.

Hans-Günter Henneke betonte, dass die Länder über den Bundesrat bisher quasi „bei Gelegenheit" des Zustimmungserfordernisses wegen der Einrichtung von Behörden bzw. von Verfahrensregelungen finanzwirksame Bundesgesetze zu Fall bringen könnten, wenn die erforderlichen Finanzmittel nicht bereitstehen. Die bisher für finanzwirksame Bundesgesetze verfassungsrechtlich vorgesehenen Instrumente der Revision des Umsatzsteuer-Beteiligungsverhältnisses nach Art. 106 Abs. 3 S. 4, Abs. 4 S. 1 GG und des zeitlich befristeten Mehrbelastungsausgleichs nach Art. 106 Abs. 4 S. 2 GG hätten sich in der Praxis als „stumpfe Waffen" erwiesen. Also müsse man den Ländern bei der zu befürwortenden Änderung des Art. 84 Abs. 1 GG ein anderes, in der Breitenwirkung weniger blockadeträchtiges Instrument in die Hand geben. *Henneke* berichtete, dass insbesondere von bayerischer Seite ein neues Zustimmungserfordernis beschränkt auf „wesentliche Kostenfolgen bei Bundesgesetzen" präferiert werde, wodurch künftig erheblich weniger Gesetze einer Zustimmungsnotwendigkeit durch den Bundesrat unterliegen würden als bisher. Statt dieser prozeduralen Lösungsmöglichkeit werde von anderen die Verankerung eines materiellen Konnexitätsprinzips favorisiert. Wieder andere konzedierten, ein striktes Konnexitätsprinzip zwischen Ländern und Kommunen habe sich bewährt, da die Kommunen keine Staaten seien und die Landtage abschließend über die Kostenausgleichshöhe entscheiden könnten. Zugleich werde aber vorgetragen, dass die Übertragung dieses Gedankens auf das Verhältnis zwischen Bund und Ländern nicht denkbar sei, weil damit aufgrund der Ingerenzrechte des Bundes die Staatsqualität der Länder beeinträchtigt werde und überdies der Bundestag nicht letztentscheidend die Höhe des Kostenausgleichs festsetzen könne, sondern solche Regelungen der Zustimmung des Bundesrates bedürften. Zwischen diesen Lösungsmöglichkeiten werde man sich im Ergebnis entscheiden müssen.

Abschließend äußerten sich zu diesem Themenkomplex die Sachverständigen in der Föderalismuskommission *Schmidt-Jortzig* und *Kirchhof*. *Schmidt-Jortzig* favorisierte eine Lösung über eine Präzisierung des Bund-Länder-Konnexitätsprinzips in Art. 104a Abs. 1 GG. Man müsse schon bei der geltenden Fassung des Art. 104a GG fragen, ob man tatsächlich immer an die Verwaltungskausalität anknüpfen müsse oder ob man nicht auch an andere Verantwor-

Zusammenfassung der Diskussion

tungselemente anknüpfen könne, was keinesfalls zu einer reinen Gesetzeskausalität führe. Daneben trat *Schmidt-Jortzig* dafür ein, in Art. 84 Abs. 1 GG „klare Kante zu machen" und dem Bund nicht nur die Befugnis zur Einrichtungen von Behörden, sondern auch zur Regelung des Verwaltungsverfahrens zu nehmen. Wenn man bedenke, dass man seit 1976 gleichlautendes Verwaltungsverfahrensrecht in Bund und Ländern habe, erschließe sich diese ständige Einwirkung des Bundes auf Verantwortungsbereiche der Länder ohnehin nicht. Auch der Erlass von allgemeinen Verwaltungsvorschriften durch die Bundesregierung mit Zustimmung des Bundesrates sei systematisch nicht rechtfertigbar. Art. 84 Abs. 2 GG könne daher gestrichen werden. Dafür müsse aber die Haftungsregelung in Art. 104a Abs. 5 S. 1 GG künftig ernster genommen werden. Für all das, was der Bund bisher gemäß Art. 84 Abs. 1 und 2 GG für unerlässlich regelungsbedürftig gehalten habe, müssten bei Änderung des Art. 84 GG künftig die Länder aufkommen und ggf. auch gemäß Art. 104a Abs. 5 S. 1 GG haften.

Kirchhof sprach sich hinsichtlich Art. 84 GG ebenfalls für ein Entfallen der Bundeskompetenz zur Regelung der Einrichtung der Behörden und des Verwaltungsverfahrens aus, zumal ein Abweichensrecht der Länder zu einem Flickenteppich an Regelungen führe. Für die Problematik, dass der Bund bei Entfallen der Zustimmungsbedürftigkeit nach Art. 84 GG ungehemmt die Länder mit der Ausführung kostenträchtiger Gesetze belasten könne, habe man in der Kommission noch keine fertige Lösung.

Kirchhof nannte insoweit vier mögliche Stellschrauben: Man könne Art. 104a Abs. 3 GG erweitern und etwa auch auf Sachleistungsgesetze, kommunalbelastende Gesetze und Gesetze, die besondere Erfüllungsstandards statuieren, erstrecken. *Kirchhof* räumte allerdings ein, dass das Kriterium der „wesentlichen Kostenbelastung" schwierige und streitanfällige Abgrenzungsfragen aufwerfe.

Auch könne man eine Lösung über Bundesdotationen nach Art. 104a Abs. 4 GG (neu) wählen. Man bekomme dann aber, worauf auch *Wendt* mit Nachdruck hinwies, einen zweiten Finanzierungsstrang und damit einen stabilisierten Nebenfinanzausgleich, der mit der Zeit vom Volumen her zu einem von zwei Hauptströmen werde.

Des Weiteren könne man den Weg über Art. 107 Abs. 2 GG wählen. *Kirchhof* favorisierte eine Lösung über die Umsatzsteuer-Verteilung nach § 1 FAG durch zustimmungsbedürftiges Bundesgesetz ohne weiteres Abstellen auf das Deckungsquotenverfahren. In der Vergangenheit sei das Deckungsquotenverfahren keine Entscheidungsanleitung gewesen, sondern habe immer nur zur Entscheidungsbegründung gedient.

5. Mischfinanzierungen und Gemeinschaftsaufgaben

Die in der Föderalismuskommission intensiv erörterten Themen: Entflechtung der Gemeinschaftsaufgaben und Abbau von Mischfinanzierungen wurden im Rahmen des Professorengesprächs nur am Rande debattiert.

Schmidt-Jortzig berichtete, dass sich die Diskussion zu den Finanzbeziehungen in der Kommission in hohem Maße auf die Art. 91a und Art. 91b GG kapriziere. Ein Ersatz lasse sich möglicherweise durch Modifizierung des Art. 104a Abs. 4 GG finden. Eine reale Entflechtungschance sehe er allerdings nur, wenn „Win-win-Situationen" zustandegebracht würden. Man müsse zu einem bestimmten Zeitpunkt einen Status für jedes Land feststellen, wofür sich angesichts der jüngsten Mittelrückführungen das gemittelte Ergebnis aus einem Mehrjahreszeitraum anbiete. Für den so ermittelten Status werde man eine zeitlich befristete finanzielle Besitzstandsgarantie geben müssen. Ohne ein solches Verfahren brauche man über eine Streichung der Art. 91a und 91b GG gar nicht erst zu sprechen, auch wenn abstrakt alle Beteiligten dafür seien. Bedauerlich an der geführten Diskussion sei, dass die Fragen der Regelungszuständigkeit, der Aufgabenverantwortung und der Finanzierungsverantwortung nicht auseinander gehalten würden. Es werde nur unter Finanzierungsgesichtspunkten diskutiert. Dabei falle unter den Tisch, dass es sich schon jetzt um Aufgaben der Länder handele.

Göke warnte gerade im Bereich der Großforschungsförderung und Bildungsplanung vor zu einfachen Neuzuordnungen. Die Großforschungsförderung des Bundes mache quantitativ mehr aus als das, was der Bund sonst in die Wissenschaftsförderung hineingebe. Hier bestehe die Gefahr, dass es zu gewaltigen Ungleichgewichten komme. *Göke* hielt es für sachgerechter, die Großforschungseinrichtungen besser in die Hochschulen zu integrieren, um dort zu mehr Flexibilität und im Gesamtergebnis zu größerem Erfolg zu kommen. Überdies riet *Göke* dazu, dass sich die kommunale Ebene künftig stärker am Hochschulwesen beteiligen solle. Als Rechtsform stehe die Anstalt des öffentlichen Rechts im kommunalen Bereich ohnehin schon bereit. Angesichts der diversifizierten Hochschullandschaft und des bestehenden Wettbewerbs untereinander hätten Kommunen und Regionen ein objektiv erkennbares Interesse, über Hochschulen in ihrem Bereich zu verfügen. Dann sei es folgerichtig, insoweit – auch finanzielle – Verantwortung mit zu übernehmen.

VII. Bedeutung Europas für die Funktionalreform in Deutschland

Schmidt-Jortzig wies eingangs darauf hin, dass die Aufgabe, gleichwertige Lebensverhältnisse herzustellen, immer stärker nach Europa abwandere. Art. 158 EG setze der Gemeinschaft das Ziel, die Unterschiede im Entwicklungsstand der verschiedenen Regionen und den Rückstand der am stärksten benachteiligten Gebiete, einschließlich der ländlichen Gebiete, zu verringern. Die EG versuche, dies in ihren Regionen zu leisten. Weil nunmehr in Brüssel angesiedelt, sei die bisherige Moderationsfunktion des Bundes weitgehend gegenstandslos geworden. Die Bundesebene verliere insoweit daher manches an Aufgaben.

Für die künftige Struktur in der EU stelle sich oberhalb der lokalen Ebene, die vielfältige Integrationsaufgaben zu erfüllen habe, die Frage, wie sich in der kommenden Generation der Verwaltungszwischenraum zwischen EU und Kommunen entwickele. Die Frage, ob dies eine Aufgabe der Regionen werde, müsse globaler und nicht nur national in den Blick genommen werden. Gegenwärtig versuche man immer noch, die Verwaltungsorganisation durch rein innerstaatliche Überlegungen auf die Füße zu stellen. Die Rechtsvergleichung zeige, dass ähnliche Entwicklungen unter dem europäischen Signum auch in den anderen Mitgliedstaaten zu beobachten seien.

Hesse unterstützte diesen Befund insbesondere zur europäischen Kompetenz nach Art. 158 EGV grundsätzlich. Man brauche aufgrund des Europäisierungsprozesses daher künftig homogenisiertere Verwaltungsstrukturen in den Ländern. So würden etwa die Ämter in der überkommenen Form entbehrlich. Welche langfristigen Konsequenzen sich auf die bisher von Bund und Ländern eingenommenen Ebenen ergeben, sei gegenwärtig aber noch nicht absehbar.

Dies liege auch daran, dass der Begriff der Region in den einzelnen Mitgliedstaaten nicht einheitlich verwandt werde (*Böhme/Pielow*). Es komme auf den jeweiligen Kontext an. Der europäische Begriff der Region sei durch die jeweiligen Mitgliedstaaten zu präzisieren. Dies führe zu einem Dilemma, weil jeder Mitgliedstaat etwas anderes darunter verstehe. Dies trete insbesondere in der bunten Zusammensetzung des Ausschuss der Regionen (AdR) zu Tage (*Pielow*).

Rechtsvergleichende Betrachtungen seien insoweit sehr problematisch, weil es gänzlich unterschiedliche Regional- und Selbstverwaltungskulturen gebe. So bestehe etwa in Dänemark ein gänzlich anderes Selbstverwaltungsverständnis mit einem von Deutschland krass abweichenden Aufgabenbestand und einem hohen Grad eigengestaltbarer Steuerertragsrechte. Wenn man solche von den deutschen Verhältnissen stark abweichenden Grundbedingungen habe, könne dies zu ganz anderen Größenstrukturen auch auf der kommunalen Ebene führen (*Schliesky*). Bei rechtsvergleichenden Betrachtungen gehe es gerade darum, Unterschiede hinter einzelnen Begriffsinhalten aufzuzeigen, um auf dieser Grundlage Fragen der Vergleichbarkeit aufzuwerfen; man könne nicht Äpfel mit Birnen vergleichen (*Pielow, Meyer*). Bei den derzeit in Deutschland prägenden Strömungen zur Einführung einer zweistufigen Verwaltungsstruktur in den Ländern mit einer staatlich/kommunalen Bündelungsbehörde könne man sich aber vielfältige Vergleiche mit anderen Mitgliedstaaten, etwa den spanischen Provinzen, zu Nutze machen (*Pielow*).

Lange und *Wendt* beschrieben die Gefahren der Diskussion um die Einführung flächendeckender Regionalverbände, deren Sinnhaftigkeit nicht darzulegen sei. Entweder könne man – wie von der Opposition in NRW vorgeschlagen – eine zusätzliche Regionalstufe oberhalb der Kreisebene vorsehen. Dies führe in mittelgroßen Ländern zu einer Aufblähung der Verwaltung einschließlich der Einführung einer zusätzlichen demokratisch legitimierten Ebene, die das Engagement der Bürger nicht steigern dürfte. Die für NRW angestellten Überlegungen könnten daher keinesfalls ein Muster für mittelgroße Bundesländer sein. Für NRW hätten sie quasi die aparte Nebenwirkung einer „Länderneugliederung", die dann auf der Regionalebene zu einer normalen Ländergröße führe (*Lange*). Sollten Regionalverbände dagegen an die Stelle der bisherigen Kreise treten, müsse man dem die Erkenntnis zugrunde legen, dass die bisherigen Kreise zu klein geschnitten seien. Dies sei keinesfalls belegt (*Lange*). Dafür führe eine Vergrößerung der Kreise bei Verkleinerung ihrer Zahl zu einem signifikanten Verlust an Bürgernähe (*Lange*) und stelle sich somit als Angriff auf die kommunale Selbstverwaltung dar (*Wendt*).

Im Zusammenhang mit der Regionenbildung spielten Fragen der Regionalplanung in der Diskussion ebenfalls eine Rolle. *Hendler* wies darauf hin, dass die Tendenz zu einer Kommunalisierung der Regionalplanung gehe und trat *Hesse* entgegen, der von einer staatlichen Steuerung in der Landes- und Regionalplanung gesprochen hatte. Die regionale Flächennutzungsplanung setze eine kommunalisierte Regionalplanung voraus. Daher müsse das kommunale Element in der Regionalplanung sehr stark ausgeprägt sein, um überhaupt eine regionale Flächennutzungsplanung realisieren zu können. Dies ergebe sich aus § 9 Abs. 6 ROG. Auch *Böhme* sprach sich für eine kommunalverfasste regionale Entwicklungsplanung unter Beibehaltung der bisherigen finanziellen Leistungen von Bund und Ländern aus. *Hesse* äußerte große Skepsis hinsichtlich der Funktionsfähigkeit der traditionellen Regionalplanung. Diese sei zu rigide und inflexibel, um die ökonomischen, ökologischen und soziokulturellen regionalen Entwicklungen noch aufgreifen zu können.

Schliesky sprach sich nachdrücklich gegen eine Regionalisierung von kommunalen Planungskompetenzen aus, da eine Hochzonung den kommunalen Körperschaften kaum noch Chancen zur individuellen Selbstgestaltung lasse. Solche Überlegungen stellten eine vehementen Eingriff in Art. 28 Abs. 2 GG, wenn nicht gar eine Verletzung der Selbstverwaltungsgarantie dar. *Pielow* unterstützte die Kritik an einer Zusammenführung von Flächennutzungs- und Regionalplanung und konzedierte, dass eine Regionalisierung von Planungskompetenzen am Maßstab des Art. 28 Abs. 2 GG zu prüfen sei.

Meyer wies in diesem Diskussionsteil abschließend darauf hin, dass es in vielen Bundesländern in Verantwortung der Landkreise und kreisfreien Städte gebildete regionale Planungsverbände mit einem konkret umrissenen Aufgabenbestand gebe. Diese hätten sich in der Praxis bewährt. In den Kreisen in Mecklenburg-Vorpommern denke man darüber nach, dass man dort künftig auch bestimmte, über die Regionalplanung hinausgehende Planungsaufgaben – wie etwa die Berufsschulplanung – anbinden könne. Auch könne man die Trägerschaft für die Rettungsleitstellen dort ansiedeln.

VIII. Funktionalreformmotive in einzelnen Ländern

1. Länderkooperation statt Neugliederung

Dass zwischen den Föderalismusreformfragen und Funktionalreformaspekten eine enge Verknüpfung besteht, machte *Hesse* am Beispiel von Verwaltungskooperationen zwischen Bund und Ländern, vor allem aber zwischen einzelnen Ländern deutlich. Trotz der rigiden Konzeption des GG sei hier eine beträchtliche Bewegung nicht nur in peripheren Planungsbereichen oder bei Infrastrukturvorhaben, sondern inzwischen auch im hoheitlichen Bereich im Gange. Beispielhaft nannte *Hesse* die Bereiche Justiz, Landeskriminalämter, Polizei, Strafvollzug und Statistische Ämter. Man könne insoweit von einer ganz neuen Qualität von Zusammenarbeit sprechen, der eine Dynamik innewohne, die Handlungsperspektiven vermittle. Zwar handele es sich bei diesem Befund nicht um ein Thema, welches die Föderalismuskommission unmittelbar berühre; es werde aber die Frage nach der Schaffung von Anreizstrukturen aufgeworfen. Angesichts dessen, dass die Länder von den Kommunen die Ausschöpfung aller Potenziale der interkommunalen Kooperation forderten, gelte dies wohl auch für die Länder selbst. Insoweit seien beachtliche Effizienzrenditen zu erzielen. Bei Schaffung entsprechender Anreizstrukturen erwachse aus dieser Kooperation letztlich auch eine föderalstaatliche Fragestellung.

Hinsichtlich der Länder plädierte *Schmidt-Jortzig* mit *Hesse* für eine erweiterte Länderkooperation statt einer Länderneugliederung. Mit einer Länderkooperation in breiten Bereichen bis an die Grenze der Fusion könne die Diskussion über die Länderneugliederung sinnvoll ersetzt werden. Im Ergebnis werde den Akteuren dann die gegenwärtig nicht erreichbare Länderneugliederung wohl als reife Frucht in den Schoß fallen. *Hesse* machte in Länderkooperationen viele unausgeschöpfte Rationalisierungspotenziale aus.

Gorrissen unterstützte diesen Ansatz am Beispiel des Hamburger Stadt-Umlandes auch für den kommunalen Bereich. Ziel der Reform sei es, einen höheren Nutzwert bei geringeren Kosten zu erzielen. Durch Zusammenlegung mehrerer Einheiten ließen sich Skaleneffekte erreichen. Diese seien aber auch bei Beibehaltung bisheriger Einheiten und punktueller Zusammenarbeit erzielbar. Am Beispiel Hamburgs lasse sich nachweisen, dass diese Stadt im Laufe der Zeit immer mehr Fläche mit der Folge benötigt habe, dass immer wieder Eingemeindungen vorgenommen worden seien. Konsequent wäre daher auch jetzt ein neues Groß-Hamburg-Gesetz. Das wolle aber niemand. Statt dessen habe man vor gut einem Jahrzehnt die Metropolregion Hamburg mit einer Struktur gebildet, die nicht feste Institutionen schaffe, sondern die Probleme Hamburgs und die Anforderungen des Umlandes projektbezogen löse. Dies gehe soweit, dass die Gremien Lösungen bis hin zur Steuerverteilung suchten. Daraus leitete *Gorrissen* sein Plädoyer für eine intensivierte Zusammenarbeit statt einer institutionellen Neuordnung ab und wies darauf hin, dass die vier schleswig-holsteinischen Kreise um Hamburg eine Arbeitsgemeinschaft gebildet hätten, weil man sich allein gegenüber Hamburg nicht durchsetzen könne und spezifische Fragestellungen bestünden, die man zusammen viel besser lösen könne. Die Arbeitsgemeinschaft sei kein rechtsfähiges Gebilde, entwickele aber Lösungen für den ÖPNV, die Regionalentwicklung, für Kreisentwicklungskonzepte für alle vier Landkreise und für die Landschaftsentwicklung. Es gebe also für die Kreise auf diesem Wege bei spezifischen Problemen Möglichkeiten problemadäquater Lösungen. Man könne mithin Kostenvorteile generieren, ohne in die aufwendige und fruchtlose Diskussion der Neugliederung hineinzugeraten.

2. Effizienzrendite

Auf die Frage von *Ruffert* nach spürbaren Unterschieden in den Reformmotiven zwischen Ost- und Westdeutschland merkte *Pielow* an, dass der Leidensdruck in den ostdeutschen Ländern viel größer sei. *Hesse* sah die Unterschiede nicht im Aktivitätsniveau, wohl aber im materiellen Gehalt der Reformen. In den ostdeutschen Ländern gehe es immer noch um Professionalisierungsprozesse innerhalb einer aus verständlichen Gründen zunächst personell überausgestatteten öffentlichen Verwaltung, während in den westdeutschen Ländern Anpassungsprozesse an massiv veränderte Rahmenbedingen im Zentrum stünden.

Die Erzielung einer Effizienzrendite spiele insbesondere bei der Verwaltungsstrukturreform in Baden-Württemberg eine maßgebliche Rolle. *Böhme* kritisierte, dass die baden-württembergische Landesregierung hauptsächlich finanzielle Motive verfolge. Da das Land nicht in der Lage sei, eigene Einsparungen zu realisieren, verfolge es den Weg der Aufgabenverlagerung bei gleichzeitiger Einsparung. Auf der kommunalen Ebene solle so innerhalb von sieben Jahren eine Effizienzrendite von 20 Prozent erwirtschaftet werden. Dies sei bei der Umsetzung auf der kommunalen Ebene unrealistisch. Daran anknüpfend äußerte sich *Meyer* kritisch zu Begleiterscheinungen der behaupteten Effizienzgewinne durch Verwaltungsstrukturreformen, wenngleich diese dem Grunde nach unstrittig seien. Bei grundsätzlicher Anerkennung eines Prognosespielraums des Gesetzgebers müsse aber eine gewisse Plausibilität gesetzgeberischer Prognoseentscheidungen eingefordert werden. Es stimme sehr bedenklich, wenn die Landesregierung Mecklenburg-Vorpommern von einer Funktionalreform das gleiche Einsparvolumen erwarte wie die Landesregierung in Baden-Württemberg, obwohl Baden-Württemberg ziemlich genau die sechsfache Einwohnerzahl Mecklenburg-Vorpommerns aufweise und dort mehr als sechsmal so viele Mitarbeiterstellen der öffentlichen Verwaltung vom Land auf die Kreisebene übertragen werden sollten. Entgegen *Böhme* bezeichnete *Duppré* die angestrebte Verwaltungsstrukturreform in Baden-Württemberg als geradezu beispielhaft, wies zugleich aber darauf hin, dass diese Reform politisch ganz sicher nicht durchsetzbar gewesen wäre, wenn sie auch noch mit einer Kreisgebietsreform verbunden worden wäre.

Held setzte sich kritisch mit der Zielsetzung der erwarteten Effizienzgewinne auseinander. Die Diskussion werde insoweit mit einer Scheinrationalität geführt. Er vermisse dabei den Aspekt, dass die Verwaltungsorganisation auch strukturwirksam sei. Die vorhandene Verwaltungsstruktur erhalte Arbeitsplätze etwa in Regierungsbezirkssitzen wie Arnsberg und Detmold, die bei ihrer Beseitigung verheerende Folgewirkungen auslösten. Die Frage der Strukturwirksamkeit gehöre zu den weichen Faktoren in der Diskussion um die Verwaltungsneuorganisation, zumal es auch einen Anspruch darauf gebe, dass die

Landesregierung in der Fläche präsent sei. Über die Frage, auf welche Weise dies am besten zu realisieren sei, könne man sicherlich lange diskutieren. Man könne über diese Aspekte in der Diskussion über die Verwaltungsstrukturreform aber nicht einfach hinweggehen. Zwar spiele das Kostenmotiv bei den derzeitigen Verwaltungsstrukturreformüberlegungen eine zentrale Rolle. Dabei müsse man aber bedenken, dass viel höhere Einsparungen als mit einer Verwaltungsneuordnung durch die Schließung von Sonderbehörden etwa mit einer Veränderung der Lehrer-Schüler-Relation zu erzielen seien. *Held* vertrat aufgrund dessen die Auffassung, dass das Kosteneinsparungsargument in der Diskussion zur Verwaltungsstrukturreform überbewertet werde. *Ruffert* und *Hans Jörg Hennecke* kritisierten, dass der Begriff der Reform inflationär gebraucht werde. Viele der gegenwärtigen Maßnahmen seien nicht von ordnungspolitischem Denken geprägt, sondern verfolgten reine Einsparziele und damit das Stopfen von Haushaltslöchern. Die bestehenden Sachprobleme würden damit nicht nur nicht gelöst, sondern – wie etwa im Hochschulbereich – noch verschärft.

Mann äußerte sich skeptisch zur Kalkulierbarkeit der Realisierungschancen von Funktionalreformkonzepten. Zumeist sei es maßgeblich, dass die Konzepte der Landespolitik machtpolitisch nützten. Dies gelte gegenwärtig insbesondere für die Kreisreformüberlegungen in Mecklenburg-Vorpommern, um auf diese Weise gegenläufige Mehrheiten in den bestehenden Kreisen zu brechen. Bei landesregierungskonformen Mehrheiten sei man mit der Schaffung neuer Verwaltungsstrukturen stets sehr viel zurückhaltender.

3. eGovernment

Held vertrat die Auffassung, dass der wirkliche Einstieg bei der Veränderung von Verwaltungsstrukturen über die neuen Technologien erfolge. Deren Möglichkeiten förderten den Trend zur Zweistufigkeit. Dies gehe bis auf die Ebene der Orts- und Bezirksvorsteher. Man könne an jeder Stelle Kommunikations- und Informationsprozesse ansiedeln. Damit sei auch der Bestand der Aufgaben bei den Kreisen sehr sorgfältig zu überprüfen. So sei die Zuständigkeit der Kreise für die Kfz-Zulassung nicht mehr zu rechtfertigen. Man könne insoweit die These vertreten, dass eine Zentraldatei ausreiche. Held bezeichnete das eGovernment als „Schlüssel zur neuen Verwaltungsstrukturreform". Damit gingen große Gefahren der Entkommunalisierung einher. Dies gelte nicht nur für einen virtuellen Marktplatz, der das gesamte Beschaffungswesen regele, sondern künftig für vielfältige Aufgabenfelder mit einer ganz neuen Qualität.

Gorrissen unterstrich diese Analyse und betonte, dass aufgrund der neuen technischen Möglichkeiten die bisher diskutierten Lösungsansätze kritisch hinterfragt werden müssten. Dies gelte auf der kommunalen Ebene gerade auch für die kommunale Struktur im kreisangehörigen Raum, insbesondere für die Ämter. *Gorrissen* stellte aufgrund dessen die These auf, dass man die Probleme von heute und morgen immer noch weitgehend mit den Lösungsansätzen von gestern diskutiere. Das führe letztlich nicht weiter.

Hesse relativierte demgegenüber die Einschätzungen von *Held* und *Gorrissen*, wobei er konzedierte, dass der Kreis Segeberg sich in der Spitzengruppe des eGovernment befinde. *Hesse* warnte davor, die gegenwärtigen Möglichkeiten des eGovernment zu überzeichnen. Es gehe darum, die gegenwärtigen Lösungen für die gegenwärtige Situation mit den gegenwärtigen Instrumenten zu finden. Allerdings spielten eGovernment-Konzepte für aktuelle Reformen durchaus eine Rolle. So beruhe die beabsichtigte Funktionalreform in Niedersachsen auf einem ausdifferenzierten eGovernment-Konzept, das die Möglichkeiten in der Digitalisierung politisch administrativer Kommunikation ausbeute.

IX. Auswirkungen auf Verwaltungs- und Aufgabenstrukturen

1. Ministerialebene

Eine breite Diskussion löste der Vorschlag *Hesses* aus, den Umweltschutz als Querschnittsaufgabe mit der Folge zu qualifizieren, künftig auf der Landesebene auf eigenständige Umweltministerien zu verzichten. *Kluth* äußerte sich skeptisch insbesondere hinsichtlich der Aufgabenzuordnung zu den Wirtschaftsministerien. *Mann* folgerte aus der Qualifizierung des Umweltschutzes als Querschnittsaufgabe, dass man einheitliche Entscheidungen an einer Stelle benötige. Dies gelte insbesondere dann, wenn man auf eine Mittelinstanz verzichten wolle. Dann könnten Umweltaspekte nicht in einzelnen Ressorts „abgeklappert" werden. Die angedachten Struktur- und Genehmigungsagenturen würden dann in institutionalisierte Umweltbehörden münden oder man komme etwa innerhalb der Wirtschaftsministerien zu einem großen Teil zu einer Umweltbehörde.

Hesse trat diesen Überlegungen nicht bei. Die Umweltpolitik sei in fast jedem Ressort aufgehoben. Dies gelte auch für das Wirtschaftsressort. *Mann* entgegnete er, dass es materiell gerade nicht einheitliche Lösungen geben müsse. Vielmehr gebe es eine enorme Ausdifferenzierung. Diese sei in den Fachressorts administrativ und steuerungstechnisch besser aufgehoben. Daher könne man mittelfristig auf ein eigenes Umweltministerium verzichten.

Hinsichtlich der Landesplanung bestand Einigkeit, dass es sich dabei um eine strategische Aufgabe handele, die in ein Staatsministerium überführt werden solle (*Gorrissen, Hesse*). Kritisch merkte *Gorrissen* an, dass sich Veränderungen in der Relevanz von Bereichen, wie etwa im Verbraucherschutz, auch in der Strukturreformdiskussion abbilden müssten.

Janssen warf fundamentalere Fragen auf. Wenn man die Föderalismus- und Funktionalreformdiskussion im europäischen Kontext führe, müsse man fragen, ob das Ressortprinzip auf der Landesebene künftig noch Sinn mache oder ob es nicht um eine „erhöhte Bezirksregierungsreform" auf der Landesebene gehen müsse. Dies habe zur Folge, dass es einen Ministerpräsidenten und hohe Beamte gebe. Für einen solchen Fall brauche man in der Tat starke Bezirksregierungen, die mit am Kabinettstisch säßen, um in der Fläche dieses Prinzip verkörpern zu können. Man müsse dann aber auch „die Treppe von oben fegen". *Hesse* trat diesen Überlegungen nicht bei. Die Ressortdifferenzierung mache auch weiterhin Sinn. Gegenwärtig gebe es keine Alternative zu einer anderen arbeitsteiligen Vorgehensweise. Für Veränderungen aufgrund der Europäisierung sei es insoweit im Moment noch zu früh.

2. Mittelinstanz

Großen Diskussionsbedarf lösten die Ausführungen *Hesses* zur Reform der Mittelinstanz aus. *Schmidt-Jortzig* bezweifelte, ob dünn besiedelte Flächenstaaten wie Niedersachsen stimmig auf eine Mittelinstanz verzichten können. Es entstehe ein Vakuum, bei dem die Substituierung der bisherigen Funktion der Regierungsbezirke noch nicht gelungen sei. Ob Außenstellen der Ministerialverwaltung dies anders und besser lösen könnten, sei sehr fraglich. Nicht umsonst wollten andere Flächenstaaten wie Nordrhein-Westfalen auf eine Mittelinstanz nicht verzichten. Auch *Ehlers* gelangte zu dem Ergebnis, dass es auch bei einem Plädoyer für eine konsequente Zweistufigkeit dezentraler Außenstellen bedürfe. Der Unterschied zwischen dezentralen Außenstellen und personell stark abgeschmolzenen Regierungspräsidien sei indes unklar. *Janssen* kritisierte das in Niedersachsen verfolgte Modell der Abschaffung der Bezirksregierungen, das gemeinhin immer als fortschrittlich bezeichnet werde. Die beabsichtigte Abschaffung der Bezirksregierungen gehe auf die Koalitionsvereinbarung zurück. Man habe indes keine konkrete Vorstellung davon, wie etwa demnächst die Kommunalaufsicht über kreisfreie Städte aussehen solle. Man schaffe daher die Bezirksebene zu einem Zeitpunkt ab, zu dem man noch keine klare Vorstellung über die zukünftige Strukturierung habe.

Göke ergänzte, dass man die niedersächsischen Überlegungen zur Abschaffung der Bezirksregierungen nur verstehen könne, wenn man berücksichtige, dass zuvor das „System Bezirksregierung" nachhaltig geschwächt worden sei, wofür es viele Gründe gebe; nicht zuletzt die Politisierung der Regierungspräsidenten. Die beabsichtigte Abschaffung sei jetzt ein einsamer politischer Willensakt, wobei der konzeptionelle Unterbau fehle. *Göke* kritisierte die Vorschläge *Hesses*, wonach man in Bayern, Baden-Württemberg und Nordrhein-Westfalen auch künftig Bezirksregierungen benötige, in Niedersachsen jedoch nicht. Überdies machte er darauf aufmerksam, dass man bei Beschreitung des konsequenten Wegs in die Zweistufigkeit entsprechend leistungsfähige Kreise benötige. Dann müsse das Thema Kreisgebietsreform zwangsläufig in die Diskussion geraten, was gegenwärtig aber nicht der Fall sei.

Für den Fall der Abschaffung der Bezirksregierungen warf *Göke* überdies die Frage auf, wo künftig Bündelungsentscheidungen getroffen werden sollten. Auf der Kreisebene seien die Kreise dafür hervorragend geeignet. Auf der Landesebene bliebe dafür im Grunde nur noch das Kabinett, das für solche Funktionen indes denkbar ungeeignet sei. Auch seien die Aufsichtsfragen bei Abschaffung der Bezirksregierungen nicht gelöst. Daher sei zu befürchten, dass bei Auftragsangelegenheiten ein großer Fachaufsichtsapparat in den jeweiligen Ministerien nötig werde.

Kluth bezweifelte die Richtigkeit des Ziels, Genehmigungstatbestände massiv zurückzuführen. Die Deregulierung im Bauordnungsrecht habe exemplarisch gezeigt, dass es erhebliche Folgeprobleme insbesondere bei Nachbarklagen gebe. Schnell durchgeführte Genehmigungsverfahren seien Verweisungen auf den Weg des vorläufigen Rechtsschutzes deutlich vorzuziehen und führten für alle Beteiligten zu mehr Rechts- und Planungssicherheit und nicht zuletzt zu einer Verfahrensbeschleunigung.

Auch *Lange* fragte kritisch, wo bei Abschaffung der Bezirksregierungen deren Aufgaben blieben. Hinsichtlich der Struktur- und Genehmigungsagenturen bestehe der Verdacht, dass diese einen bloßen Ersatz für Landesober- und –mittelbehörden, die es nicht mehr geben solle, bildeten. Es handele sich dann lediglich um eine Umbenennung.

Kirchhof folgte dem Ansatz der Abschaffung der Bezirksregierungen ebenfalls nicht. Eine solche Diskussion habe man alle 15 Jahre. Wenn man sich für eine konsequente Zweistufigkeit in kleineren Ländern ausspreche, müsse dies Ausnahmslosigkeit bedeuten. Die Erfahrung lehre aber, dass bei einer Abschaffung Ersatzbehörden und damit Substitute entstünden. Auch könne es nicht zu einer vernünftigen Zuordnung des Fachpersonals insbesondere bei technischen Aufgaben kommen. Einerseits gehörten diese Aufgaben nicht in die Ministerien, andererseits komme es bei einer Verlagerung auf die Kommunalebene zu gigantischen Personalkostensteigerungen.

Pielow vertrat die Auffassung, dass ein Regionalverbandsmodell auf der Linie der konsequenten Zweistufigkeit liege. Zwar habe die Schaffung von starken kommunal-staatlichen Bündelungsbehörden ihre Probleme, sie weise aber entscheidende Effizienzvorteile auf.

Böhme ging ebenfalls ausführlich auf die Frage der Strukturierung der Mittelinstanz ein und wies darauf hin, dass in Baden-Württemberg und Nordrhein-Westfalen jeweils die Opposition ein anderes Modell vorgeschlagen habe. Dies liege daran, dass eine Stärkung der Mittelinstanzen zu einer enormen politischen Verfestigung der jeweiligen Landesregierung führe. Im Grunde handele es sich bei starken Bezirksregierungen um ein Präfektenmodell. Der Regierungspräsident könne massiv Politik machen, obwohl er nicht gewählt, sondern ernannt sei und auch nicht demokratisch kontrolliert werde. Auf der Regierungspräsidentenebene fehle es mithin an der Legitimierung der politischen Funktion ebenso wie an der demokratischen Kontrolle. Von daher sei es kein Wunder, dass die Opposition in den großen Ländern andere Modelle präferiere. Außerdem werde mit einer Stärkung der Regierungspräsidien, wie sie in Baden-Württemberg verfolgt werde, der Gedanke der Partizipation der Bevölkerung verfehlt, obwohl es gelte, das Bürgerengagement zu fördern, worum sich insbesondere die Kreise und Gemeinden sehr bemühten. In Baden-Württemberg werde angestrebt, die Mittelinstanz von oben herunter in einer enormen Weise auszubauen, ohne dabei die Bürger überhaupt zu fragen. Von daher sei es kein Wunder, dass die Verwaltungsreform in Baden-Württemberg die Bürger überhaupt nicht beschäftige. Einzelne Behörden würden wie Figuren auf dem Schachbrett verschoben. Eine Verstaatlichung einzelner Aufgaben bei der Reform der Mittelinstanz sei nicht zielführend und eigentlich auch ein Effizienzproblem. So zeigten die Erfahrungen der grenzüberschreitenden Kooperation, dass diese nur auf der kommunalen Ebene funktioniere. Wenn Aufgaben verstaatlicht würden, gehe die „Frische der Aufgabenerledigung" verloren, was Effizienzprobleme zur Folge habe.

Hesse bezeichnete die in Niedersachsen beabsichtigte Reform der Bezirksregierungen als mutigen Entwurf. Die Idee sei, Außenstellen mit bis zu 50 Mitarbeitern zu schaffen, die als Ansprechebene agierten und die relevanten Fragen an die Landesebene weiter vermeldeten. In Niedersachsen bekomme die Außenstelle die Funktion einer Frühwarnstelle, Meldestelle und Auskunftei. Man solle die niedersächsischen Reformbestrebungen wohlwollend begleiten und ihnen nicht mit der klassischen Bedenkenträgerargumentation entgegentreten. Die Haushaltslage dieses Landes erzwinge die Reform ebenso wie in anderen Ländern ohnehin. *Hesse* konzedierte, dass die Funktion der Außenstelle noch weitgehend undefiniert sei. Die Konzepte seien plausibel, aber es gebe noch keinen

Test am lebenden Objekt. Man müsse die Operation also dahingehend beobachten, ob sich in Niedersachsen spezifische Defizite in administrativen Versorgungsleistungen einstellten. Das müsse keinesfalls so sein. Eine Bündelung sei durchaus auch über Außenstellen möglich. Man diskutiere dies auch in anderen Bundesländern.

Es gebe gute funktionale Gründe zur Abschaffung der Bezirksregierungen gerade in Niedersachsen. Die Funktion der Regierungspräsidenten habe sich in Teilbereichen überlebt. Daher könne man sich für Baden-Württemberg, Bayern und Nordrhein-Westfalen auch nur mittelfristig für eine Beibehaltung dieser Ebene aussprechen. Die Bewegung in Niedersachsen sei als faszinierender Grenzfall und als „Einstieg in den Ausstieg" zu bezeichnen. Entgegen *Kirchhof* werde die Bezirksregierungsdiskussion jetzt zum ersten Male konsequent geführt. Die Regierungsbezirke in Rheinland-Pfalz, Sachsen-Anhalt und Niedersachsen würden abgeschafft bzw. seien schon abgeschafft worden. Das sei schon eine Wasserscheide in der Verwaltungsgeschichte der Bundesrepublik Deutschland. Es handele sich dabei nicht um Kleinigkeiten, sondern um einen Systemwechsel mit einem gesunden Trend zur Zweistufigkeit. Flankiert werde dies insbesondere durch den Europäisierungsprozess und die Möglichkeiten des eGovernment. Diese Veränderungen seien neu, so dass man sich gegenwärtig in einer hochintensiven Phase der Funktionalreformdebatte in den Ländern befinde, die nur noch mit der Diskussion in den 60er Jahren zu vergleichen sei.

Böhmes Vergleich der Stärkung der Regierungspräsidenten in Baden-Württemberg mit einem Präfektenmodell widersprach *Hesse* deutlich. Vielmehr sei der baden-württembergische Ministerpräsident für seinen Mut zu preisen. Die Regierungspräsidien in Baden-Württemberg würden in ihrem Bestand stabilisiert, aber im Aufgabenbestand reduziert. Das, was auf die Regierungspräsidien zukomme, sei nicht mehr der alte Aufgabenbereich. Vielmehr sei eine beträchtliche Dezentralisierung zugunsten der Kreise erkennbar. Das sei vom konzeptionellen Ansatz her kein staatliches Modell, wo der Präfekt den staatlichen Willen ausübe und definiere und entsprechende Sanktionspotenziale einbringe. Die Kernidee liege darin, staatliche Sonderbehörden aufzulösen und die Bereiche zum Teil den Ministerien, den Bezirksregierungen und mehrheitlich den Kreisen zuzuordnen. Dies sei ein klares Dezentralisierungskonzept.

3. Bezirksebene

Während *Kluth* darauf aufmerksam machte, dass in einzelnen Landesverfassungen die Bezirke garantiert würden und von diesen eine hohe Identifikationswirkung ausgehe, die z. T. auch für andere Bereiche wie die Kammern gelte, sprach sich *Hesse* nachdrücklich für die Abschaffung der Bezirke aus. So hätten die bayerischen Bezirke im Kern drei Aufgabenfelder: Die Sozialhilfeaufgaben gelte es zu kommunalisieren. Die Spezialkliniken sollten auf Zweckverbände übertragen werden. Die kulturellen Aufgaben allein rechtfertigten aber nicht den Fortbestand einer ausdifferenzierten Bezirksebene. Hier sei eine Überführung in eine Kulturstiftung angezeigt.

4. Kreisebene – Auswirkungen auf Aufgabenarten

Von zentraler Bedeutung war in der Diskussion die Frage, wie sich die gegenwärtigen Funktionalreformprozesse insbesondere in Baden-Württemberg und Niedersachsen auf die Kreisebene und die von den Kreisen wahrzunehmenden Aufgaben auswirken. Latent wurde eine zunehmende Staatslastigkeit und ein Bedeutungsverlust der Vertretungskörperschaft befürchtet (*Kluth, Wendt*). *Kluth* befürchtete sogar eine „Verstaatlichung der Landkreise", die folgerichtig eigentlich dazu führen müsse, dass der Landrat wieder zum Landesbeamten werde. Bei der Wahrnehmung der staatlichen Aufgaben hätten die Kreistage keine originäre Zuständigkeit. So sei z. B. in § 115 Abs. 4 KV M-V geregelt, dass der Landrat die Aufgaben des übertragenen Wirkungskreises durchführe und dafür der zuständigen Fachaufsichtsbehörde verantwortlich sei. Nur soweit der Landrat bei der Durchführung dieser Aufgaben Ermessen habe, könne er sich mit dem Kreistag oder seinen Ausschüssen beraten.

Bei der Eingliederung von Sonderbehörden werde diese Aufgabenkategorie mit allen daraus resultierenden Konsequenzen deutlich zunehmen. Zuspitzend fragte *Kluth*, ob man damit nicht zur Konzeption der preußischen Landkreise zurückkehre, von denen nur noch rudimentär echte Selbstverwaltungsangelegenheiten wahrgenommen würden. Sollte diese Wirkung eintreten, träten gravierende Legitimationsprobleme auf. Die demokratische Volllegitimation mit Verbandskompetenz und Zuständigkeit des Ehrenamtes sei nur im eigenen Wirkungskreis voll wirksam.

Kirchhof schloss sich diesen Bedenken an und leitete daraus ab, dass das Zielbündel bei der Funktionalreform nicht nur aus den Gesichtspunkten der Sachgerechtigkeit, Wirtschaftlichkeit und Sparsamkeit bestehen dürfe, sondern um Gesichtspunkte der Ausdehnung der demokratischen Mitwirkung erweitert werden müsse. *Lange* warf die Frage nach den Konsequenzen aus der Abschaffung der unteren staatlichen Verwaltungsbehörde auf. Bei den diesbezüglichen Aufgaben der Landräte handele es sich dann um Auftragsangelegenheiten. In Hessen könnten bei den Weisungsangelegenheiten die Kreistage mit diskutieren. Man müsse sich bei den Reformüberlegungen fragen, ob man dies wolle.

Zusammenfassung der Diskussion

Meyer sprach sich deutlich für eine sachgerechte Einbindung des Ehrenamtes bei der weiteren Übertragung staatlicher Aufgaben aus. *Ehlers* entgegnend hielt er es nicht für zielführend, Unterschiede zwischen staatlichen Auftragsangelegenheiten und Pflichtaufgaben zur Erfüllung nach Weisung nachzugehen und zum wiederholten Male die feinsinnigen Unterscheidungen des Weinheimer Modells von 1948 nachzuzeichnen. Mehr als 50 Jahre danach stehe man vor anderen Aufgabenstellungen. So seien in Mecklenburg-Vorpommern die Aufgaben des übertragenen Wirkungskreises nahezu exklusiv in die Verantwortung des Landrates gelegt worden. Dieser Aufgabenbestand mache ca. 30 % der heutigen Aufgaben eines Landkreises aus. Diese bisher nahezu exklusive Zuweisung, die in vielen kommunalen Verfassungen enthalten sei, müsse durchbrochen werden, damit bei weiteren Aufgabenübertragungen die kommunale Selbstverwaltung nicht zur Randnotiz werde. Es fehle an einer inneren Berechtigung, den Kreistag nach Übertragung einer ursprünglich staatlichen Aufgabe in den kommunalen Bereich von der Aufgabenerfüllung weitgehend auszuschließen. Über das Haushaltsrecht und den Stellenplan nehme der Kreistag auch heute bereits Einfluss. *Meyer* plädierte dafür, unter Wahrung der auch sonst geltenden Trennlinie zwischen der Aufgabenwahrnehmung des Kreistages und des Landrates dem Kreistag auch für die übertragenen Aufgaben die Möglichkeit zur Entscheidung in wesentlichen Fragen einzuräumen. Die Interessen des Landes könnten durch die Fachaufsicht hinreichend gewahrt werden.

Hesse pflichtete *Meyers* Einschätzung bei, dass die bisherige Ausdifferenzierung in Auftragsangelegenheiten und Pflichtaufgaben zur Erfüllung nach Weisung sich abschleife und in Zukunft nicht durchzuhalten sein werde. Gegenwärtig sei eine spannende Bewegung zu beobachten, die in den Kern der Selbstverwaltungsaktivität hineingehe. Er stelle derzeit einen Mut zur Kommunalisierung fest, den er in dieser Form in der Bundesrepublik so noch nicht erlebt habe. Dies gelte insbesondere für die Verwaltungsreform in Baden-Württemberg.

Auch *Dupré* setzte sich mit *Kluths* warnenden Einwänden auseinander und betonte, dass die Eingliederung aller Sonderbehörden eine alte Forderung des Landkreistages sei. Dabei müsse eine konsequente Kommunalisierung das Ziel sein. Alle eingegliederten Aufgaben müssten auf ihre Kommunalisierungsfähigkeit hin überprüft werden. In Rheinland-Pfalz seien so seit der Einführung der Urwahl des Landrates nahezu alle eingegliederten Aufgaben auch kommunalisiert worden.

Wendt unterstützte diesen Ansatzpunkt. Wenn man über Konzentration und Dezentralisierung von Staatsverwaltung spreche, habe dies von vornherein etwas mit Bündelung und einer Annäherung an die alte Idee der Einheit der Verwaltung zu tun. Es gehe um die Herabzonung staatlicher Aufgaben, bei der man eine echte Kommunalisierung immer mitdenken müsse, so dass die Aufgaben bei einer Verlagerung auf die Kreise eine andere Qualität erlangten. *Wendt* bezweifelte allerdings, ob bei den gegenwärtigen Funktionalreformprozessen die kraftvolle Stärkung der kommunalen Selbstverwaltung als Ziel immer mit verfolgt werde.

Hesse trat dem entgegen. Die Herabzonung staatlicher Aufgaben stelle sich gegenwärtig als echte Kommunalisierung dar, die in manchen Fällen allerdings ein Stück weit gebunden sei und staatlicher Steuerung und Aufsicht unterliege. Darauf könne nicht verzichtet werden. Im Tenor seien die Funktionalreformprozesse in beträchtlichem Maße kommunalfreundlich, ohne den berechtigten staatlichen Steuerungsanspruch fahrlässig wegzudrängen.

Held setzte sich kritisch mit *Hesses* Aussage: „Gewinner der gegenwärtigen Funktionalreformprozesse sind die Kreise" auseinander. Man müsse insoweit zunächst nach den empirischen Erfahrungen hinsichtlich der Aufnahmefähigkeit und Leistungsfähigkeit der Kreisverwaltungen fragen. Bei den kreisangehörigen Gemeinden bestünden oft Befürchtungen, dass die Kreise mit der Übertragung bestimmter Aufgaben überfordert würden und sich dann um Aufgaben kümmerten, die sie eigentlich gar nichts angingen. Man müsse genau fragen, welche Aufgaben man mit welchen Konsequenzen unter welchen Voraussetzungen etwa für die Demokratisierung übertrage. Dabei sei auch die kommunalverfassungsrechtliche Ausgangsstruktur zu berücksichtigen. *Held* nannte insoweit die Stichwörter der Organleihe und der unteren staatlichen Verwaltungsbehörde. Überdies verwies *Held* darauf, dass man bestimmte staatliche Aufgaben wohl den Kreisen übertragen könne. Bei den kreisfreien Städten entstehe demgegenüber die Gefahr, bei weiteren Aufgabenüberbürdungen unregierbar zu werden. Auf diese Fragen müsse man aber komplette Antworten geben. *Hesse* entgegnete *Held*, dass der gegenwärtige Funktionalreformprozess unter dem Motto „Steuerung soweit wie nötig – Kommunalisierung soweit wie möglich" stehe. Es sei ein beachtlicher Mut zur Kommunalisierung bei gleichzeitiger Gewährleistung eines steuerungsstarken Staates festzustellen.

Dupprè machte nachdrücklich deutlich, dass der Aufgabenbestand der Kreise mit Blick auf die kreisangehörigen Gemeinden nicht statisch sei. Die Kreise seien selbstverständlich bereit, auch Aufgaben auf den gemeindlichen Bereich herunter zu geben. Allerdings seien wegen der technischen Entwicklung viele Aufgaben, die bisher wegen des Gebots der Bürgernähe von den Gemeinden wahrgenommen worden seien, jetzt aus Effizienzgründen auf die Kreisebene verlagerbar. Dabei seien allerdings die Kernaussagen der Rastede-Rechtsprechung des Bundesverfassungsgerichts zu berücksichtigen (*Mann, Pielow*). Bei zahlreichen Aufgaben seien auch bei Kreisträgerschaft hinsichtlich der Aufgabendurchführung selbstverständlich Kooperationen mit den Gemeinden möglich und geboten. Als Beispiel nannte *Dupprè* dafür die kommunale Trägerschaft für die Grundsicherung für Arbeitsuchende nach dem Optionsgesetz. *Hesse* unter-

Zusammenfassung der Diskussion

strich die Ausführung *Duprés* nachdrücklich und forderte den Deutschen Landkreistag auf, die von *Dupré* beschriebene Delegationsbereitschaft der Kreise deutlich zu fördern. Der gegenwärtige Funktionalreformprozess werde nur erfolgreich sein, wenn auch die kreisangehörigen Gemeinden darauf vertrauen könnten, dass die Kreise bereit seien, delegationsfähige Aufgaben auf den gemeindlichen Bereich zu übertragen. Bisher schauten die kreisangehörigen Gemeinden mit größtmöglicher Distanz auf das, was an Aufgabengewinnen bei den Kreisen erkennbar sei.

Pielow vertrat die Ansicht, dass aufgrund der überkommenen Rechtsprechung sich einzelne Kreise bei Gebietsreformen kaum erfolgreich gegen ihre Auflösung wehren könnten. Art. 28 Abs. 2 GG gebe gerade keine individuelle Bestandsgarantie. Es bestehe lediglich ein Rechtfertigungszwang des Gesetzgebers hinsichtlich der Neugliederung. Vor diesem Hintergrund sei die in Mecklenburg-Vorpommern erörterte Reduzierung der Kreise von zwölf auf fünf verfassungsrechtlich wohl nicht erfolgreich anzugreifen.

Meyer wandte sich dezidiert gegen die Einschätzung *Pielows*, die Kreisebene sei im Ergebnis der große Gewinner einer Regionalkreisbildung, weshalb Art. 28 Abs. 2 GG keine wirksame Waffe zur Überprüfung dahin gehender gesetzgeberischer Entscheidungen sein könne. Es sei gleichermaßen richtig wie verkürzend, wenn argumentiert werde, dass die Verfassung die Existenz der kommunalen Selbstverwaltung als institutionelle Garantie gewährleiste, aber keine Bestandsgarantie für die einzelne Kommune enthalte. Gerade die Verfassungsjudikatur zur Kreisgebietsreform in den neuen Ländern habe sehr deutlich herausgearbeitet, dass Art. 28 Abs. 2 GG und die entsprechenden landesverfassungsrechtlichen Verbürgungen sowohl institutionell wie auch individuell wirkten. Jede einzelne Gemeinde und jeder einzelne Landkreis partizipiere an der Selbstverwaltungsgarantie und könne die Einhaltung sämtlicher Gewährleistungen verlangen. Auch *Schliesky* forderte, vom Verständnis des Art. 28 Abs. 2 GG als institutioneller Garantie ein Stück wegzukommen und stärker den Gesichtspunkt der Individualisierung zu betonen. Es gehe entscheidend um die individuelle Eigen- und Selbstgestaltung der jeweils betroffenen Körperschaft. Bei einer solchen Betrachtung sei die gegenwärtige Kreisreformdiskussion in Mecklenburg-Vorpommern ganz anders zu bewerten.

Meyer wies darauf hin, dass materiellrechtlich Abwehr-, Teilhabe- und ggf. Leistungsansprüche bestünden, die verfahrensrechtlich mit verfassungs- und verwaltungsprozessualen Rechtsbehelfen durchgesetzt werden könnten. Dies gelte im Grundsatz für Gemeinden und Kreise gleichermaßen. Auch Landkreise könnten sich auf ein originäres Selbstverwaltungsrecht berufen. Gebietsreformen auf der Kreisebene hielt *Meyer* selbstverständlich für zulässig, sie bedürften aber ebenfalls besonderer Rechtfertigung. Auch wenn es keine aus der Verfassung ableitbare absolute Obergrenze für die Größe einer Gebietskörperschaft geben könne, seien berechtigte Fragen erlaubt, wenn einzelne Landkreise nach der Konzeption des Landes die zwei- bis dreifache Flächenausdehnung des Saarlandes aufweisen sollten. Eine kommunale Gebietskörperschaft müsse stets bürgerschaftlicher Mitwirkung zugänglich sein. Technokratische Anforderungen an eine vorgeblich optimale Größe von Verwaltungseinheiten könnten mit demokratischen Postulaten in Konflikt geraten. Ein neuer Gebietszuschnitt infolge einer Verwaltungsreform stoße dann an verfassungsrechtliche Grenzen, wenn das Neugebilde nicht mehr durch den typischen Kern kommunaler Funktionen und Organisation, sondern durch andersgeartete, z. T. übergeordnete regionale und landesplanerische Gesichtspunkte gekennzeichnet sei. Die Integrationsfähigkeit der Gebietskörperschaft und des Gemeindeverbandes Kreis setze einen Ortsbezug voraus, der es dem Landkreis erlauben müsse, seine Ergänzungs-, Ausgleichs- und Integrationsfunktion zu erfüllen.

5. Gemeindeebene

Festgestellt wurde allgemein, dass die Gemeindeebene derzeit nicht im Zentrum von Reformbestrebungen stehe. So wies *Schmidt-Jortzig* darauf hin, dass man in Schleswig-Holstein auf freiwillige Zusammenschlüsse wie auf Fehmarn oder Sylt setze. Dabei handele es sich aber nicht um Reformen im Sinne einer von oben gesteuerten allgemeinen Strategie. Die Kommunalreform in Schleswig-Holstein beschränke sich im Übrigen auf ein ständiges „Herumdoktern" an der Kommunalverfassung ohne richtiges Konzept. *Hesse* stimmte dem Befund ausdrücklich zu. Dies sei insbesondere im Ländervergleich interessant. In Schleswig-Holstein komme die Reformbewegung im gemeindlichen Bereich von unten und aus sich heraus.

Kontrovers wurde die von *Hesse* abgelehnte Notwendigkeit unterer Kommunalverbände diskutiert. *Schmidt-Jortzig* hielt sie in dünnbesiedelten Gebieten wie etwa im nördlichen Schleswig-Holstein für unverzichtbar. Die kleinen Gemeinden müssten als Integrationsebene bestehen bleiben. Dann seien aber Ämter, die über keine eigene demokratische Legitimation verfügen, unverzichtbar. *Kirchhof* schloss sich dem an. Wenn man auf untere Kommunalverbände verzichte und die Ämter, samt Gemeinden, Verbandsgemeinden etc. beseitige, komme man zwar zu einer klaren und straffen Organisation; die kommunale Idee, die mit Begriffen wie Autonomie, Subsidiarität oder Identifikationsmöglichkeiten zu umschreiben sei, gehe dabei aber verloren.

Auch *Schliesky* vermochte entgegen *Hesse* keinen Trend hin zur Einheitsgemeinde festzustellen. Die Ämter stellten eine sehr kostengünstige Verwaltungsstruktur dar, bei denen über das gemeindliche Ehrenamt die örtliche Verbundenheit gewährleistet werde. Nach § 5 GO SH solle das Gebiet einer Gemeinde so bemessen sein, dass die örtliche Verbundenheit der Einwohner gewahrt wird und die Leistungsfähigkeit der Gemeinde gesichert ist. Wenn man von diesem Grundsatz abgehe und zu übergroßen Einheiten komme, werde in großem Rahmen der Anreiz für ehrenamtliches Engagement und Identifikation verloren gehen. Diesem Aspekt komme auch bei der gegenwärtigen Kreisreformdiskussion in Mecklenburg-Vorpommern eine große Bedeutung zu. *Schliesky* konzedierte allerdings, dass die Ämter in Schleswig-Holstein vor dem Problem stünden, dass ihr Aufgabenbestand angesichts der fehlenden unmittelbar demokratischen Legitimation zu groß sei.

6. Interkommunale Kooperation

Schliesky und *Hesse* bezweifelten, ob die überkommenen drei Formen für interkommunale Kooperation nach den GkZ auf Dauer noch tauglich seien. Dies gelte nur noch für Teilbereiche. Es seien verstärkt informelle Kooperationsformen einschließlich public private partnership (ppp) zu beobachten. *Schliesky* sprach sich dafür aus, die „rechtlichen Korridore" zu öffnen. *Hesse* fügte hinzu, dass es nicht nur um rechtliche, sondern verstärkt um außerrechtliche „Korridore der Interaktion" gehen müsse.

Wendt betrachtete die Nutzung wirtschaftlicher Betriebsformen skeptisch. Die damit verbundene Verselbstständigung führe auf der kommunalen Ebene zu Selbstverwaltungsverlusten. *Hesse* hielt es demgegenüber für angezeigt, gerade auch im kommunalen Bereich wirtschaftliche Betriebsformen zu nutzen, um insbesondere im mittelständischen Bereich für Wachstumspotenziale zu sorgen.

7. Stadt-Umland-Fragen

Die Stadt-Umland-Problematik wurde nur am Rande angesprochen. *Böhme* machte darauf aufmerksam, dass Formen freiwilliger Kooperation zwar vielfältig einsetzbar seien, aber auf Grenzen stießen. Insbesondere in Zweckverbänden könnten zahlreiche Fragen geregelt werden. Es dürfe – nicht zuletzt aus zeitökonomischen Gründen – aber nicht zu einer unüberschaubaren Vielzahl von Zweckverbänden kommen. *Böhme* folgerte daraus, dass man ein „Gefäß" schaffen müsse, in dem die Regionalpolitik abgehandelt werden könne. Ansonsten stoße man insbesondere bei der regionalen Flächennutzungsplanung und bei der Aufgabenfinanzierung auf unüberwindliche Probleme. Der Verband Region

Stuttgart sei dabei ein totaler Sonderfall und nicht generalisierungsfähig. Im Stadt-Umland-Bereich bestünden gegenwärtig horrende Demokratiedefizite. Am Beispiel Frankfurts machte *Böhme* deutlich, dass die Stadt über einen riesigen Anteil an Einpendlern verfüge. Diese Einpendler nähmen zentrale berufliche Funktionen in Frankfurt wahr. Obwohl sie im Taunus etc. wohnten, blieben sie vom Lebensmittelpunkt wie vom Bewusstsein her Städter, könnten aber die Kommunalpolitik nicht mitbestimmen. Sie dürften nicht dort wählen, wo sie arbeiteten und das Lebensumfeld zahlreicher Bürger gestalteten und wo „die Musik tatsächlich gemacht werde". *Böhme* plädierte daher für die Durchführung einer Regionalreform. Sie könne ein Beispiel dafür sein, wie der Gesamtstaat insgesamt Ertrag davon habe, wenn es gelänge, über die Raumordnung eine Verbindung zur Regionalpolitik und damit zu den Kommunen zu schaffen.

Duppré und *Hesse* sprachen sich wegen der fehlenden Gremienbeteiligung und Bündelungsfunktion ebenfalls gegen eine Inflationierung von Zweckverbänden aus, machten aber darauf aufmerksam, dass sich die verschiedenen kommunalen Aufgaben ihre gebietlich unterschiedlichen kommunalen Strukturen suchten. In den Bereichen Tourismus, Abfallentsorgung, Wirtschaftsförderung, aber auch im Sparkassenwesen und bei der Konversion stellten sich nach *Duppré* gebietlich deutlich abweichende Kooperationserfordernisse.

Hesse trat den Überlegungen *Böhmes* entgegen und unterstützte den Ansatz von *Duppré*. Ihm schwebte als Ziel ein verändertes Verständnis von Stadtkreis (nicht in baden-württembergischem Terminus) vor. Dennoch würden davon nicht alle Aufgaben erfasst werden können. Daher benötige man Organisationsformen, die stärker auf Offenheit, Flexibilität, Fall- und Projektorientierung auszurichten seien, statt eine regionale Institutionalisierung vorzunehmen. Da sich der Problembesatz im Stadt-Umland-Bereich dynamisch entwickele, passten die von *Böhme* vorgeschlagenen Lösungen nicht mehr in die Zeit. Man müsse flexiblere, kooperative, die Freiwilligkeit betonende Formen schaffen.

Friedrich Schoch

Zusammenfassende Schlussbetrachtung

In meiner zusammenfassenden Schlussbetrachtung will ich mich auf die kommunalrelevanten Aspekte der Diskussion konzentrieren und dabei eine Zusammenführung der verschiedenen Gesichtspunkte vornehmen. Ich möchte zu fünf Punkten sprechen, die mir als Strukturbegriffe für die weiteren Debatten nützlich erscheinen: Reformbedarf, Reformbedingungen, Autonomie (Selbstgestaltung), Verantwortung, Perspektiven.

I. Reformbedarf

1. Notwendigkeit von Strukturreformen

In seiner Analyse zum bestehenden Reformbedarf im sozialen Bundesstaat hat uns *Hans Jörg Hennecke* deutlich auf Verkrustungen des Systems hingewiesen. Er hat dazu einen Reformbegriff eingeführt, der die Diskussion im Wesentlichen bestimmt hat. Dieser Reformbegriff erschöpft sich nicht in Überlegungen zur bloßen Umverteilung im System, obwohl auch dies vor dem Hintergrund politisch-faktischer Überlegungen hier immer wieder eine Rolle gespielt hat, sondern zielt sehr stark auf – wie es *Hans Jörg Hennecke* genannt hat – ordnungspolitische Reformen. Ich möchte den Gedanken in dem Motto zusammenfassen: „Strukturreformen sind angezeigt", wenn man in dem Diskussionsprozess und in der praktischen Politik weiterkommen möchte. *Böhme* hat diese Überlegungen aufgegriffen und schon einleitend von der Notwendigkeit von Strukturverbesserungen gesprochen. Er hat dann einen Gesichtspunkt behandelt, der die Diskussion mitgeprägt hat; das Stichwort war „Entflechtung von Kompetenzen", wobei *Böhme* insbesondere auf die Rolle des Bundesrates im Bundesstaat eingegangen ist und deutlich gemacht hat, dass insoweit nicht primär kommunale Belange berührt seien. In einem dritten zentralen Punkt hat *Böhme* betont, dass der Aspekt der Kostenfolgenbetrachtung immer wichtiger werde; insoweit sei bei einem strukturellen Ansatz in der Reformdiskussion eine ganzheitliche Herangehensweise geboten, wohingegen es nicht weiterführend sei, Fragen der Kostenfolgen staatlicher Entscheidungen separat zu behandeln.

Mit einem gewissen Maß an Optimismus hat uns *Hesse* davon zu überzeugen versucht, dass die Reformansätze zur Zeit besser seien als jemals zuvor. Es blieb zunächst ein wenig offen, inwieweit dafür die Einsicht in die Notwendigkeit von Reformen verantwortlich zeichnet oder sonstige, äußere Umstände maßgeblich sind. *Hesse* hat dann aber mehrfach auf den „Leidensdruck", abzulesen an den öffentlichen Haushalten, hingewiesen. Möglicherweise ist dies in der Tat eine starke Triebfeder, um Verkrustungen aufbrechen zu können.

2. Institutionelle Hemmnisse bei Strukturreformen

Wir müssen aber schon bei der Analyse des Reformbedarfs die Schwierigkeiten für Strukturreformen mit in den Blick nehmen. Diese sind in vielen Diskussionsbeiträgen betont worden, und zwar weniger – dazu komme ich noch – aus realpolitischen Gründen (wozu die beiden Berichte aus der Föderalismuskommission informiert haben), sondern vielmehr aus Sachgründen. *Lange* und andere Diskussionsteilnehmer haben vor zu großer Reformeuphorie gewarnt und mehr Realitätsnähe angemahnt. Dazu hatte bereits *Hans Jörg Hennecke* in seinem Referat drei übergreifende Gesichtspunkte herausgearbeitet:

(1) Das Demokratieprinzip in seiner in der Politik praktizierten Form wurde von *Hans Jörg Hennecke* kritisch beleuchtet. In der Diskussion gab es aber auch gegenteilige Stellungnahmen; unter dem Gesichtspunkt der Langfristigkeit von Entwicklungen könne auch eine gewisse Erleichterung für Reformen im bestehenden demokratischen System festgestellt werden. Die Überlegung, ob das Demokratiegebot im Reformprozess nicht doch als Hemmschuh wirke, ist von *Schliesky* mit der Frage konfrontiert worden, ob nicht ein neues Demokratieverständnis notwendig sei. Später hat Herr *Schliesky* diesen Ansatz unter Hinweis auf die Entscheidung des Bundesverfassungsgerichts zur funktionalen Selbstverwaltung (*BVerfGE* 107, 59 ff.) selbst relativiert. Ausgehend von unserem verfassungsrechtlichen Grundverständnis zum Demokratiegebot können wir insoweit deutliche Öffnungen registrieren; die Anforderungen an die demokratische Legitimation funktionaler Selbstverwaltung werden einer gewissen Entwicklungsoffenheit zugeführt. Damit können neue Aspekte und Entwicklungen aufgegriffen werden, ohne dass sofort die Frage der Verfassungswidrigkeit gestellt werden muss.

(2) Für den Reformprozess zentral ist sodann das Thema „Föderalismus". Kritisiert wurde, dass die Kommunen in dem Prozess zur Reform des Föderalismus praktisch fehlen. Dabei ist nicht so sehr an eine institutionelle Beteiligung gedacht; aber deutlich wurde, dass eine echte Strukturreform unseres föderalen Systems ohne Einbeziehung der kommunalen Ebene mit Erfolg nicht durchführbar ist. Auf der anderen Seite wirkt unser Föderalismus – was die Ambivalenz der Thematik unterstreicht – als stabilisierendes Element; das hat insbesondere *Lange* deutlich gemacht. Nimmt man beide Seiten zusammen, kann der Föderalismus nicht schlicht mit einem Reformhemmnis gleichgesetzt werden.

Zusammenfassende Schlussbetrachtung

(3) Schließlich wird die Reformdiskussion von dem Thema „eGovernment" stark geprägt. Dieser Begriff liegt – verkürzt ausgedrückt – „quer" zu den Themen, die wir traditionell diskutieren. Darauf komme ich am Ende meiner Ausführungen nochmals zu sprechen. Die Praxis zu „eGovernment" liegt nicht nur „quer" zu den bestehenden Verwaltungsorganisationen und Verwaltungsstrukturen, sondern bereitet auch Schwierigkeiten bezüglich grundlegender Verfassungsgebote; erwähnt seien das Rechtsstaatsgebot und das Demokratiegebot. Insoweit haben wir einen erheblichen Forschungsbedarf. Die Wissenschaft hinkt insoweit erheblich hinter den Aktivitäten der Praxis her. Zum vorherrschenden Pragmatismus werde ich am Schluss noch kurz Stellung nehmen.

Zum Ausgangspunkt können wir sowohl auf Grund der theoretischen Untersuchungen als auch der Berichte aus der Praxis festhalten, dass ein Reformbedarf im sozialen Bundesstaat besteht. Gemeint sind echte Strukturreformen. Diese sind zum Teil einem gewissen „Leidensdruck" geschuldet. Offen und etwas kontrovers blieb im Ausgangsbefund die Frage nach Umfang und Reichweite der notwendigen Strukturreformen.

II. Reformbedingungen

Damit komme ich zu meinem zweiten Hauptpunkt: den Bedingungen für Strukturreformen. Die Mehrzahl der dazu geleisteten Beiträge zielte auf Strukturverbesserungen innerhalb des Systems. „Umbauten" des Systems kamen erst später im und nach dem Referat von *Hesse* zur Sprache. Erörtert wurden auch Beispiele zu misslungenen Reformen; mehrfach hingewiesen wurde – da noch relativ zeitnah – auf die gescheiterte Gewerbesteuerreform. Das dazu erzielte Ergebnis verdient den Begriff „Reform" in der Tat nicht.

1. Reformblockaden des politischen Systems

Vor diesem Hintergrund möchte ich auf zwei Punkte eingehen und dazu auch dezidiert Stellung nehmen: auf die realpolitischen Reformbedingungen und auf die Reformziele. Zum ersten Punkt sind wir gestern seitens der beiden Sachverständigen in der Föderalismuskommission jenseits aller Theorien auf die Begrenztheit von Reformbemühungen in unserem politischen System hingewiesen worden. Thematisiert wurde dazu, dass Reformen überhaupt nur in einer „win-win-Situation" möglich sein könnten. *Ferdinand Kirchhof* hat uns dazu das für die Kommissionsarbeit abgesprochene „do ut des-Verfahren" präsentiert. *Schmidt-Jortzig* hat davon gesprochen, dass zu einem Zeitpunkt X eine „Status-Feststellung" getroffen werden müsse, bevor man in der „Nacht der langen Messer" zu Entscheidungen komme; diese „Status-Feststellung" sei verknüpft mit einer Art Bestandsgarantie für die Finanzsituation der Beteiligten. Immerhin hat *Hesse* diese potentielle Reformblockade etwas relativiert und gemeint, die Alternative zur „win-win-Situation" sei ein noch größerer Leidensdruck, so dass man sich einer Strukturreform letztlich doch nicht entziehen könne.

Dazu sage ich deutlich: Eine wirklich Strukturreform, die nur Gewinner kennt, gibt es nicht. Wenn die „win-win-Situation" die Prämisse für Reformbestrebungen sein sollte, können wir uns von vielen Vorstellungen verabschieden, die hier präsentiert worden sind. Die angesprochenen Themen kann man dann weiter wissenschaftlich diskutieren, aber unter den geschilderten realpolitischen Bedingungen darf man sich nicht allzu große Hoffnungen auf eine gelingende Reform machen. Will man das „do ut des-Prinzip" wirklich praktizieren, kommt es im Ergebnis zu einem Nullsummenspiel; die Wahrung des status quo würde zum tragenden Gesichtspunkt. Zudem ist auf die Notwendigkeit einer Zweidrittelmehrheit bei Kommissionsentscheidungen hingewiesen worden. Diese hat natürlich zur Konsequenz, dass der kleinste gemeinsame Nenner gesucht werden wird, so dass man auch mit Blick auf diesen Ausgangspunkt nicht allzu optimistisch sein darf. Offen bleibt, inwieweit neue Ideen und Kreativität innerhalb des Systems entstehen können. Unter den herrschenden realpolitischen Bedingungen bin ich bezüglich echter Reformen eher skeptisch.

2. Notwendige Elemente eines Reformkonzepts

Wählt man ungeachtet dessen einen konzeptionellen Ansatz zu den Reformbedingungen, haben sich hier drei Elemente herausgebildet. Der erste Aspekt, der sich wie ein roter Faden durch unsere Erörterungen gezogen hat, ist mit dem Stichwort „stärkere Dezentralisierung" zu umschreiben. Gestern ist dies sehr deutlich betont worden. Wir haben auch gehört – was in diesem Kreis auf Beifall stoßen wird – dass damit eine Stärkung der kommunalen Selbstverwaltung verbunden wäre. Später ist in diesem Zusammenhang der Gesichtspunkt der „Effizienzgewinne" deutlicher in den Vordergrund gerückt worden; aber dies war eigentlich eine Grundlinie in der gesamten Diskussion. Immer wieder – und so auch in den Schlussreferaten – ist aber gefragt worden, ob nicht bestimmte Entwicklungen auf der Bundesebene die Idee der dezentralen Aufgabenverantwortung konterkarieren. Wenn – was wir aus vielen anderen Bereichen (z. B. Unternehmensorganisationen) lernen können – eine Strukturreform gelingen

Zusammenfassende Schlussbetrachtung

soll, ist die stärkere Dezentralisierung unabweisbar. Niemand glaubt mehr an die effiziente Steuerungsfähigkeit zentral organisierter Systeme.

Dies führt zu dem zweiten Punkt des konzeptionell ausgerichteten Ansatzes: Wie kann in einem dezentralen System die Zusammenführung von Entscheidungsverantwortung und Finanzierungsverantwortung hergestellt werden? *Gorrissen* hat die Bedeutung dieses Aspekts hervorgehoben. *Hesse* ist darauf eingegangen und hat seinerseits betont, dass auch das Gesamtsystem steuerungsfähig bleiben müsse; er hat das Wort vom „starken Staat" benutzt. Rechtlich stehen wir vor der Frage, wie die Beziehungen der verschiedenen Ebenen zueinander gestaltet werden können. Konkrete Vorschläge betreffen zunächst das Verhältnis zwischen Bund und Kommunen (Stichwort: „Durchgriff des Bundes"). Das Problem liegt in der Aufgabenkreation und in der Aufgabenzuordnung, wenn der Bund nicht zugleich die Finanzierungslast trägt; Art. 104a GG verbietet dies bekanntlich. Das Bundesverfassungsgericht hat zu der Fragestellung mehrfach Stellung genommen. Im Verhältnis zwischen Land und Kommunen ist in dem Zusammenhang begrüßt worden, dass das Konnexitätsprinzip nach und nach Einzug in die Landesverfassungen hält. Zum Verhältnis zwischen Bund und Kommunen gab man zu bedenken, dass im Falle des bundesrechtlichen Durchgriffs auf die kommunale Ebene der Aufgabenzuweisung konsequenterweise auch die Finanzierungsverantwortlichkeit des Bundes folgen müsse, damit keine Geschäfte zu Lasten fremder Kassen mehr möglich sind.

Am Beispiel der Reform „Hartz IV" (Grundsicherung für Arbeitsuchende) haben wir gesehen, wie notwendig die Bündelung von Aufgabenträgerschaft, Finanzierung und operativem Geschäft ist. Diese Reform passt an sich genau in das Konzept der Dezentralisierung. Bundesgesetzlich könnten Rahmenvorgaben bestehen, Kommunen könnten Aufgabenträger sein.

Der dritte Aspekt, der sich bei dem konzeptionellen Ansatz wie ein roter Faden durch die Erörterungen gezogen hat, ist die „Europatauglichkeit" anstehender Reformen. Nach wie vor wird die Bedeutung des europäischen Einflusses auf unsere Reformprozesse unterschätzt. Vieles scheint noch in der Ferne zu liegen und lässt sich kaum greifen, so dass nicht erkennbar wird, wo die europäischen Einflüsse manifest werden könnten. Es fehlt schon eine wirklich umfassende, breite Analyse der Kompetenzen der EG, der Entwicklungen einzelner Rechtsmaterien und vor allem der EuGH-Rechtsprechung, die ja den Europäisierungsprozess vorangetrieben hat. Es greift zu kurz, nur das EG-Recht (Verträge, sekundäres Gemeinschaftsrecht) zu analysieren. Man muss auch sehen, welche Entwicklungen von der EuGH-Rechtsprechung ausgehen. Vor diesem Hintergrund stellt sich zunächst die Frage, welche Kompetenzen dem Bund im Rahmen der EG noch verbleiben. Viele Bereiche des staatlichen Kompetenzverlusts ließen sich nennen. Das Umweltrecht ist nur ein Beispiel; auch das Arbeits- und

Sozialrecht sind z. B. zu erwähnen. Der Bund hat auf diesen und vielen weiteren Gebieten einen Großteil seiner Rechtsetzungskompetenzen verloren. Erkennt man dies, ist zu fragen, ob die thematische Abfolge in der Föderalismuskommission sinnvoll ist oder ob man die Diskussionen zum Thema „Kompetenzverteilung" (Art. 74, 74a, 75 GG) nicht von dem europarechtlichen Ausgangspunkt hätte führen müssen.

Die Bedeutung der Europatauglichkeit unserer Systeme und Institutionen ist noch einmal in dem Referat von *Pielow* deutlich geworden. Es gab zwar kritische Nachfragen, z. B. was unter einer „Region" zu verstehen ist. Unabhängig davon sind die von Europa ausgehenden Regionalisierungsimpulse noch gar nicht richtig in unser Bewusstsein getreten. *Pielow* hat z. B. über die Förderinstrumente berichtet und über die Raumordnung gesprochen. Davon werden bei uns Tiefenwirkungen ausgehen, die auch unsere Verwaltungsstrukturen erreichen werden und die Frage aufwerfen, ob diese Strukturen europatauglich sind. Zudem ist deutlich geworden, dass sich Aufgaben notfalls ihre Organisationen suchen; reagieren wir nicht, sind wir rasch beim informalen Handeln angelangt. Ob dies die gewünschte rechtsstaatliche Lösung darstellen würde, darf bezweifelt werden. Unter dem Aspekt der Europatauglichkeit ist auch *Schliesky* konkret geworden und hat am Beispiel des eGovernment die EG-Dienstleistungsrichtlinie behandelt. Weitere Beispiele aus dem Informations- und Kommunikationsrecht könnten hinzugefügt werden. Ich erwähne nur die EG-Datenschutzrichtlinie, zu der unlängst erstmals eine Entscheidung des EuGH ergangen ist.

Auch in Zukunft werden wir in Deutschland eine Fülle europarechtlicher Einwirkungen erfahren. Der Aspekt der Europatauglichkeit unserer Strukturen und Institutionen kann von daher kaum hoch genug eingeschätzt werden.

III. Autonomie (Selbstgestaltung)

Mit dem bereits erwähnten Aspekt der Dezentralisierung verknüpft ist das Stichwort „Autonomie". Die weitgehend autonome Aufgabenerledigung ist geradezu die natürliche Folge einer stärkeren Dezentralisierung, falls sich diese durchsetzen sollte. Für die Kommunen ist damit ein zentraler Punkt angesprochen. Es geht um die Selbstverwaltungsidee. Mehrfach ist in unserer Aussprache gefragt worden, wo die kommunale Selbstverwaltung im Rahmen des Reformprozesses bleibt. Auch ist gefragt worden, ob nicht zunehmend eine Art „Verstaatlichung kommunaler Selbstverwaltung" vor allem auf der Ebene der Landkreise stattfinde. Im Einführungsreferat hat *Hans Jörg Hennecke* vom

Zusammenfassende Schlussbetrachtung

Prinzip der Selbstbestimmung gesprochen und dieses Prinzip aufgefächert in Fragestellungen zu den Kompetenzen, zur Finanzautonomie und zur Gewährleistung demokratisch zuweisbarer Verantwortlichkeiten. Aus rechtlicher Sicht sollen zum Autonomiegedanken Überlegungen aus drei unterschiedlichen Blickwinkeln angestellt werden.

1. Sachgebiete und Entwicklungsmöglichkeiten

Fasst man die vielen Beiträge, Referate und Diskussionsrunden zum Autonomieaspekt zusammen, könnte man beinahe sagen, dass fast alle Sachgebiete für eine Dezentralisierung und daran anschließende autonome Gestaltung grundsätzlich geeignet und die darin liegenden Entwicklungsmöglichkeiten nahezu unbegrenzt sind. Wir haben dazu zunächst von *Böhme* vielleicht zunächst etwas atypisch wirkende, aber aufschlussreiche Beispiele gehört: Wohnungsbau und Städtebauförderung, Schulwesen, Regionalpolitik. Später ist die Regionalplanung nochmals hervorgehoben worden. Weitere Beispiele wurden hinzugefügt, vor allem in dem Beitrag von *Schlebusch/Albers*. Von den Sachmaterien her stoßen wir also nicht sehr rasch an Grenzen, so dass die autonome Gestaltung der Aufgabenwahrnehmung im sozialen Bundesstaat, die gleichsam als Unterfütterung der Dezentralisierung fungiert, weithin möglich sein sollte.

Damit verbunden ist eine nicht zu unterschätzende Flexibilitätsreserve. Ich darf an das Beispiel von *Böhme* aus dem Bereich der Wohnungsbauförderung erinnern. Er hat auf unterschiedliche Verwendungsmöglichkeiten flexibel einsetzbarer Fördermittel hingewiesen. Finanzierbar wären danach z. B. sowohl der Wohnungsaufbau als auch der Wohnungsrückbau. Weitere Beispiele zum flexiblen Einsatz autonom verwendbarer Mittel ließen sich anführen.

2. Verwaltungsstrukturen

Zum Thema der „Autonomie" sind wir aus dem Blickwinkel der Veränderung von Verwaltungsstrukturen durch die Referate von *Hesse* und *Pielow* zur Nachdenklichkeit ermahnt worden. Darauf weisen auch die vielen kritischen Nachfragen zu den Vorträgen hin. Sehen wir uns vor dem Hintergrund des Begriffs „Autonomie" bzw. „Selbstgestaltung" die Verwaltungsstrukturen genauer an, müssen wir fragen, ob die von *Hesse* präsentierten Strukturveränderungen wirklich zielführend sind. Wirken die dazu in den Ländern geplanten oder teilweise bereits ins Werk gesetzten Reformen eigentlich autonomiefördernd oder ist das eher nicht der Fall? Könnten mit manchem Reformansatz sogar neue „Zentralisierungsschübe" verbunden sein? Dazu müsste doch ein höheres Maß an Wahrheit und Klarheit herrschen. Dies betrifft auch, was heute verschiedentlich angeklungen ist, bereits die wissenschaftlichen Untersuchungen selbst. Welches sind die Gründe und die eigentlichen Motive für Verwaltungsstrukturreformen? Fragt man so, gelangt man rasch in den Bereich des Politisch-taktischen. Zu Recht ist gefragt worden, welche Steuerungsinstanzen eine Regierung in den hier behandelten Bereichen wirklich braucht. Zu diesem Komplex besteht erheblicher Forschungsbedarf.

Stellt man die Auswirkungen bestimmter Veränderungen der Verwaltungsstrukturen in den Mittelpunkt des Interesses, müsste man sich doch zu Modellbildungen durchringen und zwei oder drei Modelle entwickeln, um eine echte Folgenbetrachtung vornehmen zu können. Nur so werden mögliche Alternativen sichtbar und eine „Strukturfolgenabschätzung" leistbar. In der Diskussion hat *Hesse* auf das Motto „Versuch und Irrtum" verwiesen. Das wird wohl zum Teil unabweisbar sein; unter dem Aspekt des Autonomiegedankens müsste dennoch für mehr Klarheit gesorgt werden. Nach der Durchführung bestimmter Veränderungen in den Verwaltungsstrukturen ist – worauf insbesondere die Vertreter der kommunalen Praxis aufmerksam gemacht haben – die Frage zu beantworten, ob es dann auch zu einer echten Kommunalisierung öffentlicher Aufgaben kommt. Aus einem benachbarten Bereich, der Privatisierung, wissen wir, dass es echte und unechte, also materielle und lediglich formale Privatisierungen gibt. Werden sich in unserem Zusammenhang ähnliche Fragen stellen? Neue Verwaltungsstrukturen müssen ja schließlich mit Inhalten (d. h. Aufgaben) gefüllt werden. Dieser Punkt müsste intensiv diskutiert werden. Etliche Beispiele sind genannt worden, wie neue Verwaltungsstrukturen mit der Kommunalisierung von Aufgaben verknüpft werden könnten.

3. Mut und Möglichkeiten zur Selbstgestaltung

Der dritte Aspekt zum Thema „Autonomie" betrifft Möglichkeiten und Grenzen kommunaler Selbstgestaltung. An zwei Beispielen aus unseren Erörterungen will ich die Problematik verdeutlichen: Hebesatz- bzw. Zuschlagsrecht der Kommunen bei Steuern und Grundsicherung für Arbeitsuchende.

Zum Thema „Steuern" hat *Schmidt-Jortzig* auf Art. 28 Abs. 2 S. 3 GG hingewiesen und betont, dass dort eine bestimmte Hebesatzgarantie verfassungsrechtlich verankert sei. Daher dürfte z. B. die Abschaffung der Gewerbesteuer nicht ganz einfach sein. Zunächst müsste wohl eine Änderung des Art. 28 Abs. 2 GG vorgenommen werden. *Ferdinand Kirchhof* hat in einer für ihn, wenn mir die

Zusammenfassende Schlussbetrachtung

Bemerkung gestattet ist, völlig untypischen Emphase für die Bundeseinheitlichkeit bei der Einkommensteuer und der Körperschaftsteuer plädiert und gesagt, bei Einführung eines gemeindlichen Hebesatzrechts würde in Deutschland ein steuerrechtlicher Flickenteppich entstehen. Unter Hinweis auf Deutschlands internationale Konkurrenzfähigkeit hat es *Kirchhof* als völlig untaugliches Mittel bezeichnet, den Kommunen Autonomierechte in Gestalt von Hebesatz- bzw. Zuschlagsrechten bei der Einkommen- oder Körperschaftsteuer zu geben. *Wendt* hat demgegenüber gemeint, da derartige Rechte ohnehin kein Allheilmittel zur Verbesserung der Kommunalfinanzen seien, könnten sie von vornherein nur in einem begrenzten Korridor eingesetzt werden. *Kirchhof* hat an seiner Position festgehalten und für eine Modernisierung der Grundsteuer plädiert.

Fasst man die unterschiedlichen Sichtweisen zusammen, stellt sich die Frage, ob wir wirklich kommunale Autonomie wollen und, wenn ja, wieviel Autonomie es sein darf. Sind wir, ausgehend vom vorherrschenden Bewusstsein, überhaupt bereit, in Strukturen, wie sie z. B. in der Schweiz bestehen, auch nur zu denken? Dort ist der Bund bei der Finanzausstattung bekanntlich vielfach von den Kantonen abhängig; die Kommunen verfügen über ein hohes Maß an Autonomie im Steuerwesen, so dass bei der Finanzkraft öffentlicher Körperschaften zum Teil große Unterschiede bestehen. Ich denke nicht, dass bei uns in Deutschland im Fall der Gewährung kommunaler Gestaltungsrechte im Steuerwesen jene Unterschiedlichkeit einkehren würde. Wollen wir also Bundeseinheitlichkeit im Sinne von Uniformität oder wollen wir uns auf dem Gebiet des Steuerrechts doch ein gewisses Maß an kommunaler Autonomie leisten? Ich sehe hier auch eine Frage des Bewusstseins, also der inneren Einstellung zum Autonomiegedanken.

Das zweite Beispiel zum Aspekt der kommunalen Selbstgestaltung ist das von *Hans-Günter Henneke* vorgestellte Optionsmodell der Grundsicherung für Arbeitsuchende. Aus Sicht des Bundes könnte damit die Kritik verbunden sein, dass ein Wettbewerb sowohl horizontal als auch vertikal entsteht. Käme es wirklich zu einem echten und fairen Optionsmodell, müsste der Wettbewerb von optierenden Kommunen selbstverständlich nicht nur horizontal, sondern auch vertikal mit den dezentral agierenden Stellen der Bundesagentur stattfinden. Dies setzt allerdings kommunale Gestaltungsfreiheit voraus. Umgekehrt könnten die Kommunen, was wohl auch niemand anstrebt, keinen „Biotopschutz" beanspruchen. Vielmehr müsste der Autonomiebegriff mit Inhalt gefüllt und der Wettbewerb angenommen werden. An echtem Wettbewerb in diesem Bereich ist aber offensichtlich schon der Bund nicht interessiert. Wir haben gehört, dass die für die Bundesagentur geltenden Standards „eins zu eins" auf den kommunalen Bereich übertragen werden sollen. Wo bleibt das Vertrauen in die autonome kommunale Bewältigung des Problems?

IV. Verantwortung

Die Überlegungen zur Gewährung von Autonomie im sozialen Bundesstaat führen notwendigerweise zum Begriff „Verantwortung". Diese verstehe ich als „einstehen wollen und einstehen müssen", also ganz im Sinne des Begriffs „Kompetenz", der ja ebenfalls ein berechtigendes und ein verpflichtendes Element beinhaltet.

1. Respektierung der Kompetenzordnung

Verantwortung lässt sich im gegliederten Staatswesen sinnvoll nur tragen, wenn die Rechtsordnung gewahrt, insbesondere die Kompetenzordnung respektiert wird. Darauf komme ich am Ende meiner Ausführungen in anderem Zusammenhang zurück. Im vorliegenden Zusammenhang ist es notwendig, deutlich auf die „Verwilderung der Sitten" beim kompetenzgemäßen Verhalten der öffentlichrechtlichen Körperschaften hinzuweisen. Gestern ist insoweit zutreffend auf das 4 Mrd. €-Programm des Bundes für die Ganztagsschulen hingewiesen worden. Der Bund hat dafür keine Kompetenz. Dennoch haben alle Begünstigten das Geld genommen. Zu der Haltung Baden-Württembergs titelte die Badische Zeitung in Freiburg: „Schavan nimmt die 528 Millionen Euro" (BZ Nr. 49 vom 28.02.2003, S. 6). Das zeigt, wie weit wir im Rechtsstaat mittlerweile sind. Alle Kompetenzgrenzen werden hier bedenkenlos ignoriert.

2. Zurechnung von Entscheidungsverantwortung

Die Zurechnung von Verantwortung wirft Fragen der Legitimation im demokratischen System auf. Die Kernfrage lautet, ob klare Verantwortungszuweisungen in unserem sozialen Bundesstaat wirklich gewollt sind. Ein erster Prüfstein hierfür sind die Diskussionen in der Föderalismuskommission um die Änderung des Art. 74 GG. Was wir dazu von *Kirchhof* und *Schmidt-Jortzig* gehört haben, verkompliziert das System; *Janssen* hat es in seinem Diskussionsbeitrag auf den Punkt gebracht. Die Frage stellt sich, warum man nicht bereit und in der Lage ist, eine klare Trennung der Gesetzgebungskompetenzen zwischen Bund und Ländern vorzunehmen. Anderes kann man ja politisch durchaus wollen. Fragwürdig wird es jedoch, wenn mit der Prämisse einer klareren Verantwortungszuweisung an die Reformdebatte herangegangen wird, am Ende jedoch eine Verkomplizierung des Systems entsteht. Ähnlich verhält es sich mit dem bereits erwähnten Optionsmodell beim Arbeitslosengeld II; ich kann – abgesehen von verfassungsrechtlichen Bedenken – beim besten Willen nicht erkennen, wie dieses Modell, würde es tatsächlich realisiert, mehr Klarheit bei der Verantwortungszuweisung und -wahrnehmung brächte.

In diesem Zusammenhang gehört auch das Stichwort „Eigenverantwortlichkeit". *Wendt* hat sich für deren Stärkung ausgesprochen und im bundesstaatlichen System dennoch Hilfen für schwache Glieder des Gemeinwesens angemahnt. Konkret hat er – durchaus sympathisch als „zugezogener Saarländer" vorgetragen – vehement gegen eine Diskussion um die Neugliederung des Bundesgebietes nach Art. 29 GG Stellung bezogen und zur Leistung notwendiger Hilfen des Bundes für manche Länder auf die Möglichkeiten nach Art. 104a Abs. 4 GG verwiesen. *Janssen* hat dem widersprochen und auf den Text des Art. 29 GG aufmerksam gemacht. Dort ist in der Tat davon die Rede, dass die Länder „die ihnen obliegenden Aufgaben wirksam erfüllen können". Kann davon wirklich die Rede sein? *Maurer* hat an die Voraussetzungen zur Annahme einer Staatsqualität der Länder erinnert. In der Tat stellt sich insoweit die Frage nach der notwendigen Substanz. *Meyer* hat mit Recht die Schizophrenie bei den Ländern kritisiert. In ihrem Bereich treten sie in der Tat für Funktionalreformen und Gebietsreformen ein, auf der Ebene der Länder selbst sind sie zu keinen Strukturveränderungen bereit. *Lange* schließlich hat gefragt, ob bei den öffentlichrechtlichen Gebietskörperschaften nicht vergleichbare Ausgangsbedingungen bestehen müssten, um bundesweit echte Eigenverantwortlichkeit anerkennen zu können.

In den weiteren Referaten haben wir gehört, wie sehr in der Praxis interkommunale Vernetzungen und konsensuale Lösungen bei der Aufgabenbewältigung dominieren. Deutlich geworden ist auch, dass dann die Zurechnung von Verantwortung nochmals schwieriger wird. Dies trifft sich mit der von *Schmidt-Jortzig* und *Duppré* aufgeworfenen Frage nach der „Angst vor Verantwortung". In der Tat darf gefragt werden, ob die Kommunen bereit sind, größere Eigenverantwortung im Gemeinwesen zu übernehmen. Allerdings gilt auch: Wenn Verantwortung eindeutig zugewiesen wird, brauchen wir in verschiedenen Bereichen gerade für die Kommunen eine klare verfassungsrechtliche Absicherung. Ansonsten haben wir die Überantwortung von Aufgaben, ohne dass die Finanzierung gesichert ist. An diesem Punkt zeigt sich, dass schon die Diskussion um Strukturreformen an Grenzen stoßen wird. Mehrfach haben wir erlebt, dass das Anlehnen an den status quo für den Staat gewisse Vorzüge, mitunter auch Bequemlichkeiten beinhaltet. Hier tut sich eine Kluft zwischen Theorie und Praxis auf.

V. Perspektiven

Die nicht allzu optimistische Zwischenbilanz leitet über zu meinem letzten Abschnitt: den Perspektiven. Ich möchte unterscheiden zwischen der fremden Ebene (Stichwort: „Struktursicherung durch Recht") und der inhaltlich-funktionalen Ebene der Aufgabenerledigung.

1. Struktursicherung durch Recht

Das Einfordern einer „Struktursicherung durch Recht" mag altmodisch klingen. In der Sache nimmt es Bezug auf den organisatorischen Teil der Verfassung und fordert dessen Beachtung. *Kirchhof* hat gestern zutreffend darauf hingewiesen, dass das Staatsorganisationsrecht als Rahmenvorgabe für politische Entscheidungsprozesse fungiert. Der Jurist muss auf die Einhaltung dieser Vorgaben pochen. Fragwürdige Entwicklungen in der politischen Praxis sind genau zu analysieren. Für die Kommunen besteht das Problem in der Kombination aus einer Extension der Sachregelungsbefugnis des Bundes, befördert durch die Rechtsprechung des Bundesverfassungsgerichts, und der bundesrechtlichen Aufgabenzuweisung direkt an die Kommunen (d. h. Inanspruchnahme auch der Organisationsgewalt durch den Bund).

Man kann das Problem an dem gestern diskutierten Beispiel des Art. 74 Abs. 1 Nr. 7 GG („öffentliche Fürsorge") verdeutlichen. Verfolgt man dazu die Rechtsprechung des Bundesverfassungsgerichts, zuletzt zur Staffelung der Kindergartengebühren (*BVerfGE* 97, 332 ff.), anhand der Entwicklung der Begriffstrias „Fürsorge-Vorsorge-Pflege", könnte man – überspitzt – fragen, wieso nicht auch das öffentliche Schulwesen der „öffentlichen Fürsorge" zugewiesen wird. Angesichts der vom Bundesverfassungsgericht zu Art. 74 Abs. 1 Nr. 7 GG vorgenommenen extensiven Interpretation, sieht der Bund inzwischen keinen Anlass mehr für die Formulierung einer Begründung dafür, warum ein bestimmtes Gesetz auf Art. 74 Abs. 1 Nr. 7 GG gestützt werden kann. Beispielsweise zum Grundsicherungsgesetz findet sich in der Gesetzesbegründung keine Aussage zu der Frage, auf welchen Kompetenztitel dieses Gesetz gestützt wird (vgl. *Schoch/Wieland*, Kommunale Aufgabenträgerschaft nach dem Grundsicherungsgesetz, 2003, S. 33). *Steck* hat gestern auf denkbare Änderungen des Art. 74 Abs. 1 Nr. 7 GG hingewiesen und nach möglichen Konsequenzen gefragt; die Antwort bleibt einstweilen offen. *Maurer* hat auf die Bedeutung der Verwaltungsrechtsprechung für den Ausbau des Sozialstaats hingewiesen. Noch augenfälliger ist jedoch, wie durch eine extensive Verfassungsrechtsprechung zu Gunsten des Bundes Kompetenzen verteilt werden. Die Entwicklung ist

Zusammenfassende Schlussbetrachtung

durch das „Altenpflege-Urteil" (*BVerfGE* 106, 62 ff.) über die Kompetenzausübungsregelung des Art. 72 Abs. 2 GG etwas einzufangen versucht worden. Abzuwarten bleibt, wie weit die dort getroffenen Aussagen wirklich tragen.

Zum echten Problemfall für die Kommunen wird der auf die Sachregelung folgende unmittelbare Durchgriff des Bundes auf die kommunale Ebene. Längst wird gar nicht mehr geprüft, ob Art. 84 Abs. 1 GG (oder Art. 85 Abs. 1 GG) zu einem solchen Durchgriff überhaupt berechtigt. Das Bundesverfassungsgericht verlangt dafür, dass es sich lediglich um eine punktuelle Annexregelung zum materiellen Gesetzesinhalt handelt und diese für einen wirksamen Gesetzesvollzug notwendig ist (*BVerfGE* 22, 180, 210; 77, 288, 299). Das Bundesverwaltungsgericht hat in einer neueren Entscheidung ausgeführt, die Länder (und damit auch ihre Kommunen) seien zur sachgerechten Ausführung von Bundesgesetzen verfassungsrechtlich (Art. 83, 84 Abs. 1 GG) ohnehin verpflichtet (*BVerwG*, NJW 2000, 3150, 3151). Folglich ist zu fragen, worin der Mehrwert liegen soll, wenn der Bund die Organisationsgewalt ausübt. Die Konsequenzen muss man sehen: Greift der Bund unmittelbar auf die Kommunen durch, sind alle Sicherungen des Landesverfassungsrechts zu Gunsten der kommunalen Selbstverwaltung ausgehebelt, weil der Bund nicht an das Landesverfassungsrecht gebunden ist; die Länder sind nicht durch das Konnexitätsprinzip in ihren Verfassungen verpflichtet, weil nicht sie, sondern der Bund den Kommunen Aufgaben zugewiesen hat. Wir sehen hier eindeutig ein großes Strukturproblem.

Zwei Lösungen bieten sich an. Zum einen könnte es zu einer Änderung des Art. 84 Abs. 1 GG mit dem Verbot des bundesrechtlichen Durchgriffs kommen. Ich halte allerdings nichts davon, dem Bund jede Durchgriffsmöglichkeit auf die kommunale Ebene zu nehmen. Am Beispiel europarechtlicher Vorgaben haben wir von *Schliesky* gehört, dass ein solcher Durchgriff notwendig sein könnte. Deshalb plädiere ich zu Art. 84 Abs. 1 GG (und Art. 85 Abs. 1 GG) für eine Präzisierung und eine Begrenzung des bundesrechtlichen Durchgriffs auf Ausnahmefälle. Regelt der Bund nun aber ausnahmsweise die „Einrichtung der Behörden", bedarf Art. 104a GG einer Ergänzung. Schon vor etwa einem Jahr habe ich für den Fall des bundesrechtlichen Durchgriffs auf Kommunen einen neuen Absatz 3a zu Art. 104a GG vorgeschlagen (*Schoch*, Der Landkreis 2003, 484, 486). Diese „kleine Reform" bietet sich auch deshalb an, weil die von *Ferdinand Kirchhof* vorgeschlagene „große Reform" des Art. 104a GG in Gestalt einer Umstellung der Vorschrift auf die sog. Gesetzeskausalität (vgl. Gutachten D zum 61. DJT 1996) in der Föderalismuskommission nach eigenem Bekunden von *Kirchhof* „vom Tisch" ist.

Zum geltenden Verfassungsrecht hat das Bundesverfassungsgericht demnächst ja Gelegenheit, seine Rechtsprechung zur Durchgriffskompetenz des Bundes auf die Kommunen zu präzisieren. Kommt es nicht zu einer Restriktion der bundesrechtlichen Ingerenzen, sehe ich schwarz für die finanzielle Ausstattung der Kommunen. Es wird weitere bundesrechtliche Aufgabenverlagerungen auf die Kommunen geben, wenn der Bund verfassungsrechtlich in der Lage sein sollte, weiterhin von seinen Kompetenzen extensiv Gebrauch zu machen und diese Aufgaben den Kommunen unmittelbar zuzuweisen. Die kommunale Finanznot würde weiter steigen.

2. Funktionale Steuerung der Aufgabenerledigung

Zu meinem letzten Stichwort, der funktionalen Steuerung der Aufgabenerledigung, sind Ernüchterung und Selbstkritik angesagt. Angesichts der Entwicklungen in der Praxis hat die Wissenschaft ihre Hausaufgaben noch lange nicht gemacht. *Hesse* hat unter verwaltungswissenschaftlichen Vorzeichen den Umbau der Verwaltung und die Verschlankung der Verwaltung vorgeführt. *Böhme* hat darauf reagiert und hervorgehoben, dass die Länder damit die Erwartung verknüpfen, dass die Kommunen mit der Verwaltungsreform Einsparungen erreichen müssten. Die Länder verhalten sich gegenüber den Kommunen also nicht anders als der Bund, der sagt, die Einsparungen der Kommunen bei der Zusammenlegung von Arbeitslosenhilfe und Sozialhilfe müssten für die Verbesserung der Ganztagsbetreuung an Schulen eingesetzt werden. Die kommunale Wirklichkeit sieht bekanntlich anders aus.

Die präsentierten Formen von Kooperationen, auch länderübergreifend, sind teilweise sehr begrüßt worden. Darauf hinzuweisen ist allerdings, dass klassische Verantwortungsstrukturen dadurch verlassen werden. *Pielow* hat das Thema am Beispiel der Regionalisierung behandelt und gefragt, ob die bestehenden Gestaltungsvarianten ausreichen; er ist in seinem Referat zu differenzierenden Antworten gekommen. *Schliesky* hat die Überlegungen weitergeführt und einen „Korridor" für Gestaltungsvarianten sowie neue Regeln hierfür in Betracht gezogen. Im Grundsätzlichen müssen wir klar erkennen, dass hier verwaltungswissenschaftliche Überlegungen und verfassungsrechtliche Vorgaben hart aufeinander prallen (können). Ich erinnere einerseits an die verwaltungswissenschaftlichen Erkenntnisse von *Hesse* und die von *Gorrissen* vorgetragenen verwaltungspraktischen Notwendigkeiten für Kooperationen zwischen Verwaltungsträgern, andererseits an rechtsstaatliche Vorgaben und – trotz der bestehenden Entwicklungsoffenheit – Grenzen des Demokratiegebots.

Duppré hat gesagt, neue Aufgaben suchen sich ihre Strukturen. Die Frage lautet: Welche Strukturen? Informale Strukturen? *Gorrissen* hat auf die Zusammenarbeit von Kommunen ohne feste Institutionen und starre Organisationen hingewiesen. Auch dazu stellen sich Fragen: Gibt es eine klare Zurechnung von Entscheidungen? Wer trägt die Verwaltungsverantwortung? Zu der allzeit heik-

Zusammenfassende Schlussbetrachtung

len Finanzierungsfrage entstehen möglicherweise keine großen Probleme, soweit sich die Kooperationen im freiwilligen Bereich bewegen. *Böhme* hat aber auf vielfältige Finanzierungsprobleme aufmerksam gemacht. Wenn das Rechtssystem nicht bald nachzieht, wird sich eine Schere öffnen zwischen dem, was Verwaltungswissenschaftler propagieren und die Praxis dann aufgreift, sowie dem, was wir rechtlich noch verarbeiten können. Als Jurist muss man an dieser Stelle den möglichen Verlust der Ordnungs- und Steuerungsfunktion des Rechts erkennen. Die Frage lautet dann, was an die Stelle des Rechts rückt: die faktische Macht des Stärkeren oder eine ökonomische Überlegenheit oder die Gewalt des Zentralstaates oder was sonst? Skepsis ist durchaus angezeigt.

Ernüchterung und Skepsis kehren schließlich auch beim Blick in die „kommunale Familie" ein. Etliche Beiträge unserer Veranstaltung führen zu der Frage, ob wir nur vor einer Funktionalreform stehen oder ob nicht auch eine Gebietsreform in den Blick zu nehmen ist. Hier nun beginnen Tabuisierungsstrategien auch auf kommunaler Ebene. *Böhme* hat mehrfach auf die Stadt-Umland-Problematik aufmerksam gemacht. Käme es zu deren Lösung, wären die kreisfreien Städte wohl die Gewinner, die Landkreise eher die Verlierer. In der kommunalen Verwaltungsstruktur muss man bei Reformüberlegungen aber in der Verwaltungsgliederung noch eine Ebene tiefer gehen und auch den kreisangehörigen Raum in den Blick nehmen. Welche Aufgaben haben z. B. die Verbandsgemeinden in Rheinland-Pfalz noch und wie ist ihr Verhältnis zu den Ortsgemeinden? Und wie verhält es sich z. B. in Niedersachsen mit den Samtgemeinden? In einer ehrlichen Debatte um Verwaltungsstrukturreformen kommt man an dem Thema „Gebietsreform" nicht vorbei; die Durchführbarkeit einer solchen Reform tendiert aber gegen Null. Nicht einmal der Ministerpräsident des Landes Baden-Württemberg hat es im Rahmen der von ihm angestoßenen Verwaltungsreform gewagt, den Zuschnitt der Landkreise einzubeziehen. Hätte er dies in Bezug auf relativ kleine Landkreise (z. B. Emmendingen) getan, wäre die Reform schon im Ansatz zum Scheitern verurteilt gewesen. Wir sind hier an einem Punkt angekommen, den wir bei den Ländern zu Art. 29 GG diskutiert haben.

Insgesamt haben wir die Reformdiskussion zunächst mit einigem Optimismus geführt; auch *Hesse* hat uns Zuversicht vermittelt. Zunehmend sind jedoch Nüchternheit und Ernüchterung eingekehrt. Wir haben zur Kenntnis nehmen müssen, welche begrenzten Reformmöglichkeiten unser politisches System überhaupt nur zulässt. Die Wissenschaft ist dadurch allerdings nicht von ihrer Aufgabe zur offenen Analyse entbunden, keine Tabuisierung zu betreiben und Impulse zu geben. Es sollte eben nicht eintreten, was *Mann* kritisch angemerkt hat, dass nämlich die Wissenschaft von der Politik immer dann bemüht wird, wenn sie wieder einmal gebraucht wird. Um dieser Gefahr nicht zu erliegen, sollte die Wissenschaft die Dinge vorantreiben. Möglicherweise hat das diesjäh-

Friedrich Schoch

rige Professorengespräch des Deutschen Landkreistages dazu einen kleinen Beitrag geleistet.

Anhang

Einsetzung einer gemeinsamen Kommission von Bundestag und Bundesrat zur Modernisierung der bundesstaatlichen Ordnung

Bundesrats-Drucksache 750/03 (Beschluss) = Bundestags-Drucksache 15/1685 v. 14.10.03

Der Bundesrat hat in seiner 792. Sitzung am 17. Oktober 2003 folgenden Beschluss gefasst:

1. Einsetzung einer Kommission zur Modernisierung der bundesstaatlichen Ordnung

   Der Bundestag und der Bundesrat setzen eine gemeinsame Kommission zur Modernisierung der bundesstaatlichen Ordnung ein, in die sie je 16 ihrer Mitglieder sowie je 16 Stellvertreter entsenden.

2. Aufgaben der Kommission

   Die Kommission erarbeitet Vorschläge zur Modernisierung der bundesstaatlichen Ordnung in der Bundesrepublik Deutschland mit dem Ziel, die Handlungs- und Entscheidungsfähigkeit von Bund und Ländern zu verbessern, die politischen Verantwortlichkeiten deutlicher zuzuordnen sowie die Zweckmäßigkeit und Effizienz der Aufgabenerfüllung zu steigern, und legt diese den gesetzgebenden Körperschaften des Bundes vor.

   Die Kommission soll insbesondere

   - die Zuordnung von Gesetzgebungszuständigkeiten auf Bund und Länder,
   - die Zuständigkeiten und Mitwirkungsrechte der Länder in der Bundesgesetzgebung und
   - die Finanzbeziehungen (insbesondere Gemeinschaftsaufgaben und Mischfinanzierungen) zwischen Bund und Ländern

   überprüfen.

   Sie soll die Fragen zur Modernisierung der bundesstaatlichen Ordnung auch vor dem Hintergrund der Weiterentwicklung der Europäischen Union und der Situation der Kommunen beleuchten. Sofern die Kommission Änderungen des Grundgesetzes für erforderlich hält, legt sie den gesetzgebenden Körperschaften Formulierungsvorschläge vor.

3. Bestimmung der Mitglieder des Bundestages

Die Bestimmung der Mitglieder und der stellvertretenden Mitglieder des Bundestages in der Kommission regelt der Bundestag.

4. Bestimmung der Mitglieder des Bundesrates

Jede Landesregierung bestimmt aus ihren Mitgliedern und stellvertretenden Mitgliedern des Bundesrates eines zum Mitglied der Kommission. Sie bestimmt darüber hinaus ein stellvertretendes Mitglied. Die Stellvertreter sind im Falle der Abwesenheit des ordentlichen Mitglieds antrags- und stimmberechtigt. Sie können an allen Kommissionssitzungen teilnehmen.

5. Bundesregierung

Die Bundesregierung benennt 4 Vertreter, die als beratende Mitglieder mit Rede- und Antragsrecht, jedoch ohne Stimmrecht, an den Sitzungen der Kommission teilnehmen. Die Bundesregierung kann 4 Stellvertreter benennen. Die Vertreter der Bundesregierung sollen in der Regel Mitglieder der Bundesregierung sein.

6. Landtage

Als beratende Mitglieder mit Rede- und Antragsrecht, jedoch ohne Stimmrecht, nehmen 6 Abgeordnete aus den Landtagen an den Sitzungen der Kommission teil. Die Landtage können 6 weitere Abgeordnete als Stellvertreter benennen, die im Falle der Abwesenheit eines beratenden Mitglieds rede- und antragsberechtigt sind. Die Stellvertreter können an allen Kommissionssitzungen teilnehmen. Die Landtage regeln das Verfahren der Benennung der von ihnen in die Kommission zu entsendenden beratenden Mitglieder und deren Stellvertreter.

7. Kommunale Spitzenverbände

Als ständige Gäste mit Rede- und Antragsrecht, jedoch ohne Stimmrecht nehmen 3 Vertreter aus den Präsidien der kommunalen Spitzenverbände an den Sitzungen der Kommission teil. Die kommunalen Spitzenverbände können Stellvertreter benennen, die im Falle der Abwesenheit eines ständigen Gastes rede- und antragsberechtigt sind. Die ständigen Gäste und deren Stellvertreter werden von den kommunalen Spitzenverbänden benannt.

8. Sachverständige

An den Beratungen der Kommission nehmen 12 Sachverständige mit Rederecht, aber ohne Antrags- und Stimmrecht teil. Die Berufung erfolgt einvernehmlich durch die Kommission.

9. Vorsitz, Sekretariat

Die Kommission wählt je ein Mitglied des Deutschen Bundestages und des Bundesrates, die den Vorsitz gemeinsam ausüben. Die Präsidenten des Bundestages und des Bundesrates treffen eine Vereinbarung über die Einrich-

tung eines Sekretariates der Kommission. Das Nähere regelt die Kommission.
10. Wechsel der Mitglieder und Stellvertreter, der beratenden Mitglieder, der ständigen Gäste sowie der Sachverständigen

Die Mitglieder, ihre Stellvertreter, die beratenden Mitglieder, die ständigen Gäste und die Sachverständigen können von den entsendenden Stellen abberufen werden. Sie entscheiden auch über Nachbesetzungen, die sich aus vorzeitigem Ausscheiden ergeben.

11. Verfahren

Für das Verfahren der Kommission gilt die Geschäftsordnung des Deutschen Bundestages entsprechend. Die Kommission entscheidet in Sachfragen im Sinne von Ziffer 2. mit einer Zweidrittelmehrheit ihrer Mitglieder. In Fragen der Geschäftsordnung und des Verfahrens entscheidet sie mit einer Zweidrittelmehrheit der anwesenden Mitglieder bei Widerspruchsmöglichkeit der Mehrheit der Bank von Bundestag bzw. Bundesrat. Die Kommission soll ihre Vorschläge und einen Bericht im Jahr 2004 vorlegen.

12. Kosten

Die Kosten der Kommission zur Modernisierung der bundesstaatlichen Ordnung werden vom Bundestag und vom Bundesrat getragen.

Viertes Gesetz für moderne Dienstleistungen am Arbeitsmarkt

Bundesrats-Drucksache 943/03 (Beschluss) vom 19.12.2003

Der Bundesrat hat in seiner 795. Sitzung am 19. Dezember 2003 beschlossen, dem vom Deutschen Bundestag am 17. Oktober 2003 und am 19. Dezember 2003 verabschiedeten Gesetz gemäß Artikel 84 Abs. 1, Artikel 87 Abs. 3 Satz 2, Artikel 105 Abs. 3, Artikel 106 Abs. 3 und Artikel 108 Abs. 5 des Grundgesetzes zuzustimmen.

Der Bundesrat hat ferner die nachstehende Entschließung gefasst:

Entschließung

zur Zusammenführung von Arbeitslosenhilfe und Sozialhilfe für Erwerbsfähige

Mit dem Vierten Gesetz für moderne Dienstleistungen am Arbeitsmarkt (SGB II) führt der Bundesgesetzgeber die bisherige Arbeitslosenhilfe und die Sozialhilfe für Erwerbsfähige in einem neuen Leistungssystem, der Grundsicherung für Arbeitsuchende, zusammen.

Eine erfolgreiche Umsetzung des neuen Leistungssystems wird nur gelingen, wenn die Kapazitäten und Kompetenzen sowohl der Agenturen für Arbeit als auch der kreisfreien Städte und Kreise im Wege der Zusammenarbeit in die Durchführung der Aufgaben eingebunden werden. Das Gesetz sieht hierfür die Bildung von Arbeitsgemeinschaften in den Job-Centern vor. Darüber hinaus räumt es den kreisfreien Städten und Kreisen die Option ein, ab dem 1. Januar 2005 anstelle der Agenturen für Arbeit auch deren Aufgaben – und damit alle Aufgaben im Rahmen der Grundsicherung für Arbeitsuchende – wahrzunehmen. Hierzu soll eine faire und gleichberechtigte Lösung entwickelt werden, die sicherstellt, dass die optierenden Kommunen nicht gegenüber den Agenturen für Arbeit benachteiligt werden.

Das Nähere regelt ein Bundesgesetz. Der Bundesrat und in einer gleich lautenden Entschließung der Bundestag fordern die Bundesregierung auf, einen entsprechenden Entwurf bis Ende Februar 2004 vorzulegen und dabei Folgendes zu berücksichtigen:

(1) Von der Option soll von den kreisfreien Städten und Kreisen (kommunalen Trägern) gegenüber dem Bundesministerium für Wirtschaft und Arbeit bis spätestens zum 31. August 2004 Gebrauch gemacht werden. Falls das Bundesgesetz nicht bis Ende April in Kraft getreten ist, sind die Fristen ent-

sprechend anzupassen. Die Erklärung zur Option muss die Verpflichtung des kommunalen Trägers enthalten, anstelle der Agentur für Arbeit alle Aufgaben nach dem SGB II bis mindestens 31. Dezember 2009 wahrzunehmen. Zukünftig, erstmals in 2006, können die kommunalen Träger alle drei Jahre jeweils zum 31. März mit Wirkung ab dem 1. Januar des Folgejahres und mit Bindung für fünf Jahre von der Option Gebrauch machen.

(2) Die Bundesagentur stellt den kommunalen Trägern für die anstelle der Agentur für Arbeit wahrgenommenen Aufgaben alle notwendigen Daten und Unterlagen zur Verfügung, soweit sie verfügbar sind. Die kommunalen Träger übermitteln der Bundesagentur die notwendigen Daten, damit die gesetzlichen Regelungen zu Statistik, Eingliederungsbilanz und Wirkungsforschung (§§ 53 ff SGB II) bundeseinheitlich erfüllt werden können.

(3) Die Agenturen für Arbeit sind zu einer engen Zusammenarbeit mit den kommunalen Trägern, die von der Option Gebrauch machen, verpflichtet. Der kommunale Träger kann mit der Agentur für Arbeit Vereinbarungen zur Zusammenarbeit abschließen. Die Agentur für Arbeit kann für den kommunalen Träger Leistungen erbringen. Kosten sind zu erstatten.

(4) Die Länder können in eigener Finanzverantwortung ergänzende arbeitsmarktpolitische Initiativen ergreifen.

(5) Zur Erreichung der Ziele nach dem SGB II schließt das Bundesministerium für Wirtschaft und Arbeit mit der Bundesagentur für Arbeit Zielvereinbarungen ab. Die Bestimmungen zu den Zielvereinbarungen sind derart anzupassen, dass sie zwischen den kommunalen Trägern, die von der Option Gebrauch machen, deren zuständigen obersten Landesbehörden und der Bundesagentur (Regionaldirektionen) abgeschlossen werden. Die kommunalen Träger sind gegenüber dem Bundesministerium für Wirtschaft und Arbeit, soweit sie Aufgaben anstelle der Agentur für Arbeit wahrnehmen, auskunfts- und berichtspflichtig. Im Übrigen findet die Aufsicht über die kommunalen Träger durch die Länder statt; die jeweils zuständige oberste Landesbehörde ist gegenüber dem Bundesministerium für Wirtschaft und Arbeit auskunfts- und berichtspflichtig.

(6) Der Bund zahlt den kommunalen Trägern für die anstelle der Agentur für Arbeit wahrgenommenen Aufgaben für die Bedarfsgemeinschaften entsprechende Fallpauschalen für die Eingliederungsleistungen und die Verwaltungskosten. Er erstattet die Kosten für das Arbeitslosengeld II bzw. das Sozialgeld. Die Auszahlung der Mittel an die Kommunen erfolgt durch die Bundesagentur für Arbeit.

(7) Das Bundesgesetz wird Anreizsysteme für effiziente Leistungserbringung vorsehen.

(8) Für den Fall, dass ein kommunaler Träger die Aufgaben zurückgeben will, sind Anzeigefristen und Rückabwicklungsmodalitäten gesetzlich zu regeln.

(9) Die Wahrnehmung von Aufgaben durch kommunale Träger auf der Grundlage der Zulassung nach der Option ist durch das Bundesministerium für Wirtschaft und Arbeit zu evaluieren. Das Bundesministerium für Wirtschaft und Arbeit legt unter Einbeziehung der zuständigen obersten Landesbehörden bis Ende 2008 einen Bericht über die Auswirkungen und Erfahrungen mit den beiden Organisationsmodellen, die das SGB II vorsieht, vor.

BVerfGE 63, 1, 31 ff. (Auszug)

Die „Betrauung" einer Verwaltungskörperschaft mit Aufgaben des Organs einer anderen Verwaltungskörperschaft, wie sie in § 38 Abs. 2 SchfG erfolgt ist, wird in Schrifttum und Rechtsprechung zumeist als „Organleihe" („Institutsleihe") bezeichnet.

Das Institut der sog. Organleihe ist dadurch gekennzeichnet, dass das Organ eines Rechtsträgers ermächtigt und beauftragt wird, einen Aufgabenbereich eines anderen Rechtsträgers wahrzunehmen. Das entliehene Organ wird als Organ des Entleihers tätig, dessen Weisungen es unterworfen ist und dem die von diesem Organ getroffenen Maßnahmen und Entscheidungen zugerechnet werden.

Unbeschadet möglicher Grenzziehungen und Unterscheidungen im Einzelnen kann als wesentlich für die gemeinhin als Organleihen bezeichneten verwaltungsorganisatorischen Erscheinungsformen das Merkmal der Amtshilfe angesehen werden: Ein Verwaltungsträger hilft einem anderen mit seinen personellen und sächlichen Mitteln aus, weil dieser aus Zweckmäßigkeitsgründen entsprechende Einrichtungen nicht schaffen will.

Von der Amtshilfe im engeren Sinne unterscheidet sich die sog. Organleihe insofern, als sie sich nicht auf eine Aushilfe im Einzelfall beschränkt, sondern die Übernahme eines ganzen Aufgabenbereiches aufgrund einer allgemeinen Regelung umfasst. Kennzeichnend für die sog. Organleihe ist weiterhin, dass die „entliehene" Einrichtung Verwaltung für die „entleihende" ausübt. Der entliehenen Einrichtung wachsen keine neuen (eigenen) Zuständigkeiten zu. Es werden nicht Kompetenzen auf diese Einrichtung „verlagert"; „verlagert" werden vielmehr personelle und sächliche Verwaltungsmittel von der entliehenen Einrichtung zu der entleihenden Einrichtung…

Hinsichtlich der Verteilung der Verwaltungskompetenzen zwischen Bund und Ländern und der organisatorischen Ausgestaltung der bundeseigenen Verwaltung gelten die Bestimmungen des VIII. Abschnitts des GG (Art. 83 ff. GG). An diesen Bestimmungen ist „die Betrauung" der Versicherungskammer, einer Landesbehörde, mit der Geschäftsführung der Versorgungsanstalt, einer bundesunmittelbaren Anstalt des öffentlichen Rechts, zu messen.

Bezüglich der organisatorischen Ausgestaltung der Versorgungsanstalt gilt Art. 87 Abs. 2 GG. Danach werden als bundesunmittelbare Körperschaften des öffentlichen Rechts diejenigen sozialen Versicherungsträger geführt, deren Zuständigkeitsbereich sich über das Gebiet eines Landes hinaus erstreckt.

Die Versorgungsanstalt ist ein sozialer Versicherungsträger im Sinne dieser Norm...

Die Kompetenznorm (des Art. 74 Nr. 12 GG) ermögliche die Einbeziehung neuer Lebenssachverhalte in das Gesamtsystem „Sozialversicherung", wenn die neuen Sozialleistungen in ihren wesentlichen Strukturelementen, insbesondere in der organisatorischen Bewältigung ihrer Durchführung dem Bild entspräche, das durch die „klassische" Sozialversicherung geprägt sei.

Träger der Sozialversicherung seien selbständige Anstalten oder Körperschaften des öffentlichen Rechts, die ihre Mittel durch Beiträge der „Beteiligten" aufbrächten...

Für ein mögliches Zusammenwirken von Bundes- und Landesbehörden bei der Verwaltung ist mit Blick auf die Kompetenz- und Organisationsnormen der Art. 83 ff. GG von folgenden allgemeinen Grundsätzen auszugehen, die auch bei der Auslegung und Anwendung des Art. 87 Abs. 2 GG zu berücksichtigen sind:

Die Verwaltungszuständigkeiten von Bund und Ländern sind in den Art. 83 ff. GG erschöpfend geregelt und grundsätzlich nicht abdingbares Recht (*BVerfGE* 32, 145 [156]; 39, 96 [190]; *BVerfGE* 41, 291 [311]. Bund und Länder dürfen von der in diesen Bestimmungen vorgeschriebenen „Verwaltungsordnung" nicht abweichen. Es gilt der allgemeine Verfassungssatz (vgl. *BVerfGE* 4, 115 [139], dass weder der Bund noch die Länder über ihre im Grundgesetz festgelegten Kompetenzen verfügen können; Kompetenzverschiebungen zwischen Bund und Ländern sind auch mit Zustimmung der Beteiligten nicht zulässig (*BVerfGE* 32, 145 [156]). Auch organisatorische Regelungen können nicht abbedungen werden. Der Spielraum bei der organisatorischen Ausgestaltung der Verwaltung findet in den Kompetenz- und Organisationsnormen der Art. 83 ff. GG seine Grenzen. ...

Art. 83 ff. GG schreiben für einzelne Verwaltungsmaterien bestimmte „Verwaltungsformen" vor. ...

Das GG normiert mithin bestimmte Arten von Verwaltung. Dies ist bei der organisatorischen Ausgestaltung der Verwaltung zu berücksichtigen. Freilich kann auch insoweit von einer starren Festlegung durch das GG nicht ausgegangen werden. ...

Grundsätzlich gilt allerdings, dass der Verwaltungsträger, dem durch eine Kompetenznorm des Grundgesetzes Verwaltungsaufgaben zugewiesen worden sind, diese Aufgaben durch eigene Verwaltungseinrichtungen – mit eigenen personellen und sächlichen Mitteln – wahrnimmt. In diesem Sinn kann von einem „Grundsatz eigenverantwortlicher Aufgabenwahrnehmung" gesprochen werden. Das schließt zwar die Inanspruchnahme der „Hilfe" – auch soweit sie sich nicht auf eine bloße Amtshilfe im Einzelfall beschränkt – nicht zuständiger Verwaltungsträger durch den zuständigen Verwaltungsträger nicht schlechthin aus, setzt ihr aber Grenzen: Dem Grundgedanken einer Kompetenznorm (wie auch der finanziellen Lastenaufteilung zwischen Bund und Ländern), die für eine Materie dem Bund die Verwaltungskompetenz zuordnet, widerspräche es etwa, würden in weitem Umfang Einrichtungen der Landesverwaltung für Zwecke der Bundesverwaltung herangezogen. Dies gälte auch dann, wenn eine förmliche Übertragung von Zuständigkeiten nicht erfolgte. Die „Zuhilfenahme" landesbehördlicher Einrichtungen für Zwecke der – verfassungsrechtlich vorgeschriebenen – Bundesverwaltung muss die Ausnahme bleiben. Für das Abgehen von dem „Grundsatz eigenverantwortlicher Aufgabenwahrnehmung" bedarf es eines besonderen sachlichen Grundes. Die Heranziehung an sich unzuständiger Verwaltungseinrichtungen kann nur hinsichtlich einer eng umgrenzten Verwaltungsmaterie in Betracht kommen.

Die Zuweisung der Geschäftsführung (für die Versorgungsanstalt) kommt einer Auftragsverwaltung nicht gleich. Kennzeichnend für eine Auftragsverwaltung ist, dass die beauftragte Verwaltung die zugewiesenen Aufgaben als eigene Aufgaben wahrnimmt ... Eine Einwirkungsmöglichkeit des Bundes auf die Landesverwaltung besteht nicht; die eigenen Verwaltungszuständigkeiten der Versicherungskammer bleiben durch § 38 Abs. 2 SchfG unberührt. Die Kompetenzordnung der Landesverwaltung wird nicht angetastet.

Durch die Betrauung der Versicherungskammer wird insbesondere keine Doppelzuständigkeit von Versorgungsanstalt und Versicherungskammer im Bereich der Verwaltung der Anstalt begründet. Auch ein Mitentscheiden oder Zusammenwirken bundeseigener und landeseigener Verwaltung ist nicht gegeben.

Teilnehmer am Professorengespräch

Beigeordneter a. D. Heinrich *Albers*, Sarstedt

Oberbürgermeister a. D. Dr. Rolf *Böhme*, Freiburg

Landrat Hans Jörg *Duppré,* Präsident des Deutschen Landkreistages, Pirmasens

Prof. Dr. Dirk *Ehlers*, Münster

Mitglied des Landesrechnungshofs Wolfgang *Göke*, Hildesheim

Landrat Georg *Gorrissen*, Segeberg

Ministerialdirigent a. D. Friedrich Wilhelm *Held*, Hilden

Prof. Dr. Reinhard *Hendler*, Trier

Privatdozent Dr. Hans Jörg *Hennecke*, Rostock

Prof. Dr. Hans-Günter *Henneke*, Geschäftsführendes Präsidialmitglied des Deutschen Landkreistages, Berlin

Prof. Dr. Joachim Jens *Hesse*, Berlin

Prof. Dr. Albert *Janssen*, Direktor des Niedersächsischen Landtages, Hannover

Prof. Dr. Ferdinand *Kirchhof*, Tübingen

Prof. Dr. Winfried *Kluth*, Halle

Prof. Dr. Klaus *Lange*, Gießen

Prof. Dr. Thomas *Mann*, Göttingen

Prof. Dr. Hartmut *Maurer*, Konstanz

Richter des Bundesverfassungsgerichts Rudolf *Mellinghoff*, Karlsruhe

Dr. Hubert *Meyer*, Geschäftsführendes Vorstandsmitglied des Landkreistages Mecklenburg-Vorpommern, Schwerin

Prof. Dr. Johann Christian *Pielow*, Bochum

Prof. Dr. Matthias *Ruffert*, Jena

Dr. Gernot *Schlebusch*, Geschäftsführendes Vorstandsmitglied des Niedersächsischen Landkreistages, Hannover

Privatdozent Dr. habil. Utz *Schliesky*, Erster Beigeordneter des DLT, Berlin

Bundesminister a. D. Prof. Dr. Edzard *Schmidt-Jortzig*, Kiel

Anhang

Prof. Dr. Friedrich *Schoch*, Freiburg

Brigitte *Steck*, Berlin

Dr. Irene *Vorholz*, Berlin

Prof. Dr. Rudolf *Wendt*, Saarbrücken

Prof. Dr. Joachim *Wieland*, Frankfurt

Landrat Dr. Peter *Winter*, Saarlouis

WEITERE TITEL AUS DERSELBEN REIHE.

Band 15:
Verantwortungsteilung zwischen Kommunen, Ländern, Bund und Europäischer Union
Professorengespräch 2001 des Deutschen Landkreistages am 22. und 23. März 2001 in Syke/Landkreis Diepholz
hrsg. von Prof. Dr. Hans-Günter Henneke, Stellv. Hauptgeschäftsführer des DLT, Berlin, Honorarprofessor an der Universität Osnabrück
2001, 317 Seiten, € 44,–; ISBN 3-415-02911-5

Band 16:
Gebietsbezug der Kommunalwirtschaft
von Dr. Torsten Heilshorn, Freiburg i.Br.
2003, 226 Seiten, € 42,–; ISBN 3-415-03099-7

Band 17:
Kommunale Perspektiven im zusammenwachsenden Europa
Professorengespräch 2002 des Deutschen Landkreistages am 21. und 22. März 2002 in Metzingen/Landkreis Reutlingen
hrsg. von Prof. Dr. Hans-Günter Henneke, Geschäftsführendes Präsidialmitglied des DLT, Berlin, Honorarprofessor an der Universität Osnabrück
2002, 240 Seiten, € 41,–; ISBN 3-415-03096-2

Band 18:
Die Umwandlung gemeindlicher Unternehmen
Entscheidungsgründe für die Wahl einer Rechtsform und Möglichkeiten des Rechtsformwechsels
von Dr. Andreas Gaß
2003, 494 Seiten, € 89,–; ISBN 3-415-03113-6

Band 19:
Kommunale Aufgabenträgerschaft nach dem Grundsicherungsgesetz
Verfassungsrechtliche Anforderungen an den bundesgesetzlichen Durchgriff auf die kommunale Ebene
von Prof. Dr. Friedrich Schoch, Freiburg i.Br., und Prof. Dr. Joachim Wieland, Frankfurt a.M.
2003, 252 Seiten, € 45,–; ISBN 3-415-03210-8

HI 804

Zu beziehen bei Ihrer Buchhandlung oder beim
RICHARD BOORBERG VERLAG GmbH & Co KG
70551 Stuttgart bzw. Postfach 80 03 40, 81603 München
Internet: www.boorberg.de   E-Mail: bestellung@boorberg.de

WEITERE TITEL AUS DERSELBEN REIHE.

Band 20:
Die Kommunen in der Sozialpolitik
Professorengespräch 2003 des Deutschen Landkreistages am 20. und 21. März 2003 im Kreis Pinneberg
hrsg. von Prof. Dr. Hans-Günter Henneke, Geschäftsführendes Präsidialmitglied des DLT, Berlin, Honorarprofessor an der Universität Osnabrück
2004, 328 Seiten, € 48,–; ISBN 3-415-03261-2

Band 21:
Gemeinden und Kreise in der Region
6. Greifswalder Verwaltungsfachtage am 5. und 6. März 2003
hrsg. von Dr. Hubert Meyer, Geschäftsführer des Landkreistages Mecklenburg-Vorpommern, und Prof. Dr. Maximilian Wallerath, Ernst-Moritz-Arndt-Universität Greifswald
2004, 158 Seiten, € 38,–; ISBN 3-415-03278-7

Band 22:
Europarechtliche Einflüsse auf das Recht der deutschen kommunalen Selbstverwaltung
von Prof. Dr. Stephan Hobe LL.M., Dirk Biehl, Wiss. Mitarbeiter, und Nicolai Schroeter, Wiss. Mitarbeiter, Lehrstuhl für Völkerrecht, Europarecht, europäisches und internationales Wirtschaftsrecht der Universität zu Köln
2004, 200 Seiten, € 39,–; ISBN 3-415-03311-2

Band 23:
Aufgabenzuständigkeit und Finanzierungsverantwortung verbesserter Kinderbetreuung
von Prof. Dr. Friedrich Schoch, Freiburg i.Br., und Prof. Dr. Joachim Wieland, Frankfurt a.M.
2004, 356 Seiten, € 51,–; ISBN 3-415-03350-3

Band 25:
Die Steuerung der kommunalen Eigengesellschaft
von Dr. Daniel Alexander Häußermann
2004, ca. 208 Seiten, ca. 39,–; ISBN 3-415-03369-4

Zu beziehen bei Ihrer Buchhandlung oder beim
RICHARD BOORBERG VERLAG GmbH & Co KG
70551 Stuttgart bzw. Postfach 80 03 40, 81603 München
Internet: www.boorberg.de E-Mail: bestellung@boorberg.de